# 커피타임 잉글리쉬

**Book 2: 특별한 날들의 정담**

# Coffee-Time English

**저자:** 김규호 박사, 박준언 교수, 박우상 교수

DISCOVER MEDIA

# 커피타임 잉글리쉬 Book 2

**초판발행** 2026년 3월 25일

**저자** | 김규호, 박준언, 박우상
**발행인** | 홍성주
**편집/표지디자인** | 디자잉

**발행처** | 디스커버미디어
**주소** | 서울특별시 서초구 마방로 10길 15, B동 711호
**전화** 02-525-8081
**홈페이지** https://ddenglish.co.kr/
**블로그** https://blog.naver.com/drdavid1204
**이메일** discovermedia@naver.com

**출판등록** 제 2021-000083호 (2019년 10월 7일)

**가격** 19,000원 | **ISBN** 979-11-969503-6-1 03740

# 커피타임 잉글리쉬

## Book 2: 특별한 날들의 정담

# Coffee-Time English

DISCOVER MEDIA

# 출 판 사  서 문

디스커버미디어가 이번에 '커피타임 잉글리쉬(Coffee-time English) Boook 2: 특별한 날들의 정담'을 출간하게 된 것을 영광으로 생각합니다. 이 책은 1년 365일 중의 특별하고 중요한 날들에 미국을 중심으로 하는 영어권 사회에서 주로 사용되는 영어학적으로 그리고 사회문화적으로 중요한 표현들을 모두 담았습니다. 교과서적이고 정석적인 표현들도 포함하지만 주로 한국인 영어 학습자들이 접하지 못한 많은 일상의 비격식 구어체와 회화체 표현들과 각 날의 핵심을 포착하는 사회문화적 스케치들을 풍부하고 정확하게 담고 있습니다.

이 책의 공저자 세 분은 모두 탁월한 전문가들입니다. 이 책의 원 데이터와 초고를 제공한 김규호 박사는 미국 일리노이대학교 대학원 유학 시절부터 오늘날까지 미국에서 40여년 생활하면서 생생한 미국 영어 표현들을 직접 수집하여 사용하고 검증해왔습니다. 미국 사회에서 연구자, 직장인, 학자로 생활하면서 습득한 방대한 양의 영어 표현 자료들을 바탕으로, 국내 영어교육계에서 활발하게 활동해온 박준언 교수, 명실공히 최고의 영어 전문가인 박우상 교수와 함께, 지난 1년 반 동안 치열한 논의와 자료 보완을 거쳐 이번에 완성본을 출간하였습니다.

이 책은 영어교육 측면에서 중요한 의미를 지니고 있습니다. 그동안 한국 영어교육은 학습자가 의사소통 상황에서 실제 사용되는 영어를 통해 영어 원어민 사용자들은 물론 비 영어 원어민 사용자들과 소통하는 것을 가르치는 데 매우 미흡했습니다. 글로벌 세계, 디지털 시대가 도래함에 따라, 영어사용 현장에서의 실시간 소통능력이 영어 능력의 핵심이 된 현실에서, 커피타임 잉글리쉬는 어색하고, 문맥과 사회문화적 코드에 적절하지 않은 영어를 탈피하여 살아 숨쉬는 생생한 영어를 가르치는 새로운 영어교육의 지평을 열 것입니다.

커피타임 잉글리쉬 시리즈를 학습하는 독자들은 이 책에서 가르치는 리얼 잉글리쉬의 놀라운 파워를 영어권 사회는 물론 세계 어디에서나 실감하게 될 것입니다. 여러분이 Book 1과 Book 2를 뒤이어 출간될 시리즈 저서들도 학습하여 영어 원어민들도 감탄할 영어 소통력을 구사하게 되시기를 기대합니다. 디스커버미디어는 커피타임 잉글리쉬 시리즈와 여러 영어교육 출판물을 통해 우리의 삶을 보다 행복하게, 이 세상을 보다 아름답게 하는 영어교육을 열정적으로 추구할 것입니다.

디스커버미디어 기획편집부 – 글로벌 시대 영어교육의 새로운 리더

2/01/2026

# 저 자 서 문

## 김규호 박사

  미국 문화를 이해하며 영어를 배우고자 하는 분들, 그리고 미국에서 새로운 삶을 살아가는 이민자 여러분께 진심 어린 인사를 전합니다. 언어는 단순한 의사소통의 수단을 넘어, 그 사회의 역사와 전통, 그리고 사람들이 공유하는 기억과 감정이 고스란이 스며 있는 문화적 산물입니다. 단어 하나, 표현 하나의 이면에는 그 민족의 삶의 방식과 세계관이 깊이 자리하고 있습니다.

  이 책은 이러한 관점에서 출발했습니다. 미국의 '다양한 특별한 날들' 속에 담긴 의미와 이야기들을 좀 더 생생하고 깊이 있게 전달함으로써, 독자 여러분들이 미국 영어 학습과 문화 경험을 스스로 연결시킬 수 있도록 돕고자 했습니다. 365일 동안의 일상의 흐름 속에서 반복적으로 맞이하게 되는 미국의 공휴일, 기념일, 추모일, 축제일은 그 자체로 미국 사회의 역사와 가치, 다양성을 보여주는 살아 있는 교과서라고 할 수 있습니다. 독립기념일과 추수감사절 같은 국가적 기념일부터, 수퍼볼 선데이와 월드 시리즈 같은 스포츠 축제, 블랙 히스토리 먼스, 프라이드 먼스, 여성 참정권의 달 같은 인권 신장 기념 달들, 그리고 아시안 아메리칸 헤리티지 먼스, St. Patrick's Day, 라마단, 하누카, 욤 키푸르 등 다양한 커뮤니티의 삶과 신앙을 포괄하는 날들까지 — 이 모두는 미국이라는 나라가 걸어온 발자취들이자 앞으로 나아갈 미래의 방향을 보여주는 중요한 문화적 지표입니다.

  만약 이러한 '특별한 날들'을 그저 달력에 표시된 공휴일이나 기념일 정도로만 여긴다면, 이들과 관련된 풍성한 언어 표현과 일상 대화의 이면에 숨어있는 뉘앙스들을 놓치기 쉽습니다. 그래서 저희는 미국인들이 각별하고 고유한 애정을 쏟는 기념일과 축제일의 역사적 배경, 사회문화적 의미, 그리고 이 시기에 특히 자주 쓰이는 영어 표현들을 체계적으로 소개하고, 그들의 실제 대화에서는 어떻게 사용되는 지를 다양한 각도에서 제시한 예문들을 통해 구체적으로 담아내고자 했습니다.

이 책이 특별한 또 하나의 이유는, 한국의 저명한 영어교육 전문가 두 분과 미국, 캐나다에서 오랜 경험을 쌓은 또 한 분의 저자가 시공간의 제약을 넘어서 매주 온라인으로 머리를 맞대고 완성해낸 결과물이라는 점입니다. 작년에 출간된 <커피타임 잉글리시 1권>에 이어, 이번에 2권을 선보이게 된 과정은 저자들의 열정, 사명감, 그리고 공동의 헌신이 한데 녹아있는 값진 결실입니다.

저희의 바람은 단 하나입니다. 이 책이 독자 여러분께 미국 영어의 정확한 이해는 물론, 미국 사회와 문화, 그리고 그 속의 사람들에게 더 깊이 다가갈 수 있도록 든든한 길잡이가 될 수 있었으면 합니다. 문화는 단지 지식으로서가 아니라, 그 속에서 살아가는 사람들의 삶과 생각, 관습과 대화를 온전히 경험할 때 비로소 이해됩니다. 그리고 그 문을 여는 첫 걸음은 바로 '언어'입니다. 특정 기념일과 축제일의 배경과 문화적 맥락을 이해하는 일은 미국 영어의 생동감을 체감하고 실생활 표현을 더욱 자연스럽게 체득하는 가장 효과적인 방법 중 하나입니다.

이 책은 단순한 영어 표현 학습서가 아닙니다. 미국 사회의 저변을 이루는 수많은 이야기 — 역사적 투쟁, 공동체의 축제, 새로운 목소리의 등장, 그리고 일상의 기쁨과 추모의 순간들 — 그 속에서 '왜' 특정 표현들이 탄생하고 자리 잡았는지를 깊이 있게 탐구하는 문화와 언어 교양서입니다.

끝으로, 이 책을 펼치신 모든 독자 여러분께 진심 어린 당부와 기대를 전합니다. 이 책 속의 다양한 표현과 문화적 맥락이 여러분의 영어 사용에 자신감을 더해주고, 간접적으로 체험하게 될 그들의 일상 속에서 미국 문화의 의미와 깊이를 새롭게 발견하는 데 미력하나마 도움이 되기를 바랍니다. 저희의 작은 노력이 여러분의 배움과 생활에 실질적인 도움이 되기를 진심으로 소망합니다. 감사합니다.

## 박준언 교수

제게 가장 소중한 단어는 인연(因緣)입니다. 이번에 출간된 커피타임 잉글리쉬 (Coffee-Time English)는 소중한 인연의 결과물입니다. 김규호 박사와 저는 지난 1980년대 중반 함께 유학중이던 일리노이대학교 (The University of Illinois at Urbana-Champaign) 대학원에서 만났습니다. 전공 분야가 달랐던 저희 둘은 그곳 에서의 짧은 인연을 뒤로하고 각자 헤어진 후 무려 40년이 지난 지금까지 한번도 직접 만나본 적이 없습니다. 그럼에도 불구하고 이번에 커피타임 잉글리쉬가 출간된 것은 제게는 말로 설명할 수 없는 신비입니다.

지난 2008년 김 박사와 이메일 상에서 오랜만에 반갑게 재회했을 때, 김 박사가 자신이 오랜 기간에 걸쳐 수집해온 방대한 양의 영어 표현자료들을 저와 함께 출판하자고 하는 제의에 흔쾌히 응했습니다만 여러가지 사정들로 인해 공동집필 작업을 할 수 없게 되었습니다. 다행이도 2년 전, 우리나라의 대표적 영어교육 전문가인 박우상 교수의 참여로 집필 작업이 극적으로 재개되었고, 지난 2년 동안 매주 줌회의를 하며 열띤 상호 토론을 거친 후에 이번에 값진 결과물을 세상에 내놓게 되었습니다. 김 박사가 미국 텍사스주 휴스턴(Houston)에 거주하는 관계로 대면회의를 할 수 없어서 부득이 시간과 공간의 제약이 따르는 줌회의를 하는 불편을 감수해야 했으나, 이는 오히려 저희 셋을 뗄 수 없는 인연의 고리로 묶어주는 계기가 되었습니다. 우여곡절 끝에 저희 세명의 특별한 인연으로 만들어진 커피타임 잉글리쉬가 우리나라 영어 학습자들의 영어표현 능력 향상에 큰 도움이 되기를 소망합니다.

# 저 자 서 문

## 박우상 교수

평생을 한국과 미국에서 영어를 연구하고 가르쳐 온 학자로서 박준언 교수님과 김규호 박사님과 함께 이 Coffee-Time English의 집필에 참여하게 된 것은 저의 큰 기쁨이자 행운입니다. 우리의 삶의 한복판에 와 있는 글로벌 세계 그리고 디지털 시대를 생각하면, 그리고 그러한 세계와 과학기술적 환경 속에 점점 가속화되고 있는 지구촌으로부터 실은 크게 동떨어진 우리의 영어교육의 현실을 생각하면 할수록 이 책의 의미와 가치는 더욱 더 명백히 다가옵니다. 우리의 영어교육 정책과 컨텐츠와 평가는 대부분 시대착오적인 지나친 격식체와 문어체의 구문과 비현실적인 어구들로 가득하며, 눈도장식 학습만을 조장함으로써 말을 듣고 말을 하고 글을 쓰는 소통적 영어를 저해합니다. 전 세계에서 만나는 한국인들은 유학생이든 주재원이든 이민자든 또는 여행자든 자기가 한국에서 배운 영어가 세계의 현장에서 얼마나 소통력이 미약한지를 이야기합니다. 많은 씨를 뿌리고 부지런히 물도 주고 했는데 제대로된 수확물이 추수되지 않았다는 증언들입니다. 전적으로 공감하며 마음 한 구석에서는 너무도 미안한 마음입니다.

이제 글로벌 세계, The global village is here to stay. 한두 세대 전만해도 영어교육과 학습의 목표는 의식적이든 무의식적이든 소위 원어민, 즉 영국 신사와 미국 아줌마 같은 사람이었습니다. 그러나 이제는, 아마도 영원히, 다릅니다. 이제부터 영어는 영어 원어민과의 대화는 물론 한국인, 네팔인, 네덜란드인, 모잠비크인, 브라질인, 멕시코인, 북미 원주민 등등 전 세계인들이 현장에서 실시간으로 서로의 느낌과 감정, 기쁨과 슬픔, 희망과 절망과 사상을 나누고 소통하는 것입니다. 언어의 핵심이 일반인들의 현장에서의 실시간 소통이 된 오늘, 이 Coffee-Time English는 이후에 출간될 전체 시리즈와 함께 학습자들에게 일상 생활의 광범위한 영역에서 현실적인 영어 구사력의 현저한 향상을 가져다 줄 것입니다. 영어 학습의 매력은 작은 자투라기 시간의 활용! 이 책이 여러분의 백팩 앞 주머니에, 손가방 안에, 외투 포켓 안에 늘 함께 다니면서 모닝 커피 타임은 물론 카페에서 친구를 기다리는 10분, 마을 버스를 기다리는 7분, 지하철을 타고 가는 세 정거장 등 일상 자투라기 시간에 여러분의 베프가 되기를 소망합니다. 혼자 계실 때는 베프에게 소리 내어 읽어 주시면 발성과 암기에 큰 도움이 됩니다. 자, 우리 커피 잔에 잉글리쉬 향을 담아 같이 한잔 해요.

# 목 차

## TABLE OF CONTENTS

# 목 차

## TABLE OF CONTENTS

새해 첫날인 New Year's Day는 미국과 세계 각국에서의 문화적 풍습이나 그 의미가 다소 다르지만, 공통적으로 반성과 성찰, 그리고 새로운 희망을 상징하는 중요한 날이다. 미국에서는 많은 사람들이 새해 결심(New Year's resolution(s))을 세우며 새로운 시작을 다짐하며, 개인적인 성장과 발전을 계획하거나, 구체적으로 담배를 끊거나 다이어트를 하는 등 변화를 추구하는 중요한 의미를 가진다. 미국과 영어권 사회들, 그리고 유럽 전반에 걸쳐서는 아시아의 사적이고 가족적인 성격보다 친구, 공동체, 지역사회 등과 함께 파티나 모임을 가지며 대단한 축제 분위기를 즐기는 문화가 일반적이다.

새해 전날 저녁/밤인 New Year's Eve가 미국의 365일 중 단연 최고의 파티가 열리는 날이어서, 실상 New Year's Day에는 많은 미국인들의 심신이 지쳐 있다고 해도 과언이 아니다. New Year's Day는 연방 공휴일이라 대부분의 사람들이 쉬기 때문에 전날의 흥분을 가라앉히고 회복하기에 완벽한 날이다. 그래서 흔히 하루의 활동을 일찍 시작하는 사람들(early birds)조차 New Year's Day 아침에는 잠들어 있거나 쉬고 있어서 동네 주변을 산책하거나 활동하는 사람이 별로 보이지 않는다. 하지만, 부지런한 사람들이나 지역사회들은(특히 북부의 주들에서는) 수영복 같은 차림으로 얼어붙은 호수나 강에 뛰어들어 건강과 행운을 비는 polar plunge(또는 polar dip)를 하기도 한다. 한 편으로는 California의 Pasadena에서 열리는 로즈보울(Rose Bowl) 미식축구 퍼레이드와 경기를 비롯한 college football 게임들을 관전하는 것도 많은 미국인들의 중요한 New Year's Day 이벤트이다. 이 외에도 검은 콩과 채소를 먹거나 자정에 샴페인으로 건배를 하며 새해를 맞이하는 미국인들도 많다.

유럽에서도 불꽃놀이(fireworks)와 파티의 비중이 크며, 스페인에서는 새해 아침(자정)을 맞이하여 포도 12알을 먹는 풍습이 있다. 이슬람 지역에서는 새해 첫날보다는 라마단(Ramadan) 이후의 이슬람 새해인 Eid(이드)가 더욱 중요한 의미를 가진다. 라틴 아메리카에서는 미국과 유럽에서처럼 친구들, 이웃들, 또는 공동체와 더불어 즐기는 전통이 비슷하지만, 에콰도르를 비롯한 여러 나라에서 낡은 옷가지들을 채워 만든 사람 모양의 허수아비(effigy)를 태우는 풍습인 Año Viejo(아뇨 비에호, 지난/낡은 해인 old year를 뜻함)처럼 특정한 색상의 옷을 입는 등의 독특한 행운을 비는 풍습이 있다. 미국뿐만 아니라 이민자들이 많은 사회들에서는 이민자들과 후손들이 자신들의 'old country'(본국)에서의 풍습들을 재현하며 즐기는 모습들을 종종 볼 수 있다.

[사진] 미국 Wisconsin 주의 Port Washington에서 New Year's Day 오후에 타운 사람들이 'polar bear dip'(polar plunge)를 즐기기 위해 얼어붙은 강가를 깨고 차가운 물 속에 뛰어들고 있다. 사진: ⓒ 박우상

[사진] Chicago 시의 Chinatown에서 Chinese New Year's Day에 lion dancer들이 옆에서 firecrackers가 계속 터지고 있는 중에 춤을 추고 있다. 사진: ⓒ 박우상

## 공통주제

New Year's resolutions(새해의 결심) / reflecting on the past year / celebration and parties / wishing good fortune / travel plans or vacations / personal growth / upcoming events and milestones / family and friendships / work and career goals / health and wellness

## 주요 어휘 및 표현

**명** celebration / countdown / resolution / fireworks / midnight / party / champagne / confetti(색종이 조각) / toast / tradition / year / calendar / holiday / ball drop(뉴욕 타임스퀘어에서 12월 31일 자정에 열리는 새해 카운트다운 행사) / parade / new beginnings / festivity(축제 또는 그 분위기) / clock / revelers(축제에서 신이 나서 흥청거리는 사람들)

**형** new / fresh / hopeful / exciting / joyful / festive / positive / optimistic / celebratory / memorable / bright / prosperous / reflective / happy / lively / promising / lucky / bold / ambitious / transformative

**동** celebrate / countdown / cheer / party / toast / reflect / resolve / welcome / begin / wish / kiss / dance / sing / fire(as in fireworks) /

gather / set(goals or resolutions) / watch(e.g., fireworks, ball drop) / plan / reflect / hope

구 turn over a new leaf(새로운 마음가짐으로 시작하다) / start off on the right foot(시작을 잘하다) / out with the old, in with the new / ring in the new year(새해를 맞이하다) / a clean slate(새로운 각오로 새 출발) / break old habits / A new chapter begins / put one's best foot forward(최선의 노력을 다하다) / Time flies / bite the bullet(하기 싫거나 힘든 일을 결심하다) / burn the midnight oil(밤늦게까지 일하다) / A change is as good as a rest(변화는 휴식만큼 값지다) / hit the ground running(시작부터 전력 질주하다) / live life to the fullest / seize the day(현재에 충실하다) / count one's blessings(자신이 누리는 것들에 감사하다) / take the plunge(과감히 시도하다) / wipe the slate clean(과거의 실수를 잊고 새출발하다) / resolutions on the horizon / turn the page / let bygones be bygones(지난 일은 잊고 지내다) / hit the reset button / leap into the new year / set one's sights high / a whole new ballgame(완전히 새로운 상황) / bring in good fortune

## 예문

A: **Seize the day!** Let this new year be filled with luck and blessings.

A: 하루하루를 소중히 보내! 새해에는 행운과 축복이 가득하길 빈다.

참고 seize the day: 현재 순간을 최대한 활용하다

A: I lost so much money from my investment last year. I could've moved into a better house with it. But I can't undo it. **Let bygones be bygones.**

A: 작년에 투자로 너무 많은 돈을 잃었어요. 그 돈으로 더 좋은 집으로 이사갈 수 있었는데. 하지만 어쩌겠어요. 과거는 과거일 뿐이죠.

참고 let bygones be bygones: 과거의 실수나 잘못을 잊어버리라는 뜻의 관용구

A: Forgiving yourself is the first step in **wiping the slate clean** and moving forward.

A: 스스로를 용서하는 것이야말로 과거를 깨끗이 청산하고 앞으로 나아가는 첫걸음입니다.

참고 wipe the slate clean: 과거의 잘못을 뉘우치고 새로운 각오로 새 출발을 하다(참고: 칠판을 깨끗이 지우고 다시 판서하는 상황을 비유한 표현)

A: With the new year here, a new chapter of my life begins for me. I'm ready to **break old habits**.

B: That sounds great! Breaking old habits is tough, but it's the perfect way to start fresh.

A: I'm excited to **ring in the new year** and start fresh.

B: Me too! A **clean slate** is just what I need to leave all the stress behind.

A: 새해와 함께 제 인생의 새로운 장이 시작되네요. 오래된 습관을 고칠 준비가 됐어요.

B: 정말 좋네요! 오래된 습관을 고치는 게 어렵지만, 새롭게 시작하기에 딱 좋은 방법이죠.

A: 새해를 맞이해서 새롭게 시작할 생각에 정말 설레요.

B: 저도요! 깨끗한 새 출발이야말로 모든 스트레스를 벗어나고 싶을 때 꼭 필요하죠.

**참고** ring in the new year: 새해를 맞이하다

A: So, what's your plan for the new year? Are you thinking of making any big changes?

B: Yeah, definitely! New year, new you, right? I'm thinking about focusing on my fitness and finally learning to cook.

A: That's awesome! However, just remember, **when it comes to your resolutions, the ball is in your court.** You've really got to commit to them.

A: 새해 계획은 뭐예요? 큰 변화를 줄 생각 있어요?

B: 당연하죠! 새해에는 새로운 마음가짐이 맞지요? 나는 체력 단련에 집중하고 요리도 배우려고 해요.

A: 멋진 계획이네요! 하지만, 이 결심들을 지키는 건 온전히 당신게 달렸다는 걸 기억해요. 꼭 의지를 다져야 해요.

**참고** The ball is in someone's court.: 결정권(or 선택)은 ...에게 있다

A: Ugh, I'm so exhausted. That New Year's Eve party last night was **epic,** but I'm paying for it now.

B: **Tell me about it.** I'm just planning on hitting the reset button and binging some TV today.

A: Good idea. My head is pounding. I need a quiet day to get ready for the work week.

A: 아, 너무 피곤해. 어젯밤 새해 전야제 파티는 정말 최고였는데, 지금 그 대가를 치르는 중이야.

B: 내 말이. 나는 그냥 재정비하는 하루를 보내면서 오늘 하루 종일 TV나 볼 계획이야.

A: 좋은 생각이야. 머리가 지끈거려. 조용히 쉬면서 다음 주 근무를 위한 출근 준비를 해야겠어.

**참고** epic: 형용. very impressive; spectacular; awesome; 엄청난, 대단한
Tell me about it.: (나도 경험해봐서) 무슨 말인지 잘 안다, 누말 할 것도 없다, 바로 그렇다.

A: This year, I'm determined to **turn over a new leaf.** I've been procrastinating a lot lately.

B: Good for you! It's important to **start off on the right foot,** though. What's your plan to make sure you stay focused?

A: I'm thinking of setting smaller, daily goals instead of overwhelming myself with big ones. That way, I can stay consistent.

B: That's smart! Turning over a new leaf doesn't happen overnight, but **with small steps,** you'll definitely keep things moving in the right direction.

A: 올해는 새로운 마음으로 변화할 각오에요. 요즘 미루는 버릇이 심해졌어요.

B: 잘했네요! 처음부터 제대로 시작하는 게 중요하죠. 집중력을 유지를 위한 계획은 뭐예요?

A: 감당하지 못할 큰 목표들보다는 작은 일상의 목표들을 세우려고 해요. 그렇게 해야 꾸준함을 유지할 수 있을 것 같아요.

B: 현명한 방법이에요! 새로운 마음가짐은 하룻밤 사이에 생기는 게 아니지만, 작은 걸음부터 시작하면 분명히 옳은 방향으로 나아갈 거예요.

> **참고** turn over a new leaf: 새 생활을 시작하다, 심기일전하다
> start off on the right foot: 좋은 상태에서 시작하다, 처음부터 잘 하다

A: I'm really **looking forward to the new year**. I think it's time to make a fresh start with my career.

B: That sounds like a great idea! Sometimes, **a change is as good as a rest.** It could give you the energy you need.

A: Exactly. I feel like I've been stuck in the same routine for too long, and it's wearing me down.

B: Well, once you've decided, you just need to **hit the ground running.** Dive right into those new opportunities!

A: 저는 이번 새해가 정말 기대돼요. 내 커리어에서 새로운 출발을 할 때가 된 것 같아요.

B: 정말 좋은 생각이에요! 가끔 변화는 휴식만큼이나 좋은 거예요. 새로운 에너지가 생길 수 있죠.

A: 맞아요. 같은 일상에 너무 오래 갇혀 있는 것 같아서 지쳐가고 있어요.

B: 일단 결심했으면 바로 시작해보세요! 새로운 기회를 향해 달려가세요!

> **참고** A change is as good as a rest.: 일상에 변화를 주는 일은 휴식 못지 않게 삶에 기운과 활력을 북돋아 준다.
> hit the ground running: 빨리 시작하다, 발 빠르게 움직이다, 의욕적으로 임하다

## 2-2  Martin Luther King, Jr. Day | 1월 셋째 주 월요일

Martin Luther King, Jr. Day는 모든 시민의 평등권과 사회 정의를 위해 싸운 Dr. King(킹 목사, 1929-1968)의 삶과 업적을 기리는 사회문화적으로 뜻깊은 의미를 지닌 날이다. 1월 셋째 월요일에 기념하는 이 날은 미국 내의 지속적이고 구조적인 인종차별과 불평등에 대한 투쟁을 상기시킨다. 이 날은 킹 목사의 비폭력(non-violence) 원칙과 행동주의에 대한 성찰을 장려하며, 개인들이 지역사회 봉사와 사회 정의를 위한 활동에 참여하도록 영감을 준다. 많은 사람들이 자원봉사 활동에 참여하여 사회 정의를 위한 연대와 집단 행동의 정신을 키운다. 이 휴일은 인종(race), 차별(discrimination), 및 시민권(civil rights)에 대한 논의를 촉진하여 현대 사회에서 킹 목사의 정신을 계속 이어가는 것의 중요성을 강조한다. 핵심적으로 이 날은 킹 목사와 과거 민권운동(the civil rights movement)의 성취를 기념하는 동시에 지속적인 인종적, 사회문화적, 경제적 정의와 평등을 위한 행동을 촉구한다. 이 날은 미국 연방, 주, 지방 정부들과 각급 학교들의 공적인 행사들 뿐만 아니라 이웃들과 친구들을 비롯한 많은 사적 그룹들 또한 킹 목사의 다큐멘터리를 함께 관람하는 등, 그를 기념하고 추모하는 모임과 이벤트를 갖기도 한다.

[사진] Dr. Martin Luther King, Jr. Day에 미국 Wisconsin 주 Madison 시민들이 도시 내의 한 college에 모여 King 목사의 전기 다큐멘터리(biographical documentary film)를 보고 있다. 사진 내 스크린 위의 사진은 1963년의 "I Have a Dream" 연설 중의 Dr. King) 사진: ⓒ 박우상

[사진] 미국 Georgia 주 Atlanta에 있는 Dr. Martin Luther King, Jr. 묘소 앞에서 한 백인 여성이 무릎을 꿇고 기도하고 있다. 사진: ⓒ 박우상

racial equality / civil rights movement / nonviolent protest / social justice / Dr. King's legacy / the "I Have a Dream" speech / equality in education / voter rights / racism / service to others / unity and solidarity / overcoming hate / peaceful resistance / economic justice / hope for the future

## 주요 어휘 및 표현

명 equality / freedom / nonviolence / civil rights / legacy / dream / unity / peace / solidarity / hope / leadership / oppression / injustice / courage / activism

형 inspiring / unified / brave / resilient / transformative / inclusive / visionary / determined / compassionate / progressive / influential

동 fight / march / strive / lead / advocate / challenge / educate / resist / empower / overcome / protest

구 keep the dream alive / walk in one's footsteps(본받으며 따르다) / the moral arc of the universe bends toward justice(역사 흐름은 정의로 향한다) / fight the good fight / stand up for what's right / break the chains of oppression / lead by example / rise above hate(증오를 극복하다) / speak truth to power / live the dream / in the spirit of unity / turn the other cheek(보복하지 않고 참다) / a voice for the voiceless(목소리 없는 이들의 대변인) / shoulder to shoulder(함께 힘을 모아) / practice what one preaches(말한 대로 행동하다) / walk the talk(말과 행동이 일치하다) / lift as someone climbs(성공할 때 다른 사람도 돕다) / break barriers / justice for all / peace and justice go hand in hand / a beacon of hope / on the right side of history / equality for all / a new dawn of justice / a light in the darkness

## 예문

A: **Dr. King's courage and resilience** in the face of adversity became **a beacon of hope** for others facing similar hardship.

A: 역경 앞에서 보여준 킹 목사의 용기와 회복력은 비슷한 어려움을 겪고 있는 다른 사람들에게 희망의 등대가 되었다

**참고** a beacon of hope: 희망의 등대

A: The union members had a solid confidence that their efforts would eventually bring **a new dawn of justice.**

A: 노조원들은 자신의 노력이 결국 정의의 새로운 시대를 가져올 것이라는 확고한 자신감을 가지고 있었다.

**참고** a new dawn of justice: 기대에 부응하는 변화가 머지않아 도래할 거라는 낙관적인 전망과 강력한 희망을 내포하고 있는 관용 표현

A: The meeting was held **in the spirit of unity** to celebrate the diverse non-profit organizations of the city.

A: 그 회의는 도시의 다양한 비영리 단체들을 축하하기 위해 연대의 정신으로 개최되었다.

A: No matter how bad things get, Dr. King's message is about how to **rise above hate.**

B: Exactly. He demonstrated the power of nonviolence and taught us how to **turn the other cheek** in the face of injustice.

A: 아무리 상황이 어려워도 킹 목사님의 메시지는 증오를 극복하는 법을 가르쳐줘요.

B: 그렇죠. 그는 비폭력의 힘과 부당함에 맞서 보복하지 않는 법을 보여주셨죠.

**참고** turn the other cheek: (모욕감이나 화를) 애써 참다, 무시하다

A: Today reminds us how important it is to **break the silence** and stand.

B: I agree, but we also need to **be the change** we seek, not just talk about it.

C: Honestly, the best way to **inspire others** is to just **lead by example** in everything.

A: 오늘은 침묵을 깨고 부당함에 맞서 일어서는 것이 얼마나 중요한지 다시금 깨우쳐 주네요.

B: 맞아요, 하지만 단지 말로만 그칠 게 아니라, 우리가 추구하는 변화의 주체가 되어야 해요.

C: 솔직히 다른 사람들에게 영감을 주는 최고의 방법은 우리 스스로 모든 일에서 모범을 보이는 것이죠.

A: Basically, Dr. King's vision was about everyone getting a chance to realize the dream of equality and freedom.

B: Yeah, but we all gotta be **shoulder to shoulder** in the fight for justice, if we want that to happen.

C: You're right. We can't just talk about change. Actually, we need to **walk the talk** and take real action.

A: **At the end of the day**, what it comes down to is **justice for all**, no matter who they are.

A: 기본적으로, 킹 목사님의 비전은 모두가 평등과 자유의 꿈을 이루며 사는 것이었어요.

B: 그래요. 하지만 그렇게 되기를 원한다면 정의를 위한 싸움에서 우리 모두 함께 힘을 모아야 해요.

C: 맞아요. 변화를 말로만 하지 않고, 실제로 행동으로 보여줘야 해요.

A: 결국 핵심은, 사람들이 자신의 배경과 관계없이 누구에게나 정의가 실현되는 것이에요.

참고 at the end of the day: 결국에는, 최종적으로는(In the end 또는 after all is said and done)
stand shoulder to shoulder: (목표·의견 등을 공유하며) 힘을 모으다, 협력하다
walk the talk: 말한 것을 실행/실천하다, 언행일치하다

Inauguration Day는 미합중국(the United States of America) 대통령이 취임식을 통해 새 대통령 임기의 시작을 알리는 날이다. 이 날, 대통령과 부통령은 공식적으로 취임 선서(oath of office)를 한다. 이 행사는 미국 헌법에 명시된 것으로, 평화로운 권력 이양(peaceful transfer of power)을 상징하는 미국 민주주의의 핵심 의식이다. 주요 행사는 정오에 미 의회 의사당 서쪽 광장(West Front of the Capitol)에서 열리는 선서식(swearing-in ceremony)으로, 이때 신임 대통령은 대법원장(the Chief Justice of the Supreme Court)이 집행하는 취임 선서를 한다. 원래, Inauguration Day는 3월 4일이었으나, 1937년부터 1월 20일로 변경되었다. 1월 20일이 일요일인 경우, 공식 취임식은 다음 날인 1월 21일에 열린다.

선서 후, 새 대통령은 취임 연설(inaugural address)을 하며 국가에 대한 비전을 제시한다. 그 후에는 보통 백악관 앞의 펜실베이니아 애비뉴(Pennsylvania Avenue)에서 취임 퍼레이드가 열리고, 저녁에는 다양한 취임 무도회(inaugural ball)가 개최되어 이 날을 기념한다. 전통적으로 퇴임하는 대통령도 새 대통령 취임식 행사에 참석하며, 이는 평화로운 권력 이양을 상징한다. 연방 행정부의 수반인 대통령 취임일인 1월 20일과 달리, 대부분의 주(states)에서 주지사(governor)의 취임식은 1월 첫째, 둘째 주 중의 하루에 열린다. 이 날은 미국 민주주의의 연속성과 강인함을 상징하는 중요한 공적인 날이지만 연방공휴일(federal holiday)는 아니며, 일반 미국 시민들은 취임식을 TV나 온라인을 통해 시청하거나 일부가 축하 또는 항의 모임에 참가하는 것 등을 제외하면 대부분 일상적인 근무를 하며 하루를 보낸다.

### 공통주제

peaceful transition of power / national unity / patriotism / new leadership / democratic values / economic priorities / foreign policy / social justice / public service / the president's inaugural address / hopes for the future / bipartisanship(초당주의)

### 주요 어휘 및 표현

명 president / ceremony / leadership / oath / transition / vision / future / challenges / administration / inauguration

형 transformative / challenging / bold / visionary / patriotic / promising / confident / progressive / optimistic / diverse / inclusive / symbolic

동 swear / lead / unite / inspire / promise / hope / govern / pledge / challenge / inaugurate / celebrate / look forward / represent

구 the dawn of a new era / hit the ground running(당장 성과 내기 시작하다) / a fresh start / all eyes on / change is in the air(변화의 기운이 감돌다) / take the reins(통솔하다) / step into the spotlight / a turning point / cross the aisle(정당을 넘나들며 협력하다) / new blood / the winds of change / on the world stage / set the tone(분위기를 조성하다) / unite the country / a breath of fresh air (신선한 변화) / lead by example / mend fences(관계를 회복하다) / a clean slate / forge ahead(어려움에도 불구하고 꾸준히 나아가다) / a tall order(만만치 않은 요구) / raise the bar(기준을 높이다) / the honeymoon period / in the driver's seat (책임자 입장에 있는) / in uncharted waters(미지의 상황에 처한) / change the game(판도를 바꾸다) / walk a fine line(줄타기를 하다, 위험한 일을 하다) / rally the troops(촉구하다, 분발하다) / put one's best foot forward(최선의 노력을 하다, 가장 멋진 인상을 남기려고 노력하다) / a new chapter begins / the weight of the world (막중한 책임감) / at the crossroads(중대한 기로에 선) / a time for reflection / steady the ship(상황을 수습하다)

### 예문

A: Do you believe our new prez will **walk the talk** for the American people?

A: 우리 새 대통령이 국민들에게 한 말을 실천할 거라고 생각해?

참고 prez: president의 속어. 구어체에서 자주 사용
walk the talk: 말뿐 아니라 행동으로 실천하다

A: This peaceful transition of power lets us trust that democracy is **alive and kicking** in our country.

A: 이처럼 평화로운 정권 이양은 우리나라의 민주주의가 여전히 건재하다는 것을 믿게 해줍니다.

참고 alive and kicking: '활발하고 활기찬'의미로 일상의 다양한 상황에 활용

A: I hope the new president will **usher in** a new era of prosperity for our country.

A: 나는 새 대통령이 우리나라의 새로운 번영 시대를 열어주기를 바랍니다.

참고 usher in: ...이 시작되게 하다

A: **The winds of change** are blowing across this country, conveying the promise of a brighter tomorrow.

B: The new president's speech really **hit the nail on the head** about the economy.

A: 오늘 이 나라 전역에 더 밝은 미래를 약속하는 변화의 바람이 불고 있습니다.

B: 새 대통령의 연설은 경제 문제에 대해 정확히 핵심을 짚었습니다.

> **참고** winds of change: 변화의 바람. 큰 변화가 다가오고 있음을 비유적으로 표현
> hit the nail on the head: '정확히 핵심[정곡]을 찌르다'는 의미로 자주 사용되는 표현

A: People are all **gung-ho** about the new president during the **honeymoon period**, but it won't last long.

B: True. If the president is hoping to accomplish anything, he gotta **reach across the aisle** sooner or later.

A: 사람들은 새 대통령의 임기 초반에는 열광하지만, 그게 오래가진 않아.

B: 맞아. 대통령이 실제로 뭔가를 해내길 바란다면, 조만간 초당적으로 지지를 얻어야 해.

> **참고** gung-ho: '열광하는(enthusiastic)'을 의미하는 비격식체 표현으로, 중국어 '공화(工和)'에서 유래
> reach across the aisle: (의회의) 초당적 지지를 받다

A: With everything that's messed up right now, the new prez in charge is facing one heck of a **tall order**.

B: You bet, but he's got no choice but to **forge ahead** and take some major risks if he wants things to actually improve.

A: After all the political chaos we've been through, it's super important to **steady the ship** and calm everything down.

B: He'll need to prioritize **rallying the troops** and getting everyone on board to move the country forward.

A: 현재 모든 게 어수선한 상황에서, 새로 취임한 대통령은 정말 어마어마한 과제를 떠안게 됐어요.

B: 맞아요, 하지만 현안들을 가시적으로 개선하려면, 그는 과감하게 나아가고 큰 위험을 감수해야만 돼요.

A: 우리가 헤쳐나온 정치적 격변 이후에 나라를 안정시키고 모든 것을 진정시키는 것도 너무 중요해요.

B: 그는 우선적으로 모든 인적/물적 자원을 결집시켜서 모든 국민이 나라의 발전에 동참하도록 해야 할 거에요.

> **참고** a tall order: 어려운 주문, 무리한 요구
> forge ahead: charge forward 돌격/전진하다
> rally the troops: 집결시키다, 모든(인적/물적) 자원을 총동원 하다

A: Are you going to watch the inauguration parade later? It's supposed to be **quite a show**.

B: I'm not sure. I'm more interested in the inaugural address. I want to hear what the new president has to say.

A: Yeah, that's what's really going to **set the tone** for the next four years. It's a huge moment.

B: Definitely. I just hope they can finally start **mending fences** and bringing the country together after this divisive election.

A: 이따가 취임식 퍼레이드 볼 거야? 꽤 볼만하리라고 봐.

B: 잘 모르겠네. 나는 취임 연설이 더 궁금해. 새 대통령이 무슨 말을 할지 듣고 싶어.

A: 맞아, 그게 앞으로 4년간의 분위기를 좌우할 거잖아. 정말 중요한 순간이지.

B: 그렇지. 이번 분열된 선거 이후에 서로의 관계를 회복하고 나라가 화합하기 시작하기를 바래.

> 참고  set the tone: 상황의 분위기나 흐름을 정하다
> mend fences: 화해하다, 합의점을 찾다

A: So, the new administration is finally **in the driver's seat**. What do you think their top priority will be?

B: Tough to say. They have a ton on their plate, but I think they'll have to hit the ground running on the economy first.

A: Totally. The unemployment numbers are **a tall order**, for sure. It's a lot to handle right **off the bat**.

B: Yeah. It's not going to be easy, that's for sure. They're in uncharted waters with so many issues at once.

A: 자, 드디어 새 행정부가 실권을 잡았네. 가장 먼저 뭘 우선시할 것 같아?

B: 말하기 어렵네. 떠안은 문제가 산적해 있지만, 일단 경제부터 당장 성과를 내기 시작해야 할 것 같아.

A: 완전 공감. 실업률 문제는 정말 만만치 않은 과제지. 시작부터 감당해야 할 일이 너무 많아.

B: 응. 쉽지는 않을 거야, 분명해. 한꺼번에 너무 많은 문제에 직면해서 미지의 상황에 처한 거지.

> 참고  in the driver's seat: 주도권을 가진(어떤 상황[조직]에서 핵심적인 영향력을 행사할 수 있는 위치에 있을 때 사용)
> a tall order: 만만치 않은 과제[도전]
> off the bat: 즉시
> in uncharted waters: 미지의 상황에 처한, 대혼란에 처한

미국에서 Black History Month(흑인 역사의 달)는 2월에 기념되며, 아프리카계 미국인들(African-Americans)의 공헌과 업적을 기리고 축하하는 기간이다. 이 달은 미국 역사, 문화, 그리고 민권 운동(civil rights movement)에서 아프리카계 미국인들이 중심적인 역할을 해왔음을 조명한다. 또한, 흑인들이 겪어온 노예제(slavery), 인종 분리와 차별(segregation, discrimination) 그리고 계속되는 인종적 부정의(racial injustice)의 문제를 알리는 중요한 달이다.

이 한 달 동안 학교, 대학, 박물관, 그리고 문화 기관들은 아프리카계 미국인의 역사와 유산을 탐구하는 교육 행사, 강연, 전시회를 개최한다. 공공 인물들, 역사학자들, 그리고 활동가들이 종종 연설과 발표를 통해 시민권과 진보에 대한 성찰을 스스로 해보도록 한다. 미디어에서는 특별 프로그램, 다큐멘터리, 영화가 방영되어 Dr. Martin Luther King, Jr., Rosa Parks, Harriet Tubman과 같은 미국 흑인 민권사뿐만 아니라 인종적 정의와 평등을 위해 큰 업적을 남긴 흑인 지도자들을 기린다.

[사진] 1968년 3월 29일, 미국 Tennessee 주의 Memphis 시에서 있었던 civil rights workers(민권운동 활동가들)과 sanitation workers(시 청소미화원들)의 'I Am a Man' march('나도 인간이다' 행진). 이 사진에서 보이듯이 National Guard(주 단위로 조직된 국가방위군)의 탱크와 총검(bayonet)의 위협에도 불구하고 일부의 백인들도 'I Am a Man' 이라고 외치며 이 행진에 함께 참여했던 사실에 우리는 주목해야 한다. 흑인들만의 민권이 아니라 백인들까지 포함한 모든 인간의 기본적인 존엄을 주장하면서 이 행진을 주도한 미국 현대 민권운동의 기수 Dr. Martin Luther King, Jr. 목사는 계속되는 이 행진에 다시 참가하려 하던 중 6일 후인 4월 4일에 비극적으로 암살당했다. 사진 제공: U.S. National Archives, © Bettmann/CORBIS

## 공통주제

celebrating Black leaders and pioneers / civil rights movement(민권운동) / African American culture and heritage / the legacy of slavery / overcome adversity / racial justice and equality / education and awareness / systemic racism / representation in media and politics / black excellence / intersectionality(교차성(신분, 인종, 성별, 장애 등의 차별 유형들이 별개로 존재하는 것이 아니라 서로 결합하여 영향을 미침을 뜻함)) / the power of community / economic empowerment / Black Lives Matter movement / honoring ancestors

## 주요 어휘 및 표현

명 equality / justice / freedom / heritage / culture / legacy / history / leadership / community / civil rights / activism / achievement / pride / unity / diversity / resilience / empowerment / progress / struggle / inspiration

형 inspirational / historic / pioneering / courageous / influential / proud / transformative / inclusive / diverse / impactful / celebratory / honorable / determined

동 acknowledge / educate / reflect / recognize / advocate / challenge / overcome / remember / uplift / fight / achieve / unite / commemorate / lead / progress / support

구 break barriers / stand tall / fight the good fight / rise above(극복하다) / level the playing field(공평한 경쟁의 장을 만들다) / lift every voice / pave the way / carry the torch((대의 등을) 실행하다) / make history / change the narrative / in the face of adversity / a long way to go / the struggle continues / trailblazer(개척자, 선구자) / a seat at the table(의사결정권) / plant seeds / turn the tide(상황을 전환하다) / move the needle(변화를 이끌다, 상황을 바꾸다, 큰 변화를 가져오다) / power to the people / on the front lines / strength in numbers / lead by example / wear many hats(다양한 역할을 수행하다) / against the odds(역경/불리함/저항을 무릅쓰고) / a force to be reckoned with(무시할 수 없는 존재) / keep the faith / unity is strength / break the glass ceiling / stand in solidarity / history in the making / hold the line(물러서지 않다, 고수하다) / bridge the gap / walk in someone's footsteps(...을 본받다) / on the shoulders of giants / speak out / keep one's eyes on the prize(원하는 것을 얻기 위해 부단히 노력하다) / rise to the occasion(상황에 맞게 잘 대처하다, 난국(위기)에 대처하다)

A: Together, let's honor those who have **spoken truth to power** in the fight for our civil rights and social justice.

A: 우리의 시민권과 사회 정의를 위해 권력에 맞서 진실을 이야기했던 사람들을 함께 기리기로 해요.

**참고** speak truth to power: 권력에 맞서 진실을 이야기하다

A: We can commemorate the achievements of African American trailblazers by **walking in their footsteps** and building a more inclusive society together.

A: 우리는 아프리카계 미국인 개척자들의 발자취를 따라가며 보다 더 포용적인 사회를 함께 만들어 가면서 그들의 업적을 기릴 수 있습니다.

**참고** walk in someone's footsteps: …의 발자취를 따르다

A: Every Black History Month, our Black players are more inspired by those who **walked the talk** in the face of adversity.

A: 매년 흑인 역사의 달이 되면, 우리 흑인 선수들은 지난 날 역경 속에서도 말과 행동이 일치했던 선배들에게 보다 큰 용기를 얻습니다.

**참고** walk the talk: '말한 것을 실천하다'는 언행일치의 의미를 담은 관용 표현

A: To celebrate Black History Month, we plan to **step up** and **speak out** against racial and social injustices.

A: 흑인 역사의 달을 기념하고자, 우리는 인종 및 사회적 불의에 맞서 나서고 목소리를 높일 계획입니다.

**참고** step up: 나서다, 책임을 지다
speak out: 공개적으로 의견을 표명하다

A: For real, tons of Black leaders have been breaking barriers, paving the way for change.

B: Exactly, but there's still a ton of work to do if we wanna **level the playing field** and give everyone a real shot at success.

A: 실로, 수많은 흑인 지도자들이 변화의 길을 닦으며 장벽을 허물어 왔어요.

B: 맞아요, 하지만 공평한 경쟁의 장을 만들고 모든 사람에게 진정한 성공의 기회를 주려면 아직도 해야 할 일이 산더미에요.

**참고** level the playing field: 공평한 경쟁의 장을 만들다

A: Let's **keep our eyes on the prize**. The end game here is equality for all, and we can't **drop the ball** on that.

B: Yeah, especially for those folks **on the front lines**, hustling for justice day in, day out.

A: For sure, we've been **moving the needle**, but please don't get it misunderstood. There's still a ton of work left to do.

B: You're right, and until everybody's got **a seat at the table**, we're not gonna call it quits.

A: 우리는 목표를 향해 부단히 애써야 해요. 그 최종 목표는 모두를 위한 평등이며, 그래서 우리는 그걸 반드시 실수없이 이루어야 해요.

B: 네, 특히 매일같이 정의를 위해 혼신을 다하는 현장에 있는 사람들을 위해서라도 말이죠.

A: 확실히 우리는 진전을 이루어 왔지만, 오해해서는 안돼요. 우리 앞엔 아직도 해야 할 일이 산더미처럼 놓여 있어요.

B: 맞아요, 모두가 목소리를 낼 기회를 가질 때까지 우리는 결코 중단하지 않아야 해요.

**참고** keep one's eyes on the prize: 원하는 것을 얻기 위해 부단히 노력하다
drop the ball: 실수하다, 망가뜨리다
move the needle: (상황 등을) 눈에 띄는 정도로 바꾸다
have a seat at the table: 자신의 몫을 가지다
call it quits: ...을 그만하기로 하다

　Groundhog Day는 매년 2월 2일에 미국에서 기념하며, 이날 그라운드호그(땅속에 사는 북미의 다람쥐과 동물)의 행동이 봄의 도래를 예측할 수 있다는 독일계 민속에 기원을 두고 있다. 전통에 따르면, 그라운드호그가 땅속의 굴(burrow)에서 나와 자신의 그림자를 본다면(see its own shadow), 다시 굴로 들어가며 겨울이 6주 더 지속된다(six more weeks of winter)는 징표이며, 그라운드호그가 그림자를 보지 못하고 주위에서 어슬렁거리고 놀면 봄이 일찍 온다는 의미이다.

　가장 유명한 Groundhog Day 축제는 펜실베이니아 주 Punxsutawney에서 열리며, Punxsutawney Phil이라는 이름의 그라운드호그가 이 타운의 마스코트이다. 수천 명의 사람들이 활기찬 이른 아침 축제를 위해 모여 필(Phil)의 움직임을 주시한다. 이 행사에는 연설, 오락, 그리고 주로 독일식 호른(horn)과 어코디언 음악과 폴카 댄스가 포함된다. 미국 전역의 다른 도시들도 각자의 지역 그라운드호그와 함께 비슷한 축제를 열고 하루를 즐긴다. 유머러스하고 흥겨운 성격을 띠는 이날은, 종종 미디어의 관심을 끌고, 농담과 날씨 예측에 대한 가벼운 이야기들이 이어진다. 상당수의 미국인들이 1993년 영화 Groundhog Day를 시청하면서 이 날의 로맨틱한 분위기를 즐기며, 이 날의 로맨틱한 사회문화적 분위기 속에 결혼식을 하는 일부의 사람들도 있다. 그라운드호그의 날씨 예측은 유머러스하게 받아들여지지만, 이날은 사람들이 지루하게 웅크리고 지내던 겨울의 끝과 따뜻한 새 생명이 피어오르는 봄의 도래를 바라는 마음(이 추운 날씨 속에 오두막집에 갇혀 봄을 기다리는 간절한 마음을 cabin fever(오두막 집의 열병)이라고 한다)을 기발한 방법으로 표현하면서 학교, 직장, 또는 이웃에서 즐거운 하루를 보낸다.

[사진] 미국 동부 Pennsylvania 주의 Appalachian 산맥의 언저리 Punxsutawney에서 타운 사람들이 이 타운의 Groundhog Day 마스코트인 Punxsutawney Phil을 굴에서 꺼내서 봄 날씨를 예상하게 하고 있다. 사진 제공: © Aaron Silvers

[사진] 미국 Illinois 주의 Woodstock 에서 타운 사람들이 대단히 추운 Groundhog Day의 이른 아침에 town square에 모여 이 타운의 Groundhog 'Willie'의 봄 날씨 예측 발표를 기다리고 있다. 사진: ⓒ 박우상

[사진] Woodstock 타운 사람들이 이 타운의 Woodstock 'Willie'를 통나무 굴에서 꺼내서 Willie의 봄 날씨 예측을 발표하고 있다. 사진: ⓒ 박우상

[사진] Woodstock 'Willie'의 봄 날씨 예측이 발표된 직후 타운 사람들이 공동체 아침 식사를 함께 하면서 Groundhog Day를 축하하며 즐기고 있다. 사진: ⓒ 박우상

## 공통주제

weather predictions / spring vs. winter / groundhog tradition / Punxsutawney Phil / local celebrations / accuracy of predictions / winter blues(겨울 우울증) / fun superstition / seasonal changes / nature and animals / annual tradition / Groundhog Day movie / hope for warmer weather / community spirit / folklore and mythology

## 주요 어휘 및 표현

[명] groundhog / shadow / winter / spring / prediction / weather / Phil(as in Punxsutawney Phil) / tradition / celebration / forecast / snow / cold / sun / season / storm / wind / folklore / daylight / February / sky

형 cold / sunny / cloudy / icy / freezing / mild / snowy / frosty / bright / chilly / early(as in early spring) / late(as in late winter) / bitter / windy / harsh / overcast / clear / crisp / gloomy / brisk

동 predict / celebrate / wait / see / hope / forecast / feel / watch / discuss / experience / celebrate / hear / announce / enjoy / prepare / anticipate / debate / wonder / remember / look

구 same old story(늘 똑같은 상황) / stuck in a rut(틀에 박혀 있는) / wait for the dust to settle(상황이 안정될 때까지 기다리다) / under the weather(몸이 안좋은) / keep one's fingers crossed(행운을 빌다) / hold one's breath(긴장되어 숨을 죽이다, 결과를 초조하게 기다리다) / let nature take its course(자연스럽게 내버려 두다) / weather the storm(어려운 상황을 견디다) / Spring is just around the corner / shadow of a doubt / cold snap(일시적 한파) / in a fog / rain or shine(날씨에 관계없이) / see the light / clear skies ahead / break the ice / the calm before the storm / March comes in like a lion.(3월 초에 거친 날씨가 온다) / dog days of winter(가장 추운 겨울 시기) / in the dead of winter / wait for the thaw / bundle up / out of the woods(위기에서 벗어난) / chilly reception / nippy in the air(공기가 차가운) / Jack Frost is nipping at one's nose.(추위가 다가오다) / The wind's picking up. / frozen in time / as cold as ice / on thin ice(살얼음을 밟고, 위험한 상태로) / A/The storm's brewing.(문제가 생기고 있다) / cold feet(겁먹음) / snowed under ...(...에 파묻힌) / make hay while the sun shines(기회를 잘 이용하다) / batten down the hatches(위기에 대비하다) / out in the cold / Every cloud has a silver lining.(어떤 시련에도 희망이 있다)

A: I must do something different to **snap out of** this **rut** I'm **stuck in**.

A: 이 판에 박힌 생활에서 벗어나려면 뭔가 다른 것을 해야해.

참고 stuck in a rut: 틀에 박혀 있는
snap out of ...: ...에서 벗어나다

A: We decided to **wait for the dust to settle** before spring starts.

A: 우리는 봄이 시작되기 전에 상황이 진정되기를 기다리기로 했어.

참고 wait for the dust to settle: 상황이 진정되기를 기다리다

A: **I've left no stone unturned** to warm up to her, but I always get a **chilly reception**.

A: 그녀와 친해지기 위해 모든 방법을 다 써봤지만, 항상 쌀쌀한 반응만 받아.

참고 leave no stone unturned: 모든 방법을 다 써보다
warm up to ...: ...를 좋아하게 되다

A: I'm still trying to make it happen, but **don't hold your breath**.

A: 나는 아직 그 큰 거래를 성사시키려고 노력 중이야. 그래도 너무 기대하진 마.

참고 don't hold your breath: 기대하지 마.

A: I guess we'll just have to **let nature take its course** and see what the groundhog says.

B: Yeah, but **the wind's picking up**, so it feels like **winter might stick around** for a while.

A: 그냥 자연에 맡기고, 그라운드호그가 뭐라고 예측하는지 지켜봐야겠네요.

B: 맞아요, 그런데 바람이 세게 불기 시작해서 겨울이 좀 더 오래 남아있을 것 같아요.

참고 let nature take its course: (일을) 자연에 맡기다, 되어가는 대로 놓아두다

A: Don't worry, spring is just **around the corner**.

B: Maybe, but you know how **March comes in like a lion**. It could still get rough before it warms up.

A: 걱정 마세요, 봄이 곧 다가올 거예요.

B: 그럴지도 모르지만, 3월은 사자처럼 시작된다고 하잖아요. 따뜻해지기 전에 아직 날씨가 거칠어질 수 있어요.

참고 around the corner: 목전에 있는, 코앞에 와 있는

A: **Jack Frost is nipping at your nose** today. It feels like winter's never going to end.

B: I know. I still have **a shadow of a doubt** whether we're **out of the woods** yet. **The groundhog's prediction** could go either way.

C: Yeah, even if **he doesn't see his shadow**, I doubt we're out of the woods for another **cold snap** just yet.

A: 오늘 서리(동장군)가 코끝을 찌르네요. 겨울이 끝나지 않을 것만 같아요.

B: 맞아요, 위험(겨울)에서 아주 벗어났는지 여전히 일말의 의심은 남아 있어요. 그라운드호그

예측이 어느 쪽이든 가능하잖아요.

C: 네, 설령 그라운드호그가 자신의 그림자를 보지 않더라도, 또 한 번 한파가 올 가능성에서 벗어난 건 아닐 거예요.

A: Looks like a **storm's brewing** with those dark clouds rolling in.

B: Yeah, and I've been feeling **in a fog** all day, waiting to hear the groundhog's prediction.

A: Well, **every cloud has a silver lining**. Whether winter stays or goes, we'll get through it.

B: Exactly, **rain or shine**, we'll manage just fine either way.

A: 저 어두운 구름들이 밀려오는 것을 보니 폭풍이 오려는 것 같아요.

B: 네, 그라운드호그의 예측을 기다리느라 하루 종일 정신이 멍해요.

A: 어려움 뒤에는 늘 기쁨이 있잖아요. 겨울이 머물든 떠나든 잘 이겨낼 거예요.

B: 맞아요, 날씨에 관계없이 우리는 어떻게든 잘 해낼 거예요.

A: I've been feeling a bit **under the weather** with all this cold.

B: Same here. It feels like we're in **the calm before the storm**, just waiting to see what happens next.

A: If **the groundhog sees his shadow**, it's **six more weeks of this**, and I'm not sure I can handle that.

B: Hopefully, we'll get lucky and have **clear skies ahead**. I'm ready for some warmer days!

A: 추운 날씨에 몸이 좀 안 좋아요.

B: 나도요. 지금은 폭풍 전의 고요 같은 느낌인데, 다음에 무슨 일이 생길지 기다리고 있어요.

A: 만약 그라운드호그가 그림자를 본다면, 앞으로 6 주 더 이런 날씨일 텐데, 견딜 수 있을지 모르겠어요.

B: 희망컨데, 운이 좋으면 맑은 날씨가 이어지겠죠. 저는 따뜻한 날이 기다려져요!

A: What are your plans for Groundhog Day? Are you going to any of the local celebrations?

B: Not this year. I'm completely **snowed under** with work, so I can't really go out.

A: That's a shame. It's so much fun to see everyone **bundle up** and **gather for the forecast**.

B: I know. Maybe next year I'll have more time to join the fun.

A: 그라운드호그 데이에 무슨 계획 있어? 지역 축제 같은 거 갈 거야?

B: 올해는 아니야. 일이 너무 많아서 밖에 나갈 수가 없어.

A: 아쉽다. 사람들이 다 같이 껴입고 모여서 예측 발표 기다리는 거 재밌는데.

B: 그러게. 내년에는 좀 더 시간이 있어서 축제에 참여할 수 있으면 좋겠다.

> **참고** snowed under ...: ...에 파묻힌
> bundle up: 옷을 따뜻하게 껴입다

미국에서 매년 2월 14일에 기념하는 Valentine's Day는 사랑과 애정을 표현하는 중요한 문화적 행사이다. 전통적으로 로맨틱한 사랑을 강조하지만, 이제는 친구, 가족, 심지어 클래스 메이트들과 직장 동료들에게도 감사의 마음을 전하는 날로 확대되었다. 사람들은 카드, 꽃(특히 장미), 초콜릿, 선물을 주고받으며 마음을 표현한다. 사회적으로는 커플들이 특별한 저녁 식사나 데이트를 통해 관계를 돈독히 하는 날로 여겨진다. 학교에서는 아이들이 반 친구들과 카드를 주고받으며 우정을 나누기도 한다.

Valentine's Day는 비록 상업화된 측면이 크고, 소매업체들이 이를 기회로 삼는 경우가 많지만, 많은 사람들에게 정서적으로 중요한 날이다. 평소에 표현하지 못했던 마음을 전할 수 있는 특별한 시간이 되며, 사랑, 동반자 관계, 감사의 마음이 사회에서 부각되는 로맨틱하고 가슴을 훈훈하게 하는 날로 여겨진다.

### 공통주제

love and romance / gifts and surprises / dinner plans / celebrating relationships / affection and appreciation / marriage proposals / date ideas / memories of past Valentine's Days / single life / friendship and love / flowers / and chocolates / long-distance relationships / self-love and self-care(스스로를 사랑하는 마음가짐과 돌보기 위한 실천적인 행동) / heartbreak and loss / romantic gestures

### 주요 어휘 및 표현

명 love / heart / flowers / chocolate / gift / date / card / rose / dinner / romance / couple / surprise / kiss / hug / affection / relationship / partner / ring / commitment / emotion

형 romantic / lovely / sweet / passionate / caring / affectionate / heartfelt / adorable / beautiful / charming / special / thoughtful / loving / cute / intimate / perfect / endearing / unforgettable / tender / sincere

**동** love / celebrate / gift / kiss / hug / propose / date / cherish / surprise / flirt(남녀가 이성으로 가볍게 장난치다, 그런 관계를 유지하다) / admire / appreciate / express / plan / write(as in writing a card or message) / dream / hold / enjoy / devote / commit

**구** wear one's heart on one's sleeve(감정을 노골적으로 드러내다) / head over heels(몽땅, 완전히) / love is in the air / a match made in heaven / puppy love(풋사랑) / lovebirds(사이좋은 연인들) / better/other half(아내, 애인) / two peas in a pod(똑닮은 판박이) / fall head over heels(사랑에 빠지다) / pop the question(구혼/청혼혼하다) / tug at the heartstrings(심금을 울리다) / steal someone's heart / heart of gold(상냥한/친절한 마음) / love-struck(사랑에 흠뻑 빠진) / break someone's heart / love at first sight / seal the deal(거래를 마무리하다) / settle down / a labor of love / soulmate / make someone's heart skip a beat / sweet nothings(달콤한 말들, 밀어) / the apple of someone's eye(가장 사랑하는 사람) / lovey-dovey(달콤한) / cold feet(겁, 공포) / tie the knot(결혼하다) / sweep off someone's feet(누군가의 마음을 사로잡다) / be on cloud nine(최고의 행복감을 느끼다) / hit it off(...와 죽이 맞다) / put a ring on someone(사랑하는 이에게 청혼하다) / through thick and thin(좋을 때나 안좋을 때나) / in the mood for love / love knows no bounds / whirlwind romance / have eyes only for someone(오직 누구만 바라보다) / head in the clouds(엉뚱한 생각) / play hard to get

**예문**

A: I can't wait to see a movie with my **better half** this Valentine's Day.

A: 이번 발렌타인데이에 내 반쪽과 영화 보는 게 너무 기다려져.

**참고** better half [other half]: 배우자, 연인을 애정을 담아 부르는 호칭

A: Our **whirlwind romance** started all of a sudden, almost unnoticed.

A: 우리의 격정적인 사랑은 갑자기, 거의 눈치채지 못할 정도로 찾아왔어.

**참고** whirlwind romance: 빠르고 격정적인 사랑. 비슷한 표현으로 passionate love, sudden love, hasty romance가 있음

A: Every time I see her at work, Susan **makes my heart skip a beat**, even though she seems completely unaware.

A: 직장에서 Susan을 볼 때마다, 그녀는 전혀 모르는 것 같은데도 내 심장이 뛰어.

> 참고 make someone's heart skip a beat: 가슴이 콩닥거리게 하다

A: Since they've been in love for more than three years, I believe the time's ripe for John to **put a ring on** her.

A: 그들이 3년 이상 사랑해왔으니, John이 청혼할 때가 됐다고 생각해.

> 참고 The time is ripe.: 때가 찼다, 적기/적시이다다
> put a ring on someone: 청혼하다

A: Can you feel it? **Love is in the air** everywhere today.

B: Absolutely! And you've got a **heart of gold** for planning such a sweet surprise.

A: 느껴지나요? 오늘은 어디에나 사랑 기운이 감도는 것 같아요.

B: 정말이에요! 그리고 이렇게 달콤한 서프라이즈를 준비한 당신은 정말 마음이 따뜻하네요.

> 참고 in the air: 기운이 감도는
> a heart of gold: 따뜻한 마음(을 가진 사람)

A: I'm **head over heels** for him. I can't stop thinking about our date tonight.

B: That's amazing! You must **be on cloud nine** right now.

A: 난 그 사람에게 푹 빠졌어. 오늘 저녁 데이트 생각만 나.

B: 멋지네! 지금 정말 행복하겠어!

> 참고 head over heels: 사랑에 푹 빠진, 사랑에 빠져 정신을 못 차리는
> on cloud nine: 너무 행복한

A: Do you think he's going to **pop the question** tonight?

B: I wouldn't be surprised. She's clearly **the apple of his eye**.

C: Yeah, they're like **two peas in a pod**, always so in sync with each other.

A: 오늘 밤 그가 프로포즈할 것 같아?

B: 청혼해도 난 놀라지 않을거야. 그녀는 그에게 무척 소중한 사람이잖아.

C: 맞아, 그 둘은 정말 환상의 짝꿍 같애. 항상 서로 잘 맞더라고.

> 참고 pop the question: 청혼/프로포즈하다
> apple of someone's eye: ...의 각별한 총애를 받는 사람
> like two peas in a pod: 똑같이 닮은
> in sync (with ...): (...와) 화합하는, 조화를 이루는

A: Those two are definitely a **match made in heaven**. They just fit perfectly together.

B: I know, every time they're together, they just **click with each other**.

A: He's always been the one to **wear his heart on his sleeve**. You can see how much he cares about her.

B: Yeah, she's clearly **the apple of his eye**. It's so sweet to watch.

A: 두 사람은 정말 하늘이 맺어준 인연이에요. 서로 완벽하게 어울려요.

B: 알아요. 두 사람이 함께 있을 때마다 서로 죽이 잘 맞아요.

A: 그는 항상 속마음을 숨기지 않아요. 그녀를 얼마나 아끼는지 잘 보여요.

B: 네, 그녀가 그에게 아주 소중한 존재라는 게 분명해요. 정말 보기 좋아요.

참고  click with each other: 서로 마음이 잘 통하다
wear one's heart on one's sleeve: 숨기지 않다, 생각한 것을 숨김 없이 말하다


A: I still think about her sometimes. She was the one that got away.

B: Yeah, but you'll find someone who'll stick with you **through thick and thin**.

C: Exactly, you just need someone who can **sweep you off your feet**.

A: Maybe this time I'll find the right one and finally **seal the deal**.

A: 가끔 그녀가 생각나요. 그녀는 떠나버린 사람이었어요.

B: 하지만, 어떤 시련이 닥쳐도 당신과 언제나 함께할 사람을 만나게 될 거예요.

C: 맞아요, 당신에게는 마음을 온통 사로잡을 사람이 필요해요.

A: 이번에는 정말 맞는 사람을 만나서 제대로 한 번 사귀고 싶어요.

참고  through thick and thin: 좋을 때나 안 좋을 때나, 어떤 고난이 있어도
sweep off someone's feet: 마음을 사로잡다
seal the deal: 마무리하다, 타결하다, 남녀가 사귀다

President's Day는 원래 초대 대통령 George Washington의 생일을 기리기 위해 2월 셋째 주 월요일에 시작된 날이었지만, 현재는 모든 미국 대통령을 기념하는 날로 확장되었다. 특히, 미국의 건국을 이끈 Washington과 남북전쟁(the Civil War, 1861-65) 중 국가를 분열의 위기에서 구해낸 Lincoln 대통령의 역할로 인해 이 날은 중요한 역사적, 정치적 의미를 지닌다. President's Day는 정치적으로 대통령직이 미국의 가치와 정책을 형성하는 데 중요한 역할을 해왔음을 상기시키는 날이다. 미국인들은 이 날을 통해 대통령들의 미국 사회와 역사에 대한 기여를 돌아보고, 민주주의, 자유, 평등이라는 미국의 이상을 재확인한다.

사회문화적으로, President's Day는 미 연방과 50개 주 전체의 공휴일로, 교육적 행사와 기념식이 열린다. 학교에서는 대통령의 역사에 대한 수업이 진행되며, 지역 사회에서는 퍼레이드나 행사가 열리기도 한다. 또한 많은 소매업체들이 특별 할인 행사를 진행하는 인기 있는 쇼핑 날이기도 하며, 또 많은 사람들이 운동 경기, 공원, 수목원, 박물관, 공연장, 전시회, 영화관 등을 찾아 문화와 레저를 즐기기도 한다.

### 공통주제

honoring past U.S. presidents / presidential leadership / George Washington and Abraham Lincoln / the role of the presidency / historical milestones / civic duty and democracy / civic engagement / presidential elections / leadership qualities / presidential speeches and quotes / challenges faced by presidents / monuments and memorials / public holidays / economic impact and sales

### 주요 어휘 및 표현

명 president / leadership / democracy / legacy / Oval Office(미국 백악관 대통령 집무실) / constitution / government / inauguration / patriotism / policy / responsibility / liberty / courage / integrity presidential / patriotic / honorable / influential / visionary / decisive / inspirational / respectful / libertarian / strategic / constitutional / leadership-driven / diplomatic

동 lead / inspire / serve / govern / celebrate / represent / guide / promote / uphold(지키다, 유지하다, 옹호하다) / swear / empower / commemorate / execute / influence

구 The buck stops here.(모든 책임은 내가 진다) / in the Oval Office(백악관 대통령 집무실에서) / commander-in-chief / a man of the people / on Mount Rushmore(미국 대통령 4인의 얼굴이 조각된 산) / cross the Rubicon (중대한 결심을 하다) / Hail to the Chief(대통령 찬가(취임곡)) / land of the free, home of the brave / on the world stage / make history / rise to the occasion(위기나 중대한 순간에 잘 대처하다) / in the public eye / leave a lasting legacy(대대로 보존될 유산 또는 업적을 남기다) / walk the talk(말한 바를 실행하다) / from sea to shining sea(대서양에서 태평양까지, 즉 미국 전체) / the power behind the throne / on the campaign trail / United we stand, divided we fall / a pillar of democracy / in the spotlight / make America great again(MAGA) / run the show(운영하다, 꾸려나가다) / at the helm(책임지고 있는) / history in the making / State of the Union address(미국 대통령 연두 국정연설) / cross party lines / speak softly, but carry a big stick / lead the charge / walk a fine line(줄타기하다) / shake hands and kiss babies / in the driver's seat(책임자 입장에 있는) / reach across the aisle / on the hot seat(가시방석같은 자리에) / political football(정치적 논쟁거리) / put one's best foot forward / make an executive decision

---

**예문**

A: Everyone there gave a round of applause and cheered '**Hail to the Chief**' when the president stepped onto the podium.

A: 대통령이 연단에 오르자 참석한 모든 사람들이 박수를 치며 '대통령 만세'를 환호했습니다.

**참고** Hail to the Chief: 미국 대통령을 위한 공식 의전곡으로 그 의미는 '대통령께 경의를 표하라', '대통령 만세'

A: Every time our nation faced adversity, our past presidents would **rise to the occasion**.

A: 우리나라가 역경에 직면했을 때마다 역대 대통령들은 그 위기에 맞서 능숙하게 수완을 발휘하곤 했습니다.

> 참고 rise to the occasion: 어려운 상황 잘 헤쳐나가며 타개해낼 때 사용하는 표현으로, 유사 표현으로는 step up to the plate와 meet the challenge가 있음

A: I truly hope to see our new cabinet do their best with all their hearts, to **cross party lines** for a better future of our country.

A: 저는 새 내각이 우리나라의 더 나은 미래를 위해 초당적으로 온 마음을 다해 최선을 다하는 모습을 진심으로 바랍니다.

> 참고 cross party lines: 이 표현은 공동의 목표를 위해 당리당략을 떠나 초당적으로 노력하는 것을 의미함

A: It's never easy to **sit in the driver's seat** as President of the United States. However, he succeeded in leading our country without facing serious challenges during his presidency.

A: 대통령으로서 운전대를 잡는 것은 결코 쉽지 않지만, 그는 임기 동안 심각한 도전에 직면하지 않고 우리나라를 성공적으로 이끌었다.

> 참고 sit in the driver's seat: '운전대를 잡다'는 표현은 통제권을 가지는 위치에 있다는 뜻의 관용표현임

A: This president really believes in accountability. You can tell by the way he says, 'The buck stops here.'

B: Exactly, he's **at the helm**, and he's not afraid to make the tough decisions.

A: 이 대통령은 정말로 책임을 중요시하는 분이에요. '모든 책임은 내가 진다'라고 말하는 모습에서 확실히 알 수 있죠.

B: 맞아요, 그는 이 나라를 이끌고 있으며 어려운 결정도 두려워하지 않아요.

> 참고 The buck stops here.: 모든 책임은 내가 진다(재임 당시, 트루먼 대통령은 Oval Office 책상 위에 이 문구를 써 두었음)
> at the helm: (조직/사업 등을) 책임지고 있는

A: The president has been **running the show** for the past year, but it's not an easy job.

B: True, leading the **'land of the free, home of the brave'** comes with huge responsibility.

C: Exactly, and the key is to **keep the ship of state steady**, especially during tough times.

A: 대통령이 지난 1년간 국정을 이끌어오고 있지만, 그 역할이 쉬운 건 아니죠.

B: 맞아요. '자유의 나라, 용감한 이들의 고향'(미국을 지칭함)을 이끄는 일은 큰 책임을 수반하죠.

C: 그렇죠, 특히 어려운 시기에는 나라를 안정적으로 이끄는 것이 핵심이지요.

> **참고** run the show: 운영하다, 꾸려나가다
> keep the ship of state steady: 국정을 안정적으로 운영하다. 이 표현에서는 관용적으로 state 앞에 the를 사용하지 않는다.

A: Can you imagine what it's like sitting **in the Oval Office**, making decisions that impact the entire country?

B: I bet it's intense, but there's always **the power behind the throne**, advisors and staff guiding the way.

A: Yeah, but it's not all policy. There's a lot of **shaking hands and kissing babies**, keeping the public happy too.

B: For sure, but some of those moments are **history in the making**, shaping the future for generations.

A: 백악관 집무실에 앉아서 나라 전체에 영향을 미치는 결정을 내리는 게 어떤 기분일지 상상이 되나요?

B: 굉장히 긴장될 것 같아요. 하지만 대통령 주위에는 언제나 국정의 방향을 안내하는 각료들과 참모들의 막후 실력자들이 있지요.

A: 맞아요, 하지만 정책들 뿐만 아니라 대중들을 행복하게 하기 위해 악수하고 어린 아이들에게 입맞춤하는(즉, 적극적인 소통을 하는) 일들도 많아요.

B: 그렇죠, 하지만 그런 순간들이 역사를 만들어가며 다음 세대들을 위한 미래를 형성해가지요.

> **참고** the power behind the throne: 막후 실력자
> kiss(the) babies: 정치인들이 특히 길에 나와서 또는 행사장에서 아기들에게 뽀뽀를 하며 아기 부모인 유권자들과 친하고자 하는 모습을 표현. 정치인들의 대중적 묘사에 자주 사용된다.
> in the making: 만들어지고/형성되고 있는

Super (Bowl) Sunday는 미국에서 프로 미식축구(NFL)의 챔피언을 가리는 게임인 수퍼보울(the Super Bowl)이 열리는 날로, 단순한 스포츠 경기를 넘어 국가적인 문화 행사로 자리 잡았다. 매년 2월 첫 번째 일요일에 열리는 수퍼보울은 미국에서 1억 3천만 명 이상의 시청자들이 관전하고 전 세계 130개 이상의 국가들에 중계가 되는 스포츠 경기이다. 경기 외에도 Super Sunday는 가족, 친구들, 이웃들, 동료들이 모여 파티를 열고 핫윙(hot wings), 나초 칩(nacho chips), 피자, 버거 등의 음식과 맥주, 청량음료 등을 즐기며 우정을 나누는 것으로 유명하다. 이러한 Super Sunday는 많은 사람들에게 스포츠의 챔피언십 경기 이상의 의미를 가지며, 고액의 새로운 광고와 화려한 하프타임 쇼와 같은 볼거리가 큰 매력 포인트이다.

Super Sunday의 이러한 사회문화적 요소들은 다양한 사회경제적 배경과 관심사를 가진 사람들을 하나로 묶으며, 공통된 문화적 경험을 만들어낸다. 이 날은 사회적 유대감, 가족 전통, 그리고 국가적 자부심을 고취시키며, 경쟁, 오락, 소비주의를 상징한다. Super Sunday는 미국인들의 40%가 공동의 경험과 우정, 동료애, 이웃 사랑을 나누는 가운데, 미국의 정신적 가치관들과 문화적 정체성을 강화하고 수퍼보울의 글로벌한 매력에도 기여하는 날로 자리 잡고 있다.

[사진] Super Sunday에 Super Bowl 경기를 TV를 보면서 맥주, buffalo wings, nacho chips 등의 finger food를 놓고 Super Bowl party를 즐기고 있는 대학생들. Touchdown이 이루어지자 환호를 올리고 있다. 사진: ⓒ 박우상

team rivalries / game predictions / player performances / coaching strategies / halftime show(Super Bowl 경기 중간의 하프타임에서 12-15분 간의 대중음악 수퍼스타들이 벌이는 쇼와 기업 광고들이 경기 만큼이나 관중과 시청자들의 관심을 끔) / commercials / key plays / Super Bowl parties / food and drinks / referee calls / Super Bowl history / fan loyalty / injuries / sportsmanship / post-game celebrations(수퍼볼 게임 직후에 벌어지는 이벤트로 NFL의 Vince Lombardi 트로피가 우승팀에게 수여가 되며, 선수들과 감독/코치들과의 인터뷰와 필드에서의 그리고 locker room에서의 여러 가지 축하가 벌어짐)

## 주요 어휘 및 표현

**명** game / team / touchdown(상대팀의 End Zone에 공을 패스해서 받게하거나 들고 달리거나 밀어 넣는 데 성공하는 것으로 6점을 획득함) / quarterback / coach / field / play / score / defense / offense / fans / halftime / commercial / referee / stadium / pass / kick / trophy / victory / strategy / down(공격의 기회로 4번의 기회를 통해 최소 10 야드를 전진해야 공격의 기회가 다시 주어지며, 그렇지 못할 경우 공격권이 상대팀으로 넘어감) / Hail Mary(touchdown을 이루기 위해 필사적으로 던지는 장거리 패스로 게임을 역전시키거나 동점을 이루는 거의 기적적인 플레이)

**형** intense / exciting / close / tough / fast / nail-biting / competitive / powerful / aggressive / unstoppable / strategic / electric / high-pressure / physical / amazing / crucial / unbelievable / unexpected / decisive / legendary

**동** score / win / throw / catch / run / kick / tackle / block / pass / intercept / fumble / rush / defend / attack / lead / dominate / control / drive / celebrate / execute

**구** on the edge of one's seat(몹시 흥분하여) / bring one's A-game(최고의 기량을 보여주다) / it's anyone's game(두 팀이 막상막하여서 어느 팀이든 승산이 있는 게임) / throw a Hail Mary(미식 축구에서 경기가 다 끝나가는 시점에서 마지막 희망을 걸고 성공 가능성이 낮은 긴 패스를 하다) / game of inches(공격과 수비가 막상막하여서 간발의 차이가 승패를 결정지을 수 있는 팽팽한 게임) / come out swinging(강력하고 활력 넘치게 경기를 시작하다) / leave it all on the field(게임에 최선을 다하다, 모든 것을 쏟아 붓다) / hit it out of the park(원래 야구장 밖으로 넘어가는 홈런을 뜻하는 야구 표현에서 유래하여 최고의 실력을 발휘하다, 끝내주게 경기하다) / go big or go home(모 아니면 도. 하려면 멋지게 제대로 하고 아니면 차라리 하지 마라는 뜻으로 팀이나 선수를 격려할 때 주로 하는 표현) / in the zone(무아지경인) / crunch time(고도의 긴장이 요구되는 때) / play with heart / time to shine / run the clock down(축구, 농구 등에서 자기편의 우세를 이어가기 위해 시간을 벌다/끌다) / keep one's eye on the ball / take one for the team(팀을 위해 선수가 희생하다) / bring the heat(극한 경쟁의 시간에 전력을 다하다) / drop the ball / pull out all the stops(전력/최고의 실력 발휘를 하다) / blow someone out of the water(...을 압도하다, 대파하다) / under pressure / go the extra mile(한층 더 노력하다) / down to the wire(최후의 순간까지) / call the shots(주도권을 잡다) / in the driver's seat / put it on the line(목숨/명예를 걸다, 위험 부담을 무릅쓰고 대담한 플레이를 하다) / punch one's ticket to victory(승리를 확정짓다) / raise the bar(실력 발휘나 기대치를 올리다) / pull off a comeback(기적적으로 역전/승리를 이루다) / rally the troops(사기를 북돋우다, 단결시키다) / move the chains(새로운 공격을 시작하도록 10 야드 이상을 전진하다) / fight tooth and nail(이를 악물고 싸우다) / run it back(킥오프, 펀트, 또는 인터셉션을 큰 이득이나 터치타운으로 반전시키다) / in it to win it(선수나 팀이 시합에서 이길 마음으로 임하다) / go the distance(어려움을 뚫고 해내다) / sideline chatter(경기 중 사이드라인 옆에서 선수들/코치들/감독이 나누는 대화, 전략, 격려 (pep talk))

예문

A: It was truly **a game of inches**. I've never seen such an exciting football match in my life.

A: 막판까지 엎치락뒤치락하는 정말 팽팽한 경기였어요. 평생 이렇게 흥미진진한 축구 경기는 처음 봤어요.

참고 game of inches: 아주 근소한 차이로 승패가 갈리는 팽팽한 경기(유사한 표현: neck and neck / nip and tuck / (such) a close call/shave)

A: Our quarterback was really **bringing the heat** tonight. Several of his incredible passes were decisive, I believe.

A: 우리 쿼터백이 오늘 아주 뛰어난 활약을 했어요. 그의 몇몇 놀라운 패스가 결정적이었던 것 같아요.

참고 bring the heat: 전력을 다하다, 열정을 불태우다

A: I think the Houston Texans should have **come out swinging** right after the kickoff to **set the tone** right from the start.

A: 경기 분위기를 처음부터 지배할 수 있도록 Houston Texans 팀이 경기 시작하자마자 강하게 나왔어야 했어요.

> **참고** come out swinging: 강하게 시작하다
> set the tone: 경기 분위기를 지배하다

A: Both teams **pulled out all the stops** tonight, but disappointingly the game ended in a tie.

A: 양 팀 모두 오늘 최선을 다했지만, 아쉽게도 경기는 무승부로 끝났어요.

> **참고** pull out all the stops: 온갖 수단을 동원하다, 전력을 다 하다. 과거 파이프 오르간에는 stop(스톱)이란 공기출입으로 음을 조절하는 장치가 있었는데, 모든 스톱을 동시에 열면 소리가 아주 풍성하고 화려해졌다고 한다. 이 표현은 여기에서 유래되었다고 함.

A: This is the biggest game of the year, so you know they've got to **bring their A-game**.

B: Exactly, it's Super Bowl Sunday. **Go big or go home**!

A: 이번 경기는 올해 최대의 경기예요. 그들이 최선을 다해야 한다는 걸 잘 알 거예요.

B: 맞아요, 슈퍼볼 일요일이니까요. 모 아니면 도예요!

> **참고** bring one's A-game: 최고의 기량을 보여주다
> go big or go home: 모 아니면 도, 대박 아니면 쪽박

A: This game's intense. They've got to **leave it all on the field** if they want to win.

B: Totally. It's going **down to the wire**. Every second counts now!

A: 경기가 엄청 치열해요. 이기고 싶다면 모든 것을 경기장에 다 쏟아부어야 해요.

B: 정말 그래요. 마지막 순간까지 경합하고 있어요. 이제 매 초가 중요해요!

> **참고** go down to the wire: 최후까지 경합하다, 끝까지 백중전이 되다

A: They're running out of time. I bet they'll have to **throw a Hail Mary**.

B: Yeah, someone's got to **step up to the plate** and make a big play.

C: No doubt, both teams are **fighting tooth and nail** for this win!

A: 시간이 얼마 남지 않았어요. 아마 마지막으로 큰 승부수를 던져야 할 거예요.

B: 맞아요, 누군가 나서서 결정적인 플레이를 해야 할 때죠.

C: 물론이죠, 두 팀 모두 이 승리를 위해 치열하게 싸우고 있어요!

참고 throw a Hail Mary: 미식 축구에서 경기가 다 끝나가는 시점에서 마지막 희망을 걸고 성공 가능성이 낮은 긴 패스를 하는 것을 의미함. 실현 가능성이 없는 시도를 하면서 성공을 바라는 마음으로 성모송 (Hail Mary)를 바치는 가톨릭 기도의 모습을 연상시키는 표현
step up to the plate: 책임을 떠맡다, 중요한 순간에 임하다
fight tooth and nail: 이를 악물고/필사적으로 싸우다

A: This game is insane. I've been **on the edge of my seat** the whole time!

B: I know, they're one touchdown away from **punching their ticket to victory**.

A: If they can score again, they'll **blow them out of the water** for sure.

B: Yeah, one more big play, and they'll **hit it out of the park**!

A: 이 경기는 정말 대단해요. 경기 내내 긴장하면서 보고 있어요!

B: 그러니까요, 한 번만 더 터치다운 하면 승리를 확정 짓죠.

A: 한 번 더 득점하면 상대팀을 완전히 제압할 수 있을 거예요.

B: 맞아요, 큰 플레이 하나만 더 하면 완벽하게 마무리할 수 있어요!

참고 on the edge of one's seat: ...에 몹시 흥미로워서, 긴장하여
punch one's ticket to victory: 승리를 거머쥐다/확정짓다
blow someone/something out of the water: ...을 박살 내다(해상 전투에서 적의 함선이 공격 받아 배가 물 위로 튀어 오를 만큼 박살이 나는 장면에서 유래.)
hit it out of the park: 대성공을 거두다, 완벽하게 해내(야구에서 타자가 볼을 쳐서 장외홈런을 친 상황에서 유래)

A: The quarterback is totally **in the zone** right now, making all the right plays.

B: Yeah, they just need to **run the clock down** and keep control.

A: If they can **pull off a comeback**, this game's going to be legendary.

B: One solid drive, and they can **score a touchdown** to seal the deal!

A: 지금 쿼터백이 완전히 집중하고 있어요. 매번 완벽한 플레이를 하고 있어요.

B: 맞아요, 이제 시간을 최대한 끌면서 경기를 장악하기만 하면 돼요.

A: 만약 이 팀이 역전승을 거두게 되면, 이 경기는 전설로 남을 거예요.

B: 한 번의 성공적인 드라이브이면 터치다운을 해서 승리를 확정지을 수 있을 거예요!

참고 in the zone: 집중하고 있는, 놀라운 플레이를 하고 있는
run the clock down: (축구·농구 등에서 자기편의 우세를 유지하려고) 시간을 끌다/벌다, 남은 시간을 다 쓰다
pull off a comeback: (지고 있다가 게임의 흐름을 바꿔) 승리하다, 역전승을 거두다

A: That **halftime show** was incredible! It was worth watching the game just for that.

B: I agree. The visuals and the performance were **top-notch**. It was a real spectacle.

A: And what about those commercials? I feel like they get better every year.

B: They do. It's almost like the commercials are their own separate event now.

A: 그 하프타임 쇼 정말 대단했어! 그것만 보려고 경기를 본 보람이 있었어.

B: 내 말이. 시각적인 효과랑 공연이 최고였어. 정말 볼거리였지.

A: 그리고 그 광고들은 어땠어? 매년 더 좋아지는 것 같아.

B: 맞아. 이제는 광고들만으로도 또 다른 이벤트가 된 것 같아.

Susan B. Anthony Day는 Anthony(1820-1906)의 탄생일인 2월 15일에 기념하며, 여성 참정권(woman suffrage, 또는 women's suffrage)과 시민권을 위한 미국의 대표적인 옹호자 중 한 명인 그녀의 업적과 유산을 기리는 날이다. Anthony는 여성 평등을 위한 투쟁의 선구자로서, 전국 여성 참정권 협회(National Woman Suffrage Association)를 공동 설립하고 여성에게 투표권을 부여한 미국 헌법 개정 제19조의 통과에 핵심적 역할을 했다. 그녀의 노력은 또한 노예제 폐지, 노동자 권리, 교육 개혁으로도 확장되었고, 사회 정의의 상징이 되었다.

이날 사람들은 역사 속 그녀의 영향을 되새기며, 교육 행사, 강연, 독서, 전시회를 통해 그녀의 업적을 기린다. Anthony가 살았던 뉴욕주 Rochester 같은 곳에서는 지역사회 행사나 역사 재현, the Anthony Museum & House 방문 등으로 기념하기도 한다. 많은 이들이 그녀의 유산을 반추하며, 성 평등과 투표권 증진을 위해 목소리를 내는 기회로 삼는다. 비록 연방 공휴일은 아니지만, 이날은 그녀의 삶과 미국 민주주의의 발전에 대한 중요한 기억을 되새기는 의미 있는 날이다.

[사진] Susan Brownell Anthony(1820-1906): 여성 참정권, 노예제 폐지, 금주 운동을 이끈 사회 개혁 운동가, 교육자, 강연사, 저자. 사진 제공: U.S. Library of Congress

**공통주제**

the women's suffrage movement / the 19th Amendment(미국 제19차 헌법 개정(조항)) / equality in law / partnership with Elizabeth Cady Stanton(미국의 여성 참정권 운동가이자 사회 개혁가, 1815-1902) / abolitionist advocacy(노예제 폐지운동) / current women's rights issues / intersectionality in activism / women leaders today / voting rights and access / educational advocacy / Susan B. Anthony's speeches / historical reenactments(역사적 사건을 재현하는 이벤트 또는 행위) / visiting historic sites / community engagement(공동체의 참여/관련) / gratitude for trailblazers

명 equality / suffrage / vote / activist / movement / justice / freedom / legacy / progress / amendment / activism / leadership / advocacy / trailblazer / inspiration / empowerment

형 inspirational / courageous / visionary / pioneering / determined / fearless / influential / unstoppable / resilient / bold / revolutionary / passionate / persistent / dedicated / iconic

동 advocate / fight / empower / inspire / lead / challenge / educate / support / defend / achieve / persist / remember / change / break barriers / celebrate

구 trailblazer for women's rights / pave the way / ahead of her time / fight the good fight(정의로운 일을 위해 싸우다) / break barriers / set the stage(기반을 다지다) / turn the tide(기조를 바꾸다) / stand one's ground (자신의 입장을 고수하다) / raise one's voice / shatter the glass ceiling / march to the beat of one's own drum/drummer(자신만의 방식으로 행동하다) / speak truth to power / make waves(변화를 일으키다) / stand tall / every vote counts / use one's voice / rock the vote(투표 참여를 독려하다) / get out the vote(유권자들의 투표를 이끌어내다, 투표 참여를 독려하다) / The ballot is stronger than the bullet.(투표가 폭력보다 강하다) / a hard-won right(큰 대가를 치르고 쟁취한 권리) / make one's mark(자신의 존재에 대해 강력히 각인시키다) / one's voice matters / defend democracy / against the grain(자연스러운 흐름에 반하는) / a force to be reckoned with(강력한 영향력 있는 존재) / defy the odds(없는 승산이나 가망에 도전하다/뒤집다) / stand the test of time(시간의 시험을 견디다) / leave a legacy / an unstoppable force

## 예문

A: Susan B. Anthony fought for women's rights **against all odds**, and she never gave up on her dream of equality.

A: Susan B. Anthony는 온갖 어려움에도 불구하고 여성의 권리를 위해 싸웠으며, 평등을 위한 꿈을 결코 포기하지 않았다.

against all odds: 모든 역경을 이겨내고, 가망 없는 승산을 뒤짚고

A: Anthony played a key role in **turning the tide** on women's suffrage in the United States, and her legacy still inspires us today.

A: Anthony는 미국에서 여성 참정권을 위한 흐름을 바꾸는 데 핵심적 역할을 했으며, 그녀의 유산은 오늘날에도 우리에게 영감을 준다.

turn the tide: 대세/흐름을 바꾸다

A: Thanks to Susan B. Anthony's efforts, our society has come a long way in **leveling the playing field** for women, but we still have a lot of work to do.

A: Susan B. Anthony의 노력 덕분에 우리 사회는 여성을 위한 공평한 기회를 만드는 데 큰 진전을 이루었지만, 여전히 해야 할 일이 많이 남아 있다.

level the playing field: 모든 사람에게 공평한 기회를 제공하고 불평등을 해소하는 것을 의미. 여기서 level은 '평형하게 하다' 라는 의미의 타동사

A: Even today, Anthony is truly **a force to be reckoned with** in the fight for the enhancement/improvement of women's rights.

A: 오늘날에도 Anthony는 여성의 권리향상[신장]을 위한 투쟁에서 실로 막강한 영향력을 지닌 인물이다.

a force to be reckoned with: 강력한 영향력이나 능력을 가진 사람

A: Susan B. Anthony was such a **trailblazer for women's rights**. She dedicated her life to making sure women had a voice in society.

B: Absolutely! Her determination to **fight for our rights** is a reminder that we should never take our freedoms for granted.

A: Susan B. Anthony는 여성의 권리를 위한 선구자였어요. 그녀는 여성이 사회에서 목소리를 낼 수 있도록 평생을 바쳤습니다.

B: 맞아요! 그녀가 우리의 권리를 위해 싸우겠다는 결단력은 우리가 자유를 당연하게 여기지 말아야 한다는 중요한 교훈을 줍니다.

trailblazer: 선구자, 선각자의 의미로 유사한 단어로는 pioneer, groundbreaker, pathfinder, forerunner등이 있다.
take ... for granted: ...를 당연시하다

A: Susan B. Anthony was so **ahead of her time**. Her ideas about equality and justice were revolutionary for that era.

B: Absolutely. Women's suffrage was **a hard-won right**, and she fought tirelessly to make it happen.

A: No doubt about it. She **meant business**. She wasn't afraid to take bold steps to ensure her message was heard.

A: Susan B. Anthony는 정말 시대를 앞서간 사람이었어요. 그녀의 평등과 정의에 대한 생각은 그 시대에는 혁명적이었죠.

B: 맞아요. 여성 참정권은 어렵게 얻어진 권리였고, 그녀는 그것을 이루기 위해 끊임없이 싸웠어요.

A: 의심의 여지가 없이, 그녀는 진심을 다해 일을 추진했어요. 그녀는 자신의 메시지가 실현될 수 있도록 대담한 행동을 취하기를 두려워하지 않았죠.

> **참고** a hard-won right: 노력과 희생을 치르고 힘들게 얻은 권리
> mean business: 진심이다, 농담/장난이 아니다

A: Susan B. Anthony was truly **a voice for the voiceless**, standing up for women when so many couldn't speak for themselves.

B: And she wasn't afraid to **march to the beat of her own drum**, even when people criticized her for challenging societal norms.

A: Her work inspires us to **rock the vote** today, and reminds everyone how important it is to make their voices heard.

B: Exactly. Her legacy continues to **stand the test of time**, proving how one person's determination can change the world.

A: Susan B. Anthony는 목소리를 낼 수 없었던 이들의 진정한 대변자였어요. 많은 사람들이 자신을 대변할 수 없을 때 그녀는 여성들을 옹호했죠.

B: 그리고 사회적 규범에 도전한다는 비판을 받았음에도 불구하고, 그녀는 자신의 방식대로 나아가는 것을 두려워하지 않았어요.

A: 그녀의 노력은 오늘날 우리에게도 투표권을 행사하라고 일깨워 주고, 모두가 자신의 목소리를 내는 것의 중요성을 상기시켜줘요.

B: 맞아요. 그녀의 유산은 시간이 흐르더라도 계속 건재합니다. 한 사람의 결단력이 어떻게 세상을 바꿀 수 있는지를 보여주지요.

> **참고** stand up for somebody/something: ...을 옹호/지지하다
> march to the beat of one's own drum/drummer: 독자적으로 행동하다, (사회적 규범, 기대, 추세, peer pressure를 따르지 않고) 자기만의 주장이나 방식을 따르다
> rock the vote: (사람들에게, 특히 젊은이들에게) 투표하도록 독려하다
> stand the test of time: 세월의 시험을 견디다, 오랜 세월에도 불구하고 건재하다

Mardi Gras(마디 그라)는 종교적, 사회적, 문화적으로 중요한 의미를 가진 축제이다. 'Fat Tuesday'(지방의/살찌는 화요일)을 뜻하는 Mardi Gras는 기독교 전통에서 유래한 축제로 사순절(Lent)가 시작되기 전 마지막으로 성대한 축제를 즐기는 날로, Easter(부활절)의 날짜에 따라 주로 2월 3일부터 3월 9일 사이의 날에 열린다. Mardi Gras는 부활절을 앞둔 40일간의 사순절의 금식과 회개의 기간을 바로 앞에 두고 풍부한 음식을 먹고 마시고(feast) 춤을 추는 good time을 의미한다. 그러나 Mardi Gras는 그냥 하루 먹고 마시는 것을 넘어서 자기 자신을 돌아보고 삶의 즐거움을 포용하는 시간이며, 종교적 의식과 공동체적 축하를 연결하며, 인간이 느끼는 성찰과 풍요의 필요성을 상징한다.

문화적으로 Mardi Gras는 프랑스, 스페인, 아프리카의 전통이 융합된 축제로, 특히 식민지 역사를 가진 지역에서 큰 의미를 가진다. New Orleans와 같은 곳에서는 독특한 크리올(Creole) 문화 유산을 반영하며 지역 정체성을 상징하는 축제로 발전했다. 또 사회적인 관점에서 Mardi Gras는 공동체가 함께 모여 축하하는 시간이다. 특히 Louisiana주의 New Orleans시에서는 화려한 퍼레이드, 정교한 의상, 가면 무도회(masked ball, masquerade) 등으로 유명하며, 전국적으로 많은 도시와 타운들에서도 보다 작은 규모이지만 Mardi Gras 식사와 춤의 파티나 축제가 열린다. 다양한 배경을 가진 사람들이 거리에서 음악, 춤, 화려한 행렬과 함께 축제를 즐기며 참여하는 생동감 넘치는 분위기를 자아낸다.

### 공통주제

parades and floats / costumes and masks / king cake tradition / beads and throws / music and dancing / street parties and celebrations / Mardi Gras colors(purple, green, gold) / Carnival season history / food and drinks / French Quarter(New Orleans의 옛 프랑스인 거주지) and Bourbon Street(New Orleans 중심부 거리 이름) / Laissez les bons temps rouler. ("Let the good times roll")(즐거운 시간을 마음껏 즐기자) / Krewes(Mardi Gras 가면 무도회 등을 개최하는 기관) and organizations / New Orleans culture / Fat Tuesday festivities / the end of carnival season before Lent

**명** parade / beads / floats / costume / mask / crowd / king cake / Mardi Gras / colors / tradition / celebration / party / music / street / Doubloon(과거 스페인에서 사용된 금화) / Carnival / throw / festival

**형** colorful / festive / vibrant / exciting / lively / bright / crowded / masked / traditional / loud / joyful / spirited / elaborate / glittering / playful / dazzling / energetic / extravagant / exciting / flamboyant

**동** celebrate / dance / throw / catch / enjoy / dress / parade / wave / laugh / sing / join / indulge / toast / cheer / gather / revel(흥청대는 파티, 연회) / participate / spin / share

**구** Laissez les bons temps rouler.("Let the good times roll.") / "Throw me something, mister!" / party like there's no tomorrow / decked out (멋지게 차려입은, 치장한) / hit the streets(거리로 나가다, 축제에 참여하다) / shake a leg(서두르다) / cut loose(마음껏 즐기다, 자유로워지다) / in full swing(최고조에 달한, 절정인) / live it up(신나게 즐기다, 흥청망청 놀다) / the Big Easy(New Orleans의 별명, 분위기 좋은 곳) / paint the town(신나게 놀면서 누비다) / float one's boat(흥미를 일으키다, 구미를 돋구다) / wild and free / dance the night away / join the parade / feast one's eyes(눈호강하다) / dressed to the nines(매우 멋지게 차려입은) / go all out / king for a day / raise the roof (흥분시키다, 신나게 하다) / rock the crowd(군중을 열광시키다) / spice things up(활기를 불어넣다) / get into the groove(리듬을 타다, 몰입하다) / make some noise / all that jazz(그 밖의 것들, 기타 등등) / a blast/ball (아주 신나는 파티 또는 즐거운 시간) / Let the good times roll/flow. / lose oneself in the moment / a party animal / throw caution to the wind(모든 걱정을 잊고 즐기다) / go big or go home / keep the vibe going(좋은 분위기를 계속 유지하다) / on cloud nine(매우 행복한 상태) / let one's hair down(느긋하게 즐기다) / feel the rhythm / catch the spirit / take it to the next level(한 단계 더 발전시키다)

[사진] Illinois 주 Galena에서의 Mardi Gras 가면무도회(masked ball)의 시작에 앞서 참가자들이 가면을 벗으면서 이 Mardi Gras masked ball의 King과 Queen에게 정중한 인사를 드리고 있다. 사진: ◎ 박우상

[사진] (왼쪽)그 가면무도회에서 한 부부가 가면을 쓰고춤을 추고 있다. 사진:◎박우상
[사진] (오른쪽)가면무도회의 음악을 연주하는 Louisiana 주로부터 올라온 한 zydeco(Louisiana지역의 전통 음악 스타일) 밴드. 맨 오른쪽의 빨래판 악기(wash-board; 일명 rubboard)가 가장 두드러진 특징이다. 사진:◎박우상

## 예문

A: Look at the hip-hop singer. He is really **rocking the crowd**, isn't he?

A: 저 힙합 가수 좀 봐. 관객들을 완전히 휘어잡고 있네, 그렇지?

참고 rock the crowd: 관객들을 열광시키다, 흥분시키다

A: Hey, let's **raise the roof** together tonight!

A: 야, 오늘 밤 같이 신나게 놀자!

참고 raise the roof: 매우 흥분하고 열광하다

A: Jim, why don't you forget about work tonight? How about we **make it an unforgettable night**?

A: Jim, 오늘 밤은 일 걱정 좀 내려놓고 잊지 못할 밤을 만들어 보는 건 어때?

A: Come on guys. Let's **throw caution to the wind** and **hit the streets**!

A: 자, 여러분. 걱정은 잠시 접어두고 거리로 나가 즐겨봅시다!

참고 throw caution to the wind: 무모하게 행동하다, 세상 걱정 잊어버리다
hit the streets: 거리로 나가다, 축제에 참여하다

A: At this Mardi Gras, nothing could **float my boat** more than a parade.

A: 이번 마디 그라에서는 퍼레이드만큼 즐거운 게 없을 거야.

참고 float one's boat: ...에게 흥미를 끌다, ...을 즐겁게 하다

A: Throw me something, mister! I'm ready!

B: Here they come. **Catch the beads** before they hit the ground!

A: 아저씨, 나한테 뭔가 던져주세요! 준비됐어요!

B: 구슬 던진다. 구슬이 땅에 떨어지기 전에 잡아라!


A: Come on, **shake a leg**! The parade's about to start!

B: You're right! Let's get out there and **dance the night away**!

A: 어서 서둘러요! 퍼레이드가 곧 시작돼요!

B: 맞아요! 밖으로 나가서 밤새 춤을 춥시다!

참고 shake a leg: 빨리빨리 시작하다, 서두르다


A: It's Mardi Gras, time to feel like **a king for a day**!

B: Exactly! Just **lose yourself in the moment** and enjoy every second.

C: Let's throw worries to the wind and make the most of this night!

A: Mardi Gras예요, 오늘은 하루 동안 왕처럼 느낄 시간이에요!

B: 그렇죠! 그 순간에 몰입하고 매 순간을 즐기면 돼요.

C: 세상 걱정 잊어버리고 오늘 밤을 최대한 즐깁시다!


A: Check out that huge parade float! It really **floats your boat**, doesn't it?

B: Definitely! **Feast your eyes** on those colors, they're incredible!

C: We should **spice things up** and grab some beads from the next float.

A: Good idea! It's Mardi Gras, time to **let your hair down** and have fun!

A: 저 거대한 퍼레이드하는 트럭들을 좀 봐요! 진짜 멋있지 않아요?

B: 완전 대단해요! 저 멋진 색깔들 좀 봐요, 정말 놀라워요!

C: 분위기를 더 업 시켜서 다음 행렬 트럭에서 구슬 목걸이도 받아보죠.

A: 좋은 생각이에요! Mardi Gras이니까 마음껏 즐기고 신나게 놀아요!

참고 float one's boat: 흥미를 일으키다, 구미를 돋구다
feast one's eyes on: 눈요기하다, ...을 즐기다
spice up: 더 흥미롭게 만들다, 맛을 더하다
let one's hair down: 경계심을 풀다, 스스럼없게 되다


A: I love the atmosphere. It's a great chance for the community to come together and celebrate their culture.

B: For sure. **Laissez les bons temps rouler** is more than just a phrase; it's a way of life here.

A: We should try to **go all out** and get some tickets to a masked ball tonight.

B: I'm in! Let's live it up and make this a night to remember.

A: 이 분위기가 너무 좋아. 지역 사회가 함께 모여 자신들의 문화를 축하하는 좋은 기회인 것 같아.

B: 물론이지. Laissez les bons temps rouler는 단순한 문구 이상이야. 여기서는 삶의 방식이야.

A: 우리 모든 것을 쏟아부어 오늘 밤 가면 무도회 티켓 구해서 제대로 놀아야 해.

B: 좋아! 이 밤을 최대한 즐기면서 기억에 남도록 하자.

> **참고** Laissez les bons temps rouler[레쎄 레 봉 땅 룰레]: 불어로 '흥겹게 신나게 즐기자'는 의미(= Let the good times roll.)
> go all out: 전력을 다하다, 모든 것을 쏟아붓다

Ash Wednesday(재의 수요일)는 부활절(Easter)까지 40일간 이어지는 사순절(Lent)의 시작을 알리는 날로, 인간의 유한성과 영적 갱신의 필요성을 상징한다. 예배 중에 이마에 재로 십자가 모양을 그리며 "너는 흙에서 왔으니 흙으로 돌아갈 것이다"라는 말을 들으며, 인생의 덧없음과 회개의 중요성을 상기하게 된다.

사회문화적으로, Ash Wednesday는 신앙의 가시적 표현으로, 가톨릭뿐만 아니라 많은 개신교 교단에서도 지켜진다. 다양한 배경을 가진 사람들이 하루 종일 이마에 재를 묻히고 다니며, 그들의 영적 헌신을 내면적으로 심화하고 공공연하게 드러내는 것이다. Ash Wednesday는 사순절을 지키지 않는 사람들조차 개인적인 신앙과 겸손에 대해 생각하게 만드는 계기가 되기도 한다. 이날은 종교적 전통과 공공 신앙의 표현이 결합된 날로, 미국 문화에서 조용하지만 중요한 존재감을 지닌다.

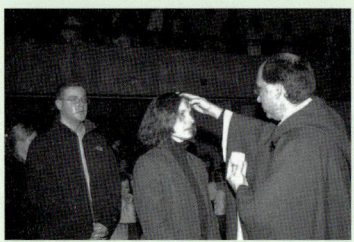

[사진] Ash Wednesday에 미국 Wisconsin-Madison 대학교 캠퍼스 내 가톨릭 성당에서 미사에 참가한 학생과 교직원 신자들이 이마에 재로 십자가를 그려 받고 있다. 사진: ⓒ박우상

### 공통주제

repentance / mortality / humility / renewal / fasting / prayer / almsgiving (자선, 구호행위) / forgiveness / conversion of heart(마음의 변화, 진심어린 회개) / beginning of Lent / simplicity / detachment from worldly goods(세속적 재화로 부터 초연함) / reflection on sin / hope in God's mercy / preparation for Easter

### 주요 어휘 및 표현

명 ashes / cross / forehead / Lent / prayer / repentance / church / service / faith / sin / sacrifice / forgiveness / dust / fasting / worship / priest / altar / scripture(경전) / grace / community

형 holy / sacred / penitent(죄를 뉘우치는, 참회하는) / humble / forgiven / repentant / reflective / solemn / devout / spiritual / grateful / faithful / eternal / mortal / temporary / contrite(진심으로 회개하는, 깊이 후회하는) / merciful / fasting / cleansed / prepared

동 pray / reflect / repent / receive / fast / worship / begin / mark / prepare / confess / forgive / remember / commit / sacrifice / observe / attend / cleanse / renew / meditate / bless

구 from dust to dust(흙에서 흙으로) / a fresh start / giving something up for Lent / time to reflect / carry one's cross(고난을 감내하다) / turn over a new leaf / ashes to ashes(끝과 시작의 순환) / walk the path of faith / let go and let God(모든 것을 내려놓고 주님께 맡겨라) / clean slate / go in peace / take it to heart(마음에 새기다) / start with a prayer / lead by example / put one's faith into action / a time for soul-searching(내면을 깊이 들여다보는 시기) / make peace with oenself / turn back to God / lay it all at the altar(자신의 모든 것을을 내려놓다) / practice what one preaches / bear the mark(상징/흔적을 지니다) / walk humbly with God / take stock of one's life(자신의 삶을 돌아보다) / live in grace / focus on what matters / faith over fear / renew one's spirit / a call to repentance / take up one's cross(고난을 감수하다) / leave it in God's hands / give it one's all(최선/혼신을 다하다) / open one's heart / step into the light / be the light

예문

A: This year's Lent, I'm planning to attend the evening service to **receive ashes**. Do you want to join me?
A: 올해 사순절을 맞아 저녁 예배에 참석해 재를 받을 계획입니다. 저와 함께 가시겠어요?

A: Let's use this time to **give back** and help those in need.
A: 이 시간을 이용해 필요한 분들을 돕고 베풉시다.
참고 give back: 베풀다, 돌려주다, 봉사하다

A: Ash Wednesday always reminds me to **reflect on my life**.
A: 재의 수요일은 항상 내 삶을 되돌아보라고 상기시켜 줘.
참고 reflect on life: 삶을 성찰하다

A: Ash Wednesday is not just about giving something up; it's about **growing closer to God**.

A: 재의 수요일은 무언가를 포기하는 것뿐만 아니라, 주님께 더 가까이 다가가는 거야.


A: It really **hits home** today, you know, the whole 'ashes to ashes' reminder. It makes you think about how short life is.

B: Yeah, it's humbling. **Bearing the mark** today feels like a way of saying we're still committed to turning back to God.

A: 오늘은 '흙에서 와서 흙으로 돌아간다'고 상기하는 말이 정말 가슴에 와닿아요. 삶이 얼마나 짧은지 생각하게 되지요.

B: 그래요, 정말 겸손해지게 되요. 오늘 이 표식을 지니는 건 우리가 여전히 하느님께 돌아가려는 의지를 말하는 방법인 것 같아요.

**참고** hit home: 가슴에 와닿다


A: Ash Wednesday always reminds me to **take stock of my life**, you know? To really think about what I've been prioritizing.

B: Yeah, it's a good time to **let go and let God handle** the things we can't control. There's so much peace in that.

A: True. For the things we can change, I feel like Lent is the perfect time to **give it our all** and make a real difference.

A: 재의 수요일은 늘 내 삶을 찬찬히 살펴보게 해요. 내가 뭘 우선시 해오고 있는지 진지하게 생각해 보게 되지요.

B: 그래요, 우리가 통제할 수 없는 것들은 내려놓고 하나님께 맡기기에 좋은 시간이지요. 그 속에서 큰 평안을 얻을 수 있어요.

A: 맞아요. 우리가 바꿀 수 있는 것들에 대해서는, 사순절이 우리의 모든 걸 다 쏟아부어서 진정한 변화를 만들어낼 완벽한 시기인 것 같아요.

**참고** take stock of one's life: 인생을 찬찬히 살펴보다


A: You're giving something up for Lent this year, aren't you?

B: I'm still deciding. This feels more like **a time for soul-searching** than just picking something random to sacrifice.

A: I get that. It's a chance to **practice what you preach**, you know? **Living your faith**, not just talking about it.

B: Exactly. It's like an invitation to step into the light and really align our lives with what matters most.

A: 올해 사순절 동안 무언가를 포기할 모양이구나

B: 아직 고민 중이야. 이번에는 단순히 무엇을 무작정 포기하기보다는 진정으로 내면을 탐구하는 시간이 되어야 할 것 같아.

A: 그 마음 이해해. 사순절은 언행일치의 기회이지. 믿음을 말로만 하는 게 아니라 실천할 기회잖아.

B: 맞아. 그것은 마치 빛 속으로 들어가서 우리의 삶을 진정 중요한 것에 맞추는 초대장 같아.

> **참고** practice what one preaches: 언행을 일치시키다

A: Hey, Tony. Are you going to attend Mass this morning before class?

B: **Heck yeah**! Got my ashes last year too. How about you, Katie?

A: Me, too. Today is Ash Wednesday. I'll have to take care of that first. Will you be **wearing your ashes** all day?

B: Totally! I'm not erasing any of it during the day.

A: Me, neither.

A: 헤이, Tony. 오늘 아침 수업 전에 미사 참석할거니?

B: 물론이지. 지난해도(이마에) 재를 발랐는데. Katie, 너는?

A: 나도. 오늘 재의 수요일인데. 우선 미사부터 참석해야지. 하루 종일 재(이마에서) 안 지울거지?

B: 당연하지. 낮 동안엔 전혀 안 지울거야.

A: 나도 안 지울거야.

> **참고** Heck yeah! / Totally!: 상대방의 말에 전적으로 동의하는 Absolutely, Definitely, Positively, Certainly, Sure(ly), For sure 등의 의미로 오늘날의 젊은 세대의 구어체식 영어 표현

A: I'm thinking about fasting from social media for Lent.

B: That's a tough one! I'm trying to focus on being more grateful and less complaining.

A: That's a great idea. It's about a **spiritual cleanse**, a chance to **take up your cross** and grow.

B: Exactly. It's **a call to humble yourself and live in grace**.

A: 이번 사순절에는 소셜 미디어를 금식(중단)할까 생각 중이야.

B: 그거 힘든데! 나는 더 감사하는 마음을 갖고 불평을 덜 하려고 노력 중이야.

A: 좋은 생각이네. 영적인 정화에 대한 것이고, 자신의 고난을 감수하며 성장할 기회지.

B: 맞아. 자신을 겸손하게 하고 은혜 가운데 살라는 부르심이야.

> **참고** take up one's cross: 십자가를 지다, 고난을 감수하다

St. Patrick's Day는 미국에서 아일랜드 문화와 유산을 기념하는 동시에 활기찬 축제로 자리 잡은 날이다. 이 날은 매년 3월 17일에 열리며, 아일랜드에 기독교를 전파한 수호 성인 St. Patrick을 기린다. 이 날은 Ireland 이민자들에 의해 미국에 전해졌고, 처음에는 종교적 의미가 강했지만 점차 대중적인 축제로 발전했다. 미국에서의 첫 기록은 1600년 Florida 주의 St. Augustine에서 있었으며, 1601년에는 최초의 퍼레이드가 열렸다. 이후 Boston(1737)과 New York(1762) 같은 도시들이 대규모 행사의 중심지가 되었고, 이는 아일랜드 이민자 공동체의 성장과 사회적 영향력을 반영했다. 시간이 지나면서 St. Patrick's Day는 아일랜드계 미국인들이 자신들의 정체성과 정치적 힘을 표현하는 중요한 기회가 되었다.

오늘날 St. Patrick's Day는 혈통과 관계없이, "Today, we are all Irish."(오늘은 우리 모두가 아일랜드 계이다")라는 슬로건이 말해 주듯이 미국 전역에서 즐기는 대규모 축제로 성장했다. 뉴욕, 시카고, 보스턴 등지에서 열리는 대규모 퍼레이드는 수많은 인파를 끌어모으며, 시카고에서는 다운타운의 the Chicago River를 친환경 녹색 염료로 물들이는 전통이 유명하다. 사람들은 초록색 옷을 입고, clover나 요정(leprechaun) 장식을 즐기며, 공공 행사장과 퍼레이드에선 bagpipe가 연주되고, 술집에서는 geen beer와 아일랜드의 Guinness 맥주가 제공된다. 가정과 식당에서는 소금에 절인 corned beef와 양배추(cabbage) 같은 전통 아일랜드 음식이 등장한다. 오늘날 St. Patrick's Day는 단순한 축제를 넘어, 아일랜드 문화가 미국 사회 속에 융합된 상징으로 자리 잡았으며, 이민자 전통이 어떻게 국가 정체성을 새롭게 형성할 수 있는지를 보여준다.

[사진] 미국 동북부 Boston 지역의 대학생 친구들이 녹색 셔츠를 입고 녹색 모자를 쓰고 녹색 맥주를 마시면서 St. Patrick's Day celebration을 즐기고 있다. 사진 제공: © Bayen Miller

[사진] 한 미국 가정이(남편/아빠가 Irish-American 이다) St. Patrick's Day 저녁에 Irish restaurant-pub에서 전통적인 Irish 음식인 corned beef(약간 짭짤하게 절이고 얇게 썬 소고기), cabbage(양배추), potato soup과 녹색으로 염색한 맥주(beer dyed green)로 차린 Irish 저녁 식사를 즐기고 있다. 사진: © 박우상

St. Patrick's Day traditions / meaning and history of St. Patrick's Day / Irish music(backpipe) and dance(tap dance) / Irish food and recipes / holiday events / travel to Ireland / Irish symbols / holiday outfits / Irish parade / party plans / Irish sayings and phrases / sports conversations / Irish folklore / humor and jokes

## 주요 어휘 및 표현

**명** parade / shamrock(세잎 클로버: St. Patrick's Day와 아일랜드를 대표하는 상징으로, 행운과 기독교의 삼위일체를 상징하기도 함) / leprechaun(레프러콘, 아일랜드 전설 속 요정; 작고 녹색 옷을 입고 모자를 쓴 장난꾸러기 요정으로, 황금 항아리와 행운의 상징으로 잘 알려져 있음) / green / beer / whiskey / pub / tradition / music / costume / festival / heritage / Ireland / celebration / party / legend / blessing / dance / crowd / holiday

**형** green / Irish / lucky / festive / traditional / Celtic / cheerful / lively / crowded / colorful / noisy / friendly / magical / mythical / rich / heritage-filled / joyful / vibrant / iconic / celebratory

**동** celebrate / wear / drink / enjoy / gather / watch / dance / listen / cook / eat / visit / toast / share / decorate / cheer / play / celebrate / sing / laugh

**구** Top o' the mornin' to ya!(상쾌한 아침이에요!) / Erin go Bragh!(아일랜드는 영원히!) / Sláinte!(건배!) / What's the craic?(요즘 어때?, 잘 지내?) / Grand altogether.(아주 좋아., 정말 괜찮아.) / Fair play to you.(잘했어., 수고했어.) / You're a gas!(재미있네!) / away with the fairies(딴 생각하다) / act the maggot(장난치다) / hit the pub(술집에 가다) / have one more for the road(떠나기 전에 한잔 더 마시다) / on the house(무료인) / Bottoms up!(잔을 비워라! 원샷!) / on a pub crawl(여러 술집을 돌아다니며 술 마시다) / pour someone a pint(...에게 맥주 한잔 따라주다) / Cheers to St. Paddy!(St. Patrick's Day 건배!) / Let's get the party going. / feel buzzed(취기를 느끼다, 알딸딸하다) / feel lucky today / chase the rainbow(꿈을 쫓다) / pot of gold at the end of the rainbow(노력 끝에 얻는 큰 보상이나 행복) / Luck is on someone's side. / find one's four-leaf clover(행운을 찾다) / as lucky as a leprechaun (행운이 가득하다) / bless your heart(참 착하다, 마음씨 곱다) / green with envy (몹시 질투하는) / wear one's lucky charm(자신의 행운의 부적을 착용하다) / paint the town green(신나게/흥청망청 놀다) / join the festivities / packed like sardines(사람들로 꽉찬) / have a blast(신나게 놀다) / live it up(흥청망청 즐기다) / in full swing / Spirits are high. / have the time of one's life(정말 행복한 시간을 보내다)

예문

A: **Top o' the mornin' to ya**! Ready for a day full of parades, music, and a bit of Irish cheer?

A: 좋은 아침! 오늘 퍼레이드와 음악, 그리고 아이리시 기분으로 가득한 하루를 즐길 준비됐어?

참고 Top o' the mornin' to ya![탑 어 더 모어-넌 터 야]: 좋은/상쾌한 아침!(아일랜드에서는 거의 쓰는 사람이 없으나, 미국에선 아일랜드식 발음처럼 흉내내며 유머러스하게 쓰는 이들이 있음)

A: After the parade, let's **hit the pub** for a pint of Guinness and some live Irish music.

A: 퍼레이드 끝나고 기네스 한 잔이랑 라이브 아이리시 음악 들으러 펍에 가자.

참고 hit the pub: 술집에 가다

A: On St. Patrick's Day, some of the Irish immigrants **had a blast** dancing to their traditional music all night.

A: St. Patrick's Day를 맞아, 일부 아일랜드 이주민들은 그들의 전통음악에 맞춰 밤새 춤추며 신나게 놀았다.

A: Don't **act the maggot** tonight. Save your energy for the St. Patrick's Day party later!

A: 오늘은 쓸데없이 장난치지 말고, 나중에 St. Patrick's Day 파티를 위해 에너지 아껴둬!

참고 act the maggot: (Irish slang)쓸데없이 장난치다, 까불다; act foolishly, mess around, or not take things seriously

A: Hope you **find your four-leaf clover** today. It's the perfect day for a bit of Irish luck!

A: 오늘 네 잎 클로버 꼭 찾길 바랄게. 아이리시 행운을 얻기 딱 좋은 날이잖아!

A: Hey, Steven. Did you draw a **shamrock** on your cheeks for the Irish parade? **You're a gas**!

A: 헤이 Steven. 아이리시 퍼레이드 가려고 양볼에 클로버를 그렸니? 너 정말 재밌네!

A: Are we really going to **chase the rainbow** today?

B: Why not? It's St. Patrick's Day, and I'm feeling **as lucky as a leprechaun**!

A: 오늘 무지개를 진짜로 따라가 볼 거야?

B: 왜 안 돼? St. Patrick's Day잖아, 나 오늘 레프러콘만큼 운 좋은 기분이야!

> **참고** leprechaun: 아일랜드 요정(레프러콘), 아일랜드 전설 속의 작은 장난꾸러기 요정으로 늘 녹색 옷과 모자를 쓰고 금 항아리를 지니고 있다)

A: Let's **raise a glass** to St. Patrick's Day!

B: Cheers! And guess what — the bartender said it's **on the house**!

A: St. Patrick's Day를 위해 건배하자!

B: 치얼스! 그리고 있잖아. 바텐더가 이건 무료라더라!

> **참고** on the house: 가게에서 무료로/서비스로 주는 것

A: **Erin go Bragh**! Who's ready to celebrate?

B: I am! We're going **on a pub crawl** tonight, right?

C: Absolutely! Let's **get the party going**!

A: 에린 고 브라! 다들 축제할 준비됐어?

B: 나 준비됐지! 오늘 밤 이 술집 저 술집 돌아다니는 것 맞지?

C: 물론이지! 파티 시작하자!

> **참고** Erin go Bragh!: 아일랜드 만세!, Ireland Forever!
> on a pub crawl: 이 술집 저 술집 돌아다니는

A: **What's the craic?** The streets are buzzing today!

B: I know! But look at Tom. He's totally **away with the fairies**.

C: Leave him be; the pub is already **packed like sardines** anyway.

A: 뭐 재밌는 거 있어? 오늘 거리 분위기 완전 활기차네!

B: 맞아! 그런데 Tom 좀 봐. 완전 딴 세상에 가 있네.

C: 그냥 둬. 어차피 펍은 사람들로 이미 꽉 찼으니까.

참고  What's the craic?: 무슨 재미있는 일 있어?, 어떻게 지내? craic: 명. company, entertainment, conversation(어울림, 모임, 여흥, 대화)  crack으로도 많이 표기되는데craic는 주로 Irish spelling. 발음은 동일.

What's the craic?: 아이리쉬 표현으로 '어떻게 지내?, 뭐 좋은/새로운 소식 있어?'

away with the fairies: 정신이 딴 데 가 있다, 현실과 동떨어져 있다, 멍 때리다

packed like sardines: 사람들이(정어리떼처럼) 꽉 들어차 있다, 빽빽하게 들어 있다

leave/let someone be: 내버려두다(leave someone alone)

A: Don't forget to **wear your lucky charm** today. We might just **find the pot of gold at the end of the rainbow**!

B: **Bless your heart**. Do you still believe in that? But hey, I'll wear mine anyway.

A: Good! With a little Irish luck, we'll **have the time of our lives** tonight.

B: Sounds perfect. Let's go see what magic St. Patrick's Day has in store for us.

A: 오늘 행운의 부적 꼭 챙겨! 무지개 끝에서 황금 항아리를 찾을지도 모르잖아!

B: 아이고 착하기도 하지. 아직도 그걸 믿어? 그래도 나도 하나 차고 갈게.

A: 좋아! 아이리시 행운만 있으면 오늘 밤 최고로 즐겁게 보낼 거야.

B: 완벽하네. St. Patrick's Day가 어떤 마법을 보여줄지 가 보자고.

참고  wear one's lucky charm: 자신의 행운의 부적을 착용하다

find the pot of gold at the end of the rainbow: 무지개의 끝에서 황금 항아리를 찾다(고진감래의 의미)

Bless your heart.: 참 착하다, 마음씨 곱다.

have the time of one's life: 정말 행복한 시간을 보내다

A: Cheers to St. Paddy! Ready to **paint the town green** tonight?

B: Absolutely! Everyone's going to be **green with envy** when they see how much fun we're having.

A: Then let's **have one more for the road** before we head to the next pub.

B: Good idea! St. Patrick's Day only comes once a year, after all!

A: St. Patrick을 위해 건배! 오늘 밤 신나게 놀 준비됐어?

B: 물론이지! 우리가 얼마나 재밌게 노는지 보면 다들 부러워할걸.

A: 그럼 다음 펍으로 가기 전에 한 잔 더 하고 가자.

B: 좋은 생각이야! St. Patrick's Day는 1년에 한 번뿐이니까!

참고  St. Paddy: Saint Patrick을 친근하게 줄여서 부르는 표현

paint the town green: 흥청망청 놀다; paint the town red(흥청망청 놀다)를 St. Patrick's Day 분

위기에 맞게 green으로 바꾼 표현임

green with envy: 몹시 질투하는; green은 전통적으로 질투를 상징하는 색으로 쓰임

have one more for the road: 떠나기 전에 한 잔 더 하다, 마지막으로 한 잔 더 마시다

A: Today's St. Patrick's Day. How are you planning to celebrate?

B: I'm going to check out the **parades downtown** during my lunch break. Do you want to come along?

A: Absolutely! I'd love to see the **parades**, the **bagpipers**, the **Irish tap dancers**, and everything else.

B: Great! Let's grab lunch together, too. How about a **Reuben sandwich** with **corned beef** and a pint of **Guinness**?

A: That sounds perfect. Couldn't be better!

A: 오늘 St. Patrick's Day. 어떻게 축하할 계획이야?

B: 점심시간에 시내에서 열리는 퍼레이드를 보러 갈 거야. 너도 같이 갈래?

A: 당연하지! 퍼레이드도 보고, 백파이프 연주랑 아일랜드 탭댄서 등등 보고 싶어.

B: 좋아! 점심도 같이 먹자. 루벤 샌드위치에 콘드비프, 그리고 기네스 맥주 어때?

A: 완벽해. 그보다 더 좋을 수는 없지!

Spring Break(봄방학)은 보통 3월 중순에서 하순에, 일부의 경우 4월 초에 진행되며, 학생들에게 봄 학기 중 일주일 간의 휴식을 제공한다. 문화적으로, 이는 학생들에게 학업 부담에서 해방되어 젊음의 자유를 만끽하는, 오래 기다려온 소중한 한 주일로 여겨진다. 초·중·고 학생들은 대부분 학교나 이웃 친구들과 어울리거나 가족과 여행을 즐기며, 일부 대학생들은 친구들과 Florida 주의 Miami Beach, Mexico의 Cancun 등, 주로 해변 여행지로 떠나 즐거운 사교와 파티 모임을 가진다. 미디어에서는 종종 봄방학을 파티와 음주 같은 활동을 중심으로 한 방종과 모험의 시기로 묘사하며, 비판적인 시각에서는 미디어, 여행사들, 그리고 상업화된 행사들이 과도한 음주나 위험한 행동을 조장한다고 지적한다. 그러나 봄방학은 여전히 학생들에게 학업과 일상의 스트레스로부터의 일시적인 탈출과 젊음을 만끽하는 사회문화적 의미를 지니고 있다.

### 공통주제

travel plans / beach parties / relaxation and unwinding(심신의 긴장을 풀고 스트레스 해소하기) / vacation destinations / nightlife and clubs / friends' get-togethers / adventure activities(surfing, hiking, etc.) / weather and sunshine / road trips / spring break traditions / break from school or work / festivals and concerts / packing and essentials / hotels and accommodations / memories from past Spring Breaks

### 주요 어휘 및 표현

명 beach / party / vacation / friends / sun / hotel / drink / trip / destination / pool / adventure / music / flight / fun / break / swim / sand / night / road / bar

형 sunny / fun / relaxing / exciting / wild / awesome / hot / cool / chill(느긋한, 편안한) / crazy / laid-back(느긋한, 태평한) / adventurous / tropical / unforgettable / busy / free / exotic / energetic / vibrant / memorable

동 party / relax / swim / travel / drink / sunbathe / explore / dance / chill / surf / sleep / hike / hang out / drive / book / dive / eat / celebrate / pack / shop

구 hit the road(여행을 떠나다) / soak up the sun / let loose(마음대로 하다, ...을 풀다) / catch some rays / paint the town red(여러 술집을 돌아다니며 놀다) / blow off steam(스트레스를 풀다) / party like there's no tomorrow(오늘만 사는듯이 놀다) / live it up(신나게/흥청망청 놀다) / in full swing(한창/절정인) / burn the midnight oil(밤늦게까지 일하다/공부하다) / catch some waves / go with the flow(흐름에 맡기다) / make a splash / chill out(긴장을 풀다) / get the ball rolling(일을 시작하다) / off the beaten path(사람들의 발길이 닿지 않은) / on cloud nine(매우 행복한) / a change of pace / catch up on some sleep / hit the beach / kick back and relax(푹/편히 쉬다) / break the bank(무일푼이 되게 하다) / take it easy / let one's hair down(자유롭게 행동하다) / have a blast(아주 즐거운 한 때를 보내다) / in the nick of time(아슬하슬하게, 간신히 시간 맞춰) / in the zone(...에 빠진, 무아지경인) / make the most of / go big or go home(모아니면 도) / time flies / hit the jackpot / burn the candle at both ends(밤새 많은 일을 하느라 몹시 지치다) / out of the blue(갑자기, 난데없이) / off the hook(책임에서 벗어난, 기가 막히게 좋은) / no strings attached(아무 조건 없이)

A: Do you want to go to the park with me and **soak up the sun**?
A: 나랑 공원 가서 햇볕 좀 쬘래?

참고 soak up the sun: 햇볕을 쬐다. 비슷한 표현들로는 catch some rays, catch some waves, bask in the sun 도 있음

A: I've been **on cloud nine** during spring break.
A: 봄방학 동안 정말 행복했어.

참고 on cloud nine: 매우 행복한

A: Are you ready to go to the club and **party like there's no tomorrow**?
A: 클럽 가서 미친 듯이 놀 준비 됐어?

참고 party like there's no tomorrow: 미친 듯이 놀다

A: I managed to catch the last train of the day just **in the nick of time**.

A: 간신히 그날의 마지막 기차를 탔어.

참고 in the nick of time: 간신히 시간에 맞춰, 아슬아슬하게

A: We should **hit the road** early tomorrow and head to the beach.

B: Sounds good! I can't wait to **blow off some steam** after this crazy semester.

A: 우리 내일 일찍 출발해서 해변으로 가야겠어.

B: 좋지! 이번 정신없는 학기 끝났으니 스트레스 좀 풀고 싶어.

참고 hit the road: 먼 길을 나서다, 여행 길에 오르다.
blow off some steam: 열 좀 식히다, 분위기 전환하다

A: This spring break, I just want to **let loose** and forget about everything.

B: Exactly! Let's head somewhere **off the beaten path** for a real adventure.

A: 이번 spring break에는 그냥 마음껏 즐기고 모든 걸 잊고 싶어.

B: 맞아! 인적 드문 곳으로 가서 진짜 모험을 해보자.

참고 let loose: (통제를 받지 않고) 마음대로 하다, 제멋대로 되다
off the beaten path: 인적이 드문 곳에(beaten path란 '사람들이 많이 다녀서/밟혀서 생긴 길'을 의미)

A: I want to have fun, but I don't want to **break the bank** this spring break.

B: Agreed. Let's plan something affordable and **get the ball rolling**.

A: Sounds good. Hopefully, **out of the blue**, we'll find some great deals!

A: 재밌게 놀고 싶지만 이번 spring break에 너무 돈을 많이 쓰고 싶지는 않아.

B: 나도 그래. 적당한 예산 내에서 계획을 세우고 시작해 보자.

A: 좋아. 희망컨대, 갑자기 크게 할인하는 상품들이 생기면 좋겠어!

참고 break the bank: 파산시키다, 무일푼이 되게 하다
get the ball rolling: 일을 시작하다, 계속 진행시키다
out of the blue: 갑자기, 난데없이(유래: 갑작스레 맑은 하늘에서 번개가 치듯 발생하는 상황을 비유)

A: I can't wait to **hit the beach** and **catch some rays** this spring break.

B: Same here! I just want to **go with the flow** and relax.

A: Yeah, I need to **get away from it all** after all the stress from school.

B: Definitely! We've been **burning the candle at both ends**, so this break is much needed.

A: 이번 spring break에 해변에 가서 일광욕하는게 정말 기대돼.

B: 나도! 그저 남들 하듯이 마음 편하게 즐기고 싶어.

A: 그래, 학교에서 받은 스트레스를 확 날려버릴 필요가 있어.

B: 맞아! 계속 이일 저일 하느라 지쳤으니까 이번 휴식이 절실히 필요해.

> **참고** go with the flow: (자연스러운) 흐름에 맡기다
> get away from it all: 모든 것을 떠나 잠시 쉬다
> burn the candle at both ends: (많은 일을 열심히 하느라) 몹시 지치다(촛불 양쪽 끝을 태우면 금
> 방 다 타버리는 것처럼 '에너지를 금새 소진하고 만다'는 의미)

A: This spring break, we're going to **paint the town red** every night!

B: For sure, but let's also hit the beach and **make a splash** during the day.

A: Totally! After all that, we can just **kick back and relax** by the pool.

B: Exactly, this week is going to be **off the hook**!

A: 이번 spring break에는 매일 밤 신나게 즐기자!

B: 당연하지, 하지만 낮에는 해변에서도 신나게 물놀이 해야지.

A: 맞아! 그리고 나서 수영장 옆에서 편히 쉬면 돼.

B: 그렇지, 이번 주는 정말 끝내줄 것 같아!

> **참고** paint the town red: 시끌벅적하게 파티를 하다, 나가서 신나게 즐기다
> kick back and relax: 긴장을 풀고 쉬다
> off the hook: 원래는 전화를 받지 않으려고 수화기를 내려놓은 상태라는 뜻이지만, 비격식체에서는 '
> 기가 막히게 좋은', '아주 멋진'이라는 의미로 사용

A: I can't believe how much we've done in just a few days. Time flies when you're having fun.

B: I know! I'm so glad we decided to **go big or go home** with this trip.

A: This vacation is going to be unforgettable. I feel like I'm living the dream.

B: Me too. It's so nice to get away from it all and just enjoy being **wild and free**.

A: 며칠 사이에 이렇게 많은 걸 했다니 믿을 수가 없어. 즐거울 땐 시간이 정말 빨리 가.

B: 맞아! 이번 여행에 제대로 즐기자고 결정한 게 정말 잘한 것 같아.

A: 이번 휴가는 잊지 못할 거야. 꿈꾸던 대로 살고 있는 기분이야.

B: 나도. 모든 것을 벗어나서 그저 신나고 자유롭게 노는 게 너무 좋아.

International Women's Day(국제 여성의 날)는 매년 3월 8일에 전 세계적으로 여성의 사회적, 경제적, 문화적, 정치적 성취를 기리는 날이다. 또한, 성평등을 위한 지속적인 투쟁을 강조하는 날이기도 하다. 1908년 뉴욕시에서 여성들이 더 나은 근로 조건과 투표권을 요구하며 행진한 것이 계기가 되어, 1909년 미국에서 첫 번째 전국 여성의 날이 열렸다. 국제 여성의 날 아이디어는 1910년 코펜하겐 국제 사회주의 여성 회의에서 제안되었고, 1911년 여러 나라에서 처음으로 공식적인 '국제 여성의 날'이 기념되었다. 미국에서는 아직 공적인 휴일은 아니지만, 학교, 직장, 조직 등에서 여성의 권리, 역량 강화, 성평등에 중점을 둔 집회, 회의, 토론, 교육 등 다채로운 행사들이 열린다. 이 날에는 남녀 간 임금 격차, 여성에 대한 폭력 문제 등을 다루는 시위, 문화 공연, 토론이 열리기도 하며 여성의 권리 신장을 위한 기금 모금 행사들도 열린다.

### 공통주제

gender equality women's empowerment / breaking the glass ceiling / women's rights / gender pay gap / women in leadership / feminism / combating gender-based violence / access to education for girls / intersectionality in feminism(여성이 겪는 억압이나 차별의 복합성/교차성) / celebrating women's achievements / reproductive rights(임신, 출산관련 권리) / work-life balance for women / mentorship and support for young women

### 주요 어휘 및 표현

명 equality / empowerment / leadership / rights / opportunity / representation / gender / voice / strength / change / progress / achievement / advocacy / freedom / solidarity / recognition / justice / movement / resilience / courage

형 equal / empowered / resilient / strong / independent / bold / cou rageous / inspirational / unapologetic / powerful / compassionate / determined / fearless / inclusive(포용적인, 포괄적인) / ambitious / brave / influential / united / supportive / progressive

[동] empower / inspire / lead / speak / stand / support / advocate / break(e.g., "break barriers" or "break the glass ceiling") / fight / celebrate / honor / educate / challenge / shatter(e.g., "shatter stereotypes") / push / rise / uplift / achieve / promote / unite

[구] break the glass ceiling(사회적/경제적 장벽을 극복하다) / equal footing / level the playing field / A woman's place is everywhere. / fight like a girl(강하게/용감하게 싸우다) / speak truth to power / rise up(일어서다, 맞서 싸우다) / Empowered women empower women. / strength in numbers / trailblazer / shatter stereotypes / wear many hats (일인 다역하다) / take the reins(통솔하다, 지휘하다) / lift as one climbs(성공하면서 다른 사람도 돕다) / against all odds(모든 역경을 딛고) / raise one's voice / walk the talk(말과 행동이 일치하다) / Women's work is never done. / claim one's space(권리나 자리를 확보하다) / make herstory(여성의 역사 만들기) / the future is female / tear down walls / push the envelope(한계를 초월하다) / a force to be reckoned with(만만치 않은 상대, 무시할 수 없는 존재) / take a stand(태도를 취하다) / stand tall(당당해 보이다) / bold and unapologetic (대담하고 당당한) / move the needle(눈에 띄는 정도로 바꾸다) / hold one's ground(굴복하지 않다) / balance the scales / speak up, stand out / on equal terms(동등한 입장에서, 대등한 조건으로) / power in one's voice / walk in someone's shoes / claim one's power

**예문**

A: Her efforts to advance women's rights have been recognized as **moving the needle**.
A: 그녀의 여성 권리 신장 노력은 상황을 개선하는 데 기여한 것으로 인정받았습니다.

**참고** move the needle: 상황을 개선하다, 진전시키다(아날로그 계기판의 바늘이 움직이는 모습에서 유래)

A: With the advent of new female leadership, we are all moving forward and **breaking the glass ceiling**.
A: 새로운 여성 리더십의 등장으로, 우리 모두는 앞으로 나아가고 유리 천장을 깨뜨리고 있습니다.

참고 break the glass ceiling: 사회적/경제적 장벽을 깨뜨리다(여성이나 소수자들이 조직, 사회, 직업 등에서 승진이나 성공에 있어 보이지 않는 장벽을 뚫어 내다)

A: We must **tear down walls** that prevent women from fulfilling their potential.

A: 여성들이 자신들의 잠재력을 발휘하는 것을 막고 있는 장벽들을 허물어야 합니다.

참고 tear down walls: 장벽들을 허물다, 제한들을 없애다

A: Women's power has grown into **a force to be reckoned with** in today's world.

A: 여성의 힘은 오늘날 세계에서 무시할 수 없는 힘으로 성장했습니다.

참고 a force to be reckoned with: 무시할 수 없는 힘, 강력한 존재, 만만치 않은 괄목상대

A: It's time to **shatter stereotypes** and show that women can excel in any field, no matter the obstacles.

B: Exactly! We need to **push the envelope** and redefine what's possible for women across the world.

A: 이제는 고정관념을 깨고 여성이 그 어떤 장애물에도 불구하고 어떤 분야에서든 뛰어날 수 있다는 걸 증명할 때가 되었어요.

B: 맞아요! 한계를 초월하여 전 세계 여성들의 능력을 재정의할 필요가 있어요.

참고 push the envelope: 한계를 초월하다

A: This year, more women are stepping up to **break the glass ceiling** in industries where they've been underrepresented for too long.

B: I agree. It's inspiring to see so many women **take the reins** and lead, proving that leadership has no gender.

C: Now, the day is all about working together to **balance the scales** and create a more equal and inclusive future for everyone.

A: 올해는 오래동안 소외되었던 산업 분야들에서 유리천장을 깨기 위해 더 많은 여성들이 나서고 있어요.

B: 동의해요. 리더십에는 성별이 없다는 걸 증명하면서, 수많은 여성들이 통솔력과 리더십을 발휘하는 모습을 보니 정말 뿌듯해져요.

C: 이제, 국제여성의 날은 모두가 함께 힘을 합쳐 균형을 맞추고, 모두에게 보다 더 평등하고 포용적인 미래를 만들어야 할 날이에요.

참고 take the reins: 통솔하다, 지휘하다

A: You know, when guys say '**fight like a girl**,' they don't realize how strong that really is. Women have been fighting for equality for generations.

B: Exactly, and it's clear that **women's work is never done**. Whether it's at home or in the boardroom, we're always pushing boundaries.

A: And the way some women are so **bold and unapologetic** these days is exactly what we need. No one should have to **tone down** their voice.

B: True. Before judging them, people should try to **walk in their shoes** and understand the challenges they face daily.

A: 남자들이 '여자답게 싸운다'고 말할 때 이 표현의 의미가 얼마나 강한지 모르는 사람들이 많아요. 여성들은 여러 세대에 걸쳐 평등을 위해 싸워왔어요.

B: 맞아요, 그리고 여성들의 일은 끝이 없다는 게 분명하죠. 집에서든, 중역회의실에서든 항상 경계를 허물고 있어요.

A: 그리고 요즘 일부 여성들이 대담하고 당당하게 나아가는 모습이야말로 우리에게 꼭 필요한 모습이에요. 누구도 자신의 목소리를 낮출 필요가 없어요.

B: 맞아요. 여성들을 판단하기 전에, 사람들은 그들의 입장이 되어 여성이 매일 겪는 어려움을 이해하려고 노력해야 해요.

> **참고** fight like a girl: 여자답게 싸우다, 강하고 용감하게 싸우다
> tone down: 낮추다, 진정하다
> in someone's shoes: ...의 입장이 되어, 입장을 바꿔놓고

Spring Daylight Saving Time(SDST, 봄 일광 절약 시간제)는 미국에서는 3월의 두 번째 일요일에 시작되며, 시계를 한 시간 앞으로(spring forward) 맞춘다. SDST의 주된 목적은 저녁 시간의 일광을 연장하여 인공 조명의 필요를 줄이고, 근무나 학교 후 야외 활동을 장려하는 것이다. 연장된 일광은 운동, 사교 활동 또는 스포츠 참여 등 야외에서 더 많은 시간을 보내도록 장려한다. 소매업, 외식업, 레크리에이션 등의 분야에서 소비자 활동을 증가시켜 경제를 자극하며, 특히 야외 중심의 사업에 긍정적인 영향을 미친다. 그러나 갑작스러운 시간 변화는 수면 일정을 방해하여 피로와 생산성 감소를 초래하기도 한다.

일광 절약 시간제는 에너지 소비를 줄이기 위한 목적이지만, 연구에 따르면 에너지 사용 패턴의 변화로 인한 절약 효과가 미미한 것으로 나타나서, 미국의 일부 지역인 애리조나(Arizona)와 하와이(Hawaii)는 일광 절약 시간제를 시행하지 않는다. 전 세계적으로는 북미, 유럽, 남미, 중동, 오세아니아 일부 등 70여 개 국가에서 미국의 SDST와 유사한 정책을 시행하고 있다.

### 공통주제

adjust to the time change / lose an hour of sleep / gain more daylight / effects on sleep patterns / feel tired or groggy / impact on productivity / benefits of longer evenings / adjust clocks and devices / health effects of time shifts / impact on morning routines / seasonal changes and spring weather / prepare for summer activities / debate over the need for daylight saving time / how different regions handle daylight saving / coping strategies for the transition

### 주요 어휘 및 표현

명 clock / hour / time / sleep / alarm / schedule / morning / evening / daylight / night / routine / energy / change / week / bedtime /

wake-up / sunrise / sunset / transition / weekend

형 tired / early / late / sleepy / groggy / adjusted / restless / energized / bright / dark / confusing / disoriented / long / short / sudden / refreshed / productive / drowsy / transitional / off-track

동 adjust / wake / sleep / set / change / reset / lose / gain / spring (forward) / fall (back) / shift / get up / snooze / stay / yawn / feel / catch up / adapt / miss / plan

구 spring forward, fall back(봄에는(한 시간을) 앞당기고, 가을에는 뒤로 돌리다) / burn the candle at both ends(아주 열심히 일하다) / run against the clock(시간을 다투어 일하다) / hit the snooze button(알람을 끄고 잠시 더 자다) / caught off guard(허를 찔린) / an hour behind / lose track of time / The early bird gets the worm / better late than never(늦더라도 안 하는 것보다 낫다) / (The) daylight's burning.(시간을 낭비하면/지체하면 안돼, 서둘러야 해) / out of sync(조화롭지 않은/어긋난) / rise and shine(정신차리고 일어나다) / Time is of the essence.(시간이 가장 중요하다) / Every second counts. / Time waits for no one / run out of time / burn the midnight oil(일이나 공부에 매진하다) / bright and early(아침일찍) / seize the day(오늘을 즐기다) / out of sorts(몸이 불편한, 기분이 언짢은) / feel like one lost an hour / live on borrowed time(한계 시간을 연장하며 살다) / lose sleep over ...(잠도 못자고 ...을 걱정하다) / in the nick of time(아슬아슬하게, 가까스로) / get back on track / feel jet-lagged(시차 적응이 안 되어 컨디션이 엉망이다) / behind schedule / at the crack of dawn(동이 트기 무섭게) / wake up on the wrong side of the bed(아침부터 기분이 안 좋다) / ahead of the curve(남들보다 앞서가는) / Tick-tock goes the clock.(시간이 계속 흐른다) / play catch-up(상대방을 따라잡으려 애쓰다) / make up for lost time / hit the hay/sack(잠자리에 들다) / clock in late(지각 출근하다) / run on fumes(기진맥진하다)

### 예문

A: I lost track of time while **burning the candle at both ends**.
A: 너무 바빠서 시간 가는 줄 몰랐어.

참고 burn the candle at both ends: 아주 열심히 일하거나 활동하다

A: I **feel like I lose an hour** every day for a while after Spring Daylight Saving Time kicks in each year.

A: 매년 SDST가 시작된 후, 한 동안은 하루에 한 시간씩 손해 보는 기분이야.

A: My husband has been up **at the crack of dawn** every day since the time change.

A: 남편은 시간이 바뀐 이후로 매일 새벽 일찍 일어나고 있어요.

참고 at the crack of dawn: 새벽 일찍

A: Lots of people **clocked in late** this morning because they completely forgot about the time change.

A: 많은 사람들이 시간 변경을 완전히 잊어버려서 오늘 아침에 늦게 출근했어.

참고 clock in late: 지각 출근하다('타임 클락에 정시에 카드를 찍지 못하고 늦게 찍는다'는 의미에서 지각을 뜻하는 관용구로 널리 사용하게 됨)

A: I feel like I'm **an hour behind** on everything today. Spring Daylight Saving Time always **throws me off**!

B: Same here. It's time to reset and **get into the new groove**.

A: 오늘 하루 종일 한 시간씩 늦게 움직이는 기분이에요. SDST는 항상 저를 혼란스럽게 해요!

B: 나도 그래요. 이제 다시 리듬을 맞추고 새로운 루틴에 적응해야겠어요.

참고 throws somebody off: ...를 혼란스럽게 하다, 헷갈리게 하다
get into the new groove: 새로운 방식/루틴에 적응하다

A: Remember, we **spring forward** tonight, so we're losing an hour.

B: Ugh, I'm already **running on fumes**. But hey, don't **lose sleep over** it.

A: Easier said than done! I feel like I'm **losing sleep** every year with this time change.

A: 오늘 밤에 시계를 한 시간 앞으로 돌려야 해요, 그러니까 한 시간(숙면 시간)을 까먹어요.

B: 아휴, 전 벌써 기진맥진해요. 그래도 너무 걱정하지 마세요.

A: 말이 쉽죠! 이 시간 변경 때문에 매년 잠이 부족해지는 것 같아요.

참고 spring forward: (일광 절약 시간제에서) 봄에 한 시간을 앞으로 당기다
run on fumes: 기진맥진하다, 체력이 거의 다하다
lose sleep over ...: 잠도 못 자고 ...을 걱정하다
Easier said than done: 행동보다 말이 쉽다

A: I swear, ever since the time changed, I've been **running against**

**the clock** every morning.

B: Same here! I feel totally **out of sync** with everything.

A: I nearly missed my meeting today but made it **in the nick of time**.

B: I'm not that lucky. I've been **waking up on the wrong side of the bed** all week!

A: 시간 변경 이후로 매일 아침 시간에 쫓기는 기분이에요.

B: 저도 그래요! 모든 게 엇박자 나는 것 같아요.

A: 오늘 거의 회의를 놓칠 뻔했는데 아슬아슬하게 시간을 맞췄어요.

B: 저는 그런 운도 없어요. 이번 주 내내 기분이 별로에요!

> **참고** run/race against the clock: 시간과 다투다, 시간에 쫓기다(기록을 다투는 스포츠 경기는 참가선수들과의 경쟁이 아니라 결국 각 자가 시간과의 다투는 것이란 점이 점차 '시간과 다툰다'는 일상표현으로 자리를 잡음)
> out of sync: 화합되지 못하는, 조화를 이루지 못는
> in the nick of time: 아슬아슬하게, 거의 딱 맞춰서
> wake/get up on the wrong side of the bed: 아침부터 기분이 별로다

A: The best thing about Daylight Saving Time is having more time for outdoor activities after work.

B: I agree! It feels so **much brighter and more energized**. It's the perfect time to seize the day.

A: The longer evenings are a great way to **wind down** and **get some fresh air**.

B: Yeah, it's a good reminder to get outside and appreciate the new season.

A: 일광 절약 시간제의 가장 좋은 점은 퇴근 후에 야외 활동을 할 시간이 더 많다는 거야.

B: 맞아! 훨씬 밝고 활기찬 느낌이야. 오늘을 즐기기에 완벽한 시간이야.

A: 해가 길어진 저녁 시간은 긴장을 풀고 신선한 공기를 쐬기에 정말 좋아.

B: 그래, 새로운 계절을 맞아 밖으로 나가서 즐기라는 좋은 신호인 것 같아.

> **참고** wind down: 긴장을 풀다, 쉬엄쉬엄 가다, 진정되다

미국에서 Spring Equinox(춘분)는 3월 20일 또는 21일이며, 봄의 시작을 알리는 날이다. 이 날에는 낮과 밤의 길이가 거의 같아진다. 미국에서 춘분은 삶의 순환성과 자연과 인간 활동 모두에서 갱신과 성장의 중요성을 상기시키는 역할을 한다.

사회문화적으로, 춘분은 다양한 방식으로 기념한다. 주로 부활절(Easter)과 일치하는데, 부활절 전통에는 달걀 찾기, 퍼레이드, 가족 모임 등이 포함되며, 이는 재생과 갱신을 상징한다. 또한 춘분은 4월 22일에 기념되는 지구의 날(Earth Day)과 연결되어 있으며, 환경 보호에 대한 인식 제고를 강조한다. 많은 지역 사회에서는 춘분을 통해 계절의 변화와 자연의 중요성을 강조하는 지역 축제와 행사 등을 개최한다. 예를 들어, 사람들은 정원 가꾸기, 공원이나 수목원 산책, 야외 스포츠와 피크닉, 하이킹, 낚시, 파머스 마켓(farmers' market) 방문, 그리고 자연과의 연결을 촉진하는 다른 봄철 전통에 참여한다.

### 공통주제

renewal and rebirth / balance of day and night / seasonal changes / warmer weather / planting and gardening / nature's awakening / spring cleaning / new beginnings / growth and transformation / celebrating nature / daylight lengthening / outdoor activities / blooming flowers and greenery / symbolism of fertility and life

### 주요 어휘 및 표현

명 flowers / sunshine / bloom / season / growth / rain / trees / birds / nature / breeze / equinox / garden / daylight / rebirth / grass / warmth / sky / roots / buds / renewal

형 fresh / bright / warm / blooming / new / vibrant / sunny / gentle / lush / breezy / green / colorful / rejuvenating(원기를 회복시키는, 회춘시키는) / crisp(바삭바삭한, 날씨가 상쾌하고 깨끗한) / mild / radiant / renewed /

growing / soft / alive

동 bloom / grow / sprout / blossom / renew / awaken / refresh / thrive / warm / brighten / revive / plant / shine / flourish / soak / breathe / thrive / melt / emerge / bud

구 spring into action(주저없이 행동을 개시하다) / a breath of fresh air / turn over a new leaf / new dawn / out like a lamb(온순하게 끝나다) / wake up and smell the roses / plant the seeds of change / come out of hibernation / blossom where something is planted / fresh as a daisy / growth spurt / The grass is greener on the other side (of the fence). (남의 것이 더 좋아 보인다) / burst at the seams(가득 차서 터질 지경이다) / a ray of sunshine / bright-eyed and bushy-tailed(원기 왕성한, 기력이 넘치는) / catch some rays / shake off the winter blues(겨울 무력감을 떨쳐내다) / a change of pace / clear skies ahead / bloom and grow / a new lease on life(삶의 새로운 활력) / chase rainbows / come into one's own(진가를 발휘하다) / like a breath of spring / in the air / Nature is calling. / Make hay while the sun shines. / soak up the sun(햇볕을 즐기며 쬐다) / put down roots / rise and shine(일어나서 활기차게 하루를 시작하다) / full of life / budding opportunities / warm up to the idea(그 생각에 점차 마음이 열리다, 서서히 받아들이다) / a season of renewal / reap what one sows(뿌린 대로 거두다)

예문

A: It is already the spring equinox! It's the perfect day to **soak up the sun** and hang out at the park.
A: 벌써 춘분이네요! 공원에 나가 햇볕을 쬐고 어슬렁거리기에 딱 좋은 날이네요.

A: **Spring is in full bloom** now, and I want to go for a walk to feel **fresh as a daisy** this spring equinox.
A: 봄이 완연해졌으니, 춘분인 오늘 기분이 상쾌하게 산책을 하고 싶어요.

참고 in full bloom: 꽃이 만발한 상태
fresh as a daisy: 매우 상쾌하고 활기찬 상태를 비유적으로 표현

A: **March comes in like a lion but goes out like a lamb**.
A: 3월은 사자처럼 시작하지만 양처럼 끝난다.

A: Let's **shake off the winter blues** and feel refreshed in this warm spring weather.

A: 겨우내 겪었던 우울함을 떨쳐버리고 따뜻한 봄 날씨 속에서 상쾌함을 느껴봐요.

A: With the Spring Equinox here, it's the perfect time to **spring into action** and start those projects we've been putting off.

B: Absolutely! It's a season of renewal, **time to refresh** our minds and homes. Let's make the most of it!

A: 춘분이 다가왔으니 이제는 행동으로 실천하고 그간 미뤄왔던 프로젝트들을 시작하기에 안성맞춤인 시기예요.

B: 정말이에요! 재생의 계절이 왔으니, 우리의 마음과 집도 다시 손 봐야 할 시간이에요. 이 계절을 최대한 활용해요!

A: Ah, Spring Equinox! Time to **wake up and smell the roses**, don't you think?

B: You bet! I'm feeling **bright-eyed and bushy-tailed** today, ready to embrace the season.

A: Same here. It's also a great time to **put down roots** and start something new, like that garden we've been talking about.

A: 아, 춘분이네요! 깨어나 장미 향기를 맡을 시간이에요, 그쵸?

B: 맞아요! 오늘은 저도 기운이 넘치는 것 같아서, 봄을 만끽할 준비가 되어 있어요.

A: 동감이에요. 뿌리를 내리고 새로운 것을 시작하기에 좋은 시기예요, 우리가 이야기했던 정원처럼요.

A: Spring is finally here! It feels like **a breath of fresh air** after that long winter.

B: Tell me about it. I've been also **bursting at the seams** waiting to shake off the winter blues.

A: It's the perfect **season of renewal**, don't you think? Everything's starting to bloom again.

B: Exactly! **Time to refresh and recharge** for the months ahead.

A: 드디어 봄이 왔어요! 긴 겨울 후 상쾌한 기분이에요.

B: 그러게요. 저도 겨울의 우울감을 털어내고 싶어서 안달이 났어요.

A: 새롭게 회복하기에 완벽한 계절이에요, 그쵸? 모든 것이 다시 피어나고 있어요.

B: 맞아요! 앞으로 몇 달 동안 새롭게 하고 재충전할 시간이에요.

참고 burst at the seams: 넘칠 정도로 꽉(들어)차다, 대만원이다
Tell me about it.: (나도 같은 경험을 해 봐서) 공감한다
= Absolutely.; Positively.; Of course.; You can say that again.; I couldn't agree more.

April Fool's Day(만우절)은 4월 1일에 기념되며, 유머와 웃음과 장난, 실용적인 농담과 창의성을 즐기는 날이다. 이 날은 유머와 장난의 전통에 뿌리를 두고 있으며, 인생을 너무 심각하게 받아들이지 말라고 상기시키는 역할을 한다. 사회문화적으로, 만우절은 공동체 의식과 공유된 웃음을 촉진하기 때문에 중요하다. 이 날은 또한 미국 문화에서 유머와 창의성에 대한 가치를 반영한다. 이날 사람들은 친구, 가족, 동료에게 해가 없는 장난을 친다. 이는 간단한 농담에서부터 정교한 속임수까지 다양하다. 언론 매체와 회사들은 종종 가짜 뉴스 기사나 발표를 통해 관객이나 청중을 즐겁게 한다. 최근에는 많은 사람들이 소셜 미디어에서 재미있는 밈, 비디오, 이야기를 서로 공유하면서 이 날을 유쾌하게 보낸다.

## 공통주제

pranks and jokes(장난과 짓궂은 농담) / trick strategies / past April Fool's pranks / fake news stories / prank reactions / office or school pranks / creative ways to surprise people / planning a prank / avoiding being tricked / funny moments from the day / harmless vs. harmful pranks / the history of April Fool's celebrity or media pranks / prank backfires (장난기가 도를 넘쳐 매우 심각한 결과나 피해를 초래하는 상황) / prank ideas for next year

## 주요 어휘 및 표현

명 prank / joke / trick / hoax / fool / lie / gag / game / surprise / deception / ruse(계략, 책략, 속임수) / spoof(패러디, 우스꽝스럽게 모방) / laugh / target / reaction / scheme / setup / plot / plan / confusion

형 tricky / funny / foolish / sneaky / hilarious / mischievous(장난기 많은, 짓궂은) / silly / surprising / unexpected / deceptive / crafty(교활한, 약삭빠른) / clever / playful / embarrassing / gullible / amusing / bold / ridiculous / confusing / humorous

동 prank / fool / trick / surprise / laugh / scream / shock / tease / play

/ deceive / celebrate / confuse / reveal / plan / enjoy / react / catch / witness / participate / share

구 pull someone's leg(놀리다) / Gotcha!(속였다, 나한테 속았다, 알았어!) / the joke's on someone / fall for it(속아 넘어가다) / hook, line, and sinker(속수무책으로, 완전히, 철저히) / Fool me once, shame on you. Fool me twice, shame on me.(한 번 속으면 네 잘못, 두 번 속으면 내 잘못) / you got me good(완전히 속았네) / laugh it off(웃어 넘기다) / play a prank(속이는 장난을 치다) / just kidding(농담이야) / don't take it personally(기분 나쁘게 받아들이지 마) / take ... with a grain of salt(걸러서 듣다, 완전히 믿지 않다) / got you going(속았지?) / keep a straight face(웃음을 참다) / catch someone off guard(허를 찌르다) / a practical joke / lead someone on(헛된 기대를 갖게 하다) / set someone up(속이다, 함정에 빠뜨리다) / play along(상대의 기분에 맞춰 겉으로만 동의하다) / gotcha moment(딱걸린 순간) / pull a fast one(속임수를 쓰다) / The tables have turned.(형세가 역전되다) / take the bait / out of the blue(갑자기, 느닷없이) / it's all a ruse / the last laugh(마지막에 웃다, 결국 이기다) / on thin ice / a sneaky trick(몰래하는 속임수) / go along with it / a wolf in sheep's clothing(양두구육) / keep someone guessing / what goes around comes around(남에게 한대로 되돌려 받는 법) / take ... for a ride(...를 속이다) / laughing stock(웃음/조롱 거리) / bait and switch(유인 판매 수법)

## 예문

A: **Fool me once, shame on you. Fool me twice, shame on me**!
A: 한 번 속으면 네 잘못이지만, 두 번 속으면 내가 바보지!(속담)

A: **I've played a sneaky trick on** you! I hid your computer in my bag!
A: 네게 몰래 장난을 쳤어! 네 컴퓨터를 내 가방에 숨겨놨어!

참고 play a trick on someone: ...를 속이다, 놀리다

A: **Don't be fooled!** I was just **pulling a fast one** when I told you that I had broken up with Jane.
A: 속지 마! 내가 Jane과 헤어졌다고 한 건 그냥 너를 놀린 거야.

참고 pulling a fast one: 재빠르게 속임수를 쓰다, 교묘히 속이다. 이 표현은 재빠른 손기술을 이용하여 감쪽같이 속일 수 있는 카드게임이나 마술에서 유래한 것으로 추정됨

A: Don't be upset! It was all **in good fun**. Let's just **laugh it off**.

A: 화내지 마! 그냥 재미로 한 거야. 웃어넘기자.

> **참고** in good fun: 재미로, 농담으로

A: I totally **pulled your leg** with that fake email, didn't I?

B: You really did! It completely **caught me off guard**. I wasn't expecting it at all!

A: 내가 그 가짜 이메일로 너를 속였지, 그치?

B: 정말 그랬어! 완전히 허를 찔렸지. 전혀 예상하지 못했어!

> **참고** pull someone's leg: 놀리다, 농담을 던지다
> catch someone off guard: 의표를 찌르다

A: I'm planning to **play a prank** on Sam later. He'll never **see it coming**!

B: Just be careful, you're already **on thin ice** after last year's stunt!

A: 나중에 Sam에게 장난칠 계획이야. 그는 절대 눈치채지 못할 거야!

B: 조심해, 너는 이미 작년 장난 때문에 위태로운 상황이야!

> **참고** see (something) coming: 징조가 보이다, 직감하다, 낌새를 채다
> on thin ice: 살얼음을 밟고, 위험한 상태로

A: I told her that her car was getting towed, and she believed it **hook, line, and sinker**!

B: No way! How did you manage to **keep a straight face** through that?

A: It wasn't easy, but I totally **took her for a ride**. April Fool's!

A: 나는 그녀에게 그녀의 차가 견인되고 있다고 말했는데, 그녀는 완전히 믿었어!

B: 말도 안 돼! 그걸 어떻게 계속 천연덕스러운 표정을 유지했어?

A: 쉽지 않았지만, 그녀를 완전히 속였어. 만우절이야!

> **참고** hook, line, and sinker: 완전히, 완전히 속아서. 이 표현은 낚시의 3 요소를 포함하며, 완전히 속은 물고기가 낚시바늘 뿐만 아니라 줄과 납추까지 덥썩 삼킨 상황에서 유래했다고 함
> keep a straight face: 천연덕스러운 얼굴을 짓다, 무표정한 얼굴을 하다
> take someone for a ride: ...를 속이다, 기만하다

A: Did you really **fall for it** when I said we had a surprise test today?

B: You totally **got me going**! I was stressed out the whole morning.

A: Well, **the tables have turned** now. Remember when you **played a prank on** me last year?

B: Okay, fair enough. I guess it's my turn this time. **April Fool's**

**strikes again!**

A: Then, now we're **even Steven**, ha ha.

A: 내가 오늘 깜짝 테스트가 있다고 말했을 때 정말 깜빡 속았니?

B: 넌 정말 나를 감쪽같이 속였다구! 오전 내내 스트레스를 받았어.

A: 이제 상황이 역전이 된 셈이네. 작년에 네가 던진 미끼에 내가 깜빡 속은 것 기억나?

B: 알겠어, 이해해. 이번에는 내 차례인 것 같아. 만우절이 또 다시 왔네!

A: 그럼, 우린 서로 샘샘이 됐네/비겼네, 하하.

> **참고** fall for ...: ...에 속다, 사기당하다, 홀리다
> get somebody going: ...를 화나게/걱정하게/흥분하게 만들다
> the tables have turned: 모든 상황이 뒤바뀌다
> play a prank on someone: ...에게 장난치다
> even Steven: 완전히 공평한/비긴

A: I didn't mean to **lead you on** with that fake announcement earlier.

B: I figured **something was off**, but I decided to **take it with a grain of salt**.

A: Don't **take it personally**, it's all in the spirit of April Fool's Day!

B: Oh, I'm not mad! That was a classic **gotcha moment**. You **got me good**!

A: 아까 그 가짜 발표로 너를 속일 생각은 아니었어.

B: 뭔가 이상하다는 건 느꼈지만, 그걸 대수롭지 않게 넘기기로 했어.

A: 너무 진지하게 받아들이지 마, 이건 모두 만우절의 정신이야!

B: 나 화난 거 아니야! 그건 전형적으로 낚였던 장난이었어. 정말 잘 속였어!

> **참고** lead someone on: (특히 거짓말로) ...를 유혹하다
> something is off: 뭔가 이상하다
> take something with a grain of salt: ...을 에누리해서 듣다, 액면 그대로 받아들이지 않다
> gotcha: 잡았다, 속였다, 당황하게 했다
> get/cook someone good: 속이다

Good Friday(성 금요일)는 부활절 전 금요일에 지켜지는 기독교 전통 중 가장 엄숙한 날 중 하나로, 예수 그리스도의 십자가 처형과 죽음을 기념한다. 신약성서의 기록에 뿌리를 둔 이 날은 예수께서 갈보리에서 겪으신 재판, 고난, 그리고 궁극적인 희생을 기념하며, 인류에게 구원과 용서를 제공한 날로 여겨진다. 이 날은 예수께서 다른 이들을 위해 고난을 기꺼이 감내하신 놀라운 사랑과 희망을 상징하며, 동시에 그분의 죽음에 대한 슬픔을 간직한 날이며, 부활절에 축하할 부활의 약속과 새 생명의 희망으로 이어진다.

미국 전역에서 기독교인들은 성 금요일을 엄숙한 예배로 기념하며, 성경 읽기, 찬송가, 기도가 포함된 예식을 진행한다. 가톨릭 전통에서는 십자가의 길 묵상과 십자가 경배가 자주 행해지며, 많은 이들이 단식하거나 고기를 먹지 않는다. 일부 지역사회에서는 수난극이나 행진을 통해 예수님의 수난을 재현하고, 다른 이들은 조용히 묵상과 기도 속에 하루를 보낸다.

[사진] Good Friday의 기독교적 의미는 물론이고 미국 사회에서의 문화적 비중도 대단히 크다. 급격히 얼어붙은 한 Good Friday 날 미국 Wisconsin-Madison 대학교 캠퍼스에 임시 설치된 십자가 부근에서 학생들과 시민들이 발길을 멈추고 묵상을 하거나 기도를 하고 있다. 사진: ⓒ 박우상

[사진] Good Friday에 미국 Virginia 주의 한 타운에서 기독교 신자들이 예수의 수난을 묵상하면서 함께 행진하고 있다. 사진: ⓒ 박우상

the crucifixion of Jesus Christ(예수 그리스도의 십자가 처형) / reflection on sacrifice and suffering / the significance of the cross / redemption and salvation(속죄와 구원) / Jesus' last words / the meaning of Good Friday in Christianity / fasting and prayer traditions / spiritual reflection and repentance / the Passion of Christ(예수 그리스도의 수난) / the importance of faith / the journey toward Easter Sunday / observing Good Friday services / acts of charity and kindness / the symbolism of darkness and light / Holy Week(예수 그리스도의 수난과 부활을 기념하는 기독교의 중요한 한 주간)

## 주요 어휘 및 표현

**명** cross / sacrifice / Jesus / blood / faith / crucifixion(십자가형(형벌)) / grace / salvation / forgiveness / redemption(속죄: 구원에 이르는 과정) / sorrow / prayer / resurrection / church / disciples / hope / sin / tomb / nails / suffering

**형** sacred / holy / sorrowful / forgiving / redemptive(구원하는, 속죄하는) / gracious / merciful / crucial / painful / sacrificial / solemn / divine / compassionate / penitent / mourning(애도) / hopeful / faithful / humble / reverent / eternal

**동** pray / reflect / forgive / sacrifice / mourn / repent / redeem / crucify / suffer / worship / atone(속죄하다, 보상하다) / bless / fast / heal / confess / honor / die / commemorate / obey

**구** carry one's cross / in the light of the cross / turn the other cheek (보복하지 않고 참다) / walk the straight and narrow(정직하고 올바르게 행동하다) / sacrifice for the greater good / a leap of faith(믿음을 갖고 과감히 뛰어듦, 믿음의 도약) / have faith / count one's blessings(가진 것들에 감사하다) / put one's trust in God / a cross to bear(피할 수 없는 고통/책임) / rise above it / turn over a new leaf(새 출발하다) / forgive and forget / the road to salvation / God works in mysterious ways. / Peace be with you.(평화가 함께 하기를) / the last supper(최후의 만찬) / a sign from above / at the foot of the cross / by His stripes we are healed(예수 그리스도의 고난으로 우리가 치유되다) / Thy will be done.(주의 뜻이 이루어지다) / Heaven sent / lamb of God. / go in peace / on bended knees(간청하여, 엎드려 빌며) / Blessed are the meek.(온유한 자는 복이 있다) / resurrection of the spirit / in the twinkling of an eye(눈 깜빡할 사이에) / born again / washed in the blood / He laid down His life. / nail in the coffin(최후의 결정타) / the wages of sin / blood, sweat, and tears / come to Jesus moment (중대한 결단을 내리다) / walk in His footsteps(예수 그리스도의 삶과 가르침을 본받다)

**예문**

A: **In the twinkling of an eye**, a remarkable event, full of God's grace, unfolded before me.

A: 순식간에, 하나님의 은총으로 가득한 놀라운 사건이 저의 앞에서 펼쳐졌어요.

**참고** In the twinkling of an eye: 매우 짧은 시간, 순식간에

A: The Bible says that the path to healing begins when we **forgive and forget**.

A: 성경은 용서하고 잊을 때 치유의 길이 시작된다고 말합니다.

A: Christians must strive to **walk in His footsteps** every day.

A: 크리스천들은 매일 그분의 발자취를 따르기 위해 노력해야 합니다.

**참고** walk in His footsteps: 예수 그리스도의 가르침을 따르는 것을 의미

A: My favorite verse of Jesus in the Bible is '**Blessed are the meek**.'

A: 제가 가장 좋아하는 예수님의 말씀은 "온유한 자는 복이 있나니"입니다.

**참고** 이 문장은 마태복음 5장 5절의 말씀을 인용

A: On Good Friday, it's important to **count our blessings** and remember what He sacrificed for us.

B: Absolutely. We've been **washed in the blood**, and that's something to be grateful for every day.

A: On Good Friday, we're reminded to **walk the straight and narrow**, just like Jesus did.

B: True, but sometimes it's tough to understand the path. **God works in mysterious ways**.

C: It took His **blood, sweat, and tears**, but it gave us **hope and salvation**.

A: 성 금요일에는 우리가 가진 것들에 감사하고 예수님이 우리를 위해 어떤 희생을 하셨는지 기억하는 것이 중요해.

B: 정말 그래. 우리는 그분의 피로 씻김을 받았고, 그건 매일 감사해야 할 일이지.

A: 성 금요일에는 예수님이 그러셨던 것처럼, 올바르고 좁은 길을 걸어야 한다는 것을 상기시켜줘.

B: 맞아, 하지만 가끔 그 길을 이해하는 게 힘들 때도 있어. 주님은 신비로운 방식으로 일하시잖아.

C: 예수의 피와 땀과 눈물이 필요했지만, 그것이 우리에게 희망과 구원을 주었어.

참고 walk the straight and narrow: 올바르고 좁은 길을 걷다

A: Sometimes, Good Friday feels like a reminder that taking **a leap of faith** is essential.

B: Exactly, especially when everything is **in God's hands**, and we have no control over what comes next.

A: All we can do is pray **on bended knees** and trust in His plan.

B: His death seemed like the **nail in the coffin**, but it was the beginning of something greater.

A: 때때로 성 금요일은 믿음에 대한 확신을 갖는 일이 필수적이라는 것을 일깨워 주는 것 같아.

B: 맞아, 특히 모든 것이 주님의 손에 달려 있을 때나 우리가 다음에 올 일을 통제할 수 없을 때는 더욱 그래.

A: 우리가 할 수 있는 건 무릎을 꿇고 기도하고 그분의 계획을 신뢰하는 것뿐이야.

B: 주님의 죽음은 마치 사망 선고처럼 보였지만, 더 큰 것의 시작이었어.

참고 a leap of faith: 절대적 확신/믿음을 갖고 과감히 뛰어듦
nail in the coffin: 사망 선고, 최후의 결정타, 불가피하게 실패하거나 끝장나는 일/행위/상황

A: Hey, Daniel. Can we go out to lunch together? Maybe we can try that new steak burger restaurant today?

B: I'm so sorry, John. I think I'd better **skip lunch** today. For me, today is Good Friday, you know.

A: Oh, that's right. I'm going to skip lunch today too. For dinner, I'll have a **fish fry instead of red meat**.

B: Sure, that's an idea. I'll have a **fish fry** too.

A: 헤이, Daniel. 같이 점심 먹으러 나갈까? 어쩜 그 새로 생긴 스테이크 버거 레스토랑 오늘 가보는 것도 좋을 듯해.

B: 너무 미안해, John. 난 오늘 점심 건너뛰는 게 좋을 듯해. 내겐 오늘이 Good Friday 잖아.

A: 오, 맞아. 나도 오늘 점심 건너뛸 거야. 저녁은 육류 대신에 생선 튀김을 먹을래.

B: 그래, 좋은 생각이야. 나도 생선 튀김이나 먹어야겠어.

참고 이 예문은 Good Friday에 금식과 금육을(fasting, no meat) 하는 상당수의 미국인들의 하루의 모습을 보여준다. 정확한 통계가 잡혀 있지 않지만, 미국 가톨릭 신자들의 약 40%(약 3,000만 명)을 포함하여 전체 미국인들의 약 30%, 즉 거의 1억의 미국인들이 Good Friday의 금식 금육을 하는 것으로 보인다.

Easter Sunday(부활절 일요일)은 미국에서 춘분(spring equinox) 이후 첫 번째 만월이 지난 첫 번째 일요일에 기념된다. 부활절의 기원은 초기 기독교 교회로 거슬러 올라가며, 예수 그리스도가 십자가에 처형된 후 셋째 날 부활하신 사건을 기념한다. 부활절은 기독교에서 가장 중요한 날로, 예수의 죄와 죽음을 이긴 부활을 상징한다. 또한 영원한 생명의 약속과 성경의 예언이 성취된 날로서, 가족과 공동체가 함께 희망과 부활의 의미를 되새겨보는 날이다.

미국에서 부활절은 종교적 의식과 즐거운 전통이 결합된 날로 기념된다. 많은 교회에서는 부활절에 찬송과 기도, 부활에 관한 설교가 포함된 예배를 드리고, 일부 교파에서는 토요일 밤 부활절 철야예배를 거행한다. 가족들은 함께 모여 Lamb(양고기)을 비롯한 축하 음식을 나누고, 아이들은 Easter egg hunt(부활절 달걀 찾기)와 초콜릿이나 사탕이 든 바구니를 들고 다닌다. 집과 교회는 lilies(백합꽃)과 봄 장식으로 꾸며지며, 많은 사람들이 새로운 봄 옷을 입는다.

[사진] 한 미국 가족이 Easter를 앞두고 모여 앉아 달걀에 물감을 칠하고 있다. Easter egg coloring은 많은 미국인 가족들의 연례적인 전통이다. 사진: ⓒ 박우상

[사진] 미국 Wisconsin 주 Beloit에서 동네 아이들이 공원 내 여기 저기 흩어져 있는 부활절 달걀들을 신나게 찾고 있다(Easter egg hunt). 사진: ⓒ 박우상

공통주제

resurrection of Jesus / hope and renewal / salvation and eternal life /

forgiveness of sins / faith and belief / rebirth and new beginnings / joy and celebration / Easter eggs and hunts / family gatherings / springtime and nature's renewal / church services and worship / overcome death and suffering / love and sacrifice / gratitude and blessings / Easter traditions and customs

## 주요 어휘 및 표현

**명** resurrection / rebirth / redemption / Jesus / Savior / Redeemer / cross / tomb / church / hope / faith / grace / salvation / blessings / love / sacrifice / Passion / Crucifixion / lamb / light / family / celebration / joy / spirit / prayer / (Easter) egg hunt

**형** holy / blessed / joyful / sacred / glorious / reborn / hopeful / eternal / risen / redeemed(구원받은, 속죄된, 상환된) / pure / radiant / graceful / faithful / peaceful / victorious / renewed / divine / merciful / spiritual

**동** celebrate / rejoice / rise / pray / worship / reflect / renew / believe / sing / praise / redeem / forgive / hope / heal / bless / cleanse / proclaim / resurrect / gather / give

**구** rise from the ashes(어려움을 극복하고 다시 시작하다) / a leap of faith / light at the end of the tunnel / the dawn of a new day / The stone has been rolled away.(장애물이 사라지다, 부활이 이루어지다) / count one's blessings / blessings in disguise(뜻밖에 좋은 일) / new lease on life(새로운 삶) / Faith moves mountains.(믿음은 불가능을 가능하게 한다) / walk on sunshine / clean slate / hope springs eternal.(희망은 끝까지 솟아난다) / Let there be light. / by His grace(주님의 은혜로) / full of the joys of spring / washed clean / turn over a new leaf / live by faith, not by sight / He is risen. / reborn in spirit / the miracle of life / let go and let God(내려 놓고 주님께 맡기다) / Hallelujah moment(기쁨/환희의 순간) / a time to rejoice / breathe new life / on the straight and narrow(올바른 길을 걷는) / the Passion of Christ(그리스도의 수난) / sacrifice for the greater good / The Lord is one's shepherd. / Patience is a virtue. / turn the page(새로운 장을 시작하다) / in the twinkling of an eye(눈 깜짝할 사이에) / a blessing in every trial / from death to life / as pure as the driven snow(아주 순수한, 티 없이 깨끗한)

A: Believing in the resurrection is a real challenge for me when it comes to **taking a leap of faith**.

A: 부활을 믿는 것은 진정한 믿음의 도약이 필요한 어려운 일입니다.

참고 a leap of faith: 믿음의 도약

A: Easter is a day that brings to mind the chance for a **clean slate** every year.

A: 부활절은 매년 깨끗한 마음으로 다시 시작할 수 있는 기회를 떠올리게 하는 날입니다.

참고 clean slate: 깨끗한 마음, 새로운 시작

A: Since accepting Jesus as my Savior, it's as if I've been granted **a new lease on life**.

A: 예수님을 구세주로 받아들인 이후로, 마치 새로운 삶을 선물받은 것 같습니다.

참고 a new lease on life: 새로운 삶의 기회, 새로운 시작

A: I've walked steadily in my spiritual life, always keeping in mind that **patience is a virtue**.

A: 저는 늘 인내는 미덕이라는 것을 마음에 새기며 꾸준히 영적인 삶을 살아왔습니다.

참고 Patience is a virtue.: '인내는 미덕'이라는 뜻의 영어 속담

A: It feels like **the dawn of a new day**, doesn't it? Everything just seems so full of life and renewal.

B: Absolutely, and you know, **hope springs eternal**. This season really brings a sense of fresh beginnings.

A: 마치 새로운 날이 시작된 것 같은 기분이 들지? 모든 것이 마치 생명과 재생으로 가득 차 있는 것 같아.

B: 정말이야, 알다시피 희망은 끝없이 솟아나지. 이 계절은 진정한 새로운 시작의 감각을 가져다줘.

참고 Hope springs eternal.: 희망은 끝없이 솟아난다

A: Today reminds me how we can all **rise from the ashes**, no matter how difficult things get.

B: Yes, it's a time to feel **reborn in spirit**, a true renewal of faith and hope.

A: 오늘은 우리가 어떤 어려움이 있더라도 어떻게 다시 일어설 수 있는지를 상기시켜줘.

B: 맞아, 영혼이 다시 태어나는 느낌을 느끼기에 좋은 시간이지. 진정한 믿음과 희망의 재생이야.

참고 rise from the ashes: 잿더미에서 다시 일어나다, 부흥하다.

A: You know, sometimes the hardest moments in life turn out to be **blessings in disguise**. Easter reminds me of that more than anything.

B: True, we have to **live by faith, not by sight**. We don't always see the bigger picture right away, but it's there, working in our favor.

A: Exactly! And just like that, **in the twinkling of an eye**, everything can change for the better. That's the hope Easter brings.

A: 가끔 인생의 가장 힘든 순간들이 뜻밖의 축복이 되는 경우가 있어. 부활절은 다른 무엇들 보다 그 점을 더욱 잘 상기시켜줘.

B: 그러게, 우리는(눈으로) 보는 것이 아닌 믿음으로 살아야 해. 우리는 항상 큰 그림을 바로 보지는 못하지만, 늘 그것이 우리를 위해 작용하고 있어.

A: 맞아! 그리고 그렇게 눈 깜짝할 사이에 모든 것이 더 나아질 수 있어. 그것이 부활절이 주는 희망이야.

참고 blessings in disguise: (문제인 줄 알았던 것이 가져다 준) 뜻밖의 좋은 결과/이득, 전화위복
in the twinkling of an eye: 눈 깜짝할 사이에

A: Easter brings hope, like there's finally **a light at the end of the tunnel**.

B: I know what you mean. Everyone seems **full of the joys of spring**, like new life is all around us.

A: It's such a powerful reminder of **the Passion of Christ** and the love He showed for us.

B: Absolutely. His sacrifice was **as pure as the driven snow**, a true testament to His grace.

A: 부활절은 희망을 가져다 줘, 마치 터널 끝에 드디어 빛이 있는 것처럼.

B: 네 말이 이해돼. 새로운 생명이 우리 주위에 있는 것처럼, 모든 사람들이 봄의 기쁨으로 가득 차 있는 것 같아.

A: 그것은 그리스도의 수난과 그분이 우리를 위해 보여주신 사랑을 강력하게 상기시켜줘.

B: 정말 그래. 그리스도의 죽음은 고결했고, 그리스도의 은총을 진정으로 증명하는 거야.

참고 the Passion of Christ: 그리스도의 수난과 죽음
as pure as the driven snow: 순수(결백)한, 고결한. driven snow는 "바람에 날려 막 쌓인 새하얀 눈"을 말하지만, 관용적으로는 "매우 깨끗하고 순수한 것"을 비유할 때 사용함

A: **The stone has been rolled away**, and with it comes a sense of re-newal and hope.

B: Yes, it's like a reminder that **faith moves mountains**. Anything is possible if we believe.

A: Exactly! Easter feels like the perfect time to **turn the page**, leave the past behind, and start fresh.

B: And just like that, **let there be light** in our hearts, shining brighter than ever.

A: (예수의 시신을 막았던) 돌이 치워졌고, 그와 함께 재생과 희망이 찾아왔어.

B: 맞아, 그것은 믿음은 산도 옮길 수 있다는 것을 상기시켜줘. 우리가 믿으면 무엇이든 가능해.

A: 정말이야! 부활절은 힘든 상황을 넘기고, 과거를 뒤로하고 새롭게 시작하기에 완벽한 때인 것 같아.

B: 그리고 그렇게, 우리의 마음에 빛이 비추길 바라며, 그 어느 때보다 더 밝게 빛나길!

> **참고** turn the page: (과거의 일이나 어려운 시기를 잊고) 새 출발하다, 상황을 전환하다(책의 한 페이지를 넘기듯, '어려웠던 인생이나 사건의 한 시기를 끝내고 새로운 시기로 상황이 전개된다'는 비유적인 의미로 자주 사용되는 표현이다)

A: Hey, any special plans for Easter Sunday?

B: We're going all out with a traditional feast. We're having **roasted lamb** as the main dish.

A: That sounds delicious! What else are you making?

B: We're also having garlic **mashed potatoes, roasted vegetables, and a fresh spring salad**. For dessert, we're planning on making a **carrot cake** and some **chocolate eggs**.

A: Yum! I love lamb, too, especially with a nice **herb crust**. Enjoy your feast!

B: You're more than welcome to join us, if you can.

A: Oh, can I? **Thanks a bunch!** I'll bring a couple bottles of wine.

A: 부활절에 어떤 특별한 계획 있어?

B: 완전 전통적인 만찬을 할려구. 메인 요리로는 양고기 구이를 먹고.

A: 정말 맛있겠네. 다른 음식은 뭘 할려구?

B: 마늘 으깬 감자, 구운 채소, 그리고 신선한 봄 샐러드를 준비하고 있어. 디저트로는 당근 케이크와 초콜릿 달걀을 만들 계획이야.

A: 음, 맛있겠다! 나도 양고기 정말 좋아해, 특히(표면에 아주 작게 다진 rosemary, thyme, parsley, mint 등을 발라서 굽는) 허브 크러스트와 함께. 만찬 많이 즐기구!

B: 너도 올 수 있다면 대환영이야.

A: 오, 그래도 돼? 엄청 고마워. 와인 두어 병 가져갈게.

미국에서 Tax Return Day(세금 신고일)는 일반적으로 매년 4월 15일에 해당한다. 다만, 그 날짜가 주말이나 공휴일과 겹치면 마감일이 조정될 수 있다. 4월 15일 이전에 신고를 마치는 사람들도 제법 많다. 이 날은 개인이 연방 소득세 신고서를 국세청(Internal Revenue Service: IRS)에 제출하거나 연장을 요청해야 하는 기한이다. 대부분의 직장들은 정상 근무를 하지만, 세무 서비스 업체들(CPA offices)이나 세금 준비 회사들(대표적으로 H&R Block, Jackson Hewitt, Liberty Tax Service와 같은 회사들)은 이 시기에 고객 수요가 폭증한다.

세금 신고일에는 많은 미국인들이 세금 신고를 완료하는데 집중한다. 온라인으로 신고하거나, 서류를 우편으로 보내거나, 세무사와 만나 세금 신고서를 제출하는 등 다양한 방식으로 신고를 마친다. 이 날은 종종 스트레스와 안도감이 뒤섞인 날이기도 하다. 세금을 내야 하는 사람들은 급히 납부하려 하고, 환급을 받는 사람들은 기뻐할 수 있다. 사람들은 종종 세금 신고 과정의 복잡함을 농담으로 표현하거나, 외식을 통해 잠시나마 세금보고 준비 기간의 스트레스를 날리고 위안을 얻기도 한다. 세금 신고일은 대부분의 미국인들에게 안도감이나 축하의 날로 여겨진다.

### 공통주제

filing deadlines(서류 제출 마감일) / tax refunds(세금 환급) / tax deductions(세액 공제) / tax credits(세금 감면) / filing status(세금신고 기준) / extensions / IRS(Internal Revenue Service, 즉 미국 국세청을 의미) audits / self-employment taxes / tax preparers vs. DIY(세무사(세금 전문가) 이용 vs. 직접 신고) / itemizing vs. standard deduction(항목별 공제 vs 표준 공제) / tax law changes / withholdings(원천징수) / back taxes(체납 세금) / charitable donations(자선 기부금) / tax penalties

### 주요 어휘 및 표현

명 refund / deduction(공제) / form / income / deadline / taxes / filing / accountant / credit / penalty / receipt / statement / documentation / expense / bracket(소득이나 세금 등 특정 범위나 분류 기준, 수입/세액/세율 등의 범위) / audit / exemption / calculation / IRS

형 taxable / deductible / financial / annual / eligible / accurate / late / itemized / estimated / refundable / dependent / gross / net / complex / timely / detailed / federal / state / qualified / exempt

동 file / deduct / calculate / submit / owe / refund / claim / pay / earn / report / prepare / estimate / itemize / withhold / audit / review / complete / adjust / amend / process

구 The clock is ticking / burn the midnight oil(밤새 일하다) / dot one's i's and cross one's t's(꼼꼼하게 확인하다) / at the eleventh hour(막판에) / leave no stone unturned(모든 수단을 다 써 보다) / pinch every penny(한 푼까지 아끼다) / red tape(불필요한 규제) / caught between a rock and a hard place(진퇴양난에 빠져) / money down the drain(돈을 낭비하다) / pay through the nose(매우 비싸게 지불하다) / in the black(흑자로) / in the red(적자로) / every little bit helps / hit the jackpot / The devil is in the details.(작은 부분에 함정이 있다) / keep one's head above water(어려움 속에서도 버티다) / break the bank(돈을 다 쓰다) / tighten one's belt(지출을 줄이다, 절약하다) / in a bind(곤경에 처한) / play by the rules / take something with a grain of salt(액면 그대로 믿지 않다) / cut corners(절차를 무시하다) / keep something above board(공명정대하게 하다) / pay the piper (자신의 행동의 결과에 책임지다) / a drop in the bucket(새발의 피) / hit the books (일심히 공부하다) / close enough for government work(완벽하진 않아도 수용할만한) / get something over with(끝내다) / the bottom line((회계에서) 최종 총액) / live on borrowed time(언제 끝날지 모르는 상황에서 살아가다) / the tip of the iceberg / a fine line(종이 한 장 차이) / back to the drawing board(계획을 다시 세우다) / jump through hoops(고생하다) / a can of worms(골치아픈 문제) / Cross that bridge when one comes to it.(괜한 걱정을/기대를 미리 하지 마라) = Don't cross the bridge before you come to it. / put something off / on the money(옳은, 정확한) / play it safe(신중을 기하다) / out of the woods(위기에서 벗어난)

## 예문

A: This year, I have to pay my annual tax along with an overdue penalty. I'm really **paying through the nose**.

A: 올해는 연간 세금과 함께 체납된 세금까지 내야 해요. 정말 엄청 많이 내는 거죠.

참고 pay through the nose: 터무니없이 비싼 값을 치르다, 엄청 많은 돈을 지불하다

A: As the tax deadline approaches, it feels like I'm **living on borrowed time**.

A: 세금 마감일이 다가오면서 마치 시간을 빌려 쓰는 것 같아.

> 참고 live on borrowed time: 예상보다 남은 시간이 적다. 시간이 얼마 남지 않아 초조하거나 위태로운 상황을 비유적으로 표현함

A: There seems to be **a fine line** between reducing my taxes and fully abiding by the regulations.

A: 절세와 규정 준수 차이를 구별하는 것이 쉬운 일이 아닌것 같아요.

> 참고 a fine line: 매우 얇은 선. 미묘한 차이를 의미함

A: I've been struggling with my taxes all day, and I'm still not **out of the woods** yet.

A: 하루 종일 세금 문제로 고생했는데 아직도 이 골칫거리에서 벗어나지 못했네요.

> 참고 out of the woods: 위기를 벗어난, 어려움을 벗어난

A: I can't believe we're doing this **at the eleventh hour** again! The deadline's tonight, and I'm still missing a few documents.

B: Yeah, but at least if we get it done, we'll be **in the black** with a refund coming our way. **Better late than never**!

A: 또 이렇게 막판에 이걸 하고 있다니 믿을 수 없어! 마감이 오늘 밤인데, 아직 몇 개의 서류가 부족해.

B: 그래도 일이 끝나면 환급을 받으니까 흑자가 될 거야. 늦더라도 하는 게 낫지!

> 참고 at the eleventh hour: 막판에
> get something done: ...를 해내다, ...를 끝까지 해내다
> in the black: 흑자인
> better late than never: 하지 않는 것보다는 늦더라도 하는 것이 낫다

A: **The clock is ticking**, and I still haven't finished calculating the deductions. This is getting stressful!

B: Just make sure everything's accurate and **keep it above board**. The last thing you want is trouble with the IRS!

A: 시간이 촉박한데, 세액 공제를 계산하는 것도 끝내지 못했어. 스트레스가 쌓이고 있어!

B: 모든 게 정확하게 맞는지 확인하고, 공명정대하게 하는 게 중요해. 국세청(IRS: Internal Revenue Service)과의 문제는 피해야 해!

참고 The clock is ticking.: 시계가 똑딱거리고 있다, 시간이 촉박하다
above board: 공명정대한
the last thing: 하지 말아야 하는 것, 정말 하기 싫은 것

A: I've been at this all day, trying to make sure I **dot my i's and cross my t's** with these forms.

B: Yeah, because if you miss something, you'll end up having to **pay the piper** later. And that's a mess no one wants.

A: Exactly. I'm just hoping I don't **open a can of worms** by finding something I missed from last year.

A: 하루 종일 이걸 하고 있는데, 이 서류들을 하나하나 제대로 확인하려고 애쓰고 있어.

B: 맞아, 뭔가 놓치면 나중에 책임져야 돼. 그건 누구도 원하지 않는 골칫거리야.

A: 맞아. 작년 놓친 걸 찾으면서 문제거리를 만들지 않기를 바라고 있어.

참고 dot one's i's and cross one's t's: 꼼꼼히 하다
pay the piper: 비용을 부담하다, 자기 행동의 결과에 책임을 지다
open a can of worms: (안 좋은) 문제를 복잡하게 만들다

A: I've been going through every receipt, making sure I **leave no stone unturned** with this return.

B: **Good call.** You know **the devil is in the details** when it comes to taxes. One small mistake can cost you.

A: I know, but some of these deductions feel like **a drop in the bucket** compared to what I owe.

B: True, but if you get everything right with effort, it won't hurt. **Every bit helps**!

A: 세금 환급을 위해 하나도 빠트림 없이 확인하면서 영수증들을 살펴보고 있어.

B: 잘 판단했어. 세금에서는 세부 사항이 중요하니까. 작은 실수 하나가 큰 비용으로 돌아올 수 있어.

A: 알아, 하지만 이 공제들 중 일부는 내가 내야 할 세금에 비하면 새발의 피야.

B: 맞아, 그렇지만 공들여 모든 걸 정확하게 하면 나쁠 건 없어. 작은 것이라도 도움이 돼!

참고 leave no stone unturned: 온갖 수단을 다 쓰다, 백방으로 손을 쓰다
Good call.: 잘 한 결정이야
The devil is in the details.: 세부 사항이 중요하다, 디테일에 신경써야 한다. 겉보기에는 단순하지만 실제로는 복잡하고 문제가 많을 수 있음을 충고(강조)할 때 사용하는 표현
a drop in the bucket: 새발의 피

A: I feel **caught between a rock and a hard place** with all these tax forms. I don't know where to start!

B: I've been there. I had to start **hitting the books** to figure out what all these deductions meant.

A: It feels like I'm **jumping through hoops** just to get everything organized. So many forms and rules!

B: Yeah, it's a headache. But let's **cross that bridge when we come to it**. Focus on one section at a time.

A: 이 세금 서류들 때문에 난감한 상황이야. 어디서 시작해야 할지 모르겠어!

B: 나도 그랬어. 이 공제와 세액 공제가 무슨 뜻인지 알아보려고 열심히 공부했어.

A: 모든 걸 정리하려고 하니 정말 힘든 상황 같아. 서류도 많고 규칙도 많고!

B: 맞아, 정말 골치 아파. 하지만 문제가 닥치면 그때 가서 고민하자. 한 번에 한 섹션에 집중하자.

> **참고** caught between a rock and a hard place: 진퇴양난에 빠진
> I've been there.: 그 마음 이해해, 나도 겪어보았어
> hit the books: 열심히 공부하다, 벼락치기 공부하다
> jump through hoops: (무엇을 성취하기 위해) 고생을 하다
> cross the bridge when I/we/you comes to it: 문제가 닥치면 그때 가서 생각하다

A: I just finished filing my taxes, and it turns out I'm getting a huge refund this year!

B: No way! You totally **hit the jackpot**! What are you going to do with all that extra cash?

A: I'm not sure yet. Maybe put it in my savings, or maybe I'll treat myself to a nice dinner. We're **in the black**!

B: You've earned it! It's a great feeling, isn't it? To be done and get a refund.

A: 방금 세금 신고 끝냈는데, 올해 엄청난 환급금을 받게 됐어!

B: 말도 안 돼! 완전히 잭팟 터졌네! 그 돈으로 뭐 할 거야?

A: 아직 모르겠어. 아마 저축하거나, 아니면 맛있는 저녁 식사라도 사 먹을까. 우리 흑자야!

B: 당연히 받을 자격 있지! 일이 끝나고 환급금까지 받으니 기분 좋지, 그렇지?

## 2-21 Emancipation Day | 4월 16일

미국의 해방의 날(U.S. Emancipation Day)은 4월 16일에 워싱턴 D.C.에서 기념하며, 1862년 Abraham Lincoln 대통령이 워싱턴 D.C. 보상 해방법(the District of Columbia Compensated Emancipation Act)에 서명한 날을 기념한다. 이 법에 의해 D.C.에서 3,000명 이상의 노예를 해방시켰으며, 이는 9개월 후 발표된 미합중국의 노예 해방 선언(the Emancipation Proclamation)에 앞선 것이다. 해방의 날은 워싱턴 D.C.에서 공식 공휴일로 인정되며, 도시 전역에서 다양한 축하 행사와 이벤트가 열린다. 미국 50개 주에서는 해방을 기념하기 위해 각기 다른 날을 기념하는데, 특히 Juneteenth(6월 19일)는 1865년 텍사스에서 노예제가 끝난 날로, 미국 전역에서 해방을 기념하는 날로 자리잡고 있다.

### 공통주제

freedom from slavery / civil rights and equality / the legacy of emancipation / the Emancipation Proclamation(노예 해방 선언) / the abolitionist movement(노예제 폐지 운동) / the struggle for justice / the role of Abraham Lincoln / the fight against oppression / Reconstruction(전쟁으로 거의 완전히 파괴된 남부를 재건하고자 한 미합중국의 정책 (1865-77)) and its aftermath / the resilience of Black communities / celebrating African American culture / overcome historical injustices / the significance of Juneteenth(6월 19일, 미국 흑인 노예 해방 기념일) / the ongoing fight for social justice / honor ancestors and their struggles for freedom

### 주요 어휘 및 표현

명 freedom / justice / equality / rights / struggle / liberation / chains / unity / progress / history / courage / resilience / victory / oppression / heritage / legacy / sacrifice / revolution / triumph / dignity

형 free / just / equal / brave / historic / liberated / resilient / courageous / united / triumphant / oppressed / empowered / victorious / revolutionary / enduring / dignified / hopeful / bold / unyielding / proud /

**동** liberate / celebrate / honor / free / fight / overcome / break / remember / unite / empower / struggle / achieve / resist / persevere / claim / triumph / stand / rise / acknowledge / commemorate

**구** The chains are broken. / lift every voice / rise from the ashes(어려움을 이겨내고 새로 시작하다) / against all odds(모든 역경을 극복하고) / turn the tide(상황을 바꾸다) / the winds of change / break the shackles / carry the torch(전통이나 이상을 계승하다) / stand up and be counted(자신의 목소리를 내다) / level the playing field(공평한 기회를 제공하다) / a step toward justice / history in the making / overcome the odds(역경을 극복하다) / the struggle continues / united we stand(결속하면 더욱 강해진다) / no turning back / move the needle(눈에 띄는 진전을 이루다) / keep hope alive / rise to the occasion(위기에 용감하게 맞서다) / on the right side of history / break the silence / in the face of adversity / power to the people(국민에게 권력을) / the arc of justice(정의의 궤적) / claim one's place / turn the page(새로운 장을 시작하다) / no justice, no peace / a seat at the table(의사 결정에 참여할 권리) / a beacon of hope / break new ground(새로운 영역을 개척하다) / keep one's head held high(당당하다, 떳떳하다) / the dawn of a new era / let freedom ring(자유를 실현하다) / against the tide of history(역사의 거대한 흐름에 맞서는)

**예문**

A: Without a doubt, the Civil Rights Movement **moved the needle** in a big way when it comes to racial equality.

A: 의심할 여지 없이, 민권 운동은 인종 평등에 있어서 큰 변화를 가져왔다.

**참고** move the needle: 어떤 상황이나 상태를 크게 바꾸다, 진전시키다

A: They **rose to the occasion** by protesting the systemic racism that continues to exist today.

A: 그들은 오늘날까지 계속되는 시스템적인 인종 차별에 맞서 항의함으로써 어려운 상황에서 용감하게 맞섰다.

**참고** rise to the occasion: 어려운 상황에 용감하게 맞서다, 어려운 상황이나 중요한 순간에 능력을 발휘하다

A: President Lincoln truly served as **a beacon of hope** for enslaved people seeking freedom.

A: 링컨 대통령은 노예 해방을 갈망하는 사람들에게 진정한 희망의 등대였습니다.

beacon of hope: 희망의 등대/상징

A: The Emancipation Proclamation **turned the page** on racial segregation and marked a significant step toward equality.

A: 노예 해방 선언은 인종 차별 상황에 대해 새로운 변화를 일으켰고, 평등을 향한 중요한 발걸음을 내디뎠습니다.

turn the page: 새로운 장을 열다, 새로운 국면을 맞이하다
'turn the page' vs. turn the tide
'turn the page'가 과거 상황에서 벗어나 새로운 장을 시작하는 상황에 적합하며, 획기적인 진전이나 중요한 방향 전환을 나타내는 반면, 'turn the tide'는 갈등이나 투쟁에서 한쪽에 유리한 방향으로의 국면전환을 암시하며, 더 극적인 의미를 담고 있다.

A: Today marks a monumental day in history. **The chains are broken**, and we're finally free to move forward.

B: Absolutely, and there's **no turning back** now. We've come too far to let anything stand in our way.

A: 오늘은 역사에서 기념비적인 날입니다. 속박의 사슬이 끊어지고, 우리는 마침내 앞으로 나아갈 수 있게 되었습니다.

B: 정말 그렇습니다. 이제는 되돌아 갈 수 없습니다. 우리는 너무 멀리 왔기 때문에 그 어떤 것도 우리의 길을 막을 수 없습니다.

stand in someone's way: ...의(갈)길을 막아 서다

A: We made it here **against all odds**, proving that perseverance can truly change the course of history.

B: Indeed, **the arc of justice** is long, but today reminds us it always bends toward freedom and equality.

A: 우리는 역경들을 극복하고 여기까지 왔으며, 인내가 역사의 흐름을 바꿀 수 있음을 증명했습니다.

B: 맞아요. 정의의 궤적은 길지만, 오늘은 정의의 궤적이 항상 자유와 평등을 향해 휘어진다는 것을 일깨워 줍니다.

the arc of justice: 정의의 궤적/흐름

A: Today reminds us that **freedom isn't free**. So many sacrifices were made to get us to this moment.

B: Absolutely, and we've come so far by **breaking down barriers** that once seemed impossible to move.

C: Now, it's our responsibility to **let freedom ring** for future generations, ensuring this legacy continues.

A: 오늘은 자유가 공짜가 아니라는 것을 상기시킵니다. 이 순간에 도달하기 위해 너무 많은 희생을 치렀습니다.

B: 정말 그렇습니다. 우리는 한때 불가능해 보였던 장벽을 허물며 이렇게 멀리 왔습니다.

C: 이제는 후손들을 위해 자유가 울려 퍼질 수 있도록 책임을 다해야 합니다. 이 유산이 계속되도록 보장해야 합니다.


A: It's been **a long road to freedom**, but every step has brought us closer to justice.

B: Yeah, **overcoming the odds** wasn't easy, especially with so much stacked against us.

A: **In the face of adversity**, our people showed remarkable strength and courage.

B: And through it all, we learned to **keep our heads held high**, no matter the challenges.

A: 자유로 가는 길은 멀었지만, 모든 발걸음이 우리로 하여금 정의에 더 가까워지게 했습니다.

B: 네, 역경을 극복하는 것은 결코 쉬운 일이 아니었어요. 특히 우리에게 너무 많은 것이 불리하게 작용했으니까요.

A: 역경에 직면해서, 우리 국민은 놀라운 힘과 용기를 보여주었습니다.

B: 그리고 그 모든 과정 속에서 우리는 어떠한 도전이 있어도 당당해야 한다는 것을 배웠습니다.

> **참고** overcome the odds: 모든 역경을 극복하다
> keep one's head held high: 당당하다, 자존심을 잃지 않다


A: Today marks the anniversary of **breaking the shackles**, but we know the journey isn't over.

B: Definitely. **The struggle continues**, even though we've come so far.

A: Now it's about **claiming our place** in every space, making sure our voices are heard.

B: And we're **breaking new ground** daily, paving the way for future generations.

A: 오늘은 속박의 사슬을 끊은 기념일이지만, 우리의 여정이 끝나지 않았음을 알고 있습니다.

B: 맞아요. 우리가 이렇게 멀리 왔지만, 투쟁은 계속됩니다.

A: 이제는 모든 공간에서 우리의 자리를 주장하고, 우리의 목소리가 들리게끔 해야 합니다.

B: 우리는 날마다 새로운 길을 열어가며, 미래 세대를 위한 길을 닦고 있습니다.

지구의 날(Earth Day)은 매년 4월 22일에 기념하는 날이다. 1970년 미국에서 시작된 이 날은 전 세계적으로 환경 보호의 중요성을 일깨우는 날이다. 지구의 날은 인류가 환경을 보존하고 지속 가능한 미래를 위한 실천을 하도록 격려한다. 이 날은 지구의 환경 문제에 대한 인식을 높이고, 개인과 공동체가 지구를 위해 작은 변화라도 만들 수 있도록 독려하고 장려하는 의미 있는 날이다.

미국에서는 지구의 날을 맞아 다양한 행사가 열린다. 많은 학교와 지역사회에서는 나무 심기, 공원 청소, 재활용 캠페인 등을 진행한다. 일반 시민들은 에너지 절약, 플라스틱 사용 줄이기, 대중교통 이용하기 등 일상 속에서 환경 보호를 실천하려고 노력한다. 정부 기관과 기업들도 친환경 정책과 지속 가능한 기술들을 홍보한다. 이 날은 환경 운동가들에게는 행동으로 실천하는 날이며, 일반 대중에게는 환경에 대한 인식을 제고하고 새롭게 하는 날이기도 하다.

[사진] 미국의 한 유치원 아동들이 Earth Day(4월 22일)에 한 nature center(자연 보호 구역)에 field trip을 가서 ant hill(개미 언덕)의 생태계를 관찰하며 공부하고 있다. 사진: ⓒ 박우상

[사진] 미국 Illinois 주의 한 가족이 Earth Day에 지역의 nature center에 방문해서 자기들이 사는 타운의 도시 생태계(urban ecology)를 공부하고 있다. 사진: ⓒ 박우상

climate change / sustainability / environmental protection / renewable energy / recycling and waste reduction / pollution control / conservation efforts / biodiversity / deforestation(산림파괴) / plastic pollution / sustainable agriculture / environmental activism / green technology / earth-friendly products / carbon footprint reduction

## 주요 어휘 및 표현

**명** environment / Mother Earth / pollution / nature / recycling / conservation / climate / carbon / sustainability / wildlife / plastic / energy / water / trees / waste / resources / footprint / air / emissions / ecosystem

**형** sustainable / green / renewable / clean / eco-friendly / environmental / organic / recyclable / biodegradable(생분해될 수 있는) / carbon-neutral / natural / polluted / endangered / toxic / efficient / harmful / climate-conscious / depleted / energy-saving / reusable

**동** recycle / conserve / protect / reduce / reuse / preserve / plant / compost(퇴비, 천연 유기물 비료) / save / sustain / restore / clean / pollute / offset / educate / advocate / contribute / support / reduce / respect

**구** reduce, reuse, recycle / carbon footprint / green thumb(식물을 잘 키우는 재주) / leave no trace / go green(친환경적으로 살다) / eco-friendly / take a stand for the planet / sow the seeds of change / a drop in the ocean(극히 작은 부분) / as clean as a whistle(매우 깨끗한) / want not, waste not(낭비하지 않으면 부족함이 없다) / in the green(원기 왕성한 때에) / down to earth(실제적인, 현실적인) / up in smoke(연기 속에 사라지는, 수포로 끝나는) / take root(정착하다, 뿌리를 내리다) / the grass is greener on the other side(남의 떡이 커 보인다) / fuel the fire(불난 집에 기름붓다) / blow hot and cold(변덕이 심하다) / hit rock bottom(완전히 실패로 돌아가다) / run on fossil fuels / go with the flow(흐름에 맡기다) / branch out

(새 분야로 확장하다) / the tip of the iceberg / in hot water(곤경에 처해서) / keep one's head above water(간신히 버티다) / on thin ice(위험한 상태로) / hold one's breath / between a rock and a hard place(진퇴양난에 빠진) / clean slate / let it go to waste(낭비하다, 그대로 버리다) / water under the bridge(어쩔 수 없는 일) / burn the midnight oil / plant the seeds / like watching grass grow(아주 따분한, 지루하기 그지없는)

## 예문

A: Instead of believing **the grass is greener on other planets**, we should appreciate that Earth is the only truly green planet.

A: 다른 행성의 풀이 더 푸르다고 믿는 대신, 지구가 유일하게 진정으로 푸른 행성임을 고마워해야 한다.

**참고** The grass is greener on the other planets: The grass is greener on the other side 속담을 활용하여 지구의 소중함을 강조

A: Since the Industrial Revolution in the 18th century, humanity has been **running** our planet **on fossil fuels**.

A: 18세기 산업혁명 이후, 인류는 우리 행성을 화석 연료를 기반으로 가동해 왔습니다.

A: On Earth Day, we should take the opportunity to **wipe the slate clean** and work toward a greener future.

A: 지구의 날에 우리는 깨끗한 마음으로 새롭게 시작하고 더 푸른 미래를 위해 노력해야 합니다.

**참고** wipe the slate clean: 과거의 잘못을 잊고 새롭게 시작하다

A: Our planet is facing climate change due to human activities. If we don't act, our future could **go up in smoke**.

A: 우리 행성은 인간 활동으로 인해 기후 변화에 직면해 있다. 우리가 행동하지 않는다면, 우리의 미래는 물거품이 될 수 있다.

**참고** go up in smoke: 계획/희망이 실패하거나 사라지다. 원래 '화재로 연기가 되어 사라지다'라는 의미에서 발전하여 계획이나 꿈, 노력, 희망등이 수포가 되는 것과 같은 비유적인 뜻으로 그 의미가 확장 적용되었음

A: This Earth Day, I've decided to finally **go green**, cutting down on plastic, composting, and trying all possible solutions.

B: That's awesome! If more people join hands, maybe we won't be

**in hot water** with all these climate issues.

A: 이번 지구의 날에 나는 드디어 친환경적으로 살아가기로 결심했어. 플라스틱 사용 줄이고, 퇴비 만들고, 모든 걸 다 시도해볼 거야.

B: 멋지다! 만약 더 많은 사람들이 동참한다면, 아마도 이렇게 많은 기후 문제들로 인해 곤경에 처하지 않겠지.

> **참고** go green: 친환경적이 되다
> in hot water: 곤경에 처해서

A: I've been thinking, it's time to **turn over a new leaf** and really start making eco-friendly choices.

B: Yeah, we all need to protect **Mother Earth** if we want future generations to enjoy it.

A: 나는 이제 새로운 마음으로, 정말로 친환경적인 선택을 해야 할 때라고 생각해.

B: 맞아, 후손들이 이 지구를 즐길 수 있도록 하려면 우리 모두 어머니 지구를 보호해야 해.

> **참고** turn over a new leaf: 새사람이 되다, 심기일전하다
> Mother Earth: 지구를 어머니처럼 의인화하는 환경보호적 표현

A: You've really got **a green thumb**! Your garden looks amazing this Earth Day.

B: Thanks! I try to live by '**want not, waste not.**' Nothing goes to waste around here.

C: You **hit the nail right on the head**. People around the globe really need to reduce their consumption actively.

A: 너는 정말 식물 재배에 마법의 손을 가진 것 같아! 이번 지구의 날을 맞아 너의 정원은 정말 멋져보여.

B: 고마워! 나는 '많이 원하지 않으면 버릴 일도 없다'는 마음으로 살려고 해. 여기서는 아무것도 낭비되지 않아.

C: 아주 딱 맞는 얘기야. 전세계 모든 사람들이 정말 소비를 적극적으로 줄여야 해.

> **참고** green thumb: 식물을 잘 키우는 재주
> hit the nail (right) on the head: 정곡을 찌르다, 핵심을 말하다

A: I've been trying to reduce my **carbon footprint**, but it feels like such a slow process.

B: Yeah, I **get that**. Some days I'm all in, other days **I blow hot and cold** about it.

A: I know what you mean. When you see the scale of climate change, it can feel like we've **hit rock bottom**.

B: True, but **every little effort counts**. Even if it's **just a drop in the ocean**, it's still progress.

A: 나는 탄소 발자국을 줄이려고 노력하고 있지만, 정말 느린 과정 같아.

B: 맞아, 그런 기분 이해해. 어떤 날은 열심히 하고, 어떤 날은 이랬다 저랬다 해.

A: 너의 말이 무슨 뜻인지 알아. 기후 변화의 규모를 보면, 완전히 실패한 것 같은 느낌이야.

B: 맞아, 하지만 모든 작은 노력들이 중요해. 비록 바다의 물 한 방울처럼 미미하더라도, 그것은 여전히 진전이야.

> **참고** I get that/it.: 이해해
> blow hot and cold: 변덕이 심하다
> hit rock bottom: 완전히 실패로 돌아가다, 최악의 상황에 처하다

A: I saw on the news that many companies are starting to use more sustainable materials.

B: Yeah, it feels like we are **on the right side of history** now. People are finally starting to listen.

A: For sure. It's like **the dawn of a new era**. It gives me hope for the planet.

B: Me too. It's inspiring to see more people **take a stand** for the environment.

A: 뉴스에서 많은 회사들이 더 지속 가능한 재료를 사용하기 시작했다고 봤어.

B: 맞아, 이제 우리가 역사의 올바른 편에 서 있는 것 같아. 사람들이 드디어 귀를 기울이기 시작한 거지.

A: 당연하지. 마치 새로운 시대의 시작 같아. 이 행성에 대한 희망을 줘.

B: 나도 그래. 더 많은 사람들이 환경을 위해 입장을 표명하는 것을 보는 게 고무적이야.

식목일(Arbor Day)은 매년 4월 마지막 금요일에 주로 기념하는 날이다. 1872년 Nebraska 주에서 처음 시작된 이 날은 나무의 중요성을 인식하고 나무를 심는 날로 지정되었다. 나무 심기를 통해 숲을 보존하고 지구 환경을 보호하려는 목적을 가지고 있다. 식목일은 나무가 기후 변화에 맞서고 깨끗한 공기를 제공하며 야생동물에게 서식지를 제공하는 등 중요한 역할을 한다는 점을 강조한다.

미국에서는 식목일에 다양한 행사가 열린다. 학교, 지역사회 단체, 공원에서는 나무 심기 행사를 개최하여 아이들과 시민들이 자연과 더 가까워지도록 돕는다. 일반 시민들은 집 마당에 나무를 심거나, 지역 조경 프로젝트에 자원봉사자로 참여한다. 이 날은 환경 교육의 기회가 되기도 하며, 미래 세대를 위해 더 푸르고 건강한 지구를 만들겠다는 약속을 함께 다짐하는 날이다.

[사진] 미국의 Arbor Day에는 수목원(arboretum), 식물원(botanical garden), 자연보호지(nature preserve, nature center) 등을 방문하여 초목과 자연환경을 소중히 하는 의식을 제고한다. 사진: © 박우상

**공통주제**

tree planting and reforestation / importance of trees for the environment / urban forestry and green spaces / climate change / carbon sequestration(탄소 포집 및 저장) / biodiversity and wildlife habitats / deforestation and its impacts / tree conservation efforts / benefits of shade and cooling effects from trees / role of trees in preventing soil erosion / sustainable forestry practices / education on tree species and care / tree symbolism and cultural significance / tree growth and life cycles / community involvement in planting events / eco-friendly initiatives and green living

명 tree / forest / nature / sapling / seed / roots / branch / leaf / trunk / soil / garden / arborist(나무 관리 전문사, 나무의사) / oxygen / Earth / plant / ecosystem / shade / growth / conservation / environment

형 green / tall / sturdy / strong / leafy / deep-rooted / healthy / growing / sustainable / natural / flourishing / fresh / lush / vibrant / hardy / resilient / eco-friendly / enduring / majestic / vital

동 plant / grow / nurture / water / prune(가지치기하다) / protect / preserve / harvest / conserve / reforest / sustain / care / bloom / flourish / cultivate / seed / uproot / thrive / mulch / trim

구 put down roots(뿌리를 내리고 정착하다) / branch out / bark up the wrong tree(잘못 짚다, 엉뚱한 사람을 비난하다) / can't see the forest for the trees(나무만 보고 숲을 보지 못하다) / go out on a limb(위험을 무릅쓰다) / beat around the bush(변죽을 울리다) / nip it in the bud(싹을 없애다) / grow like a weed(빠르게 성장하다) / the root of the problem / blossom into something new(새롭게 발전하다) / deep-rooted traditions / make like a tree and leave(가버리다, 사라지다) / reap what you sow / forest of ideas / plant the seeds of change / climb the tree of success / sturdy as an oak(매우 견고한) / old-growth wisdom(삶의 경험에서 얻은 깊은 지혜) / trim the fat / sow the seeds of the future / from little acorns grow mighty oaks(강한 나무는 작은 열매로부터 자라난다) / The apple doesn't fall far from the tree.(아이는 부모를 닮는다) / a tree with many branches / water under the bridge(이미 지나간 일) / harvest the fruits of one's labor / fertile ground for growth / strong as a tree trunk / cultivate a greener world / stand tall like a tree / leaf through(대충 훑어보다) / weather the storm(고비를 넘기다) / stick to one's roots / a chip off the old block(판박이) / sprout new ideas / forest for the future

A: I planted a mulberry tree a few weeks back, and it's already **growing like a weed**!

A: 몇 주 전에 뽕나무를 심었는데, 벌써 쑥쑥 자라고 있어요!

A: By planting a variety of trees this year, we can **branch out** and enhance the diversity and vibrancy of our backyard.

A: 올해 다양한 나무를 심음으로써, 우리는 뒷마당의 다양성과 생동감을 높일 수 있습니다.

**참고** branch out: 확장하다, 다양화하다

A: Remember, the principle of **reaping what you sow** holds true in every aspect of life.

A: 기억하세요, '뿌린 대로 거둔다'는 원칙은 삶의 모든 측면에 적용됩니다.

**참고** reap what one sows: 뿌린 대로 거두다

A: Let's plant more trees in this park today, so they can **put down** deep **roots** in our community over time.

A: 오늘 이 공원에 더 많은 나무를 심어서, 오랜 시간에 걸쳐 우리 지역에 깊은 뿌리를 내릴 수 있도록 합시다.

**참고** put down deep roots: 깊이 뿌리내리다, 안정되다

A: I've finally decided to plant an oak tree and have it put down deep roots in the backyard.

B: That's a great idea! Looks like you're **a chip off the old block**. Your dad always loved planting trees and keeping the garden lush.

A: 드디어 뒷마당에 그 참나무를 심어서 뿌리를 내리도록 하기로 결심했어요.

B: 좋은 생각이야! 너는 정말 아버지를 꼭 닮았구나. 너의 아버지는 항상 나무를 심고 정원을 푸르게 가꾸는 걸 좋아하셨어.

**참고** a chip off the old block: (좋은 뜻으로) 조상의 피를 이어받은 사람, 아버지를 꼭 닮은 아들

A: I thought you'd be mad about me planting those trees without asking.

B: Nah, it's **water under the bridge** now. The yard looks great with those new trees!

A: 내가 허락 없이 나무를 심어서 네가 화낼 줄 알았어.

B: 아니야, 이미 지나간 일이야. 새 나무들 덕분에 마당이 정말 멋지네!

참고 water under the bridge: 이미 지나간 일, 어쩔 수 없는 일, 잊기로 마음먹어야 할 지나간 일

A: Honey, look. The weeds are about to take over the whole garden. We might as well **nip this issue in the bud**, I mean, right now.

B: You're right, a little effort now will save us a lot of work later.

A: Yeah, I agree. Chances are **the grass will always be greener on our side** once the job's done!

A: 여보 여기 봐요. 이 잡초들이 정원을 완전히 점령할 참이에요. 이 문제를 초기에 잡는 게 좋을 것 같아요. 지금 당장 말이에요.

B: 맞아요, 지금의 작은 노력이 나중에 우리 일 손을 크게 덜어줄 거에요.

A: 그래요, 일이 다 끝난 후에는 아마도 우리집 잔디가(다른 집보다) 항상 더 푸를 거에요!

참고 nip ... in the bud: ...을 조기에 방지하다

A: We can't **beat around the bush** with this project anymore. We need to finalize our Arbor Day plans.

B: Agreed, let's **leaf through** the ideas we've brainstormed and see what sticks.

A: I think we should **stick to our roots**. Let's keep it simple but impactful, like last year's tree-planting event.

B: Yeah, that event was a hit, so why not build on that success?

A: 이제는 이 프로젝트에 대해 더 이상 둘러대면 안 돼. 식목일 계획을 마무리해야 해.

B: 동의해, 우리가 브레인스토밍한 아이디어를 검토해 보고 어떤 게 괜찮은지 확인해보자.

A: 우리는 기본에 충실해야 해. 작년의 나무 심기 행사처럼 간단하면서도 임팩트 있게 해보자.

B: 응, 그 행사는 대박이었으니 그 성공을 바탕으로 더 나아가자.

참고 beat around/about the bush: 돌려서 말하다, 변죽을 울리다, 요점을 피하다
    leaf through ...: ...을 대충 훑어보다

A: Sometimes I feel like we **can't see the forest for the trees** when it comes to planning these events. We get lost in the small details.

B: That's true, but we've always been **sturdy as an oak** when it comes to pulling things together at the last minute.

A: Yeah, we've been **strong as a tree trunk** through all the challenges so far. I think we can handle anything that **comes our way**.

B: Exactly, we've **weathered the storm** before, and this Arbor Day will be no different!

A: 이런 행사 계획을 세울 때 나무만 보고 숲을 보지 못하는 기분이 가끔씩 들어. 우리가 큰 그림을 못 보고 세부 사항들에 매몰돼 버려.

B: 맞아, 하지만 우리는 막판에 힘을 합해야 할 때면, 우린 늘 튼튼한 참나무 같았어.

A: 응, 지금까지 모든 도전 속에서도 우리는 튼튼한 나무 줄기처럼 강했어. 어떤 일이 와도 우리는 잘 이겨낼 수 있을 거야.

B: 맞아, 우리는 이미 어려움을 견뎌냈고 이번 식목일도 다를 게 없어!

> **참고** can't see the forest for the trees: 세부 사항들에 집중하느라 전체적 모습을 보지 못하다
> come one's way: (일이) 닥치다
> weather the storm: 힘든 상황을 견뎌내다, 고비를 넘기다

남부군 전몰 장병 기념일(Confederate Memorial Day)은 남북 전쟁 당시 남부연합군 (Confederate States of America)에 소속되어 전사한 병사들을 기리는 날이다. 이 날은 남부 주들에서 주로 기념하며, 날짜는 주에 따라 다르다. 예를 들어, 조지아 주에서는 4월 마지막 월요일에 기념하며, 앨라배마 주에서는 4월 넷째 월요일에 기념한다. 이 날은 역사와 기억, 그리고 여전히 민감한 문제인 남부 유산에 대한 복잡한 토론의 원천이 된다.

이 기념일은 논란이 많은 날이며, 미국의 역사적 분열과 현재의 사회적 긴장을 반영한다. 이 날을 기념하는 사람들은 조상과 역사적 유산을 기리는 전통을 중요하게 생각한다. 그러나 비판하는 사람들은 이 날이 노예제도와 인종 차별을 옹호하는 기념일이라고 주장하며, 이 날을 없애거나 축소해야 한다고 믿는다. 이 기념일은 역사가 어떻게 해석되고 기념되는지에 대한 광범위한 논의를 불러 일으킨다.

### 공통주제

Civil War history and its impact / Southern heritage and culture / memorialization of fallen ancestors / historical interpretation and legacy / states' rights and secession / Reconstruction era(미국 남북전쟁 이후의 재건 시기) challenges / the role of slavery in the Confederacy((미국 남북전쟁 당시) 남부연합) / preservation of Civil War monuments / the Lost Cause narrative(남부 패전 미화론) / debates over Confederate symbolism / reconciliation and national unity / heritage versus hate discussions(유산과 증오에 관한 토론) / the significance of battlefields and historical sites / reflection on regional identity and pride

### 주요 어휘 및 표현

명 heritage / legacy / soldiers / flag / ancestors / memorial / veterans / history / south / tradition / graves / battlefield / monument / honor / sacrifice / ceremony / war / family / army / service

형 proud / Southern / honorable / brave / steadfast / traditional / patriotic / loyal / historic / fallen / revered / courageous / dedicated / memorialized

/ respectful / bold / noble / enduring / faithful / commemorative

동 honor / remember / commemorate / celebrate / reflect / stand / march / defend / sacrifice / fight / memorialize / pay(tribute) / salute / respect / serve / preserve / mourn / acknowledge / unite / uphold

구 gone but not forgotten / honor the fallen / pay one's respects / heritage, not hate / lest we forget / remember one's roots / in the heat of battle / The South will rise again. / blood and soil(혈통과 토양) / born and bred(나고 자란, 토박이의) / stand one's ground / rebel pride / a cause worth fighting for / keep the memory alive / hold the line(현상을 유지하다) / history in our veins / Southern blood runs deep.(남부 출신의 혈통이 뿌리 깊다) / a long shadow / walk in someone's footsteps(...의 발자취를 따르다) / the war between the states / the Stars and Bars(남부 연맹기) / no turning back / honor-bound / tried and true(유효성이 증명된, 신뢰할 수 있는) / through thick and thin(힘들 때나 좋을 때나) / Old ways die hard.(옛 습관/방식은 쉽게 사라지지 않는다) / proud and steadfast / in the name of tradition / echoes of the past / strength in numbers / lost cause, lasting legacy / fight tooth and nail(필사적으로 싸우다) / Southern by the grace of God(주님의 은혜로 남부 사람이다(남부 출신임을 자부심과 신앙적 의미를 담아 표현하는 관용적 말)) / blood of one's ancestors / against all odds / stand tall, stand proud / hold one's head high / march to one's own drum(본인의 의지대로 행동하다)

## 예문

A: Although it's still controversial, some people **hold the line** and celebrate 'Confederate Memorial Day' as part of their heritage.

A: 여전히 논란이 되고 있지만, 일부 사람들은 자신들의 입장을 고수하며, '남부연합 기념일'을 유산의 한 부분으로 여기며 기념하고 있습니다.

참고 hold the line: 입장을 고수하다, 전통을 지키다

A: We can't just throw away the past because it's **history in our veins**.

A: 과거를 단순히 버릴 수는 없어. 왜냐하면 그건 우리 피 속에 흐르는 역사니까.

참고 history in our veins: '피 속에 역사가 흐르고 있다'는 의미로, 역사가 개인과 공동체의 정체성에 깊이 뿌리내렸음을 암시함

A: **Through thick and thin**, some folks have always come together to remember this day.

A: 좋을 때나 어려울 때나, 어떤 이들은 함께 모여 항상 이 날을 기념해왔어.

참고 through thick and thin: 좋을 때나 나쁠 때나

A: No matter what others say, they've **held their heads high** and strived to honor their history.

A: 다른 사람들이 뭐라고 하든, 그들은 당당하게 행동했고 자신들의 역사를 기리기 위해 노력해왔어.

참고 hold one's head high: 자신감 있게 행동하다, 당당하게 나아가다

A: Despite all the criticism, they've kept **marching to the beat of their own drum**, honoring their history in their own way.

A: 갖은 비판에도 불구하고, 그들은 자신들의 방식을 고수하며 역사를 존중해왔어.

참고 march to the beat of one's own drum/drummer: 독자적으로 행동하다, (사회적 규범, 기대, 추세, peer pressure를 따르지 않고) 자기만의 주장이나 방식을 따르다

A: Today's all about taking a moment to **honor the fallen**, those who fought and gave everything.

B: Absolutely, **Southern blood runs deep**, and we carry our legacy with pride.

A: 오늘은 모든 것을 바쳐 싸운 전사자들을 기리기 위한 시간을 갖는 날입니다.

B: 맞아요, 남부의 피는 깊고, 우리는 우리의 유산을 자랑스럽게 지니고 있습니다.

A: **Blood and soil**, that's what they fought for, a way of life rooted in tradition.

B: Exactly, and we **stand tall, stand proud** in remembering where we come from.

A: They may be **gone, but not forgotten**. Their legacy still lingers.

B: It's true. They always **marched to the beat of a different drum**, standing by their beliefs.

A: **Old ways die hard**, especially when they run so deep in the fabric of the South.

B: Despite all the criticism, they've kept **marching to the beat of a different drum**, honoring their history in their own way.

A: 피와 토양, 그것이 그들이 싸운 이유입니다. 전통 속에 뿌리 내린 삶의 방식이죠.

B: 맞아요. 우리는 우리의 뿌리를 기억하며 당당하게 서 있습니다.

A: 그들은 떠났지만, 잊혀지지는 않았습니다. 그들의 유산은 여전히 남아 있어요.

B: 그러게요. 그들은 항상 북부군(The Union)과 다른(남부 연합국의) 군악대 드럼 소리에 맞춰 행진하며 자신의 신념을 고수했습니다.

A: 옛 방식은 쉽게 사라지지 않죠, 특히 그것이 남부의 전통에 깊숙이 흐를 때는 더욱 그래요.

B: 갖은 비판에도 불구하고, 그들은 자신들의 방식을 고수하며 역사를 존중해온거지요.

> **참고** march to the beat of a different drum: 남들과/시류와/대세와 다른 식으로(독립적으로, 독창적으로) 행동하다. 'march to the beat of one's own drum/drummer'(독자적으로 행동하다, 사회적 규범, 기대, 추세, 또는는 peer pressure를 따르지 않고 자기만의 주장이나 방식을 따르다)의 변형
> die hard: 여간해서 죽지 않다, (관습 따위가) 쉽게 사라지지 않다

A: You know, our tradition has always been about **heritage, not hate**. People need to remember that.

B: Absolutely. We're just keeping the memory alive of those who came before us — **tried and true**.

A: They were **Southern by the grace of God**, and we're proud of that legacy.

B: It's a tradition we'll continue to honor, as it's a part of who we are.

A: 아시다시피, 우리의 전통은 항상 유산에 관한 것이지 증오에 관한 것이 아닙니다. 사람들은 그것을 기억해야 합니다.

B: 맞아요. 우리는 선조들의 기억을 생생히 유지하고 있을 뿐입니다. 확실한 것이지요.

A: 그들은 주님의 은총에 의해 남부인들이었고, 우리는 그 유산을 자랑스럽게 생각합니다.

B: 그것은 우리 정체성의 일부이기 때문에 우리가 계속해서 기릴 전통입니다.

> **참고** tried and true: 유효성이 증명된, 신뢰할 수 있는

A: You know, I was **born and bred** here, and I've always felt that deep connection to the South.

B: Same here. We're **proud and steadfast**, standing for a history that shaped us. Even though **it's a lost cause, it's a lasting legacy**.

A: That's right. The **Stars and Bars** may not fly as high anymore, but the meaning behind them still runs strong.

B: We carry that legacy forward, knowing where we come from and honoring the ones who fought.

A: 아시다시피, 저는 여기서 태어나 자랐고, 남부에 대한 깊은 연대감을 항상 느껴왔습니다.

B: 저도 마찬가지입니다. 우리는 자랑스럽고 변함없이, 우리를 형성해 온 역사를 옹호합니다. 비록 그것이 잃어버린 대의일지라도, 그것은 지속적인 유산입니다.

A: 맞아요. 남부 연맹기는 더 이상 높이 날지 않겠지만, 그 뒤에 있는 의미는 여전히 강하게 남아 있습니다.

B: 우리는, 우리의 뿌리를 알고 또한(남부의 역사와 전통을 위해) 싸운 이들을 기리며 그 유산을 이어갑니다.

**참고** born and bred: ...에서 나고 자란, 토박이인
The Stars and Bars: (남북 전쟁 때의) 남부 연맹기

아시아계 미국인 및 태평양 제도 주민 유산의 달(Asian American and Pacific Islander Heritage Month, AAPIHM)은 매년 5월에 기념하는 달이다. 이 달은 아시아계 미국인과 태평양 제도 주민(AAPI)이 미국의 역사, 문화, 사회에 기여한 바를 기리고 축하하기 위해 지정되었다. 5월로 정해진 이유는 미국에 최초로 일본인 이민자가 도착한 날(1843년 5월 7일)과 최초의 대륙 횡단 철도 완성에 기여한 중국인 이민자들을 기념하는 날(1869년 5월 10일)이라는 두 가지 중요한 역사적 사건을 포함하고 있기 때문이다. 이 달은 문화적 다양성을 존중하고 모든 미국인의 정체성에 대한 이해를 증진하는 의미를 갖는다.

이 달 동안 미국 전역에서는 AAPI 커뮤니티가 주도하는 다양한 행사와 활동이 열린다. 박물관과 문화 센터는 특별 전시회를 개최하고, 학교와 대학에서는 AAPI 역사와 문화에 대한 교육 프로그램을 진행한다. 지역사회에서는 전통 음악, 무용, 음식 축제 등을 통해 AAPI의 풍부한 유산을 선보인다. AAPIHM은 단순한 축제를 넘어, AAPI 커뮤니티가 겪은 고난과 편견에 대한 인식을 높이고, 그들의 이야기를 나누는 중요한 기회를 제공한다.

[사진] 미국 Minnesota 주 Minneapolis에 있는 State Theater에서 공연 중인 Korean-American hip-hop/R&B 싱어 Ted Park과 Jay Park. 사진: © Ted Park cultural heritage and traditions / celebrating diversity within AAPI communities / historical contributions of AAPI figures / immigration stories and struggles / advocacy for AAPI rights and representation / combating stereotypes and racism / promoting AAPI voices in media and arts / intergenerational stories and experiences / food as a reflection of cultural identity / AAPI contributions to American history / intersectionality within AAPI communities / language preservation and education / Asian American activism and social movements / economic and entrepreneurial achievements of AAPI individuals / the impact of AAPI leaders in politics and public service

## 주요 어휘 및 표현

명 heritage / culture / tradition / identity / community / history / representation / diversity / resilience / contributions / family / language / celebration / story / roots / pride / leadership / influence / legacy / unity

형 diverse / resilient / proud / influential / rich / vibrant / cultural / traditional / historic / empowering / united / strong / celebratory / inclusive / authentic / dynamic / inspiring / multicultural / progressive / rooted

동 celebrate / honor / recognize / empower / educate / uplift / preserve / share / highlight / advocate / support / embrace

구 break the mold(틀을 깨다, 관습을 깨다) / find common ground(공통 기반을 찾다) / carve one's own path / walk in someone else's shoes(다른 사람의 처지에서 생각하다) / pave the way / a melting pot(다양한 문화·인종이 섞인 사회) / break barriers / rise to the occasion(위기에 강하다) / strength in diversity / a force to be reckoned with(무시할 수 없는 강한 존재) / stand tall / hold one's ground / make waves / bridge the gap / in the same boat(같은 처지에 있

는) / blaze a trail(새로운 길을 개척하다) / against all odds / leave one's mark / a seat at the table(의사 결정에 참여할 기회) / keep one's chin up(낙심하지 말고 당당히 버티다) / turn the tide / make history / raise the bar(기준치를 높이다) / find one's voice / the best of both worlds(일거양득) / a fish out of water(낯선 환경에서 불편한 사람) / pass the torch(책임·임무를 다음 사람에게 넘기다) / go the extra mile(한걸음 더 나아가다) / speak one's truth / stand in solidarity / united we stand / bend but don't break / wear many hats(여러 가지 역할을 하다) / rooted in tradition / spread one's wings / lead by example / at the crossroads(중대한 기로에 서 있는) / under the radar(눈에 띄지 않게) / from the ground up(기초부터, 처음부터) / take a stand(입장을 취하다)

### 예문

A: Asian teachers often **wear many hats**, acting as mentors, counselors, and role models for their students.

A: 아시아계 교사들은 학생들을 위한 멘토, 상담자, 롤 모델 역할을 행하며 종종 다양한 역할을 소화한다.

**참고** wear many hats: 여러 가지 일을 동시에 하다, 다양한 역할을 수행하다

A: During AAPI Heritage Month, we should strive to **bridge the gap** between different Asian cultures and celebrate our shared experiences.

A: 아시아계 미국인 유산의 달 동안 우리는 서로 다른 아시아 문화 간의 간극을 메우고 공통의 경험을 축하해야 한다.

**참고** bridge the gap: 간극을 메우다, 차이를 좁히다

A: We in the AAPI community must strive unwaveringly to **change the tide** on discrimination and create a more equitable society.

A: 아시아계 미국인 커뮤니티는 차별적 상황을 바꾸고 더 공정한 사회를 만들기 위해 끊임없이 노력해야 한다.

**참고** change the tide: 판세를 바꾸다, 상황을 역전시키다

A: The time is ripe for AAPIs to demand their **seats at the table** across various aspects of society.

A: 아시아계 미국인들이 사회의 다양한 분야에서 자신의 자리를 요구할 때가 무르익었습니다.

**참고** demand seats at the table: 자신의 권리를 주장하고 참여를 요구하다

A: We need to celebrate all the people who've worked hard to **break the mold** and **challenge stereotypes** during AAPI Heritage Month.

B: Absolutely. So many have built their success **from the ground up**, and it's inspiring to see their stories being highlighted.

A: AAPI 유산의 달 동안, 우리는 틀을 깨고 고정관념에 도전하기 위해 열심히 일해온 모든 사람들을 기념해야 할 필요가 있습니다.

B: 맞아요. 많은 사람들이 자신의 성공을 밑바닥부터 쌓아 올렸고, 그들의 이야기가 조명되고 있는 모습을 보는 것은 감동을 줍니다.

참고 break the mold: 틀을 깨다
from the ground up: 밑바닥에서부터 끝까지, 처음부터 다시 시작하여

A: This month really reminds us that there's **strength in diversity**, with so many cultures coming together.

B: Exactly. It's a chance for everyone to **find their voices** and share their unique stories.

A: 이 달은 여러 문화가 함께 어우러져, 다양성 속에 힘이 있다는 것을 정말 상기시켜 줍니다.

B: 맞아요. 모든 사람이 자신들의 목소리들을 찾고 고유한 이야기를 나눌 수 있는 기회입니다.

A: Asian American and Pacific Islander Heritage Month is all about celebrating those who **carve their own path**, despite the challenges.

B: That's true. We're all **in the same boat**, navigating struggles while embracing our identities.

A: And through it all, we **bend but don't break**, staying strong and resilient.

A: 아시아계 미국인 및 태평양 섬 주민 유산의 달은 어려움들에도 불구하고 자신의 길을 개척하는 사람들을 축하하는 달입니다.

B: 맞아요. 우리는 정체성을 포용하고, 어려움을 헤쳐가면서, 모두가 같은 처지에 있습니다.

A: 그리고 그 모든 것 속에서, 우리는 휘어지지만 꺾이지 않으며, 강하고 회복력 있게 버티고 있습니다.

참고 in the same boat: 운명을 같이 하는, 처지가 같은, 같은 상황에 있는

A: Asian American and Pacific Islander communities are truly **a force to be reckoned with**, especially when we unite and **find common ground**.

B: You said it. Even with all the struggles we've faced, we've **kept our chin up**, continuing to push forward.

A: And so much of that strength comes from being **rooted in tradition**. It gives us the foundation to keep going.

B: That's what **keeps us grounded**, while also helping us evolve and thrive in new spaces.

A: 아시아계 미국인 및 태평양 섬 주민 커뮤니티는 특히 우리가 단결하고 공통점을 찾을 때 정말로 무시할 수 없는 힘을 가지고 있습니다.

B: 맞아요. 우리가 겪었던 모든 어려움에도 불구하고, 우리는 앞으로 나아가며 항상 의연한 자세를 유지해 오고 있습니다.

A: 그리고 그 힘의 대단히 많은 부분은 전통에 뿌리를 두고 있는 것에서 옵니다. 그것이 우리가 계속 나아갈 수 있는 기반을 제공합니다.

B: 그것이 우리를 견고하고 안정적으로 지켜주며, 새로운 공간에서 진화하고 번영하도록 돕는 것입니다.

> **참고** keep one's chin up: (난국에 맞서서) 의연한 자세를 유지하다, 용기를 잃지 않다, 굴복하지 않다
> keep someone grounded: (어떤 사람이 흥분, 상상, 성공, 스트레스 등으로 들떠 있을 때) 현실감을 갖게 하다, 진정시키다

A: Our heritage is a true **melting pot**, blending **the best of both worlds** — tradition and modernity.

B: Exactly, and Asian Americans and Pacific Islanders have always found ways to adapt **at the crossroads** of culture and innovation.

A: It's inspiring to see how we continue to **blaze a trail** in so many fields while honoring where we come from.

B: Definitely. That ability to carry forward both our roots and our progress is what makes our community so resilient and dynamic.

A: 우리의 유산은 전통과 현대성, 양쪽 세계를 최고로 잘 조합하는 진정한 용광로입니다.

B: 맞는 말씀입니다. 아시아계 미국인과 태평양 섬 주민들은 항상 문화와 혁신의 교차로에서 항상 적응할 수 있는 방법들을 찾아왔습니다.

A: 우리가 우리의 뿌리를 존중하면서 아주 많은 분야에서 계속해서 새로운 길을 개척하는 모습을 보는 것은 감동을 줍니다.

B: 정말 그래요. 우리의 뿌리와 발전을 계속 추진하는 능력이 우리 공동체를 아주 회복력 있고 역동적으로 만드는 것입니다.

> **참고** blaze a trail: 새로운 길을 열다

A: May is Asian-American and Pacific Islander Heritage Month. Do you want to check out a couple of Asian cultural events with me?

B: That sounds really interesting. I've heard there's going to be **Korean and Japanese drumming** performances at the university theater next weekend. How about that one?

A: Perfect! And how about trying **Vietnamese rice noodles** or **Thai fried rice** for dinner on campus right before?

B: Neat. Let's do it!

A: 5월은 아시아계 미국인 및 태평양 제도 사람들 유산의 달이야. 나랑 같이 아시아 문화 행사 두어 군데 가볼래?

B: 그거 정말 흥미롭네. 다음 주말에 대학 극장에서 한국과 일본의 드럼 공연이 있을 거라고 들었어. 그건 어때?

A: 완벽해! 그리고 공연 전에 저녁 식사로 캠퍼스에서 베트남 쌀국수나 태국 볶음밥을 먹어보는 건 어때?

B: 아주 멋지네, 그렇게 하자!


A: I saw a new movie with an all-Asian cast. It's so great to finally see better representation in the media.

B: I agree! It feels like we are starting to get **a seat at the table**, and our stories are being told in a more authentic way.

A: It's a huge step forward. Hopefully, this momentum continues, and we keep **breaking the mold**.

B: Me too. This is a moment to celebrate, but we know the struggle continues.

A: 출연진 전원이 아시아계인 새 영화를 봤어. 마침내 미디어에서 아시아계가 더 잘 나타나는 것을 보니 정말 좋아.

B: 나도 동의해! 이제 우리도 자리(발언권/참여할 기회)를 얻게 된 것 같고, 우리의 이야기가 더 진정성 있는 방식으로 전달되고 있어.

A: 엄청난 진전이야. 이 기세가 계속되고 우리가 계속해서 낡은 틀을 깨기를 바래.

B: 나도 마찬가지야. 이 순간은 축하할 일이지만, 투쟁은 계속된다는 것을 알고 있어.

유대계 미국인 유산의 달(Jewish American Heritage Month)은 매년 5월에 기념하는 달이다. 이 달은 유대인들이 미국의 역사, 문화, 사회에 기여한 바를 기리고 축하하기 위해 지정되었다. 2006년 George W. Bush 대통령이 법으로 제정했으며, 유대인들의 풍부하고 다양한 유산과 그들이 미국 사회에 미친 깊은 영향을 인정하는 취지이다. 이 달은 반유대주의와 편견에 맞서 싸우면서 미국 사회에서 그들의 정체성을 유지하고 번성해 온 유대인 공동체의 회복력을 상기시켜 주는 날이다.

이 달 동안 미국 전역에서는 다양한 행사가 열린다. 박물관, 문화 센터, 교육 기관들은 유대인의 이민 역사, 예술, 음악, 그리고 그들이 과학, 정치, 예술 분야에서 이룬 업적에 관한 특별 전시회와 프로그램을 개최한다. 유대인 커뮤니티는 공동체의 유대감을 강화하고 그들의 전통을 널리 알리기 위한 축제를 연다. 유대계 미국인 유산의 달은 모든 미국인에게 유대인들의 이야기에 대해 배우고, 그들의 문화적 기여를 기념하고, 상호 이해를 증진할 수 있는 기회를 제공한다.

### 공통주제

Jewish contributions to American society / Jewish culture and traditions / Jewish immigration and history in the U.S. / notable Jewish Americans in various fields / Jewish-American identity and diversity / anti-Semitism(반유대주의) and combating discrimination / Holocaust remembrance and education / Jewish influence on American politics and law / Jewish contributions to arts, literature, and entertainment / Jewish-American contributions to civil rights movements / Jewish religious practices and holidays / preservation of Jewish heritage in the U.S. / Jewish philanthropy and community service / the role of Jewish women in American history / interfaith dialogue and Jewish-American relations with other communities

### 주요 어휘 및 표현

명 tradition / heritage / community / history / faith / synagogue(유대교 회당. 종종 temple이라고도 함) / culture / identity / celebration / ancestors / (the) Torah(모세(Moses)를 통해 전해진 유대교의 율법을 기록한 5권의 경전) / family /

mitzvah(mizvah)(유대인 소년, 소녀를 13세에 유대 공동체의 성인 멤버로 받아들이는 성인식) / rabbi(['ræbaɪ]: 유대교의 율법학자 또는 종교 지도자) / shabbat(sabbath)(유대교의 안식일) / holocaust / Tikkun Olam(자선, 선행, 사회적 정의, 공동체 봉사 등을 통해 세계를 개선/치유한다는 유대교의 전통적 가치관) / Israel / immigrant / legacy

형 resilient / diverse / vibrant / historic / sacred / traditional / cultural / spiritual / community-oriented / proud / compassionate / meaningful / inspiring / unique / ancestral / reflective / generous / joyful / devout / progressive

동 celebrate / honor / remember / reflect / educate / share / observe / commemorate / participate / promote / discuss / embrace / preserve / connect / advocate / support / inspire / learn / engage / acknowledge

구 a light unto the nations(세상을 밝히는 빛) / break bread together / Oy vey!(유대인들의 Yiddish어로 실망, 좌절감, 짜증을 나타내는 감탄사) / schlep through life(인생을 힘겹게 고군분투하며 살아가다) / mensch(Yiddish어로 정직하고 훌륭한 인격을 갖춘 사람) / the Chosen People / raise the bar / against all odds / manna from heaven(성서에서 이스라엘 사람들이 광야에서 헤맬 때 기적처럼 하늘에서 내려온 음식(manna) 처럼 절실히 필요한 것이 기대하지 않았던 상황에서 은총으로 주어진 것) / walk the walk(말과 행동이 일치하다) / tikkun olam(유대인들의 Hebrew 어구로 친절, 자선, 사회정의 등을 통해 세상을 치유/개선하다) / stand up for what's right / out of the ashes / from strength to strength(날로 발전하는/강해지는) / the weight of the world / a pillar of the community / schmooze(Yiddish어로 일상적인 대화를 친근하게 나누다) / keep the faith / a bridge between worlds / go the extra mile(기대 이상으로 노력하다) / no rest for the weary(피곤하고 지쳐도 의무와 책임을 다하기 위해 끝없이 일해야 함) / L'chaim!(To life!)(유대인들이 종종 하는 건배사로 건강, 행복, 발전 등을 비는 표현. 발음([lə·'kaim])) / in the same boat / against the grain(일반적인 규범이나 기대, 주변의 관행 등에 거스르는) / a tale of survival / on the shoulders of giants(앞서 간 훌륭한 사람들의 업적을 기반으로) / in the spirit of togetherness / blaze a trail(새로운 길을 열다) / put one's best foot forward(최선을 다하다) / kvetch(Yiddish 어로 불평하다, 불평하는 사람) / tough as nails(몹시 강인한) / embrace the tradition / push the envelope(기존의 한계나 기준을 넘어 노력하고 시련을 극복하다) / on the frontier of history / never again / born and bred(유전적, 역사적, 사회문화적 뿌리를 표현) / a beacon of hope / make one's mark

A: Jewish American artists have consistently **pushed the envelope**, challenging the conventional approach to oil painting.

A: 유대계 미국인 예술가들은 기존의 유화 접근 방식에 도전하며 꾸준하게 한계를 넓혀왔다.

참고 push the envelope: 한계를 뛰어넘다, 기존의 틀을 깨다

A: Jewish American politicians stood **on the frontier of history** as they challenged the deeply rooted prejudices of the old society.

A: 유대계 미국인 정치인들은 낡은 사회의 뿌리 깊은 편견 들에 도전하며 역사의 전방에 서 있었다.

A: Many innovative Jewish entrepreneurs have achieved great success by going **against the grain** and defying conventional business paradigms.

A: 많은 혁신적인 유대계 기업가들은 기존의 비즈니스 패러다임에 도전하고 관습에 저항함으로써 큰 성공을 거두었다.

참고 go against the grain: 관습이나 통념에 반대하다, 독창적인 생각이나 행동을 하다

A: It's been a while since we've all gathered like this. There's no better way to celebrate than to **break bread** together.

B: Absolutely! To family, to tradition, and to many more moments like this — **L'chaim**!

A: 이렇게 다 함께 모인 게 오랜만이네요. 같이 식사하는 것보다 더 좋은 축하 방법은 없죠.

B: 정말 그래요! 가족을 위해, 전통을 위해, 그리고 이런 순간이 더 많아지기를 위해 — 건배!

참고 break bread: 함께 식사하다

A: That story your grandmother shared about her family's journey was **like manna from heaven**. It gave me such an inspiring perspective.

B: I know. It's at moments like this we really need to **embrace the tradition** and honor where we come from.

A: 할머니께서 자기 가족의 여정에 대해서 공유해 주신 스토리는 마치 하늘에서 내려준 행운같았어요. 내게 정말 큰 감동적인 새로운 시각을 주셨어요.

B: 맞아요, 우리가 진실로 전통을 포용하고 우리의 뿌리를 존중할 필요가 있는 것은 바로 이런 순간들이죠.

참고 manna from heaven: 예상 밖의 행운, 뜻밖의 도움이나 위로, 예상 밖의 벌이나 편의(성서에서)

A: You know, being part of 'The Chosen People' really makes me think about all the history we carry with us.

B: Yeah, and whenever we schmooze about life with the family, it's a reminder of how far we've come.

C: True, but you know my uncle — he loves to kvetch about the past every time we sit down for dinner!

A: '선택된 사람'의 일원이 되는 것이 우리가 지니고 가는 우리의 모든 역사에 대해 생각하게 만들어요.

B: 그렇죠, 가족과 함께 삶에 대해 이야기할 때마다 우리가 얼마나 멀리 왔는지 상기시켜요.

C: 맞아요, 그런데 아시잖아요, 제 삼촌은 매번 저녁 식사 때마다 옛날 이야기를 하며 불평을 늘어놓으시거든요!

참고 schmooze: [ʃmuːz]: 수다를 떨다(친밀한 가족 간의 대화를 묘사)
kvetch: [kvɛtʃ]: 늘 불평하다, 징징거리다

A: He's truly a light unto the nations, always finding ways to help and guide others.

B: Yeah, he's a mensch among men. You don't meet people like him every day.

C: Well, there's no rest for the weary — he's always working to make a difference, never taking a break.

A: 그는 정말로 세상의 빛과 같은 사람이에요. 항상 다른 사람들을 돕고 이끌어 주시죠.

B: 맞아요, 그는 정말 탁월한 인격을 가진 분이에요. 매일 그런 사람 만날 수는 없어요.

C: 그는 피곤해도 쉴 틈이 없어요. 항상 변화를 위해 일하고 쉬지도 않으니까요.

참고 mensch: [mɛnʃ](친절하고 남을 잘 도와주는) 좋은 사람, 정직하고 책임감 있는 인격자
no rest for the weary: 몸이 피곤해도 쉬지 못함

A: Sometimes it feels like we just schlep through life, trying to keep up with everything.

B: True, but we're meant to go from strength to strength. Each challenge makes us stronger.

C: Absolutely, and through it all, you've got to make your mark, leaving something meaningful behind.

A: 때로는 우리가 삶을 질질 끌고 다니며 모든 걸 따라잡으려 애쓰는 것처럼 느껴져요.

B: 맞아요, 하지만 우리는 승승장구하기 위해 나아가야 해요. 매번 도전이 우리를 더 강하게 만들어요.

C: 정말 그렇죠. 그 모든 과정 속에서도 자기 자취를 새기며, 무언가 의미 있는 일을 남겨야 해요.

> **참고** schlep: [ʃlɛp]: (느릿느릿/힘들게/마지못해) 가다
> go from strength to strength: 승승장구하다, 성공에 성공을 거듭하다

A: **Oy vey**! Sometimes I feel like the weight of our history is overwhelming, especially with all the challenges we face today.

B: But remember, we're here to practice **Tikkun olam** — to repair the world, no matter how hard things get.

A: That's true. We **stand on the shoulders of giants**, those who fought for us and made sure we could carry on these traditions.

B: Exactly! We're always **on the frontier of history**, continuing a legacy that's been passed down for generations.

A: 아이고! 가끔은 우리의 역사적 무게가 특히 오늘날 우리가 마주하는 모든 어려움 때문에 너무 벅차게 느껴질 때가 있어요.

B: 그래도 기억하세요, 우리는 세상을 치유하는 것, '티쿤 올람'을 실천하기 위해 여기 있는 거잖아요. 아무리 힘들어도요.

A: 맞아요. 우리는 우리를 위해 싸워 주셨고, 우리가 이 전통을 이어갈 수 있도록 해 주셨던 거인들의 어깨 위에 서 있는 거예요.(선조들의 업적 덕분에 오늘이 있다는 의미)

B: 맞습니다! 우리는 대대로 이어져 온 유산을 계속 이어가면서 항상 역사의 전방에 서 있지요.

> **참고** oy vey: 이런, 아이고(실망·슬픔을 나타내는 소리)
> Tikkun Olam: (친절, 자선, 사회정의 등을 통해) 세상을 치유/개선하다(유대인들의 Hebrew 어구)

　스페인어로 the Fifth of May을 의미하는 싱코 데 마요(Cinco de Mayo)는 매년 5월 5일에 기념하는 날이다. 이 날은 멕시코 푸에블라 전투(Battle of Puebla)에서 멕시코군이 프랑스군을 물리친 1862년의 역사적인 승리를 기념한다. 미국에서 싱코 데 마요는 멕시코 문화와 유산을 기념하는 날로 널리 알려져 있으며, 멕시코 이민자들과 그들의 후손, 그리고 모든 미국인에게 축제와 자부심의 날이다. 이 날은 멕시코의 회복력과 문화적 다양성을 축하하고, 공동체의 유대감을 강화한다.

　미국에서는 싱코 데 마요가 멕시코계 미국인 공동체의 활기찬 문화와 역사에 초점을 맞춰 기념된다. 특히 멕시코계 미국인이 많이 거주하는 지역에서는 더욱 성대하게 기념한다. 사람들은 활기찬 음악, 전통 무용, 다채로운 퍼레이드, 그리고 타코, 과카몰리, 칠리 등 맛있는 멕시코 음식을 즐긴다. 이 날은 단순한 역사적 승리를 넘어, 멕시코 문화에 대한 이해와 존중을 증진하고, 미국 사회에 이바지한 멕시코계 미국인들의 공헌을 인정하는 중요한 날이다.

[사진] Cinco de Mayo에 서북부 Washington 주의 Cheney에 있는 Eastern Washington University 캠퍼스에서 선보인 멕시코의 전통춤. 사진: © John Austin

[사진] Cinco de Mayo에 Wisconsin 주의 동남부 West Allis에서 Mexico계의 전통밴드인 한 mariachi band가 멕시코의 전통적인 댄스 음악을 연주하고 있다(대부분 대단히 흥겨운 멜로디와 박자인데 흔히 그 속에 슬픈 여운을 띄고 있다). 사진: © 박우상

Mexican heritage and pride / the Battle of Puebla(1862년에 멕시코가 프랑스 군대의 침입을 격퇴한 승리로서 Cinco de Mayo celebration의 기원이다) / Mexican-American cultural contributions / traditional Mexican cuisine(tacos, guacamole) / Mariachi music and dance / celebration of unity and resilience / historical significance vs. modern celebration / symbolism of victory over foreign intervention / festivities and parades / the role of Cinco de Mayo in the U.S. / Mexican Independence Day vs. Cinco de Mayo / family and community gatherings / Mexican art and folklore / cultural appropriation concerns / bridging Mexican and American cultures

참고 guacamole [과커모울리]: 으깬 아보카도, 양파, 토마토, 기타 양념들을 섞은 것으로 흔히 tortilla chips, vegetables, tacos, burritos, quesadillas, grilled meats 등을 찍어 먹는다.

Mariachi band: Mexico의 마리아치 밴드는 전통적인 차로(Charro) 복장을 입고 바이올린, 트럼펫, 기타 등의 악기로 활기찬(그러면서도 약간의 우수가 흐르는) 음악을 연주하는 멕시코의 대표적인 민속 음악 앙상블. 이들은 사랑, 고향, 자연 등을 주제로 한 감성적인 노래를 통해 멕시코 문화의 정체성을 표현한다.

명 fiesta / celebration / Mariachi(흔히 기타, 트럼펫, 바이올린, 하프 등으로 구성된 멕시코 전통 음악 밴드) / sombrero(챙이 넓은(broad-brimmed) 멕시컨 남성 모자) / margarita(테킬라, 라임 또는 레몬 주스, 달콤하고 부드러운 liqueur 술을 혼합하여 테두리에 소금을 바른 잔으로 마시는 칵테일) / taco / Piñata(장난감, 캔디 등을 담은 종이 형상으로 공중에 매달아 놓고 눈을 가린 어린이들에게 막대기 등으로 때려서 터지게 하는 것으로 주로 크리스마스나 생일 등의 즐거운 이벤트에 사용함) / parade / music / tradition / dance / salsa / family / friends / party / drinks / decorations / flag / food / culture

참고 taco: 부드럽거나 바삭한 토르티야(soft or hard shell/tortilla)에 양념된 고기, 신선한 채소, salas, lime, cilantro(고수) 같은 다채로운 토핑을 넣어 접어 만든, 손에 들고 먹는 요리. Mexico의 대표적 음식 중의 하나.

형 festive / colorful / lively / spicy / vibrant / traditional / exciting / cultural / joyful / delicious / Mexican / historic / fun-filled / flavorful / energetic / bright / authentic / warm / cheerful

동 celebrate / dance / eat / drink / enjoy / party / sing / cook / share / toast / decorate / gather / parade / feast / honor / shout / invite / cheer / prepare / raise a glass(건배하다)

참고 raise a glass: make/propose/offer a toast; toast someone/something; lift a/your glass; Let's lift/raise our glasses.; Salute; Cheers to …; Here's to …

구 Fiesta time! / party like there's no mañana!(mañana: 내일, 미래) / Viva la fiesta! / Let's spice things up!(분위기를 띄우자, 활기/재미를 더하자)/ Paint the town red!(나가서 먹고 마시고 마음껏 즐기자!) / Raise a glass! / Get your fiesta on!(이제 축제를 신나게 즐기자!) / Taco 'bout a good time! / Salsa the night away! / Bottoms up! / The more the merrier! / It's guac o'clock! (Time to enjoy some guacamole!), … / Cinco de Drinko! / Seize the fiesta! / Keep the margaritas flowing! / Eat, drink, and be merry! / Life's a fiesta! / Spice up your life! / Let's make it a night to remember! / Bring on the mariachis! / Shake your maracas! / Time to fiesta! / Raise the roof!(열광적으로 환호하다) / Keep the party going! / Break out the sombreros! / Guac and roll! / kick back with a cold one! (맥주 한 잔하며 쉬다) / A toast to victory!(승리를 축하하며 건배하다) / Ole, ole, ole! / Cheers to good times! / Feel the fiesta vibes! / Keep calm and fiesta on! / Dance till you drop!(기진맥진할 때까지 춤추다) / Squeeze the lime! / Celebrating in style! / Cinco vibes only! / Chili today, hot tamale tomorrow! / Life's better with tacos! / Ole for the day!

예문

A: **It's guac o'clock**! Treat yourself to a fiesta with delicious food and plenty of margaritas.

A: 과카몰리 시간이야! 맛있는 음식과 마가리타를 넉넉히 곁들여 축제를 즐겨보세요.

참고 guac o'clock: 과카몰리를 먹기 좋은 시간

A: Let's **keep the margaritas flowing** all night long as we toast Cinco de Mayo!

A: 5월 5일에 건배하며 밤새 마가리타를 즐겨봅시다!

참고 keep the margaritas flowing: 마가리타가 끊이지 않게 하다, 마가리타를 계속 제공하다/마시다

A: **Spice up your life** this Cinco de Mayo by celebrating with us tonight!

A: 이번 5월 5일에 우리와 함께 축하하며 당신의 삶을 더 활기차게 만들어 보세요!

참고 spice up ...: ...에 활기를 불어넣다, ...를 더 흥미롭게/재미있게 만들다

A: Is everyone ready to **paint the town red** at tonight's incredible festival?

A: 오늘 밤의 놀라운 축제에서 신나게 놀 준비가 되었나요?

참고 paint the town red: 신나게 놀다, 흥청망청 놀다

A: It's **fiesta time**! Are you ready for tacos, margaritas, and dancing all night?

B: You know it! Let's **seize the fiesta** and make it a night to remember!

A: 축제 시간이다! 타코와 마가리타, 그리고 밤새 춤출 준비됐어?

B: 당연하지! 축제를 만끽하며 잊지 못할 밤을 만들자!

참고 You know it.: 그렇지 / 당연하지

A: Hey, it's Cinco de Mayo! Time to **get your fiesta on**!

B: You said it! Let's **keep the party going** until the sun comes up!

A: 오늘은 Cinco de Mayo야! 축제 모드로 돌입할 시간이야!

B: 그럼! 해 뜰 때까지 파티 이어가자!

A: The party's just getting started. **Let's spice things up** with some salsa dancing!

B: You got it! And we'll **keep the margaritas flowing** all night!

C: Sounds perfect! Let's **dance till you drop** and celebrate in style!

A: 파티가 이제 막 시작됐어. 살사 춤으로 분위기를 더 띄워보자!

B: 좋지! 그리고 밤새도록 마가리타를 마시자!

C: 완벽해! 쓰러질 때까지 춤추면서 멋지게 축하하자!

참고 spice up ...: ...를 더 흥미롭게 만들다 / ....에 맛을 더하다
　　　You got it: 그렇고 말고 / 바로 그거야
　　　in style: 아주 멋지게

A: It's Cinco de Mayo — **party like there's no mañana!** Let's make it unforgettable!

B: You said it! **Bring on the mariachis** and let's get the music going!

C: **Ole, ole, ole!** This energy is amazing!

D: Ha! **Chili today, hot tamale tomorrow!** Let's keep this fiesta going strong!

A: 신코 데 마요니까 내일 아침이 없는 것처럼 파티하자! 잊지 못할 날로 만들자!

B: 맞아! 마리아치 음악 불러오고 다 같이 즐기자!

C: 올레, 올레, 올레! 이 에너지가 최고야!

D: 하하! 오늘은 칠리, 내일은 핫 타말레! 축제를 멋지게 이어가자!

> **참고**  mañana: 아침, 오전(동틀 때부터 정오까지)  [이 표현에서 manana는 tomorrow(future)]
> You said it.: (제안에 동의하여) 좋아[맞아]!
> tamale: 타말레: /터'말리/로 발음. 옥수수 반죽에 다진 고기, 콩, 할라피뇨(jalapeños) 고추, 치즈 등의
> 재료를 넣어 옥수수 껍질(corn husk, 또는 바나나 잎 banana leaf)에 싸서 스팀에 쪄서 만들어 먹는 멕
> 시코 음식의 일종. [주목] 전통적으로는 멕시코의 대표적인 음식의 하나인데, 가난했던 시절을 연상시킨
> 다고 해서 언급이나 먹기를 꺼리는 멕시코계 사람들도 있다.

A: It's **Cinco de Drinko**! Time to kick off the celebration!

B: You bet! Let's **raise the roof** and have a blast tonight!

C: You know it. **Kick back with a cold one** and enjoy the fiesta!

D: And don't forget to **break out the sombreros**! We're doing this right!

A: 오늘은 마구 취하는 5월 5일이야! 이제 본격적으로 축제를 시작하자!

B: 그럼! 밤새도록 질펀하게 즐겁게 놀아보자!

C: 그렇지. 차가운 맥주 한 잔 들며 긴장을 풀고 즐거운 시간을 보내자!

D: 그리고 까먹지 말고 sombrero를 쓰고 나와. 우리 이 파티 제대로 해보자.

> **참고**  raise the roof: (파티 중) 신나게 떠들다 / 떠들썩하게 놀다
> have a blast: 아주 즐거운 시간을 보내다
> kick back: 긴장을 풀다, 쉬다
> cold one: 차가운 맥주 한 잔 [또는 시원한 음료]
> break out the sombreros: sombrero 창이 넓은 솜브레로(멕시코 전통 모자)를 꺼내 쓰다

A: I'm going to make some chili today. I love the fact that there are so many different regional variations.

B: That's so cool. I love the way our communities are a true **melting pot** of traditions. It adds to our **sense of belonging**.

A: Yeah, it's amazing how we can all **put down roots** and share our unique heritage.

B: We all can **live and learn** from each other, can't we?

A: 오늘 칠리를 좀 만들려고. 지역마다 다양한 종류가 있다는 사실이 정말 좋아.

B: 그거 정말 멋지다. 우리 공동체가 전통의 진정한 용광로인 방식이 정말 좋아. 우리의 소속감을 더해주는 것 같아.

A: 맞아, 우리 모두가 어떻게 정착하고 우리의 독특한 유산을 공유할 수 있는지 놀라워.

B: 우리 모두 서로에게서 경험을 통해 배울 수 있지, 그렇지 않아?

> **참고** melting pot: 미국이 대표적인 경우로 사회의 구성원들이 다양한 인종, 민족, 언어, 종교, 문화, 역사 등을 용광로처럼 하나의 융합된 사회문화를 창출하는 것을 부각시키는 개념으로, 그러한 통합되고 동질적인 사회와 문화를 가리킨다. 그와 대조적으로 그 일견 통합된듯한 사회문화 안에 각각의 구성요소들이 독자적으로 구분되는 개성과 다름을 유지하고 있음을 부각하는 개념으로 salad bowl(샐러드 그릇)이라는 표현 또한 자주 사용된다. 미국의 사회문화는 melting pot과 salad bowl 양면의 모습을 가지고 있다.

어머니의 날(Mother's Day)은 매년 5월 둘째 주 일요일에 기념하는 날이다. 이 날은 어머니와 모성, 그리고 사회에서 어머니들이 수행하는 중요한 역할을 존경하고 축하하기 위해 제정되었다. 미국의 어머니의 날은 1908년 애나 자비스(Anna Jarvis)가 돌아가신 어머니를 기리기 위해 처음 시작했으며, 1914년 우드로 윌슨 대통령에 의해 공식적인 국경일로 지정되었다. 이 날은 단순한 기념일을 넘어, 어머니들이 가족을 위해 희생하고 헌신하는 것을 인정하는 날이다.

어머니의 날은 가족들에게 어머니에게 감사를 표현할 기회를 제공한다. 많은 사람들은 어머니를 위해 카드나 선물을 준비하거나, 꽃을 선물하고, 외식을 함께하거나 직접 만든 아침 식사를 대접한다. 어머니의 날은 상업화되었다는 비판을 받기도 하지만, 여전히 많은 사람들에게는 어머니에게 사랑과 감사를 표현하는 진심 어린 날이다. 이 날은 가족의 유대감을 강화하고 어머니의 조건 없는 사랑과 노고를 되새기는 중요한 역할을 한다.

[사진] Mother's Day에 수 천 만명의 미국인들이 mother를 음식점에 모시고 가서 함께 아침 겸 점심으로 brunch를 먹는 것은(Mother's Day brunch) 거의 해마다 하는 의식(annual ritual)이다. 사진: ⓒ 박우상

### 공통주제

expressing gratitude and appreciation for mothers / mother-child bonding and relationships / family traditions and celebrations / giving gifts and flowers / reminiscing about childhood memories / acknowledging the sacrifices mothers make / recognizing the importance of self-care for mothers / celebrating maternal love and affection / honoring grandmothers and other maternal figures(maternal/mother figure: 누군가에게 어머니의 역할을 하는 사람) / the role of mothers in shaping family values / balancing work and motherhood / single motherhood and its challenges / motherhood across different cultures / sharing stories of motherhood journeys / planning special outings or meals for Mother's Day / taking one's mom or wife to Mother's Day brunch

명 mother / love / family / flowers / gift / breakfast / card / home / celebration / memories / children / appreciation / care / hugs / kindness / tradition / support / heart / time / gratitude / brunch

형 loving / caring / compassionate / supportive / selfless / strong / nurturing / thoughtful / appreciative / amazing / gentle / kind / generous / grateful / beautiful / devoted / warm / patient / dedicated / proud

동 love / appreciate / honor / celebrate / thank / cherish / support / care / give / nurture / protect / guide / inspire / teach / encourage / comfort / listen / understand / praise / sacrifice

구 The apple doesn't fall far from the tree. / Home is where mom is. / Like mother, like daughter. / A mother's love knows no bounds. / Mama bear instincts / Behind every great kid is a great mom. / tough as a mother / Mum's the word!(비밀이야!, 입 다물고 있어야 해!) / wear many hats as a mom / Mother knows best. / the heart of the home / one in a million mom / a face only a mother could love / a chip off the old block(부모를 닮은 자식) / mother hen(보호 본능 강한 엄마) / the glue that holds us together / mother of all(celebrations)(가장 큰, 최고의 ...) / born under a lucky star with a mom like mine / put your best foot forward, for mom / mama's boy/girl / Mothers make the world go round.(엄마가 세상을 움직인다) / blessed to have a mom like you / There's no love like a mother's love. / the queen of our hearts / You're my rock, mom.(언제나 믿음직한 엄마) / She's the real MVP. / ... runs in the family, thanks to mom(엄마 덕분에 ... 이 가족 유전자처럼 흐른다/...이 뛰어나다/특징이다) / Mothers are the backbone of the family. / Mom to the rescue! / It's a labor of love.(사랑으로 하는 헌신적 일) / Motherhood is a full-time job. / A mother's work is never done. / Mom's got eyes in the back of her head.(엄마는 항상 모든 걸 살핀다) / Moms make it happen. / got it from my mama(엄마에게서 물려받았다) / The hand that rocks the cradle rules the world.(아이를 키우는 엄마가 세상을 움직인다) / a mother's touch / the wind beneath my wings(나를 지탱해 주는 힘, 엄마)

**예문**

A: We love you so much, Mom. You truly are **the backbone of our family**.

A: 엄마, 정말 사랑해요. 엄마는 우리 가족의 기둥이에요.

참고 the backbone of ...: ...의 기둥, 중추

A: Thanks, Mom, for everything you do. You **wear many hats as a mom**.

A: 엄마, 해 주시는 모든 것에 감사해요. 엄마는 엄마로서 여러 가지 역할을 하세요.

참고 wear many hats: 여러 가지 일을 동시에 하다, 다양한 역할을 수행하다

A: Mom, you're a true **mother hen**, always looking out for us. I feel so blessed to have you as my mom.

A: Aunt Judy, you're our **true mother hen**, always looking out for us. We're so blessed to have you as our **mother hen**.

A: 엄마, 엄마는 진정한 '어미닭' 같아요. 항상 우리를 챙겨주시죠. 엄마를 엄마로 둬서 정말 행복해요.

A: Judy 이모, 이모는 저희의 진짜 '엄마닭'이세요. 항상 저희를 챙겨 주시죠. 이모를 저희 '엄마닭'으로 둬서 저희가 너무도 복이 많죠.

참고 a(true/total) mother hen: 진짜 '어미닭.' 아이를 끔찍이 챙겨주고(먹여 주고 입혀 주고 등등) 엄청 보호해 주는 엄마 역할을 하는 사람. 아이를 그렇게 키워 주고 보호해 주는 사람으로 행위 또는 역할에 초점을 맞춘 표현으로 친어머니(biological mother)가 아닌 사람인 경우가 자주 있으며, 또 남자를 칭할 수도 있다. true는 강조어로 생략될 수 있으며, 대신에 total이 사용되기도 한다.

A: Mom, my friends always say I'm a real **chip off the old block**. Would you agree?

A: 엄마, 친구들이 항상 내가 엄마를 쏙 빼 닮았다고 해요. 엄마도 그렇게 생각해요?

참고 a chip off the old block: 부모를 닮은 자식

A: Happy Mother's Day! I'm so grateful for your unwavering support. **You're my rock, Mom**.

A: 엄마, 행복한 어머니날이에요! 엄마의 변함없는 지원에 정말 감사해요. 엄마는 제 버팀목이에요.

참고 my rock: 든든한 지원자, 버팀목

A: You know, no matter where I go, there's no place like where you are. **Home is where mom is**.

B: I couldn't agree more! There's nothing like **a mother's touch** to make everything feel just right.

A: 있잖아, 어디를 가든 엄마가 있는 곳 같은 곳은 없어. 엄마가 있는 곳이 집이야.

B: 맞아! 엄마의 손길만큼 모든 걸 편안하게 해주는 건 없어.


A: **A mother's love knows no bounds**, doesn't it? She's always there no matter what.

B: I know, right? I feel so **blessed to have a mom like her**.

A: 엄마의 사랑은 정말 한계가 없지, 그렇지 않아? 어떤 상황에서도 늘 우리 곁에 계셔.

B: 그러게. 이렇게 좋은 엄마가 있어서 정말 축복받은 기분이야.


A: You know, **moms really do make the world go around**. They always seem to know what to do.

B: It's those **mama bear instincts** kicking in, I guess. Protecting us every step of the way.

A: For sure! I mean, everything good about me? I **got it from my mama**.

A: 엄마들이 진정 세상을 움직인다고 하잖아. 항상 뭘 해야 할지 아는 것 같아.

B: 그게 아마도 '엄마 곰 본능'인 것 같아. 우리를 항상 보호해 주시지.

A: 맞아! 내가 가진 모든 좋은 점? 엄마한테서 다 받은 거야.

**참고** kick in: 시작되다 / 작동되다


A: You know, they say **behind every great kid is a great mom**. I feel like that's definitely true for us.

B: Absolutely. She's been **the queen of our hearts** since Day One.

A: Even when we were little and had **a face only a mother could love**, she always saw the best in us.

B: Well, they don't say '**the hand that rocks the cradle rules the world**' for nothing. Moms really do run everything!

A: 훌륭한 아이 뒤에는 훌륭한 엄마가 있다고 하잖아. 우리한테 딱 맞는 말인 것 같아.

B: 정말 그래. 엄마는 처음부터 우리 마음속의 여왕이셨어.

A: 우리가 어렸을 때 외모가 별로였어도, 엄마는 언제나 우리 안의 좋은 모습을 봐주셨어.

B: 그래서 '요람을 흔들어 주는 손이 세상을 지배한다'는 말이 괜히 나온 게 아니겠지. 엄마들은 정말 모든 걸 움직이시는 것 같아!

A: I swear, no matter what we do, mom always finds out. **She's got eyes in the back of her head**!

B: Right! I used to think it was magic. But hey, **mother knows best**.

A: True. I mean, with her wisdom, I feel like we were **born under a lucky star with a mom** like ours.

B: Definitely. All the good things we've got **run in the family, thanks to Mom**.

A: 진짜 우리가 뭘 하든 엄마는 항상 아셔. 뒷머리에 눈이 달린 것 같아!

B: 맞아! 예전엔 그게 마법인 줄 알았어. 그래도 엄마가 제일 잘 아시잖아.

A: 맞아. 엄마의 지혜 덕분에 우리가 정말 행운아로 태어난 것 같아.

B: 정말 그렇지. 우리가 가진 모든 좋은 것들이 엄마 덕분에 물려받은 거야.

A: Oh, tomorrow's Mother's Day! Got any special plans, Tony?

B: You know it - the usual. I'm **taking my wife, mom, and the kids out for Mother's Day brunch**.

A: Sticking with tradition, huh?

B: Yeah, the menu's the same old classic spread: fruit salads, pancakes, waffles, French toast, omelets, bacon, sausage, hash browns, fries, coffee, Coke, and maybe some mimosas. All that tasty but not-so-healthy stuff! What about you, Steve?

A: Pretty similar here. We'll be enjoying brunch as a family and then catching a big band performance in the afternoon.

A: 오, 내일이 Mother's Day네! 특별한 계획이라도 있어, Tony?

B: 알다시피, 늘 하는 대로지. 아내랑 어머니랑 애들 데리고 Mother's Day 브런치를 먹으러 가려고 해.

A: 전통을 지키는 거네, 그치?

B: 응, 메뉴도 익숙한 그 메뉴: 과일 샐러드, 팬케이크, 와플, 프렌치 토스트, 오믈렛, 베이컨, 소시지, 해쉬 브라운, 감자튀김, 커피, 콜라, 그리고 아마도 미모사도. 맛있지만 건강에는 그다지 좋지 않은 것들이지. Steve, 자네는?

A: 나도 거의 비슷해. 가족과 함께 브런치를 먹고 오후에는 빅 밴드 공연을 보러 가려고.

**참고** mimosa: 샴페인에 오렌지 주스를 혼합한 cocktail

A: I called my mom today, and we talked for over an hour. It's so good to just hear her voice.

B: I know. She's always there for you, isn't she? It's like she's a **shoulder to lean on**.

A: She is. She gives the best advice and is a great listener. She has a **true mother's touch**.

B: I'm so happy you have such a close relationship with her. That's **a real blessing in disguise**.

A: 오늘 엄마께 전화해서 한 시간 넘게 얘기했어. 그냥 목소리를 듣는 것만으로도 너무 좋아.

B: 알아. 엄마는 항상 네 곁에 있어 주시지, 그렇지? 마치 기댈 어깨 같아.

A: 맞아. 최고의 조언을 해 주시고 잘 들어주셔. 엄마는 진정한 따뜻한 위로를 갖고 계셔.

B: 엄마와 그렇게 가까운 관계를 유지하고 있어서 정말 기뻐. 그것은 진정한 뜻 밖의 축복이야.

**참고** blessing in disguise: 전혀 예상치 못한 축복, 뜻 밖의 축복

미국 현충일(Memorial Day)은 매년 5월 마지막 월요일에 기념하는 국경일이다. 이 날은 미국의 군 복무 중 전사한 남녀 장병들을 기리고 추모하기 위해 제정되었다. 이 날의 역사는 남북 전쟁 이후로 거슬러 올라가며, 처음에는 '장식의 날(Decoration Day)'로 알려져 전사자들의 무덤을 꽃으로 장식하며 기념했다. 현충일은 단순한 공휴일을 넘어, 국가를 위해 궁극적인 희생을 한 용감한 이들에게 감사와 존경을 표하는 엄숙한 날이다. 이 날은 자유와 민주주의를 지키기 위해 치러진 대가에 대해 생각하고 성찰하는 날이다.

현충일에는 미국 전역에서 다양한 추모 행사가 열린다. 많은 사람들은 국기를 게양하고, 무덤에 꽃과 깃발을 놓기 위해 국립묘지를 방문한다. 퍼레이드, 기념식, 그리고 묵념의 순간은 모두 전사자들을 기리기 위한 것이다. 이 날은 또한 여름의 비공식적인 시작을 알리는 날로, 가족과 친구들이 모여 바비큐 파티를 하거나 함께 시간을 보내기도 한다. 이러한 축하 행사는 전사자들이 지키기 위해 싸웠던 삶의 자유를 상징하며, 추모와 축제의 의미가 동시에 담겨있다.

[사진] Memorial Day(미국 현충일, 5월 마지막 월요일)에 미국의 veterans of foreign wars(해외 전쟁 참전 퇴역 군인들)과 가족들이 지역 묘지에 묻힌 전몰 군인들에게 경의를 표하고 있다. 사진: © 박우상

[사진] 이 사진에서처럼 Memorial Day에는 미국의 많은 이웃들과 친구들이 햄버거와 핫도그를 grill 해 먹고 맥주와 소다를 마시면서, 초여름의 날씨를 만끽하며 좋은 시간을 갖는다. 미국의 Memorial Day는 이렇게 비공식적으로 긴 summer season을 시작하는 날이다. 사진: © 박우상

honoring fallen soldiers / patriotism and national pride / remembering military sacrifices / family gatherings and barbecues / visiting cemeteries and memorials / the history of Memorial Day / veterans and their service / freedom and its cost / gratitude for military personnel / Memorial Day parades and events / the meaning of the American flag / reflections on past wars / supporting military families / military traditions and customs / unity and national remembrance

## 주요 어휘 및 표현

**명** sacrifice / heroes / freedom / soldiers / service / veterans / flag / memorial / honor / courage / patriotism / nation / fallen / war / ceremony / gratitude / troops / unity / liberty / remembrance

**형** brave / honorable / patriotic / fallen / sacrificial / courageous / noble / grateful / selfless / free / heroic / dedicated / resilient / united / loyal / proud / solemn / remembered / inspirational / commemorative

**동** honor / remember / serve / sacrifice / commemorate / salute / pay(tribute) / respect / reflect / protect / fight / celebrate / defend / mourn / stand / thank / cherish / unite / preserve / appreciate

**구** pay the ultimate price(목숨을 바치다) / freedom isn't free / gone but not forgotten / lest we forget / hold the line(끝까지 버티다, 포기하지 않다) / in the line of duty / serve with honor / stand tall / sacrifice for a greater good / hold the fort / answer the call / all gave some, some gave all(모두가 희생했지만, 누군가는 삶의 전부를 받쳤다) / keep the home fires burning(가정을 지키며 기다리다) / on the front lines / in the trenches / bite the bullet(포기하지 않고 이를 악물며 견디다) / band of brothers / brothers in arms / fly the flag high / defend the flag / take a moment of silence(묵념하다) / red, white, and blue / land of the free, because of the brave / the fallen heroes / hold the torch high / gone to glory(천국에 가다) / in memoriam / on sacred ground / stand in solidarity(연대하다, 함께하다, 명복을 빌며) / rest in peace / for God and country / stand as one

/ march to the beat of one's own drum/drummer (독자적으로 행동하다, 관습/시류/다수에 따르지 않고 자기만의 노선/방식을 추구하다) / shoulder to shoulder / no greater love / at the going down of the sun / honor the brave / pass the torch(바통을 넘기다, 사명을 이어가다) / a debt of gratitude / stand up and salute

> **참고** red, white, and blue: red는 용기, white는 순수함, blue는 인내와 정의를 상징하며, 미국 국기의 애정어린 별명이다. 미국의 애국심 또는 국가적 자긍심(American patriotism, national pride)를 뜻하기도 한다

### 예문

A: To honor those who have served, let us pledge to **hold the line**, keeping their legacy of courage and sacrifice alive in our hearts.

A: 봉사한 이들을 기리기 위해, 우리는 그들의 용기와 희생의 유산을 마음속에 생생히 간직하며 그 가치를 지켜 나갈 것을 맹세합시다.

> **참고** hold the line: 지키다, 버티다

A: Let us come together to honor our fallen heroes and **fly the flag high** in remembrance of their selfless sacrifice and unwavering service.

A: 희생된 영웅들을 기리기 위해 함께 단결하고, 그들의 고귀한 희생과 흔들림 없는 봉사를 기리기 위해 국기를 높이 휘날립시다.

> **참고** fly the flag high: 애국심을 나타내다, 자부심을 표현하다

A: While visiting Arlington National Cemetery, I pledged to **hold the fort** to honor the freedoms they bravely fought to protect.

A: 알링턴 국립묘지를 방문하는 동안, 나는 그들이 용감히 싸워 지켜낸 자유를 기리고 수호해야겠다고 다짐했습니다.

> **참고** hold the fort: 방어하다, 지키다

A: It is our obligation to **pass the torch** of patriotism and service to generations to come.

A: 애국심과 봉사의 횃불을 미래 세대에게 전하는 것은 우리의 의무입니다.

> **참고** pass the torch: (책임이나 권한을) 넘겨주다, 물려주다

A: Every year on Memorial Day, we're reminded that freedom isn't free. It came at a heavy price.

B: Positively. We owe everything to **the fallen heroes** who gave their lives for the freedoms we have today.

A: 매년 메모리얼 데이에 우리는 자유가 공짜가 아니라는 걸 다시금 깨닫게 돼. 그건 무거운 대가를 치르고 얻어진 거야.

B: 맞아. 오늘 우리가 누리는 자유를 위해 목숨을 바친 영웅들에게 모든 것을 빚지고 있어.

참고 the fallen heroes: 목숨을 바친 영웅들

A: We gather today to honor their sacrifice, **lest we forget** the bravery of those who served.

B: Indeed, as the saying goes, there's **no greater love** than laying down one's life for others.

A: 오늘 우리는 그들의 희생을 기리기 위해 모였습니다. 봉사에 임했던 분들의 용기를 잊지 않기 위해서예요.

B: 그래, 속담에도 있듯이, 다른 사람을 위해 목숨을 바치는 것보다 더 큰 사랑은 없어요.

A: Many have **paid the ultimate price** for the freedoms we enjoy today.

B: Yes, the land of the free, because of the brave. We must never forget their sacrifice.

C: **At sunrise and at sunset**, we will remember them.

A: 오늘날 우리가 누리는 자유를 위해 많은 사람들이 목숨(궁극적인 댓가)을 바쳤어요.

B: 맞아, 용기있는 사람들 덕분에 이곳은 자유의 땅이 된 거예요. 그들의 희생을 절대 잊어서는 안돼요.

C: 해 질 때나 해 뜰 때나(언제나) 우리는 그들을 기억할 거예요.

참고 pay the ultimate price: 궁극적인 댓가를 치르다, 최고의 희생을 치르다, 목숨을 바치다

A: Today, we remember those who **served with honor** and gave their all for our country.

B: It's important to reflect on their noble services. **All gave some, but some gave all**. Their sacrifices shouldn't be forgotten.

C: Let's **take a moment of silence** to honor their memory.

A: 오늘 우리는 나라를 위해 명예롭게 봉사하고 모든 것을 바친 사람들을 기억합니다.

B: 그 분들의 숭고한 봉사를 되새기는 것이 중요해요. 모든 분들이 뭔가를 바쳤지만, 어떤 분들은 자신의 모든 것을 다 바쳤어요. 그들의 희생이 잊혀지면 안 되지요.

C: 그들을 기리기 위해 잠시 묵념합시다.

참고 take a moment of silence: 묵념하다

A: Those who **sacrificed for a greater good** deserve more than just a day of remembrance.

B: Certainly. While they were on the frontlines, we had to **keep the home fires burning**, hoping they'd return safe.

C: Many had to **bite the bullet**, facing the harshest realities of war without hesitation.

D: We owe them **a debt of gratitude** that can never truly be repaid.

A: 더 큰 선을 위해 희생한 분들에게는 단지 하루만의 추모로는 부족해요.

B: 맞아요. 그들이 전선에 있을 때 우리는 그들이 안전하게 돌아오길 바라며 가정을 지켰지요.

C: 많은 이들이 주저하지 않고 전쟁의 가장 가혹한 현실에 맞섰어요.

D: 우리는 그들에게 진정 갚을 수 없는 감사의 빚을 지고 있어요.

> 참고 keep the home fires burning: (전시에) 후방을/국내를 지키다 / 가정 생활을 계속하다
> bite the bullet: (하기는 싫지만 피할 수는 없는 일을) 이를 악물고 하다, 어려운 상황을 용기 있게 대처하다


A: I know some people think Memorial Day is just for picnics and barbecues.

B: I get it. It's kind of **a bitter pill to swallow** when people forget the real meaning.

A: We have to keep reminding people of **the fallen soldiers' sacrifices** and what they went through for our country.

B: You're right. It's a day for us all to reflect on **the price of freedom** and honor the people who served.

A: 현충일이 그저 피크닉과 바비큐를 위한 날이라고 생각하는 사람들도 있다는 것을 알아.

B: 이해해. 사람들이 진짜 의미를 잊을 때면 좀 씁쓸해.

A: 우리는 사람들에게 그 전몰 군인들의 희생과 그들이 우리 나라를 위해 겪었던 일들을 계속해서 상기시켜줘야 해.

B: 맞아. 우리 모두가 자유의 대가를 생각하고 복무한 사람들을 기리는 날이야.

> 참고 a bitter pill to swallow: 매우 힘들고 불편한 사실/상황, 감내해야 하는 아픈 현실
> the fallen soldiers' sacrifices: 전몰 군인들의 희생들

## 2-30 Teacher Appreciation Week/Day
| 5월 첫째 주/화요일

미국에서 스승의 날(Teacher Appreciation Day)은 모든 요일이 들어 있는 5월 첫째 주 화요일에 기념하며, 5월 첫째 주 전체를 스승의 주(Teacher Appreciation Week)로 기념한다. 이 날은 교사들의 헌신적인 노고와 그들이 학생들과 사회에 미치는 중대한 영향을 인정하고 감사하는 날이다. 교사들은 학생들에게 지식과 기술을 가르치는 것 외에도, 학생들의 삶을 형성하고 영감을 주며, 미래 세대를 육성하는 데 결정적인 역할을 한다. 스승의 날은 교사들이 공동체에 제공하는 가치에 대한 중요한 인식을 가져온다.

스승의 주에는 많은 학생과 학부모가 교사들에게 특별한 감사함을 전한다. 학생들은 직접 쓴 카드나 편지를 전달하거나, 학부모들은 감사의 표시로 작은 선물을 준비하기도 한다. 학교에서는 종종 교직원들을 위한 특별 오찬을 열거나, 학생들에게 교사들에게 감사함을 표현하도록 격려한다. 이 날은 교사들이 종종 간과되는 헌신과 열정을 인정하고, 그들의 노고에 대해 감사함을 느끼는 기회를 제공한다.

### 공통주제

gratitude / impact on students / teaching challenges / support for educators / inspiration / community engagement / professional development / creative teaching methods / classroom environment / teacher work-life balance / mentorship / recognition / collaborative efforts / cultural awareness / future of education

### 주요 어휘 및 표현

**명** teacher / student / classroom / education / learning / appreciation / gift / support / lesson / knowledge / growth / skills / mentor / inspiration / community / celebration / dedication / experience / challenges / influence

**형** dedicated / inspirational / supportive / caring / passionate / committed / knowledgeable / patient / creative / understanding / encouraging / thoughtful / engaging / resourceful / innovative / compassionate / resilient / talented / hardworking / approachable

동 teach / inspire / support / encourage / motivate / guide / nurture / challenge / foster / connect / empower / appreciate / celebrate / mentor / help / engage / communicate / innovate / learn

구 A teacher takes a hand, opens a mind, and touches a heart. / go the extra mile(더 노력하다) / a class act(품격 있는/우아한/탁월한 사람, 때로는 사물/행위/일) / make the grade(기준에 도달하다, 합격하다) / the heart of a teacher / bend(fall/lean) over backward(s) over backward(s)(온 힘을 다하다) / in the trenches(실제 현장에서, 어려운 상황 속에서) / hit the books / lifelong learners / pull out all the stops(모든 수단을 동원하다, 최선을 다하다) / give it your all / practice what you preach / make a difference / rise to the occasion(어려운 상황을 마주해서 성공적으로 해결하다) / put one's best foot forward(가장 좋은 모습/인상을 보여주다) / lead by example(좋은 본보기/모범을 보여 줌으로써 이끌다) / a breath of fresh air(신선한 변화) / a league of one's own(독보적인, 비교할 수 없을 정도로 뛰어난 사람/그룹) / learning curve / building bridges / go above and beyond(기대한 이상을 해내다, 헌신하다) / take it to heart(진지하게 받아들이다, 마음에 새기다) / with flying colors(매우 성공적으로, 훌륭하게; 여기서 colors는 깃발) / shape the future / nurture the next generation / be a guiding light / plant the seeds of knowledge / a shining star / step up to the plate / chalk it up to experience(경험으로 삼다, 실수를 배움으로 여기다) / a helping hand / the gift of knowledge / turn the page / hands-on approach / head of the class / open doors to opportunities / encourage curiosity / foster a love of learning

예문

A: We're **pulling out all the stops** to show our appreciation for our homeroom teacher.

A: 우리는 담임 선생님께 감사의 마음을 전하기 위해 최선을 다하고 있습니다.

참고 pull out all the stops: 최선을 다하다, 모든 수단을 동원하다

A: Our math teacher, Mr. Nick, has **bent over backward(s)** to raise our average score this semester.

A: 우리 수학 선생님 Nick 선생님은 이번 학기 우리 평균을 올리기 위해 많은 노력을 기울이셨어요.

참고 bend over backward(s): 최선을 다하다, 아주 많은 노력을 하다

A: Mrs. Moore has been **hitting the books** for her science paper.

A: Moore 선생님은 과학 논문을 쓰기 위해 열심히 공부하고 계십니다.

참고 hit the books: 열심히 공부하다

A: My mother was so proud of me because I finished my final tests **with flying colors**, thanks to my science teacher.

A: 과학 선생님 덕분에 기말고사를 아주 좋은 성적으로 마쳐서 어머니께서 정말 자랑스러워하셨어요.

참고 with flying colors: 매우 성공적으로, 훌륭하게

A: You know, teaching is tough work. We're really **in the trenches** every day with our students, trying to help them succeed.

B: You can say that again! It's inspiring to see how you **lead by example**, showing them the importance of hard work and perseverance.

A: 가르치는 일은 정말 힘듭니다. 우리는 학생들과 함께 매일 현장에서 고군분투하며 그들이 성공할 수 있게 돕고 있습니다.

B: 정말 그렇습니다! 선생님께서 솔선수범하시는 모습은 학생들에게 성실함과 인내의 중요성을 보여줘서 감동적입니다.

참고 in the trenches: 현장에서 가장 힘들고 고된 일을 하고 있는, 최전선의 혹독한 어려움 속에서 분투하고 있는(1, 2차 세계대전 당시 혹독한 참호전(trench warfare)을 치루던 병사들의 어렵고 힘든 상황에서 비롯된 표현)

A: It feels great to see our students **making the grade** this semester! All their hard work is paying off.

B: Definitely! And it's been a challenging **learning curve** for many of them, but they're really **rising to the occasion**.

A: 이번 학기에 우리 학생들이 필요한 성과를 내는 모습을 보니 정말 기쁩니다. 학생들의 노력이 결실을 맺고 있습니다.

B: 정말 그렇습니다! 많은 학생들에게는 배우는 과정이 쉽지 않았지만, 그들은 그 도전에 잘 대처하고 있습니다.

참고 make the grade: 기대에 미치다, 필요한 수준에 이르다, 성공하다
learning curve: 학습 곡선(학습의 결과로 일어나는 행동의 변화 현상을 도식화한 것)
rise to the occasion: 난국에 대처하다 / 위기에 처해서 수완을 발휘하다

A: You know, a teacher **takes a hand, opens a mind, and touches a heart**. That's why we celebrate them this week!

B: Tell me about it! They really **practice what they preach**, showing us the importance of lifelong learning.

A: Exactly! And they always encourage us to **step up to the plate**, pushing us to reach our full potential.

A: 알다시피, 선생님은 손을 내밀어주고 마음을 열어주며 가슴을 울려 주십니다. 그래서 이번 주에 선생님들을 기리고 있습니다.

B: 정말 그렇습니다! 선생님들께서는 말로만 하시지 않고 몸소 실천하시며 평생 학습의 중요성을 보여 주십니다.

A: 아주 맞는 말씀입니다! 선생님들께서는 항상 우리가 잠재력을 최대한 발휘하도록 격려하시고, 도전에 맞서 나설 수 있도록 이끌어 주십니다.

**참고** touch heart: 가슴(마음)을 울리다
step up to the plate: (어떠한 기회, 위기, 도전 등에 대응하여) 조치를 취하다, 행동에 나서다

A: I truly believe that teachers have **the heart of a teacher**. Their passion for helping students is inspiring.

B: You're absolutely right! They are always **going above and beyond** to ensure we succeed, even when it's not in the lesson plan.

C: Their support really **opens doors to opportunities** we never thought we could have.

A: 저는 선생님들이 가르침에 대한 진심 어린 마음을 지니고 계시다고 진심으로 믿습니다. 학생들을 돕는 그 열정이 정말 감동적입니다.

B: 정말 그렇습니다! 선생님들께서는 항상 기대 이상으로 애써 주시며, 수업 계획에 없는 일조차도 기꺼이 도와주십니다..

C: 선생님들의 지원은 우리가 미처 생각하지 못했던 기회의 문을 열어 줍니다.

**참고** go above and beyond: 필요 또는 기대 이상의 일을 하다/노력하다

A: You know, Ms. Johnson is truly **a class act**. She knows how to make every student feel valued.

B: That's what I'm saying! She always encourages us to **give it our all**, no matter how difficult the subject might be.

A: And when we make mistakes, she tells us to **chalk it up to experience** and keep moving forward.

B: That's what I love about her! She's really **fostering a love of learning** in all of us, and it makes such a difference.

A: 존슨 선생님은 정말 품격 있는 분이십니다. 모든 학생이 존중받는다고 느끼도록 해 주시지요.

B: 맞아! 선생님께서는 아무리 어려운 과목이라도 우리가 온 힘을 다하도록 늘 격려해 주십니다.

A: 우리가 실수할 때는 그것을 경험으로 삼고 앞으로 나아가라고 말씀해 주시지요.

B: 바로 그것이 제가 존슨 선생님을 좋아하는 이유입니다! 선생님께서는 우리 모두에게 배움에 대한 사랑을 키워 주시고, 그것이 큰 변화를 만든답니다.

> **참고** class act: 일류, 최고
> give it one's all: 전력[혼신의 힘]을 다하다
> chalk it up to experience: 실수를 좋은 경험으로 삼다

A: I'm making a small gift basket for my son's teacher. It's a small **labor of love** to show how much we appreciate her.

B: That's so thoughtful. I'm sure she'll love it. She has a reputation for being the most patient teacher, and it feels like the students are always **in good hands** with her.

A: They are. She's really one of a kind. She has **a heart of gold**.

B: She sounds wonderful. Let's make sure we show her how much she's valued this week.

A: 아들 선생님께 드릴 작은 선물 바구니를 만들고 있어. 우리가 얼마나 감사하는지를 보여주기 위한 작은 사랑의 수고야.

B: 정말 사려 깊네. 선생님이 정말 좋아하실 거야. 가장 참을성 있는 선생님으로 유명하고, 학생들이 항상 안전하게 맡겨진 것 같은 기분이 들지.

A: 맞아. 정말 특별하신 분이야. 마음이 정말 착하셔.

B: 멋진 분이시네. 이번 주에 우리가 얼마나 그분을 소중히 여기는지 꼭 보여드리자.

> **참고** in good hands: 잘 돌보고 있는(능력 있고 신뢰가 가는 사람에게 맡겨져 있어 안심할 수 있는 상태라는 의미)
> a heart of gold: 천사같은 사람, 아주 친절하고 따뜻하며 사려 깊은 성품을 가진 사람

졸업 주간(Graduation Week)은 미국에서 5월의 마지막 주에 많은 대학과 고등학교에서 기념하는 특별한 시기이다. 이 기간은 학생들이 수년간의 학업을 마치고 졸업을 축하하는 기간이다. 졸업식은 단순한 행사를 넘어, 학생들이 이룬 중요한 성취와 노력, 그리고 새로운 삶의 시작을 축하하는 의미를 담고 있다. 이 시기는 학생들뿐만 아니라 그들의 가족, 친구, 그리고 교수들에게도 중요한 이정표가 되는 시간이다.

졸업 주간에는 일련의 행사가 열린다. 졸업식(commencement ceremony)은 졸업생들이 학위를 받거나 졸업장을 받는 공식 행사이다. 또한, 학과별 졸업 축하 행사, 졸업 파티, 그리고 가족 모임 등 다양한 비공식 행사가 열린다. 졸업생들은 학사모(mortarboard)와 졸업 가운(gown)을 입고, 졸업식 전후로 사진을 찍으며 추억을 남긴다. 이 기간은 학생들이 졸업 후의 삶에 대해 생각하고, 미래에 대한 계획을 세우는 시기이기도 하다.

### 공통주제

achievement and accomplishment / future plans / reflections on the journey / family and support / transition and change / celebration and festivities / advice and guidance / gratitude / traditions and rituals / networking and connections / proud moments / nostalgia / inspirational quotes / resilience and growth / looking ahead

### 주요 어휘 및 표현

명 diploma / ceremony / cap / gown / tassel / graduate / speech / achievement / celebration / family / friends / school / future / success / journey / memories / party / card / gift / photos / valedictorian(speech)

참고 valedictorian(speech): 졸업식에서 고별연설을 하는 졸업생으로 대부분의 경우 전통적으로 최고 성적으로 졸업하는 학생이 선정된다. 동점이 있는 경우 두 명이 선정되는 경우도 있으며, 남여 각각 최고점자가 선정되는 경우도 있다.

형 exciting / proud / emotional / accomplished / bright / successful / memorable / special / joyful / new / inspiring / celebratory / grateful

/ challenging / unforgettable / hopeful / supportive / ambitious / wonderful / proud

동 celebrate / graduate / achieve / inspire / reflect / honor / commence / thank / remember / prepare / succeed / embrace / transition / support / encourage / plan / wish / share / dream / explore

구 The sky's the limit.(하지 못하게 없다) / on cloud nine / a new chapter / cross the finish line / seize the day / the world is your oyster(세상에 못할 일이 없다) / time to spread one's wings / go the extra mile / put one's best foot forward / chase one's dreams / the ball is in one's court / turn the page / the best is yet to come / hit the ground running(성공적으로 잘 나가다) / get your ducks in a row(만반의 준비를 갖추다) / take the plunge(...을 단행하기로 하다) / learn the ropes(요령을 터득하다) / ready for the next step / out of the box(발군의, 격이 다른) / put the past behind you / break the mold / rise to the occasion(위기에 처해서 수완을 발휘하다) / keep one's eyes on the prize (원하는 것을 얻기위해 부단히 노력하다) / chart one's course / face the music(비난을 받다, 책임을 지다) / pull oneself up by one's bootstraps(스스로의 힘으로 해 나가다) / a stepping stone / go with the flow(흐름에 맡기다) / burn the midnight oil / catch 22(진퇴양난, 딜레마) / keep one's chin up(의연한 자세를 유지하다) / all hands on deck(모두 손을 모아 돕다) / bite the bullet / in the driver's seat(책임자 입장에 있는) / throw in the towel(포기하다, 패배를 인정하다) / hit a home run / a bright future / take it one step at a time / hit the nail on the head(아주 맞는 말을 하다, 딱 알아맞추다) / put one's nose to the grindstone(뼈빠지게 일하다)

**예문**

A: I'm confident you will **hit the ground running** in your new job, especially since you graduated with **summa cum laude** honors.

A: 특별히 최우등으로 졸업했으니 새 직장에서 곧바로 적응하고 잘 해낼 거라고 확신해.

**참고** hit the ground running: 새 일을 매우 빠르고 효율적으로 시작하다
summa cum laude: 최우등으로
magna cum laude: 준최우등으로
cum laude: 우등으로 세 표현 모두 기본적으로는 부사로, 이따금 형용사로도 사용

A: Having just graduated from high school, Julie will **rise to the occasion** and excel in her college journey.

A: 막 고등학교를 졸업한 Julie는 어떤 상황에도 잘 대처하고 대학 생활에서 뛰어난 성과를 낼 거야.

참고 rise to the occasion: (어려운 상황이나 특별한 기회에) 기대에 부응하여 잘 해내다

A: Since Anne worked hard in high school, she will **pull herself up by her bootstraps** and navigate college life successfully.

A: Anne은 고등학교 때 열심히 했으니까, 자력으로 대학 생활도 잘 해낼 거야.

참고 pull oneself up by one's bootstraps: 스스로의 노력으로 어려운 상황을 극복하다

A: Even though I'm quite nervous about my new job, I'm going to do my best to **keep my chin up**.

A: 새 직장이 좀 걱정되지만, 용기를 잃지 않으려고 노력할 거야.

참고 keep one's chin up: 힘든 상황이 주어지더라도 낙담 않고 긍정적인 태도를 유지하다

A: I can't believe graduation is finally here! It really feels like **a new chapter** in my life.

B: I know. Remember, **the best is yet to come**! We have so many exciting adventures ahead of us!

A: 드디어 졸업이라니 믿을 수가 없어! 정말 내 인생의 새로운 장이 열린 기분이야.

B: 그렇지! 기억해, 아직 최고의 순간은 오지 않았어! 우리 앞에 너무나 많은 신나는 모험들이 기다리고 있어!

A: After all those late nights studying, I'm so relieved to finally **cross the finish line**!

B: Absolutely! I know you will receive a prize during the ceremony. It's all about celebrating your hard work!

A: 그동안 밤늦게까지 공부한 후에 마침내 결승선을 넘을 수 있게 되어 정말 기쁘고 홀가분해!

B: 맞아! 넌 졸업식에서 틀림없이 수상할 거야. 모든 것이 너의 힘든 학업을 축하하는 것이지.

A: I can't believe graduation is finally here! It's **time to spread your wings** and start this new journey.

B: I know! But first, I need to **learn the ropes** of my new job.

A: You'll do great! Just remember, you're **in the driver's seat** now.

# You get to choose your path!

A: 드디어 졸업이라니 믿기지가 않구나! 이제 날개를 펼치고 너의 새로운 여정을 시작할 때야.

B: 나도 그렇게 생각해요! 근데 우선 새 직장에서 일하는 법부터 배워야겠어요.

A: 잘할 거야! 기억해, 이제 네 인생의 책임자는 바로 너야. 네 길은 네가 선택하는 것이야!

> **참고** learn the ropes: 요령 등을 배우다 / 터득하다
> in the driver's seat: 책임자[경영자] 입장에 있는 / 권좌에 있는

A: Congratulations on graduating! Remember, **the world is your oyster** now. You can do anything you set your mind to!

B: Thanks! I just need to **get my ducks in a row** before I dive into the job hunt.

A: Definitely! You'll need to take on the challenges ahead, but I know you can handle it.

B: You **hit the nail on the head**! I'm ready to embrace whatever comes next.

A: 졸업 축하해! 이제 네가 하기 나름이야. 마음먹은 대로 뭐든 할 수 있어!

B: 고마워! 우선 일자리를 찾기 전에 준비를 잘 해야 할 것 같아.

A: 당연하지! 앞으로의 도전들을 마주해야겠지만, 넌 잘 해낼 거야.

B: 네 말이 딱 맞아! 뭐가 오든 기꺼이 받아들일 준비가 되어 있어.

> **참고** The world is your oyster.: 세상은(사람이) 자유롭게 무엇이든 할 수 있다 / 세상사는 생각하기에 달려있다
> get one's ducks in a row: 만반의 준비를 갖추다 / 일 준비를 갖추다
> hit the nail on the head: 핵심을 찌르다, 딱 맞는 말을 하다

A: Congrats on graduating! With your skills, **the sky's the limit** for what you can achieve!

B: Thanks! I really want to **break the mold** and pursue something unique in my career.

A: That's great to hear, but be careful. Finding a job can sometimes feel like a **catch-22**.

B: True! But I'm ready to **put my nose to the grindstone** and make it happen!

A: 졸업 축하해! 네 능력이라면 뭐든지 이룰 수 있을 거야!

B: 고마워! 나는 틀을 깨고 내 커리어에서 뭔가 독특한 것을 추구하고 싶어.

A: 그거 좋은 생각이야. 하지만 조심해. 일자리를 찾는 게 가끔 딜레마처럼 느껴질 수 있어.

B: 맞아! 그래도 열심히 노력해서 반드시 이룰 준비가 되어 있어.

A: Hey, Chris, do you know who's going to be the **valedictorian** at our graduation ceremony this year?

B: Oh, didn't you hear we're going to have two this year - one male and one female student?

A: That's awesome! I really like that.

B: I heard it's due to a tie in their **GPA**s.

A: That's fair.

A: 이봐, Chris, 금년에 우리 졸업식에서 누가 졸업 고별사를 하게 될지 아니?

B: 오, 금년엔 두 명이 될 거라는 얘기 못 들었니? 남학생과 여학생 하나씩.

A: 그거 멋지다. 정말 좋아.

B: 걔네들 학점이 동점이라서 그렇다고 들었어.

A: 그거 공정하네.

A: I can't believe we've finally finished our last final exam. It feels like we've reached **the light at the end of the tunnel**.

B: I know! It feels so surreal. All that hard work finally paid off. I **feel a real sense of accomplishment**.

A: Yeah, but it's also a little sad. I'm going to miss everyone.

B: Me too. But it's time for us to **put our best foot forward** and start the next chapter of our lives.

A: 드디어 마지막 기말고사를 마쳤다는 게 믿기지 않아. 마치 터널 끝의 빛에 도달한 것 같아.

B: 알아! 믿기지 않아. 그 모든 노력이 드디어 결실을 맺었어. 진정한 성취감을 느껴.

A: 맞아, 그런데 조금 슬프기도 해. 모두가 보고 싶을 거야.

B: 나도. 하지만 이제 최선을 다하고 우리 삶의 다음 장을 시작할 때야.

프롬(Prom Dance)은 미국 고등학교의 학년 말에 열리는 사교 행사이다. 프롬은 'Promenade(무도회의 개회식 행진)'의 줄임말로, 졸업을 앞둔 고학년 학생들, 특히 12학년(senior)과 11학년(junior)을 위한 공식 무도회이다. 이 행사는 학생들이 학창 시절의 마지막을 축하하고 친구들과 영원히 기억될 추억을 만드는 중요한 행사이다. 프롬은 공식적인 드레스 코드와 화려한 장식, 무도회 분위기로 인해 매년 영화나 드라마의 중요한 소재가 되기도 한다. 이 행사는 많은 고등학생들에게 학창 시절의 중요한 통과의례(rite of passage)이자 특별한 경험이다.

프롬을 위해 학생들은 몇 주 또는 몇 달 전부터 준비를 시작한다. 학생들은 턱시도나 정장, 혹은 화려한 드레스를 고르고, 프롬 파트너를 초대한다. 파트너에게는 '프롬포즈(promposal)'라는 특별한 방법으로 프롬 파트너 신청을 한다. 프롬 당일에는 가족 및 친구들과 함께 사진을 찍고, 저녁 식사 후 무도회장으로 이동하여 춤을 추고 즐거운 시간을 보낸다. 프롬은 단순한 춤 파티를 넘어, 학창 시절의 끝과 성인으로서의 새로운 시작을 상징하는 중요한 이벤트이다.

[사진] 미국 Virginia 주의 주도인 Richmond에 있는 한 고등학교 졸업반 학생들의 senior prom dance.  사진 제공: © Charles Kelley

공통주제

dress and attire / date and invitations / promposals / hair and makeup / transportation / corsages and boutonnieres(행사나 기념일에 남자와 여자의 옷에 다는 꽃 장식) / venue / after-party plans / prom theme / music and dancing / memories and traditions / friends and groups / pictures and photography / nerves and excitement / prom king and queen

**명** dress / tuxedo / corsage(손목이나 옷에 장식용으로 다는 작은 꽃다발로, prom 날을 기념하고 우아함을 더해주는 악세서리) / date / dance / music / decorations / photos / limousine / venue / theme / invitations / friends / lights / shoes / makeup / hairstyle / memories / tickets / flowers

**형** elegant / glamorous / stunning / fancy / sparkling / romantic / memorable / beautiful / stylish / chic / dazzling / formal / exciting / magical / trendy / classic / sophisticated / gorgeous / fabulous / unforgettable

**동** dance / dress / celebrate / shine / pose / laugh / spin / plan / choose / decorate / impress / enjoy / glide / cheer / capture / smile / arrive / compliment / prepare / remember

**구** dressed to the nines(대단히 우아하게 옷을 입은) / doll up(잘 차려입다) / picture perfect / steal the show(관심을 독차지하다) / get one's boogie on / make a grand entrance / pull out all the stops(온갖 노력을 다하다) / butterflies in the stomach(안절부절) / deck out(치장하다) / hit the dance floor / go all out(전력을 다하다) / once in a lifetime / pull off(어려운 일을 해내다) / take a spin(빙 돌다) / strike a pose(포즈를 취하다) / turn heads(눈길을 끌다) / tear up the dance floor(신나게 춤을 추다) / go big or go home(모 아니면 도) / dressed to kill(옷차림이 끝내주는) / bring one's A-game(최고의 기량을 보여주다) / talk of the night / go the extra mile / live it up(신나게 살다) / light up the room / walk the red carpet / the belle of the ball / make a splash / in the limelight / let loose / out of this world (너무도 아름다운) / drop-dead gorgeous(아주 매력적인) / get the party started / in full swing(한창 진행 중인) / dance the night away / a night to remember / step up one's game(실력을 키우다, 분발하다) / on cloud nine / make memories / in the spotlight / look like a million bucks(정말 근사해 보이다)

A: Come on. Let's **hit the dance floor** and **let loose**!

A: 자, 댄스 플로어로 나가서 신나게 놀자!

**참고** hit the dance floor: 춤을 추러 나가다
let loose: 맘껏 즐기다, 억눌렸던 감정을 표출하다

A: Oh my, you look amazing tonight! You're really **dressed to kill**!

A: 와, 오늘 너무 예뻐 보여! 정말 멋지게 차려입었네!

**참고** dressed to kill: 매우 멋지게 옷을 입다, 남들의 시선을 사로잡을 만큼 매력적으로 보이다

A: Shall we **make a grand entrance** together? I can't wait for that moment!

A: 우리 함께 화려하게 입장할까? 그 순간이 너무 기대돼!

**참고** make a grand entrance: 화려하게 입장하다

A: Wow, I can't believe you. You look **drop-dead gorgeous** tonight and are going to turn their heads.

A: 와, 정말 믿을 수 없어. 오늘 너무 아름다워서 시선을 사로잡을 거야.

**참고** drop-dead gorgeous: 매우 아름다운

A: Wow, you look **picture perfect** tonight! That dress really suits you.

B: Thanks! I just hope I can **light up the room** when we hit the dance floor!

A: 와, 오늘 밤 정말 완벽해 보여! 그 드레스 너한테 정말 잘 어울려.

B: 고마워! 댄스 플로어에 나갈 때 댄스 플로어를 환하게 만들면 좋겠어!

**참고** picture perfect: 흠 잡을 데 없이 완벽한

A: You**'re all dolled up** tonight, looking absolutely stunning!

B: Thanks! Hoping to feel like **the belle of the ball** when I walk in!

A: 오늘 밤 완전 화려하게 꾸몄네, 정말 멋져 보여!

B: 고마워! 난 입장할 때 무도회에서 가장 빛나는 사람이길 바라!

**참고** be dolled up: 잘 차려입다(decked out)
belle of the ball: 무도회의 최고 미인

A: Wow, you're **dressed to the nines** tonight!

B: Thanks! I'm ready to **take a spin** on the dance floor and show off these moves.

A: You're definitely going to **make a splash** with that outfit and confidence!

A: 와, 오늘 밤 정말 잘 차려입었네!

B: 고마워! 댄스 플로어에서 빙빙 돌면서 이 멋진 춤 동작들을 뽐낼 준비가 됐어.

A: 그 옷차림과 자신감으로 사람들을 깜짝 놀라게 할 거야!

참고 dressed to the nines: 대단히 우아하게[격식을 갖춰] 옷을 입은
make a splash: 깜짝 놀라게 하다 / 평판이 자자해지다

A: You're totally **decked out** tonight! That suit is **out of this world**.

B: Thanks! I'm feeling pretty good. Think I might just **steal the show**.

A: Oh, you definitely will. Just wait till you **tear up the dance floor**!

B: I'll **give it my best shot**. Let's make this prom one to remember!

A: 오늘 밤 완전히 치장했네! 그 슈트 정말 멋져!

B: 고마워! 기분이 정말 좋아. 오늘 사람들의 관심을 독차지할 수 있을 것 같아.

A: 틀림없이 그럴 거야. 댄스 플로어에서 멋지게 춤출 때까지 기다릴게!

B: 최선을 다할 거야. 이번 프롬을 잊지 못할 밤으로 만들자!

참고 deck out: (사람/장소) 멋지게 꾸미다, 화려하게 장식하다, 치장하다
out of this world: (이 세상의 것이 아닌 것처럼) 너무도 훌륭한[아름다운]
steal the show: (사람들의) 관심/인기를 독차지하다
tear up the dance floor: 너무 멋지게 춤을 추다, 춤으로 무대를 찢다
give it one's best shot: 최선을 다하다

A: I hope you're ready to **get your boogie on** tonight! Everyone's going to be dancing all night long.

B: Oh, I'm ready! I'm planning to **turn heads** when I step onto that dance floor.

A: You better **bring your A-game** then. This is prom, and everyone's looking to be **in the limelight**.

B: No worries, I'm all set to shine. Let's make it a night to remember!

A: 오늘 밤 춤출 준비 됐지? 다들 밤새 춤출 거야.

B: 그럼, 준비됐어! 댄스 플로어에 들어갈 때 시선을 사로잡을 거야.

A: 최고의 기량을 보여줘야 해. 이건 프롬이니까 다들 주목을 받고 싶어 하잖아.

B: 걱정 마, 빛날 준비 됐어. 잊지 못할 밤으로 만들자!

참고 get one's [the] boogie on: 춤을 추다(hit the dance floor / vive / groove / get down / bust a move)
turn heads: 주목을 끌다 / 시선을 잡아끌다
bring one's A-game: 최고의 기량을 보여 주다

in the limelight: 각광을 받는 / 눈에 띄는 / 남의 주목을 끄는

Steve: Hey, Meryl, do you remember who you went to prom with back in high school?

Meryl: Of course, I do.

Steve: So, who was the lucky guy?

Meryl: It was Nick Hines, the valedictorian. Remember him?

Steve: Oh yeah, totally. Have you heard from him lately?

Meryl: Not directly. I just heard he's working at a law firm in **the Big Apple**. Haven't seen him since graduation.

Steve: Gotcha.

Steve: 헤이 Meryl, 고등학교 때 프롬에 누구랑 갔는지 기억나?

Meryl: 물론 기억나지.

Steve: 그럼 그 행운의 친구는 누구였어?

Meryl: Nick Hines였어. 졸업 고별사를 한 그 최우등생이었던 Nick Hines 기억나?

Steve: 오, 물론이지. 근래 연락 온 적은 있어?

Meryl: 직접 온 적은 없고. 뉴욕의 한 법률회사에서 근무하고 있단 얘기를 들은 게 다야. 졸업 후엔 본 적이 없어.

Steve: 그렇구나.

**참고** the Big Apple: 뉴욕시의 별칭(예술, 문화, 금융의 중심지)


A: Do you remember the corsage and boutonniere we chose for our prom? It feels like it was just yesterday.

B: I do! It was such an iconic moment. It's funny how a single night can be **a walk down memory lane**.

A: I know. It's a bit sad that the end of an era is here.

B: It is. But it's also the start of something new. We just have to live in the moment tonight.

A: 우리 프롬 때 고른 꽃다발과 부토니에 기억나? 마치 어제 일 같아.

B: 기억나! 정말 상징적인 순간이었지. 하룻밤이 추억 여행이 될 수 있다는 게 신기해.

A: 알아. 한 시대의 끝이 왔다는 게 좀 슬프다.

B: 맞아. 하지만 새로운 무언가의 시작이기도 해. 오늘 밤은 이 순간을 살아야 해.

**참고** a walk down memory lane: 옛 추억을 회상하는 시간(산책하듯 추억의 장면들을 떠올리는 것)

미국에서 차고 세일(garage sale) 혹은 야드 세일(yard sale)은 일반적으로 봄이나 초여름인 5월이나 6월에 가장 활발하게 열리는 행사이다. 이 행사는 개인이 더 이상 사용하지 않는 물건들을 자신의 집 차고나 마당에서 판매하는 행사이다. 물건들은 옷, 가구, 장난감, 책, 가전제품 등 매우 다양하다. 이는 단순히 물건을 팔아 돈을 버는 행사를 넘어, 이웃과 소통하고 물건의 재활용을 촉진하는 공동체 활동이기도 하다.

차고 세일은 가격 흥정(haggling)이 자연스러운 문화이다. 물건을 파는 사람들은 물건에 가격표를 붙여 놓기도 하지만, 사는 사람들은 일반적으로 더 낮은 가격을 제안하며 흥정을 시도한다. 판매자들은 보통 남는 물건을 기부하거나, 가격을 더 낮춰서 물건을 처분한다. 이 행사는 중고 물건을 저렴하게 구할 수 있는 좋은 기회이며, 물건의 수명을 연장하고 불필요한 소비를 줄이는 친환경적인 의미도 담고 있다.

### 공통주제

bargain hunting / decluttering / recycling and upcycling / neighborhood community / vintage and antique finds / negotiation skills / organizing a sale / memorable items / setting prices / weather impact / family involvement / sale etiquette / local trends / shopping tips / post-sale clean-up

### 주요 어휘 및 표현

**명** items / price / sign / table / bargain / buyer / seller / box / cash / toy / furniture / clothes / knickknacks(자질구레한 장식품들, 작고 귀여운 이런 저런 소품들) / household / tools / books / appliances / treasure / negotiation / stuff

**형** cheap / old / new / used / vintage / quality / fun / unwanted / unique / clean / collectible / reasonable / valuable / decorative / faded / large / small / hidden / great / bargain

동 sell / buy / find / bargain / organize / price / advertise / sort / display / negotiate / gather / donate / hunt / collect / estimate / pack / set up / enjoy / drop off / shop

구 bargain basement(매우 싸게 파는(상품)) / hit the jackpot / throw in the towel / one man's trash is another man's treasure / on the chopping block(제거 위기에 처한, 탈락 대상이 된) / a steal / put out to pasture(한직으로 내쫓다) / clean out the closet / take a shot at(겨누다) / cut to the chase(바로 본론으로 들어가다) / out with the old, in with the new / all hands on deck / the early bird catches the worm / make a killing(갑자기 큰돈을 벌다) / dirt cheap(아주 싼) / the more, the merrier / a penny for your thoughts?(뭔 생각을 하고 있나?) / time to clear out / hit the ground running(곧바로 전력으로 일에 착수하다, 빠르게 성과를 내기 시작하다) / get one's ducks in a row(체계적으로 정리하다) / nothing ventured, nothing gained / put a price on it / take it or leave it(양자택일의) / in the driver's seat / see what sticks(뭐가 통하는지 한 번 해보다, 일단 시도해 보고 반응을 보다) / knock someone's socks off(엄청 놀라게 하다, 엄청 감동시키다) / out of the woodwork(갑자기 나타나다) / don't count your chickens before they hatch(김칫국부터 마시지 말라) / caught between a rock and a hard place(진퇴양난의, 사면초가의) / bring home the bacon(밥벌이를 하다) / on cloud nine / bite the bullet / the best of both worlds / in the same boat / jump on the bandwagon(시류를 따르다) / fall through the cracks(조직이나 시스템의 문제로 소홀로 관리/처리되지 않다, 잘못되다) / take it to the next level(수준을 높이다) / a tough nut to crack(힘든 일)

A: Do you think we will **get all the ducks in a row** before the sale this weekend?

A: 이번 주말 세일 전까지 모든 준비를 착착 마칠 수 있을까??

참고 get all the ducks in a row: 모든 것을 계획대로 잘 준비하다

A: Why don't you **take a shot/crack at** negotiating the price if you like the old coffee table?

A: 그 빈티지 커피테이블이 마음에 들면 가격 흥정을 해보는 건 어때?

참고 take a shot/crack at...: ~에 도전해보다, 시도해보다

A: I really like this vintage vanity table, but the price is a barrier. I'm now **caught between a rock and a hard place**.

A: 이 빈티지 화장대가 정말 마음에 드는데, 가격이 문제야. 지금 난 딜레마에 빠졌어.

참고 caught between a rock and a hard place: 딜레마에 빠진, 이러지도 저러지도 못하는 어려운 상황에 처한. 유사한 표현으로 'between the devil and the deep blue sea'가 있다.

A: I'm having a garage sale this weekend because it's time to embrace '**out with the old, in with the new**' and refresh my collection of vintage items.

A: 이번 주말에 차고 세일을 할 거야. '옛것을 버리고 새로운 것을 받아들인다'는 말처럼 내 빈티지 물품들을 정리할 때가 됐거든.

참고 out with the old, in with the new: 옛것을 버리고 새것을 들여놓다(속담)

A: I can't believe how much stuff we've collected over the years. I think it's time to get serious about this garage sale. Everything that's **on the chopping block** has to go!

B: Agreed! Let's make it happen. I mean, some of these items are **dirt cheap**! We might be surprised at what people are willing to buy.

A: 우리가 몇 년 동안 얼마나 많은 물건을 모았는지 믿기지가 않아. 이젠 정말로 이 차고 세일에 진지하게 나서야 할 것 같아. 팔기로 내놓은 건 다 처분해야 해!

B: 맞아! 한번 해보자. 여기 있는 물건들 중 몇몇은 진짜 싸잖아! 사람들이 뭘 사갈지 우리도 깜짝 놀랄지도 몰라.

참고 on the chopping block: 도마 위에 올려진 / 판매나 버리기 위해 내놓은(designated/put up for sale/removal)
dirt cheap: (값이) 아주 싼

A: I'm really hoping we can **make a killing** with this garage sale. I've seen some similar ones around town that did really well!

B: Let's put out a variety of items and **see what sticks**. You never know what people might be interested in!

A: 이번 차고 세일로 큰돈을 벌 수 있길 바라고 있어. 동네에서 정말 잘 된 비슷한 세일들을 몇 개 봤어!

B: 다양한 물건들을 내놓고 반응을 봐야겠어. 사람들이 뭘 좋아할지 모르잖아!

참고 make a killing: 갑자기 큰 돈을 벌다 / 크게 한몫 잡다

see what sticks: 여러 가지를 해보고 반응을 보다, 여러 가지 방법이나 해결책들 중에 어느 것이 효과가 있는지 시험해 보다

A: Look at all these great deals! It's like a **bargain basement** out here. I can't believe how low the prices are!

B: I know! I want to snag the best items before anyone else does. You know, **the early bird catches the worm**.

A: 이 좋은 가격들 좀 봐! 마치 대박 할인매장 같아. 이렇게 가격이 낮을 줄 몰랐어!

B: 그러게 말야! 다른 사람들보다 먼저 최고의 물건들을 낚아야지. 일찍 일어나는 새가 벌레를 잡는 거잖아.

참고 bargain basement: 대폭 할인된 또는 아주 저렴한 물품들을 파는 곳/장소. 원래 백화점들의 지하 매장에서 하던 대할인에서 유래. 지금은 그런 대할인 된 물품들을 뜻하기도 함.

A: I think I really **hit the jackpot** with this yard sale! Look at these vintage items I found!

B: Wow! Those are amazing! It's a shame some of these things have been **put out to pasture** for so long. They're too good to be sitting around.

A: Right! By the way, what do you think about my choice of decor for the living room? I'd love **a penny for your thoughts**.

B: I think it's going to **knock people's socks off** when they see how you've transformed the place!

A: 이번 야드 세일에서 정말 대박 터뜨린 것 같아! 내가 찾은 이 빈티지 물건들 좀 봐!

B: 와! 정말 멋지다! 이렇게 좋은 것들이 그렇게 오랫동안 구석에 처박혀 있었던 게 아깝다. 그냥 방치돼 있기엔 너무 아깝네.

A: 맞아! 그나저나, 거실 인테리어에 대해 어떻게 생각해? 네 소중한 의견 한마디 부탁해.

B: 사람들이 네가 어떻게 공간을 변신시켰는지 보면 깜짝 놀랄 거야!

참고 hit the jackpot: (도박·복권에서) 대박을 터뜨리다

put out to pasture: (노령 따위를 이유로) ...을 은퇴시키다[해고하다] / 한직으로 내쫓다

sit around: (...의 주변을) 빈둥거리다, 빈둥거리며 세월을 보내다

a penny for your thought: 소중한 의견 한마디

knock someone's socks off: ...에게 큰 영향을 미치다 / 크게 놀라게 하다 / (긍정적으로) 감동시키다

A: You know what they say, **one man's trash is another man's treasure**! I found some really cool stuff at the garage sale today.

B: That's great! But let's **cut to the chase**. Did you find anything valuable?

A: And how! I picked up a vintage guitar. I figured, **nothing ventured, nothing gained**, right?

B: Exactly! Plus, if you sell it for a good price, you can **bring home the bacon** this weekend!

A: 남의 하찮은 물건들이 누군가에겐 보물이 될 수 있다고들 하잖아! 오늘 차고 세일에서 진짜 멋진 것들 찾았어.

B: 대단하네! 그럼 본론으로 넘어가자. 혹시 가치 있는 걸 찾았어?

A: 당연하지! 빈티지 기타를 하나 샀어. 모험 없이 얻을 것은 없잖아, 그렇지?

B: 맞아! 그리고 그걸 좋은 가격에 팔면 이번 주말에 돈 좀 벌 수도 있겠네!

> **참고**  cut to the chase: 바로 본론으로 들어가다
> And how. / And how!: 물론이지, 완전 동의, 당근이죠
> Nothing ventured, nothing gained.: 모험하지 않으면 아무 것도 얻을 수 없다.
> bring home the bacon: 성공하다, 밥벌이를 하다

A: So, did you sell all your stuff at the garage sale?

B: Mostly. I still have a few boxes left, but I'm going to donate them. The **bottom line** is I'm happy to get rid of the clutter.

A: That's what it's all about. It's a great way to get rid of stuff you don't need.

B: Yeah. I think I made a good amount of money, but even if I hadn't, I would have been happy to have a clean house.

A: 그래서, 차고 세일에서 물건 다 팔았어?

B: 거의 다. 몇 상자 남았는데, 기부할 거야. 결론은 잡동사니를 정리해서 기쁘다는 거야.

A: 그게 핵심이지. 필요 없는 물건들을 처분하는 좋은 방법이야.

B: 맞아. 돈도 꽤 벌었지만, 돈을 못 벌었더라도 집이 깨끗해져서 좋았을 거야.

> **참고**  the bottom line: 결론, 핵심, 순이익(장부에서 수입과 지출 항목들 후 최종 결산(순이익 또는 손해 액수)

미국에서 토네이도(tornado) 또는 트위스터(twister) 시즌은 보통 늦봄에서 초여름인 5월과 6월에 절정에 이른다. 이 시기는 미국 중부와 남동부 지역에 특히 영향을 미친다. 토네이도는 회오리바람을 동반하는 강력한 폭풍으로, 짧은 시간에 큰 피해를 일으킬 수 있다. 토네이도 시즌은 자연의 예측 불가능한 힘과 관련된 위험에 대한 인식을 높이는 시기이다. 이 시기에는 날씨 패턴에 대한 경계를 늦추지 않고 대비하는 것이 중요하다.

토네이도 시즌 동안에는 지역 뉴스 방송국과 기상 서비스에서 폭풍을 추적하며, 토네이도 경보 및 주의보를 발령한다. 사람들은 비상 계획을 세우고, 식량, 물, 손전등이 포함된 생존 키트를 준비한다. 많은 학교와 지역사회에서는 토네이도 훈련을 실시하여 대피 방법을 연습한다. 토네이도는 엄청난 파괴력을 지니지만, 공동체들은 회복력과 결속력을 보여주며 함께 힘을 합쳐 복구 작업을 한다. 이 시기는 자연의 힘에 대한 경각심과 공동체 의식을 동시에 일깨운다.

### 공통주제

safety precautions / tornado watches vs. warnings / storm shelters / evacuation plans / weather forecasting / emergency supplies / damage assessment / survival stories / tornado sirens / insurance claims / rescue efforts / rebuilding homes / storm chasers(폭풍, 토네이도, 허리케인 등 극한 기상 현상을 따라다니며 관찰하고 기록/분석하는 기상전문가들 또는 그러한 극한 기상 현상이 좋아 따라다니며 스릴을 즐기는 사람들) / climate change / community support

### 주요 어휘 및 표현

명 storm / wind / tornado / twister / funnel / warning / shelter / damage / sky / siren / cloud / debris(파괴의 잔해: 발음 주의 [də ˈbriː]) / path / safety / house / radar / hail / destruction / roof / storm-chaser

참고 funnel: tornado/twister의 기저부로부터 지상에 닿으며 소용돌이 치는 깔대기(funnel) 모양의 회전 바람 기둥. 파괴의 잔해들(debris)을 빨아 올리고 떨어뜨리면서 파괴력이 집중되는 지점이다.

**형** severe / dangerous / strong / violent / devastating / intense / rotating / unpredictable / fast-moving / dark / ominous / destructive / powerful / sudden / gusty / deadly / tornadic / widespread / chaotic / swift

**동** rotate / spin / touch down / funnel / form / destroy / strike / sweep / devastate / gather / hit / blow / warn / evacuate / batter / uproot / whirl / track / flatten / approach

**구** in the eye of the storm / ride out the storm / batten down the hatches(위기 상황에 대비하다) / calm before the storm / weather the storm / blow someone away / storm brewing(다가오는 폭풍, 긴장이 고조조되고 있다) / hit like a freight train / in the same boat / throw caution to the wind(위험에 맞서거나 모험을 감행하다) / go with the wind / take the wind out of someone sails(자신감, 열의, 신바람을 꺽거나 감소시키다) / whirlwind of emotions / a storm is coming / blow hot and cold(태도/마음이 이랬다 저랬다 하다, 변덕이 죽끓듯 하다) / out of the blue (느닷없이, 난데없이) / twister touch down / caught in a vortex / swept off one's feet(아주 로맨틱한 또는 매혹된 감정에 압도되다) / throw someone for a loop(어떤 상황/소식/사건으로 크게 놀라게 [당혹하게, 난감하게] 하다) / on high alert / up in the air / whip through like a tornado / lightning never strikes twice / a gust of wind / took the roof off / take cover! / a house of cards(종이로 만든 집처럼 약하고 불안정하고 허물어지기 쉬운 상황이나 구조) / run for the hills / under the weather / get blown off course(항로를 이탈하다) / twist and turn / hold on for dear life(위급한 상황에 무언가 꼭 잡다/보호하다) / clear skies ahead / up against a storm / caught in the storm / rain or shine / the winds of change / take the world by storm(갑자기 엄청난 인기, 성공, 명성 등을 얻다) / like a twister in a trailer park(완전히 난장판을 만드는)

**참고** batten down the hatches: 배가 항해 중 폭풍이 접근할 때 배로 들어가는 입구(opening)인 hatches를 나무판들로 막아서(batten down) 물이 선내로 들어오지 못하게 하다
take the wind out of someone's sails: 바람이 돛(sails)에 닿지 못해 배가 속도나 동력을 잃는 상황의 항해(nautical) 용어에서 유래
vortex(of a tornado/twister): funnel-shaped vortex로 깔대기 모양의 회전 바람 기둥의 가장 파괴력이 강한 중심점이다. Hurricane이나 typhoon의 경우의 'eye'와 유사하지만 eye의 중심은 상대적으로 고요하며 eye를 둘러싼 원형의 영역에 초강풍이 형성된다.
swept off one's feet: 토네이도 같은 강풍에 넘어지는 모습에서 유래된 표현
(like) a twister in a trailer park: 지반에 약하게 고정된 trailer들이 모여있는 trailer park에 twister가 덮친 상황

A: The weather reporter cautioned that a **twister** might **touch down** in Houston later this afternoon.

A: 기상 캐스터가 오늘 오후 휴스턴에 토네이도가 지면에 닿을 수 있다고 경고했어요.

> **참고** twister: 토네이도의 다른 표현으로, 회오리바람을 말한다
> touch down: (비행기가) 착륙하다, (토네이도가) 땅에 닿다(tornado를 경고하는 뉴스나 일상적인 대화에서 자주 등장)

A: Hearing that a twister might touch down in this town left me feeling overwhelmed by a **whirlwind of emotions**.

A: 이 마을에 토네이도가 착륙할 수 있다는 말을 듣고 복잡한 감정에 휩싸였어요.

> **참고** a whirlwind of emotions: 복잡한 감정의 소용돌이(여러 가지 감정이 뒤섞여 혼란스러운 상태를 비유적으로 표현)

A: Sadly, our plans **were blown off course** after we heard the news that a tornado warning had been issued.

A: 안타깝게도 토네이도 경보가 발령되었다는 소식을 듣고 우리 계획은 완전히 어긋났어요.

> **참고** blown off course: 계획이 틀진, 예상에서 벗어난

A: The instant I saw the tornado warning alert, I knew it was time to **run for the hills**.

A: 토네이도 경보를 보자마자 나는 재빨리 피해야 할 시간이란 걸 알았어요.

> **참고** run/head for the hills: 재빨리 도망치다. 위험한 상황에서 빠르게 벗어나다

A: It's going to be rough tonight, but we just have to **hunker down** and **ride out the storm**. Hopefully, it passes quickly.

B: I know! The last one practically **swept the whole neighborhood off its feet**. Let's just hope it's not as bad this time.

A: 오늘 밤 정말 힘들겠지만, 우리 그냥 폭풍을 잘 버텨내는 수밖에 없네. 빨리 지나가면 좋겠다.

B: 그러게! 지난번에는 거의 동네 전체를 마비시켰잖아. 이번에는 좀 덜하길 바랄 뿐이야.

> **참고** hunker down: 쪼그리고 앉다(=squat) / (대피, 공격, 반격 등을 꾀하면서) 자세를 낮추다, 대피하다, 웅크리고 숨다
> ride out: (강풍, 곤경 따위를) 이겨내다 / 잘 참고 견디다
> off one's feet: 움직이지 못해서 / 기동할 수 없을 정도로

A: We've got to prepare and **weather the storm**; they're saying it could hit harder than last time.

B: "Yeah, I feel like we're always getting **caught in a vortex** out here. Let's just hope we're ready for it!"

A: 이번 폭풍에 대비하고 잘 견뎌야 해. 지난번보다 더 세게 올 수도 있대.

B: 맞아, 여기선 매번 소용돌이에 휩쓸리는 기분이야. 이번엔 준비가 잘 됐길 바라자.

참고 weather the storm: (배가) 폭풍우를 견뎌내다 / 난국을 돌파하다

A: Looks like it's time to **batten down the hatches**. This storm's gonna be a big one!

B: No kidding, these tornadoes always **throw you for a loop**. You never know what's coming next.

A: Yeah, everything could fall apart **like a house of cards** if we're not careful. Let's stay on top of it.

A: 이제 만반의 준비를 해야 할 것 같아. 이번 폭풍은 엄청날거야!

B: 두말이면 잔소리지. 이 토네이도들 진짜 사람 정신없게 만들어. 다음에 뭐가 올지 모르는 거지.

A: 맞아, 조심하지 않으면 모든 게 종이집처럼 무너질 수도 있어. 우리 철저히 대비하자.

참고 for a loop: 혼란스러운(고통스러운) 상태의
house of cards: 엉성한 계획, 성공할 가망이 없는 계획(카드로 집을 짓는 어린이 놀이에서 비롯)
stay on top of... : ...을 빠삭하게 파악하고 있다, (...의 돌아가는 상황을) 관리[유의, 주시]하고 있다

A: We're right **in the eye of the storm**, things are calm for now, but it won't last long.

B: Yeah, but once the winds pick up again, we'll just have to **go with the wind** and hope for the best.

A: I just hope we don't **get swept off our feet** when it starts twisting and turning again. These storms can be brutal."

B: True, with all those **twists and turns**, it's hard to know what direction to prepare for.

A: 지금은 폭풍의 눈 가운데에 있어. 지금은 잠잠하지만 오래가지 않을 거야.

B: 맞아, 하지만 바람이 다시 불기 시작하면 그냥 상황에 맡기며 최선을 다해야겠지.

A: 바람이 다시 요동치기 시작할 때 우리도 휩쓸리지 않았으면 좋겠다. 이런 폭풍은 정말 심할 수 있잖아.

B: 맞아, 방향이 계속 바뀌니까 어느 방향으로 대비해야 할지 알기 어렵지.

**참고** hope for the best: 낙관하다, 최후까지 희망을 잃지 않다
twists and turns: 우여곡절 / 반전에 반전

A: There's a **storm brewing** on the horizon. You can feel it in the air.

B: Yeah, we better be prepared, so it doesn't hit us too hard.

A: Well, **rain or shine**, we've been through this before. We'll manage somehow.

B: Let's hope **lightning never strikes twice**, though. Don't want a repeat of last year's damage!

A: 저 멀리 폭풍이 몰려오고 있어. 공기 중에 그 느낌이 나잖아.

B: 맞아, 너무 큰 피해를 입지 않도록 준비하는게 좋아.

A: 어떤 일이 벌어지든지, 우리가 전에 겪어봤잖아. 어떻게든 헤쳐나갈 수 있을 거야.

B: 하지만 번개가 두 번 치는 일은 없길 바라자. 작년에 입은 피해가 반복되는 건 원치 않아!

**참고** storm brewing: (술이 발효되고 주조가 되는 것(brew)에 비유해서) 형성되고/거세지고 있는 폭풍의 상황이나 조짐이 보이다
rain or shine: 날씨에 관계 없이 / 어떤 일이 있더라도
Lightning never strikes twice.: 번개는(같은 장소에) 두 번 내리치지 않는다(특이한 일이 같은 장소·동일 인물에게 두 번 일어날 가능성은 적다는 뜻)

A: Did you hear the weather forecast for tonight?

B: Yes, it sounds pretty bad. I'm making sure to check all the emergency supplies in the shelter. I figure it's **better safe than sorry**.

A: That's a good idea. We should always **brace for impact** when we get a warning like this.

B: Totally. This is a real **wake-up call** to take these things seriously.

A: 오늘 밤 일기 예보 들었어?

B: 응, 안 좋게 들리네. 나는 대피소에 비상용품들을 모두 점검하고 있어. 나중에 후회하는 것보다 안전한 게 낫다고 생각해.

A: 좋은 생각이야. 이런 경고를 받을 때는 항상 충격에 대비해야 해.

B: 맞아. 이런 일들을 심각하게 받아들여야 한다는 경각심을 일깨워줘.

Pride Month는 매년 6월에 기념하는 달이다. 이 달은 성 소수자(LGBTQIA+) 공동체의 인권 운동을 기념하고, 그들의 문화와 다양성을 축하한다. 프라이드 먼스는 1969년 6월 28일 뉴욕에서 일어난 스톤월 항쟁(Stonewall Uprising)을 기념하는 것으로 시작되었다. 이 항쟁은 미국 역사에서 성 소수자 권리 운동의 중요한 전환점이다. 이 달은 성 소수자 커뮤니티가 겪었던 차별과 폭력에 대한 인식을 높이고, 그들의 자부심과 회복력을 기린다.

Pride Month에는 미국 전역에서 다채롭고 활기찬 행사가 열린다. 주요 도시에서는 퍼레이드, 축제, 콘서트, 교육 세미나 등이 열린다. 많은 사람들은 무지개색 깃발을 들고, 자신을 표현하는 다채로운 복장을 하고 축제에 참여한다. 기업, 학교, 지역 사회는 이 기간 동안 다양성, 포용성, 평등의 중요성을 강조한다. 프라이드 먼스는 단순한 축제를 넘어, 사회적 수용과 평등을 위한 투쟁을 상기시키고, 모든 사람이 자유롭게 자신을 사랑하고 표현할 수 있는 권리를 지지하는 의미를 가진다.

[사진] 동성애자들의 완전한 법적인 평등은, 그리고 사회 문화적 편견의 종식은 더구나 아직 이루어지지 않았지만 그들의 법적 그리고 사회 문화적 입장은 1960년 후반 이후로 꾸준히 향상되어 왔다. 이 사진에서는 Chicago에서의 동성애자들의 퍼레이드에서 동성애자 아들을 가진 한 어머니가 "God blessed me with a gay son. Amen!"(하느님께서 동성애 아들을 주셔서 저를 축복하셨습니다. 아멘!") 이라고 쓴 sign을 들고 동성애 아들과 당당하고 기쁜 모습으로 행진에 참여하고 있다. 사진: ⓒ 박우상

**공통주제**

celebration of identity / history and heritage / acceptance and inclusion / advocacy and activism / representation / community support / intersectionality(상호교차성) / mental health awareness / love and relationships / cultural events / coming out stories /

trans(gender) rights / legal issues / safe spaces / celebrating allies / sensibility(sensibilities) to/toward different sexual orientations/ preferences((다른 성적 성향/취향)에 대한 배려심)

주요 어휘 및 표현

**명** pride / parade / community / ally / identity / equality / love / support / activism / rainbow / visibility / acceptance / rights / courage / history / festival / advocacy / expression / belonging / celebration / sensibility(분별력, 배려심)

**형** proud / inclusive / colorful / diverse / supportive / empowering / authentic / visible / loving / fearless / bold / resilient(강인한, 회복력 있는) / joyful / open-minded / equal / celebratory / creative / unapologetic / dynamic / united

**동** celebrate / support / embrace / love / empower / march / advocate / speak / stand / unite / represent / express / acknowledge / resist / show / shine / / create / live / honor / raise(as in raise awareness, raise voices)

**구** love is love / live your truth / coming out of one's shell(소극적인 태도에서 벗어나다) / out and proud / be true to yourself / rainbow connection / break the glass ceiling / throw shade at someone(은근 슬쩍 비난하거나 모욕을 주다) / go against the grain / in the same boat / stand up and be counted / ride the wave / dance in the streets / march to the beat of one's own drum / queer as a three-dollar bill(매우 특이하거나 비정상적으로 여겨지는) / kiss and tell(사생활 폭로) / shine the way you want to / walk in someone else's shoes / fight the good fight / out of the closet(성적 지향 이나 정체성을 공개하다) / beyond the binary / hit the ground running / paint the town rainbow(비격식/구어체 이디엄인 paint the town red (밤에 나가 신나게/흥청 망청 놀다/놀고 마시다)를 변화시켜 '다양한 성정체성을 드러내놓고/신나게 축하하다'라는 의미) / not in my backyard(내 지역에서는 반대한다) / keep it 100(완벽하게 진실되게 행 동하다) / light the way / take the plunge(과감히 시도하다) / face the music (책임을 지다, 벌을 받다) / see the world through / rose-colored glasses(낙 관적인 관점이나 태도) / Pride comes before a fall. (자만은 실패를 부른다) / keep one's chin up / no holding back(주저함 없이 전력을 다하다) / caught between a rock and a hard place / a safe haven / follow one's heart / The grass is greener on the other side (of the fence). (잔디/풀이 펜스 넘어 다른 쪽이 (남의 집 풀/잔디가) 더 푸르다) / When it rains, it (always) pours.(엎친 데 덮친다) / make one's voice heard / change the narrative(상황 해석 방식을 바꾸다) / open one's heart and mind

> 참고 live beyond the binary: 이분법을 넘어 살다. 특히 male 또는 female로 구분하는 이분법적 성정체성 고정관념을 깨고 포용적 자세를 갖는 것을 의미한다.

### 예문

A: Sadly, many people continue to **throw shade** at the LGBTQ+ community.

A: 안타깝게도 많은 사람들이 여전히 LGBTQ+ 커뮤니티를 비난하고 있어요.

> 참고 throw shade at …: …를 은근히 비난하다, 헐뜯다

A: It's no surprise that Thomas tends to **go against the grain**, always questioning traditional ways of thinking.

A: 토마스가 항상 전통적인 사고방식에 의문을 제기하며 독창적인 생각을 하는 것은 놀랄 일이 아니죠.

> 참고 go against the grain: 관습이나 통념에 반대하다, 독창적인 생각이나 행동을 하다

A: I have a little concern about the younger generation these days, because they tend to look at the world through **rose-colored glasses**.

A: 요즘 젊은 세대가 걱정되는데, 왜냐하면 그들은 세상을 너무 긍정적으로만 보는 경향이 있거든요.

> 참고 look at the world through rose-colored glasses: 세상을 너무 긍정적으로 보다

A: I'm worried about how they'll respond when I come out, but I know I'll have to **face the music** sooner or later.

A: 내가 커밍아웃했을 때 그들의 반응이 걱정되지만, 언젠가는 마주해야 할 문제라는 걸 알아요.

> 참고 face the music: 책임을 지다, 불쾌한 결과를 받아들이다

A: Peggy confidently marches to the beat of her own drum, embracing her uniqueness no matter what others think.

A: Peggy는 다른 사람들이 뭐라 생각하든 상관없이 자신만의 길을 당당하게 걸어가며 독특함을 받아들이고 있어요.

참고 march to the beat of one's own drum/drummer: 자기만의 방식대로 행동하다

A: This Pride Month, I really want to embrace who I am. It's time to **live my truth**!

B: Absolutely! **No holding back**—this is your moment to shine and be proud of who you are!

A: 이번 프라이드 먼스에 진정한 나 자신을 받아들이고 싶어. 이제 내 진실에 따라 살 때야!

B: 맞아! 이제는 숨기지 말고, 너만의 빛을 발하며 자랑스럽게 나아가야지!

참고 hold back: 기다리다, 저지[억제]하다, 비밀로 하다

A: I feel like I'm finally **coming out of my shell** and expressing my true self at Pride this year!

B: That's amazing! It's all about celebrating our identities and **living beyond the binary**. You should feel proud!

A: 이번 프라이드에서 진짜 내 모습을 표현하면서 마침내 내 안에 갇힌 껍질을 깨는 기분이야!

B: 멋지다! 프라이드는 우리 정체성을 축하하고 남성과 여성의 이분법을 넘어 살아가는 거지. 넌 자랑스러워해도 돼!

참고 come out of one's shell/closet: 껍데기에서/벽장에서 나오다, 마음을 터놓다

A: This Pride Month, I really want to focus on **being true to yourself** and embracing who I am.

B: Absolutely! It's important to **shine the way you want to**, regardless of what others think.

A: Yes! And we should all **make our voices heard**, so everyone knows our stories and experiences.

A: 이번 프라이드 먼스에는 진정한 나 자신을 받아들이고, 스스로에게 충실해지려고 해.

B: 당연하지! 다른 사람의 시선을 신경 쓰지 말고 너만의 길을 환히 밝혀야지.

A: 맞아! 모든 사람들이 우리의 이야기와 경험을 알도록 모두 자신의 목소리를 내야 해.

참고 true to oneself: 자신의 신념과 가치에 따라 행동하는

A: This year, I'm feeling **out and proud** about my identity, and I want everyone to know!

B: That's the spirit! It's time to **stand up and be counted** in our community.

A: Exactly! Life is too short to be anything but who we are. We're as **queer as a three-dollar bill**, and that's fabulous!

B: Let's celebrate that! We should **paint the town rainbow** and show our true colors!

A: 올해는 내 정체성에 자부심을 느끼고 있고, 모든 사람이 알도록 하고 싶어!

B: 바로 그 정신이야! 이제는 우리 커뮤니티에서 공개적으로 지지를 밝힐 때야.

A: 맞아! 인생은 나 자신이 아닌 채로 살기에는 너무 짧아. 우리는 3달러짜리 지폐만큼 유니크해, 그게 얼마나 멋진데!

B: 그걸 축하하자! 도시를 무지개로 물들이며 진짜 모습을 보여주자!

> 참고 stand up and be counted: 공개적으로 지지[동의]를 밝히다
> (as) queer as a three-dollar bill: 아주 이상한/특이한, 거의 볼 수 없는

A: I finally feel like I've found my **rainbow connection** with my friends who support me.

B: That's amazing! It must be such a relief to be **out of the closet** and **living authentically**.

A: For sure! But you know, some people still have that "**not in my backyard**" mentality when it comes to acceptance.

B: Yeah, but we have to **keep it 100** and challenge those views. Pride is all about love and acceptance!

A: 나를 응원해주는 친구들과 무지개 같은 인연을 찾은 기분이야.

B: 대단하다! 벽장에서 나와 진짜 모습을 드러내며 사는 게 커다란 위안이 될 거야.

A: 맞아! 하지만 여전히 인정을 받는데 있어서는 일부 사람들은 "우리 동네/내 영역에선 안 돼" 같은 생각을 가지고 있어.

B: 그래도 우리는 진정성 있게 그 시선에 도전해야 해. 프라이드는 사랑과 수용에 관한 거니까!

> 참고 rainbow connection: 꿈을 연결해주는 어떤 힘, 아름답고 신비로운 연결, 희망을 주는 관계나 끈
> live authentically: 꾸밈 없는 삶을 살다, 진정성있는 삶을 살다, 내면에 충실한 삶을 살다
> not in my backyard: (공공의 시설이 계획될 때) 우리 동네는 안되는('NIMBY'란 약어로 알려진 심리적 반발 현상)
> keep it 100: 완벽하게 진실되게 행동하다

A: I'm going to the Pride Parade this weekend. It's so powerful to see so many people being their authentic selves.

B: It's amazing, right? It feels like we are finally getting a seat at the table in society.

A: Definitely. And it shows that the tide is turning towards greater acceptance and equality.

B: It gives me so much hope. And it's so important that we continue to pave the way for future generations.

A: 이번 주말에 프라이드 퍼레이드에 갈 거야. 많은 사람들이 진정한 자신의 모습으로 있는 것을 보는 것이 정말 힘이 돼.

B: 정말 멋지지? 이제 우리가 사회에서 논의에 참여하게 된 것 같아.

A: 당연하지. 그리고 더 큰 수용과 평등을 향해 흐름이 바뀌고 있다는 것을 보여줘.

B: 나에게 많은 희망을 줘. 그리고 미래 세대를 위해 계속해서 길을 닦는 것이 정말 중요해.

> **참고** a seat at the table: 한 자리를 차지하다, 의사 결정에 한 몫하다(의결 과정에서 소외되었던 이들이 영향력을 행사할 수 있는 지위를 얻을 때 자주 사용된다)
>
> tide is turning: 상황이 반전되기 시작하다, 역전의 조짐이 보이다, 새로운 흐름이 나타나다

미국 국기의 날(National Flag Day)은 매년 6월 14일에 기념하는 날이다. 이 날은 1777년 대륙 회의(Continental Congress)에서 미국 국기를 채택한 것을 기념하기 위해 제정되었다. 국기의 날은 미국 국기의 역사, 의미, 그리고 미국 민주주의의 가치를 상징하는 역할을 기리는 날이다. 국기는 단순히 한 국가의 상징을 넘어, 자유, 정의, 평등과 같은 국가의 핵심 원칙을 나타낸다. 이 날은 국기에 담긴 이상을 되새기고, 국기에 대한 존경심을 표한다.

국기의 날에는 미국 전역에서 다양한 행사가 열린다. 사람들은 집, 학교, 공공건물에 국기를 게양한다. 많은 지역사회에서는 국기 퍼레이드와 이웃들의 바비큐 등을 개최하며, 학교에서는 국기에 대한 역사와 올바른 취급법을 가르치는 교육 프로그램을 진행한다. 이 날은 특히 애국심이 고취되는 날이며, 시민들이 국기에 대한 경의를 표하고, 국가에 대한 자부심을 되새기는 날이다. Flag Day는 미국인들에게 국기에 담긴 상징성과 자유를 위해 희생한 모든 이들을 기억하게 한다. 또한 이 날은 이웃, 친구, 지인들이 초대하는 가정 또는 주최하는 사적 그룹의 사람들이 동네와 이웃에 모여 사적으로 축하하는 바베큐, 식사, 모임 등을 갖기도 한다.

[사진] 전형적인 미국의 한 작은 타운(Appleton, Wisconsin)에서 National Flag Day의 퍼레이드에서 아이들이 Pledge of Allegiance(충성의 맹세)의 유명한 어구인 "one nation under God" 아래에 대형 미국 국기 장식을 설치하고 행진에 참가하고 있다. 사진 ⓒ 박우상

[사진] 그 퍼레이드가 끝나고 타운의 한 동네에서 이웃들이 모여 햄버거, 핫도그, 맥주, 옥수수, chips 등을 먹으며 National Flag Day를 축하하고 있다. 주최한 집의 문 앞에서 한 여자가 커다란 American flag을 흔들고 있다. 사진 ⓒ 박우상

patriotism / history of the flag / flag symbolism / flag respect / military and veterans / freedom and democracy / unity and diversity / American values / flag ceremonies / civic duty / national identity / Flag Day traditions / respect for fallen heroes / historical moments / flag-making and design

## 주요 어휘 및 표현

**명** flag / stars / stripes / freedom / patriotism / America / glory / banner / symbol / nation / ceremony / tradition / history / heritage / unity / honor / veterans / independence / colors / pride

**형** patriotic / red / white / blue / star-spangled / proud / honorable / American / united / symbolic / historic / brave / free / traditional / bold / celebratory / sacred / unified / glorious / national

**동** celebrate / honor / salute / raise / fly / wave / display / remember / pledge / protect / respect / unite / admire / commemorate / inspire / gather / showcase / carry / sing / reflect

**구** wave the flag / red, white, and blue / star-spangled / Old Glory (미국 국기의 별명) / stand at attention / salute the flag / fly high / proud to be an American / raise the flag / land of the free / home of the brave / one nation under God / stars and stripes forever / fly the colors(깃발을 게양하다) / stand for the flag / burn the flag / guard the flag / under the flag / wrap oneself in the flag / true colors / flag-waving / flag-bearer / flag-draped / keep the flag flying / pass the torch / pledge allegiance(국기에 대한 맹세: the Pledge of Allegiance) / take a stand / stand tall / flay (at) half-mast(애도를 나타내기 위해 국기를 절반 높이에 조기로 게양하다, 조기로 펄럭이다) / land of opportunity / honor the Stars and Stripes / freedom isn't free / tread on me / carry the banner / all-American / hoist the flag / defend the flag / Long may it wave.

(국기여, 오래 휘날리소서. - 격식체 기원문) / proud to wave the flag / march under the flag

> **참고** 미국 국기: the American national flag. 공식명: the flag of the United States of America. 별명: the Old Glory; the Stars and Stripes; the Star-Spangled Banner

### 예문

A: They take great pride in living in a country hailed as the **home of the brave**.

A: 그들은 용감한 자들의 고향으로 칭송받는 나라에 살고 있다는 것을 매우 자랑스럽게 생각합니다.

> **참고** hailed as... : ...로 칭송받는, ...로 불리는

A: Instead of **burning the flag**, we ought to focus our efforts on finding meaningful solutions to the issues that hinder our unity.

A: 깃발을 태우는 대신, 우리는 우리의 단합을 방해하는 문제들에 대한 의미 있는 해결책을 찾는 데 노력을 집중해야 합니다.

A: It's a sign of respect to **fly the flag at half-mast** for those who sacrificed their lives for our country.

A: 우리나라를 위해 목숨을 바친 이들을 위해 깃발을 반기로 게양하는 것은 존경의 표시입니다.

> **참고** at half-mast: 반기로, 조기로

A: Let's **take a stand for** the honor and the ideals they fought for.

A: 그들이 싸운 명예와 이상을 위해 우리가 나서야 합니다.

> **참고** take a stand for... : ...을 위해 나서다, 지지하다

A: The whole neighborhood is decked out in **red, white, and blue** for Flag Day—it's such a great sight!

B: Yeah, it's beautiful! **Stars and Stripes forever**! We should celebrate our flag with pride.

A: 온 동네가 국기의 날을 기념해서 빨간색, 흰색, 파란색으로 장식됐어—정말 멋진 광경이야!

B: 그러게, 정말 아름다워! 영원히 함께할 성조기, 자랑스럽게 기념해야지.

> **참고** red, white, and blue: 미국의 애국심 또는 국가적 자긍심(American patriotism, national pride)을 상징하며 red는 용기, white는 순수함, blue는 인내와 정의를 의미한다)

A: Look at the **Old Glory** flying high today! It always gives me a sense of pride.

B: Absolutely! Days like this, we all **wrap ourselves in the flag**, remembering what it stands for.

A: 오늘 높이 날고 있는 성조기를 봐! 항상 자부심을 느끼게 돼.

B: 맞아! 이런 날에는 모두 국기를 몸으로 감싸 안고, 그 의미를 되새기게 되지.


A: I love seeing the flag **fly high** on National Flag Day. It's such a powerful symbol.

B: Yeah, it always reminds me to **show** my **true colors** and be proud of where we come from.

A: Exactly! Every time I **pledge allegiance**, it feels like a moment to reflect on everything it stands for.

A: 나는 국기 기념일에 국기가 높이 날리는 걸 보는 게 좋아. 그건 정말 강력한 상징이야.

B: 맞아, 항상 나의 진짜 모습을 보여주고 우리가 어디에서 왔는지 자랑스럽게 여겨야 한다는 생각이 들어.

A: 맞아! 매번 국기에 대해 맹세를 할 때마다 그것이 상징하는 바 모두를 되새기는 순간 같아.

참고 show one's true colors: ...의 본색(본성)을 드러내다 / ...의 진짜 모습을 드러내다


A: Today's the day we all **salute the flag** and show our respect.

B: Absolutely. We honor **the Stars and Stripes**, not just as a symbol, but for what it represents.

A: It's more than just a flag; it's about **carrying the banner** of freedom and unity.

B: Couldn't agree more. Every time I see it, I feel a sense of pride and responsibility.

A: 오늘은 모두가 국기에 경의를 표하고 존경을 보여주는 날이야.

B: 그렇지. 우리는 별과 줄무늬를 단순한 상징이 아닌 그 의미를 기리고 있어.

A: 그저 국기가 아니야; 자유와 단결의 깃발을 이어가는 거지.

B: 완전 공감해. 국기를 볼 때마다 자부심과 책임감을 느껴.


A: Look at that **Star-Spangled** beauty flying high today. It's such a powerful symbol.

B: Yeah, there's a special pride that comes from being **under the flag**, knowing what it stands for.

A: We always **honor the Stars and Stripes**, especially on days like this when the meaning really hits home.

B: For sure, **long may it wave** as a reminder of our unity and freedom.

A: 오늘 높이 날고 있는 그 별이 빛나는 아름다움을 봐. 정말 강력한 상징이야.

B: 맞아, 그 국기 아래에 있는 것에서 느껴지는 특별한 자부심이 있어, 그 의미를 아는 것에서 오는 거지.

A: 우리는 항상 성조기를 기리는데, 특히 그 의미가 가슴에 와닿는 오늘 같은 날들에는 그래.

B: 맞아, 오랫동안 우리의 단결과 자유를 상기시키는 상징으로 펄럭이기를.

> **참고**  hit home: 가슴(마음)에 와닿다 / 정곡을 찌르다 / 완전히 이해하다
> Long may the national flag wave .../ May the national flag wave long ...:(국기가 오랜동안 휘날리기를 - 격식체 기원문)

Aidan: Hey, Stella, happy Flag Day! Got anything special planned?

Stella: Hey, Aidan! I'm heading downtown to **catch the parade** on Main Street.

Aidan: Nice! What time does it start?

Stella: Kicks off at 10:00. Want to come along? We could grab coffee and maybe a pretzel too.

Aidan: Sounds great. Count me in! By the way, later in the evening, Tony Parker's family is **hosting a Flag Day barbecue in their front yard**. Tony's dad is a veteran, you know. He's gonna **wave an American flag** to kick off the cookout.

Stella: That sounds awesome! I definitely want to be there. Hmm, I'll grab a six-pack and some hot dogs.

Aidan: Nice! I'm in too. I'll bring a watermelon, plus some potatoes and corn for the grill.

Stella: Right on. Let's do it!

Aidan: 헤이, Stella. 오늘은 국기의 날인데. 특별한 계획 있어?

Stella: 헤이, Aidan! 시내 메인 스트리트에서 열리는 퍼레이드 보러 갈 거야.

Aidan: 좋네! 몇 시에 시작해?

Stella: 10시에 시작해. 같이 갈래? 커피랑 어쩜 프레첼도 먹으면서.

Aidan: 완전 좋아. 나도 갈게! 근데 저녁 일찍엔 Tony Parker 가족이 집앞 뜰에서 국기의 날 바비큐를 열 거야. 있잖아, Tony 아빠가 퇴역 군인이잖아. 바비큐를 시작할 때 미국 국기를 흔드실 거야.

Stella: 그거 멋지다! 난 거기 꼭 갈래. 6캔 맥주 팩 하나랑 핫도그를 좀 가져갈래.

Aidan: 좋아. 나도 참가야. 나도 수박이랑 구워 먹을 감자랑 옥수수를 가져갈게.

Stella: 바로 그거지. 그렇게 하자!

아버지의 날(Father's Day)은 매년 6월 셋째 주 일요일에 기념하는 날이다. 이 날은 아버지와 부성, 그리고 사회에서 아버지들이 수행하는 중요한 역할을 존경하고 감사하기 위해 제정되었다. 미국의 아버지의 날은 1909년 Sonora Smart Dodd가 남북 전쟁 참전 용사였던 홀아버지의 헌신적인 양육에 영감을 받아 시작했다. 이 날은 단순한 기념일을 넘어, 아버지의 희생, 사랑, 그리고 가족에 대한 헌신을 기리는 날이다.

아버지의 날은 자녀들이 아버지에게 감사를 표현할 기회를 제공한다. 많은 사람들은 아버지에게 카드나 선물을 준비하거나, 함께 시간을 보내거나, 특별한 식사를 대접하는 등 다양한 방법으로 축하한다. 이 날은 종종 아버지와 자녀가 함께 취미 활동을 즐기거나, 가족 모두가 모여 아버지를 축복하는 날이기도 하다. 아버지의 날은 가족의 유대감을 강화하고, 아버지의 조건 없는 사랑과 묵묵한 노고를 되새기는 중요한 역할을 한다.

[사진] Father's Day에 미국의 한 가정에서 두 어린 딸이 스테이크를 직접 그릴에 구워서 아빠에게 대접하고 있다.  사진: ⓒ 박우상

[사진] Father's Day에 미국 중서부(Midwest)의 한 시골 마을에서 이 마을과 이웃 마을들 사람들이 함께 오전에 모여 Father's Day를 축하하며 brunch로 chicken barbecue를 즐기고 있다. 이 지역의 상당수의 가족들은 Father's Day brunch를 마친 후 아들, 딸, 손자, 손녀들의 각종 스포츠 행사들을 관전하며 응원하거나 공원, 자연보호지, 식물원 등에 산책과 휴식을 하면서 즐거운 날의 평화로운 오후를 즐긴다. 사진: ⓒ 박우상

### 공통주제

fatherhood / family bonds / memories / gratitude / legacy / celebration / gift giving / advice / traditions / activities / role models / support / challenges / personal growth / humor

명 dad / father / gift / celebration / love / family / BBQ(barbecue) / memories / card / hero / children / time / respect / support / advice / fun / day / weekend / tradition / son

형 loving / caring / supportive / funny / strong / proud / grateful / adventurous / wise / doting(애지중지하는) / heroic / joyful / hardworking / dedicated / fun-loving / inspiring / reliable / respectful / memorable / happy

동 celebrate / honor / appreciate / love / gift / remember / thank / share / laugh / support / teach / inspire / enjoy / cook / spend(time) / play / guide / listen / encourage / cherish

구 dad jokes / the apple of someone's eye(소중한 사람, 가장 아끼는 존재) / father knows best / like father, like son / chip off the old block(부전자전, 부모를 닮은 사람) / a father's love / father figure / make the grade / put one's best foot forward / stand one's ground / bite the bullet / in good hands / a man of one's word / take the high road(올바르게 행동하다) / call the shots(주도권을 쥐다, 결정하다) / the more the merrier / bend over backward(온 힘을 다하다, 극진히 노력하다) / be all ears / put up with / hats off to someone(존경의 뜻을 표하다, 대단하다) / have a heart-to-heart(솔직한 대화를 나누다) / break the ice / count one's blessings / get the ball rolling / put one's foot down / a shoulder to cry on / on cloud nine / run the show / face the music / go the extra mile(대단한 수고를 하다) / a tough cookie(강인한 사람, 쉽게 포기하지 않는 사람) / take it easy / bite off more than one can chew(욕심을 부리다, 감당할 수 없는 일을 벌이다) / weather the storm / throw in the towel(포기하다, 항복하다) / play it by ear(상황에 따라 대처하다, 즉흥적으로 하다) / keep one's chin up / hit the nail on the head / you've got this(넌 할 수 있어) / home is where the heart is

A: Dad, we know you're always **putting your best foot forward**. I'm so proud of your hard work.

A: 아빠, 우리는 아빠가 항상 최선을 다하는 걸 알아요. 아빠의 노력이 정말 자랑스러워요.

put one's best foot forward: 최선을 다하다, 좋은 인상을 주려고 노력하다

A: My dad always **takes the high road**, even in tough situations. I truly admire his patience and thoughtful mind.

A: 우리 아빠는 어려운 상황에서도 항상 도덕적인 길을 선택해요. 아빠의 인내심과 사려 깊은 마음이 정말 존경스러워요.

참고 take the high road: 도덕적인 길을 선택하다, 고상하게 행동하다

A: Dad, I'm so proud of everything you've done so far. You've **weathered so many storms** for our family.

A: 아빠, 지금까지 아빠가 해낸 모든 일이 자랑스러워요. 우리 가족을 위해 많은 어려움을 이겨내셨잖아요.

참고 weather so many storms: 많은 어려움을 이겨내다

A: My dad **stands his ground** on his beliefs, maintaining unwavering strength even when times get tough.

A: 우리 아빠는 어려운 상황에서도 굴하지 않은 강인함을 잃지 않고 자신의 신념을 지켜요.

참고 stand one's ground: 자신의 주장을 고수하다, 굴하지 않고 버티다

A: I love how you always share your **dad jokes** at dinner. They may be commonplace, but they make us all laugh!

B: What can I say? Dad jokes are my specialty! And hey, **the more the merrier** when it comes to sharing them!

A: 저녁 때마다 아재 개그를 항상 해줘서 좋아요. 좀 흔할지 모르지만, 다들 웃게 돼요!

B: 뭐, 내 특기가 아재 개그지! 그리고 아재 개그는 많으면 많을수록 좋잖아!

참고 What can I say?: 무어라 말할지 설명할 도리가 없다
the more the merrier: 많으면 많을수록 좋다(다다익선)

A: I really appreciate how you've been a **father figure** to me all these years. You've always been there to guide me.

B: Thanks a whole lot for recognizing that. It means a lot to me!

A: 오랫동안 저한테 이상적인 아버지가 되어줘서[아버지의 역할을 해 주셔서] 정말 고마워요. 항상 저를 이끌어 주셨잖아요.

B: 고맙다! 그렇게 인정해줘서 나도 정말 기쁘다!

참고 father figure: 아버지 같은 사람 / 부친과 같은 존재 / 이상적인 부친상

A: You know, I really believe that **father knows best**. Whenever I need advice, you always have the right answer.

B: I try my best to be a **man of my word**. It's important to me that you can trust what I say.

A: And I appreciate that! You've always been **a shoulder to cry on** whenever I've faced tough times.

A: 저는 진짜 아버지가 항상 옳다고 믿어요. 조언이 필요할 때마다 언제나 정답을 갖고 계시잖아요.

B: 신뢰받는 사람이 되려고 항상 최선을 다. 네가 내 말을 믿을 수 있는 게 나한테 중요해.

A: 감사해요! 힘든 시간을 보낼 때마다 항상 의지할 수 있는 분이 되어 주셨죠

> 참고  a man of one's word: 약속을 아주 철저히 지키는 사람, 자신이 한 말에 책임을 지는 사람
> a shoulder to cry on: 기대어 울 수 있는 어깨[고민을 들어주고 위로해 줄 사람]

A: John, since your parents live nearby, do you have anything special planned for today, Father's Day?

B: Absolutely. I'm heading over around 5:00 this afternoon and grill steaks for my dad and mom out on the **patio**. I've got everything ready - steaks, salads, corn, potatoes, beer, Coke, you name it.

A: I swear, you're such a good son, John, always **bending over backwards for your parents**.

B: Please, Lydia. You're the real overachiever. You must have done something wonderful for your dad, even from far away, I'm sure.

A: I just sent him a new tie and a leather wallet this time. He got them in the mail yesterday and called me last night to say thanks.

B: That's really sweet!

A: John, 넌 부모님이 가까이 사시니까 오늘 아버지의 날을 위해 특별히 계획한 거 있어?

B: 당연하지. 오늘 오후 5시쯤 부모님 댁에 가서 패티오에서 스테이크를 구울 거야. 스테이크, 샐러드, 옥수수, 감자, 맥주, 콜라 등 모두 준비됐어.

A: 넌 정말 착한 아들이야, 내가 보증할게, John. 늘 부모님을 위해 애쓰잖아.

B: 그런 말 하지 마, Lydia. 네가 진짜 모범이지. 멀리 떨어져 있어도 분명 아버지께 멋진 뭔가를 해드렸을 거야.

A: 이번에는 새 넥타이랑 가죽 지갑을 보내 드렸어. 어제 우편으로 받으셨고, 어젯밤에 전화해서 고맙다고 하시더라.

B: 아, 정말 스윗해!

> 참고  patio: 흔히 집 밖으로 붙어 있는, 가족이 식사, 대화, 휴식을 즐길 수 있는 옥외 공간. 주로 나무판 바닥 (deck)와 간단한 fence, dining table과 의자, 바비큐 그릴, 대형 우산 등이 설치되어 있다. 종종 deck이

라고도 불린다.

bend/fall/lean over backwards (for someone): (누군가를 위해) 온 힘을 다해 노력하다, (누군가를) 극진히 도와주다

A: My dad is my biggest supporter. He's always there to help me, no matter what.

B: He sounds wonderful. It's so important to have a good role model.

A: He is. He taught me that **a man's home is his castle** and that it's important to protect your family.

B: That's a great lesson. You can tell he really cares about you.

A: 우리 아빠는 나의 가장 큰 지지자야. 무슨 일이 있어도 항상 나를 도와주려고 해.

B: 정말 멋진 분이시네. 좋은 롤 모델이 있다는 건 정말 중요해.

A: 맞아. 아빠는 남자의 집은 그의 성이라고 가르쳐주셨고, 가족을 지키는 것이 중요하다고 하셨어.

B: 좋은 교훈이야. 그분이 너를 정말 아끼신다는 것을 알 수 있어.

> **참고** A man's home is his castle.: '내 집은 나의 성'이라는 말은 곧 '개인의 집은 사적인 성채이자 외부 인에게서 안전한 피난처'란 의미(유래: 로마에 이어 영국에서는 오래 전부터 집에 대한 개인의 사유재산 권과 프라이버시 보호를 강조하는 관습법이 있었다. 관리들이 세금 징수나 법 집행을 위해 남의 주택에 들어갈 수 있는 권한도 엄격한 제한을 받았다. 이러한 법 정신은 후일 미국으로 건너와 수정헌법 4조에 명문화 되었다. 이러한 법 감정이 오늘 날까지 지속되어 이 같은 속담으로 미국인들의 일상대화에도 사 용되고 있다.)

June Nineteenth의 준말인 Juneteenth는 6월 19일을 기념하는 미국의 공휴일로, 노예 제도의 종식을 기념하는 날이다. 이 날은 1865년 텍사스주 Galveston에 연합국(미합중국(the U.S.A., Union)) Gordon Granger 장군이 도착해, 원래 1863년 1월 1일에 Abraham Lincoln 대통령이 발표했던 Emancipation Proclamation(노예해방선언)을 알린 날을 기린다. 텍사스는 노예해방 선언의 집행이 가장 늦게 이루어진 남부의 마지막 주였기 때문에 Juneteenth는 노예해방의 최종적 실현을 상징한다.

Juneteenth 기념행사는 1866년부터 시작되어, 해방된 아프리카계 미국인들이 지역 모임, 퍼레이드, 기도 모임, 바비큐 등의 행사를 열며 축하했다. 이 날은 African-American들의 자유와 미국 사회에 대한 기여, 그리고 역사적 유산과 진보를 상징하는 중요한 날로 자리 잡았지만, 오랜 시간 동안 지역적인 행사로 여겨졌다. 그러나 꾸준히 확대된 대중의 인식을 반영하여 Juneteenth는 2021년 Joe Biden 대통령이 법안에 서명하며 연방 공휴일로 지정되었다. 오늘날 Juneteenth는 축제와 퍼레이드, 노예해방선언서 낭독, 미국 흑인 역사 교육 프로그램, 예술 전시와 공연, 가족과 공동체 모임과 식사 등 다양한 방식으로 기념되며, Juneteenth Day는 이제는 진보적인 미국인들에게는 모든 미국인들을 위한 "Second Independence Day"(제2의 독립기념일)로도 인식된다.

[사진] 남북전쟁(the Civil War, 1861-1865)에 의한 노예의 해방을 기념하는 Juneteenth Day(6월 19일)를 축하하며 Wisconsin주 Madison의 흑인 미국인들이(African-Americans) 흑인들이 많이 살고 있는 동네의 길을 흥겨운 음악을 연주하며 행진하고 있다. 맨 앞의 두 명의 백인 연주자들을 포함하여 이따금 백인 참가자들이 보인다. 사진: ⓒ 박우상

**공통주제**

freedom and emancipation / black history / resilience and strength / civil rights cultural heritage / unity and community / education and awareness

/ celebration of progress / honoring ancestors / equality and justice / African American achievements / overcoming oppression / reparations(배상, 피해 보상) and healing / reflection on racism / hope for the future

명 freedom / justice / equality / emancipation / ancestors / history / celebration / liberation / struggle / progress / resilience(강인함, 회복력) / heritage / unity / community / rights / strength / legacy / movement / hope / commemoration

형 free / equal / resilient / historic / proud / empowered / united / strong / liberating / hopeful / enduring / courageous / inspirational / powerful / meaningful / determined / commemorative / cultural / inclusive / revolutionary

동 celebrate / honor / remember / reflect / educate / empower / fight / unite / commemorate / liberate / march / overcome / advocate / achieve / persevere / acknowledge / recognize / struggle / hope / heal

구 freedom rings / break the chains / lift every voice / stand tall, stand proud / history in the making / the struggle is real / a long time coming(오래 기다려온 일, 이제야 실현됨) / power to the people / the road to freedom / in the spirit of freedom / walk in one's ancestors' footsteps / the fight isn't over / break barriers / a dream deferred(초월하다, 역경을 딛고 일어서다) / keep hope alive / united we stand / the future is ours / rise above / strength in numbers / no justice, no peace / make one's voice heard / a change is gonna come / the time is now / march for justice / break new ground(새로운 시도를 하다, 혁신하다) / live in the moment / born to be free / carry the torch(뜻을 이어가다, 사명을 잇다) / in one's honor / keep pushing forward / light the way / the winds of change / move the needle(의미 있는 변화를 만들다, 실제로 영향을 주다) / from struggle to strength / plant seeds of hope / take a stand / our story, our strength / on the shoulders of giants(선배·위인들의 업적에 기대어, 이전 세대의 기초 위에) / the power of unity / echoes of the past, voices of the future

A: This new national holiday celebrates a pivotal moment in history when America initiated its journey to **break new ground** in the fight for equality.

A: 이 새로운 국경일은 미국이 평등을 위한 투쟁에서 새로운 지평을 열기 위한 여정을 시작한 역사적인 순간을 기념합니다.

**참고** break new ground: 새로운 영역을 개척하다, 새로운 지평을 열다

A: Although it still seems a long way to achieve racial equality, we should work together in the spirit of '**United we stand, divided we fall**.'

A: 인종 평등을 달성하기까지 아직 갈 길이 멀어 보이지만, 우리는 "뭉치면 살고, 흩어지면 죽는다"는 정신으로 함께 노력해야 한다.

**참고** United we stand, divided we fall.: 뭉치면 살고, 흩어지면 죽는다

A: On Juneteenth, we honor our unknown heroes who fought bravely for freedom and equality, **standing on the shoulders of giants** as we carry their legacy of sacrifice into the future.

A: 준틴스를 맞아 우리는 자유와 평등을 위해 용감하게 싸운 무명의 영웅들을 기립니다. 우리는 거인들의 어깨 위에 서서 그들의 희생의 유산을 이어받아 미래로 나아갑니다.

**참고** stand on the shoulders of giants: 거인의 어깨 위에 서다(선대의 업적이나 지식을 바탕으로 더 높이 도약할 수 있다는 의미)

A: We must keep working until **true freedom rings** for all.

A: 우리는 모든 사람에게 진정한 자유가 실현될 때까지 계속 노력해야 합니다.

**참고** true freedom rings: 진정한 자유가 실현되다

A: Today's a day to **celebrate our freedom. Stand tall, stand proud**.

B: Exactly, but we can't forget, **the fight isn't over**. We've still got work to do.

A: 오늘은 우리의 자유를 기념하는 날이에요. 자신감을 가지고 자랑스럽게 서야 해요.

B: 맞아요, 하지만 싸움이 끝나지 않았다는 것을 잊어서는 안돼요. 아직 해야 할 일이 남아있죠.

**참고** stand tall: 자신만만해[당당해] 보이다

A: Juneteenth has been **a long time coming**, a true milestone in our history.

B: It sure is, but remember — **no justice, no peace**. We have to **keep pushing for real change**.

A: 준틴스는 오랫동안 기다려온 날이에요. 역사 속의 진정한 이정표죠.

B: 맞아요, 하지만 잊지 말아요. 정의 없이는 평화도 없어요. 진정한 변화를 위해 계속 노력해야 해요.

A: Juneteenth is all about **breaking the chains** and celebrating freedom and resilience.

B: Definitely. It's also about keeping hope alive for the future, for equality and justice.

A: That's right, we've **come a long way**, but we have to **keep pushing forward** until everyone's truly free.

A: 준틴스는 속박의 사슬을 끊고 자유와 회복력을 기념하는 날이에요.

B: 동의해요. 평등과 정의를 위해 미래에 대한 희망을 유지하는 날이기도 하죠.

A: 그렇죠, 우리는 많은 진전을 이루어왔지만, 모두가 진정으로 자유로워질 때까지 앞으로 나아가야 해요.

> **참고** break the chains: 속박/구속/제약/중독의 사슬에서 벗어나다, 자유를 얻다, 억압적 상황에서 해방되다
> come a long way: (사람·일이) 크게 발전[진보]하다; 기운을 차리다, 회복하다, 출세하다

A: Juneteenth always feels like **history in the making**, doesn't it?

B: It does. It's like honoring what was once **a dream deferred**, but now it's becoming more of a reality.

A: Exactly, and every year, we're **moving the needle** toward progress and equality.

B: It's powerful, hearing the **echoes of the past** and seeing how they inspire the voices of the future.

A: 준틴스는 마치 역사가 이루어져가고 있는 느낌이에요, 그렇지 않나요?

B: 맞아요. 마치 한때는 미뤄졌던 꿈을 이제 와서야 기리는 느낌인데, 이제 좀더 현실이 되어가는 것 같아요.

A: 정확해요, 그리고 매년 우리는 진보와 평등을 향해 조금씩 변화하고 있어요.

B: 과거의 메아리를 들으면서, 그것들이 미래의 목소리들에 영감을 주는 모습을 보는 것이 정말 강렬해요.

> **참고** move the needle: 변화를 이끌다, 상황을 전환하다, 눈에 확 띄는 변화를 가져오다(어떤 작동이나 조작으로 아날로그 계기판의 바늘이 확 움직이는 상황에서 유래된 표현)

A: You know, the **struggle is real**, even after all this time.

B: Absolutely, but every step we take, we're **walking in our ancestors' footsteps**, carrying their resilience with us.

A: It really feels like a moment to **count our blessings** and remember the journey.

B: It really does. It's a reminder of how we've gone **from struggle to strength**.

A: I'm so glad my kids get to experience this and learn about their heritage.

B: Me too. It's about keeping hope alive for the next generation.

A: 알다시피, 이 모든 시간이 지나도 여전히 투쟁은 현실에서 계속되고 있어요.

B: 맞아요, 하지만 우리가 걷는 모든 걸음마다 조상들의 회복력을 지니고 그 분들의 발자취를 따라가고 있어요.

A: 우리가 걸어온 여정을 기억하고 축복에 감사해야 할 순간인 것 같아요.

B: 정말 그래. 투쟁을 통해 강해졌다는 걸 상기시켜주지.

A: 우리 아이들이 이걸 경험하고 자신의 유산에 대해 배울 수 있어서 정말 기뻐.

B: 나도 그래. 다음 세대를 위해 희망을 계속 이어가는 것이 중요하니까.

> **참고** walk in our ancestors' footsteps: 우리 조상들의 발자취(전통, 얼, 가치, 희생)를 따르다, 조상들이 걸어온 길을 뒤따르다(그들이 살았던 삶의 의미를 마음 속에 각별히 새기며 일상 속에서 실천하려고 하다)
>
> count one's blessings: 얻은 축복들을(세어보며) 감사하다, 가진 것들을 돌아 보며 긍정적인 마음을 가지다
>
> from struggle to strength: 시련이나 고난을 통해 강해지는, 어려움을 통해 내적 성숙과 강함을 얻게 되는

전세계적으로 결혼은 유럽의 경우 날씨가 평안하고 즐거운 여름인 6-8월에, 중동 지역은 겨울인 12-2월에, 그리고 인도의 경우 문화와 역사적 전통에 따라 11-12월에 주로 이루어지지만, 미국의 경우는 로마의 결혼의 여신 Juno의 전통과 온화한 초여름 날씨가 좋은 6월이 결혼에 가장 인기가 있는 달이다. 그러나 근래에 들어 기후의 변화로 6월이 더워지면서 9월과 10월의 결혼식이 제법 증가 추세에 있다(현재 기준으로 본다면 미국의 top 3 결혼의 달 6월, 9월, 10월 순서이다). 미국에서의 결혼은 대다수가 교회, 성당, 회당 등 종교적인 장소에서 종교적 의식을 통해 이루어지며, 일부 city hall이나 옥외/가든 결혼식 같이 비종교적인 경우들도 있다.

결혼 전에는 신부들을 중심으로 친구들이 선물들을 주고 식사도 나누는 bridal shower가 두드러진 행사이다. 그리고 신랑 신부를 위한 선물이나 현금을 주거나 신랑 신부가 원하는 선물을 지정된 백화점 등의 wedding registry에서 온라인으로 선물을 보내주기도 한다. 결혼식 전날 저녁에는 아주 가까운 가족 친지들과 'rehearsal dinner'를 갖는 경우가 많으며, 결혼식 후에는 대개 식장이 아닌 연회장 같은 제3의 장소에서 열리는 reception 파티가 가족 친지 동료들과 함께 축하하는 큰 잔치이다. 아직도(감소하고 있지만) 오랜 전통으로 신랑 신부가 타고 식장과 연회장을 오가는 차량에 Just Married라고 페인트 스프레이로 쓰고 빈 깡통들을 차량 뒤쪽 범퍼에 달아 땅에 깡통 소리를 요란하게 내고 다니는(wedding car clanking) 모습을 볼 수가 있다. 그리고 교회 등 식장을 나올 때 신랑 신부 머리 위로 축하객들이 다산, 풍요, 번창의 의미로 쌀알들을 뿌리는 오랜 전통이 있는데, 요즈음은 안전과 환경 그리고 종교적 다양성 등의 이유로 인해 꽃잎들, 새 모이 씨앗들, 색종이 조각들(confetti), 비누방울(bubbles)로 대체되고 있다.

### 공통주제

venue selection / dress and attire choices / wedding budget and expenses / guest list management / wedding party roles(bridesmaids, groomsmen, etc.) / vows and ceremony planning / reception details(food, music, décor) / wedding traditions and customs / the honeymoon destination / photographer and videographer choices / marriage license and legal requirements / planning stress and timelines / relationship and love stories / gifts and wedding registries / post-wedding life and future plans

명 bride / groom / wedding / ceremony / reception / vows / rings / dress / tuxedo / flowers / venue / cake / guests / bridesmaids / groomsmen / toast / dance / invitations / photographer / honeymoon / newlywed(방금/최근에 결혼한 사람)

형 conjugal(결혼의, 혼인의) / beautiful / romantic / elegant / perfect / stunning / memorable / emotional / intimate / joyous / timeless / breathtaking / glamorous / happy / blissful / classic / magical / heartfelt / special / unforgettable / formal

동 marry / wed / propose / exchange(as in "exchange vows") / plan / celebrate / commit / dance / toast / kiss / love / dress(as in "dress up") / walk(as in "walk down the aisle") / promise / cry(as in happy tears) / invite / organize / unite / vow / bless

구 tie the knot(결혼하다) / walk down the aisle(결혼식을 치르다) / cold feet(결혼 등 중대한 결정을 앞두고 망설임) / pop the question(청혼하다) / pronounce ... husband and wife(...를 남편과 아내로 선언하다) / head over heels(완전히 사랑에 빠진) / blushing bride / match made in heaven / the big day / say "I do" / conjugal vows(혼인 서약) / marriage licence/certificate(결혼확인서) / something old, something new / happily ever after / two peas in a pod / love is in the air / better half / seal the deal(약속을 확정짓다, 결혼을 결정하다) / in sickness and in health(검은 머리 파뿌리 될 때까지 아끼고 사랑하다) / to have and to hold / wedding bells are ringing / fall head over heels(홀딱 반하다, 사랑에 뽕가다) / butterflies in one's stomach(설렘과 긴장감) / lovebirds / bridal shower(결혼을 앞둔 신부를 축하하기 위해 친구들과 가족이 모여 선물을 주고 응원을 나누는 파티) / kiss the bride / a perfect match / love at first sight / swept off one's feet(사랑에 홀딱 반하다, 마음을 완전히 빼앗기다) / all dressed up / better late than never / the ball and chain(아내를 가리키는 구식 표현, 아주 속박된 결혼 생활) / the honeymoon phase(신혼처럼 좋은 초기 단계) / fit for a queen / on cloud nine / two hearts become one / over the moon(너무 행복한) / take the plunge

(결혼 등 인생의 큰 결단을 내리다) / wedding jitters(결혼 전 초조함, 긴장) / write your own love story / picture perfect / dance the night away

> 참고 marriage license(결혼확인서): 대부분의 경우 시/지방 정부에서 결혼식을 한 경우 local government office에서, 또 주에 따라서 주(state) 또는 군(county)의 Vital Records Office 또는 County Clerk's Office에서 발급 받는다.

### 예문

A: John still cannot forget his wedding day, as he watched Kathy, a **blushing bride**, gracefully walk down the aisle toward him.

A: John은 붉게 상기된 얼굴의 신부 캐시가 우아하게 제단을 향해 걸어오는 것을 보며, 결혼식 날을 아직도 잊지 못한다.

> 참고 a blushing bride: 붉게 상기된 신부. 결혼식 날 신부가 행복하고 긴장해서 얼굴이 붉어지는 모습을 표현하는 말이다.

A: I was truly touched by their love story and felt inspired to witness them find their **happily ever after**.

A: 저는 그들의 사랑 이야기에 진심으로 감동했고, 그들이 행복하게 살기를 바라는 마음에 큰 영감을 받았습니다.

> 참고 happily ever after: 행복하게 살다. 로맨틱한 사랑 이야기의 결말에 자주 등장한다.

A: I'm so excited for Christina's **bridal shower** next weekend! Have you picked out a gift for it?

A: 다음 주 Christina의 브라이덜 샤워가 너무 기대돼요! 선물은 골랐어요?

> 참고 bridal shower: 결혼을 앞둔 신부를 축하하기 위해 친구들과 가족이 모여 선물을 주고 응원을 나누는 파티

A: Sonia **was** completely **swept off her feet** by Peter's romantic nature. Their love story was so beautiful.

A: Sonia는 피터의 로맨틱한 성격에 완전히 반해버렸어요. 그들의 사랑 이야기는 정말 아름다워요.

> 참고 be swept off one's feet: 마음을 빼앗기다, 완전히 반하다/감동을 먹다

A: I can't believe in just a few hours, you'll be **walking down the aisle**!

B: I know, I've **had butterflies in my stomach** all morning, but I'm so excited!

A: 몇 시간 후면 당신이 결혼식장에 입장한다는 게 믿기지 않아요!

B: 그러게요, 아침부터 계속 긴장돼서 가슴이 두근두근해요, 하지만 정말 기대돼요!

참고 walk down the aisle: 결혼하다(여기서의 aisle은 결혼식장 입구에서 맨 앞까지지의 신랑/신부가 걸어서 이동하는 동선/통로)

have butterflies in one's stomach: 안달하다, 안절부절 못하다

A: Today's the big day! You're finally **tying the knot**.

B: Yeah, I can't believe it's happening — **two hearts becoming one**.

A: 오늘이 바로 그날이네요! 드디어 결혼하게 되네요.

B: 네, 두 마음이 하나가 되는 일이(정말로) 일어나고 있다니 믿기지가 않아요.

참고 tie the knot: 결혼하다(매듭을 매다)

A: I can't believe how **head over heels** they are for each other.

B: Seriously! You can just feel their **love is in the air** at this wedding.

A: They both look like they're **on cloud nine** today!

B: No doubt, they're **a match made in heaven**.

A: 두 사람이 서로 얼마나 사랑에 빠졌는지 믿기지 않아요.

B: 맞아요! 이 결혼식장에 사랑이 가득한 게 느껴져요.

A: 두 사람 모두 정말 행복해 보이네요, 마치 구름 위에 있는 것 같아요!

B: 정말, 둘이 천생연분이에요.

참고 a match made in heaven: 천생연분(=two peas in a pod)

head over heels: 사랑에 빠진

A: Did you hear how he finally **popped the question** last month?

B: Yeah, they're like **two peas in a pod**. It was bound to happen!

A: Now they're **taking the plunge**, and we couldn't be happier for them!

B: I know! They're going to be so happy.

A: 지난 달에 드디어 청혼한 거 들었어요?

B: 네, 둘은 정말 천생연분이에요. 이럴 줄 알았어요!

A: 이제 두 사람이 새로운 인생을 시작하게 됐네요. 정말 축하해요!

B: 내 말이! 둘이 정말 행복할 거야.

참고 pop the question: 청혼하다

two peas in a pod: 천생연분
take the plunge: 결혼 등 인생의 큰 결단을 내리다

A: Wow, you look absolutely amazing! Are you doing okay? You seem a little nervous.

B: Thanks! I'm doing fine, just a little bit of **wedding jitters**. I'm more excited than anything, though.

A: I bet! It's completely normal. Just remember, everyone's here to celebrate you two.

B: I know. It's just **a lot to take in**.

A: 와, 정말 멋져 보여! 괜찮아? 좀 긴장한 것 같아서.

B: 고마워! 괜찮아, 그냥 결혼식 긴장이 좀 있지만, 그래도 무엇보다도 너무 설렌다.

A: 당연하지! 완전히 정상이야. 다들 너희 둘을 축하하기 위해 왔다는 걸 잊지 마.

B: 알아. 그냥 실감이 안 나서 그래..

> 참고 wedding jitters: 결혼식을 앞두고 느끼는 복합적 긴장감(걱정, 불안감, 초조함), 설레임과 걱정이 뒤섞인 감정
>
> a lot to take in: (갑작스런 비보/희소식) 한꺼번에 받아들이거나 소화하기에 너무나 벅차고 과한


A: This reception is great! The food is fantastic, and the music is perfect for dancing.

B: Yeah, they really did a great job planning everything. It's such a fun party!

A: For sure. I'm so happy for them. It's truly a match made in heaven.

B: Totally. You can tell they're completely **over the moon**.

A: 이 피로연 정말 좋다! 음식도 훌륭하고 음악도 춤추기 완벽해.

B: 맞아, 진짜 모든 걸 잘 계획한 것 같아. 정말 즐거운 파티야!

A: 그러게. 둘이 정말 행복해 보여. 완전 천생연분인 것 같아.

B: 완전 동의. 둘 다 너무 행복한 게 느껴져.

> 참고 over the moon: 너무 행복한, 황홀할 만큼 기쁜

미국 독립기념일의 공식명칭은 Independence Day이고 the Fourth of July, the Fourth는 별칭이다. Independence Day는 1776년 7월 4일에 the Declaration of Independence(독립선언서)가 채택된 것을 기념한다. 이날 13개 식민지는 영국으로부터 독립을 선언했으며, 이는 the American Revolution(미국 독립전쟁)의 중요한 이정표였다. Thomas Jefferson이 주도한 Continental Congress(대륙회의)는 독립을 위한 열망과 자치권을 명시한 독립선언서를 발표했다. 또한 "생명, 자유, 그리고 행복의 추구"(life, liberty, and the pursuit of happiness)를 인간의 보편적인 권리로 천명한 미국 독립선언서는 20세기에 들어서까지 수많은 민족과 국가들이 독립과 자유와 민주를 꿈꾸고 실현하는 가장 공통적이고 기본적인 정치 사상으로 기여했다.

Independence Day는 1777년에 처음으로 기념되었고, 불꽃놀이와 애국적인 행사가 열렸다. 시간이 지나면서 이 날은 국가적인 전통이 되었고, 1870년에는 연방 공휴일로 지정되었으며, 19세기와 20세기를 거쳐 퍼레이드, 바비큐, 가족/이웃 모임과 같은 중요한 행사들을 포함하며 발전했다. 오늘날 독립기념일은 불꽃놀이, 음악회, 피크닉, 독립선언서 낭독 등으로 기념된다. 많은 지역 사회에서 퍼레이드가 열리고, 사람들은 가족과 친구들과 이웃들과 함께 야외 활동을 즐기며 국가의 건국을 축하한다. 이 날은 또한 미국의 자부심을 상징하는 날로, 미국 국기와 애국적인 음악, 국민 통합의 표현들이 널리 사용된다.

[사진 (위)] a neighborhood parade on a Fourth of July [사진 (아래)] 동네 퍼레이드를 끝내고 동네 공원에서 a clown's show, games, a dance, and a hot dog and hamburger party 등을 즐기고 있는 시민들. 사진: ⓒ 박우상

[사진] 미국 Independence Day(독립기념일, 7월 4일: 일명 the Fourth of July)을 기리는 놀이들 중의 하나로 19세기 중후반의 놀이로 기름을 칠해 미끄러운 나무(greased pole)를 타고 올라가 위에 매달려 있는 pouch(주머니)를 차지하는 놀이를 즐기고 있는 미국 사람들. 저 pouch 안에는 무엇이 들어 있을까요? Take a guess. Answer: money 사진: ⓒ 박우상

[사진] 미국 Independence Day(독립기념일, 7월 4일)에 New York City의 5대 행정구역 중의 하나인 Brooklyn의 Coney Island에 있는 오랜 hot dog의 전통을 자랑하는 Nathan's hot dog 가게에서 벌어지는 12분 동안의 맹렬한 hot dog-eating contest. 사진: ⓒ: Heather Littlecabbage

### 공통주제

patriotism / freedom and liberty / fireworks / barbecues and grilling / historical significance / family gatherings / parades and festivities / American flag / military and veterans / national unity / road trips and vacations / patriotic music / Independence Day movies / summer fun / safety

### 주요 어휘 및 표현

명 fireworks / flag / freedom / barbecue(BBQ) / independence / parade / picnic / family / patriotism / party / nation / America / celebration / burgers / hot dogs / liberty / sparklers / history / community / tradition

형 patriotic / free / independent / red, white, and blue / festive / national

/ American / proud / historic / brave / loud / spectacular / traditional / delicious / explosive / united / joyful / exciting / memorable / glorious

동 celebrate / honor / grill / watch / light / wave / sing / fire / march / gather / enjoy / salute / parade / cheer / unite / dance / fly(as in flags) / spark / explode / remember

구 red, white, and blue(미국기) / Stars and Stripes forever / Fourth of July spirit / blow the roof off / fireworks in the sky / (as) American as apple pie(지극히 미국적인) / light up the sky / let freedom ring / born in the USA / raise the flag / proud to be an American / party like it's the 4th of July / all-American / celebrate in style / home of the brave / land of the free / patriotic spirit / stars in your eyes / backyard BBQ / bald eagle proud / light the fuse / wave the flag / big bang / boom like a cannon / liberty and justice for all / decked out in stars and stripes / freedom isn't free / united we stand / in full swing / cookout central / crackle like a firework / a star-spangled affair / sparks fly / hot dog heaven / march to the beat of freedom / Old Glory flying high / wave one's colors / a firecracker of a day(아주 활기차고 멋진 하루) / Uncle Sam wants you / feel the heat

참고 Uncle Sam: 미연방 정부(the United States(of America) 또는 미국을 상징하는 의인화된 인물로, 종종 애국심이나 징병, 세금 등을 표현할 때 사용된다.

### 예문

A: We're planning to **celebrate** Independence Day **in style** this year, hosting a big barbecue party for our neighborhood.

A: 올해 독립기념일은 이웃들을 위한 큰 바비큐 파티를 열면서 멋지게 축하할 계획이야.

참고 in style: 멋지게, 세련되게

A: Tonight, we'll **light the fuse** to get our Independence Day celebrations started!

A: 오늘 밤, 독립기념일 축제를 시작할 거야!

참고 light the fuse: 불을 붙이다, 시작하다(불꽃놀이에서 불꽃을 쏘아 올리기 위해 심지를 붙이는 행위에서 유래한 표현으로, 어떤 일을 시작하거나 활기를 불어넣는 것을 의미한다)

A: Without a doubt, it's going to be **a firecracker of a day**, filled with barbecue and fireworks!

A: 의심할 여지 없이, 바비큐와 불꽃놀이로 가득한 정말 멋진 하루가 될 거야!

참고 a firecracker of a day: 정말 멋진 하루. 불꽃놀이처럼 흥미진진하고 활기찬 하루를 비유적으로 표현

A: Why don't we head over to Paul's place? His backyard has always been the **cookout central** for all of us every year.

A: Paul 집으로 가는 건 어때? Paul의 뒷마당은 매년 우리 모두에게 바비큐 파티 장소였잖아.

참고 cookout central: 바비큐 파티의 중심지(꾸준히 바비큐 파티가 열리는 장소)

A: The parade was incredible, especially with all the flags waving. It's really **Stars and Stripes forever** out there today!

B: Absolutely! I'm feeling so proud seeing everyone come together like this to celebrate.

A: 퍼레이드는 정말 놀라웠어요, 특히 모든 깃발들이 휘날릴 때요. 오늘 진짜 영원한 성조기의 날이네요!

B: 맞아요! 모두가 함께 축하하는 모습을 보니, 정말 큰 자부심이 느껴져요.

A: Blasting 'Born in the USA' while watching fireworks just feels right today, doesn't it?

B: For sure! Days like this remind me how lucky we are to have **liberty and justice for all**.

A: 폭죽을 보면서 팡팡 울려퍼지는 Born in the USA 노래를 들으니 오늘 정말 딱 어울리는 느낌이죠?

B: 완전 공감해요! 이런 날들이 모두를 위한 자유와 정의를 가질 수 있는 우리가 얼마나 행운인지 다시 일깨워줘요.

참고 Born in the USA: Bruce Springsteen이 부른 베트남 전쟁에 참전 용사들이 겪는 고통과 삶의 애환을 담아낸 강렬한 곡으로, 이따금 미국 국가로 오해를 받기도 한다

A: This year's fireworks are gonna **blow the roof off** the whole neighborhood!

B: Especially with this **backyard BBQ**, for sure! The grill's already going.

C: I'm all about it — welcome to **hot dog heaven**!

A: 올해 폭죽은 동네 전체를 다 날려버릴 거예요!

B: 특히, 이 뒷마당 BBQ 파티까지 있는데 확실하지! 그릴은 이미 가열 중이에요.

C: 완전 좋아요. 핫도그 친국에 오신 걸 환영합니다!

A: This celebration is **as American as apple pie**! You can feel the pride in the air.

B: Totally! Just looking at the sky, I've got **stars in my eyes** from all the fireworks.

C: Did you hear that one? It **went boom like a cannon**! Almost shook the whole block.

D: And these sparklers are **crackling like fireworks**! Can't imagine a better way to celebrate.

A: 이 축제는 지극히 미국적이네요! 자부심이 가득 느껴져요.

B: 완전 동의해요! 하늘을 보면 폭죽 덕에 별들이 반짝이는 것 같아요.

C: 방금 들었어요? 대포처럼 쿵! 하는 소리였어요, 거의 동네가 흔들린 것 같았어요.

D: 그리고 이 작은 폭죽들도 폭죽처럼 펑펑 터지네요! 이보다 더 멋진 축제는 상상도 못해요.

A: Look at those fireworks in the sky! They're lighting up the whole neighborhood.

B: Yeah, we're about to party like it's the 4th of July! This is what I've been waiting for all year.

C: Look, I'm **decked out in stars and stripes** from head to toe. Gotta show my patriotism!

D: Haha, Uncle Sam wants you — ready to lead the charge in the festivities!

A: 저 하늘에 있는 폭죽 좀 봐요! 동네 전체를 밝히고 있어요.

B: 네, 이제 진짜 7월 4일처럼 파티할 시간이네요! 이 순간을 일 년 내내 기다렸어요.

C: 보세요, 저 별과 줄무늬로 온몸을 치장했어요. 애국심을 표현해야죠!

D: 하하, Uncle Sam이 당신을 부르네요. 축제의 선두에 설 준비 완료!

Bastille Day(바스티유 데이)는 7월 14일로, 1789년 프랑스 혁명에서 Bastille 감옥이 함락된 사건을 기념하는 프랑스의 국가적인 공휴일이다. 이 날은 주로 프랑스에서 기념되지만, 미국에서도 큰 프랑스계 커뮤니티가 있거나 프랑스 역사와 관련된 도시들에서 문화적 의미를 가진다.

대부분의 미국인들에게 Bastille Day는 독립기념일만큼 널리 기념되지는 않지만, 자유와 혁명, 그리고 자유를 위한 투쟁을 상징하고, 프랑스 문화를 함께 즐기는 의미를 갖고 있다. 이 날은 특히 미국과 프랑스 간의 역사적 관계를 강조하는 기회로 여겨지며, 프랑스가 미국 독립전쟁에서 당시 영국의 식민지였던 미국에 지원을 아끼지 않았던 것을 되새긴다. 미국에서 Bastille Day는 New York, L.A., San Francisco, Chicago, Milwaukee, Miami, New Orleans 같은 주요 도시들에서 프랑스 테마의 축제, 퍼레이드, 프랑스 음식, 음악, 와인, 댄스 등이 포함된 특별한 행사들로 기념된다.

[사진] 미국 Milwaukee시의 Bastille Days 축제에서 한 참가자가 당시 절대 권력을 휘두르다 몰락한 Louis XVI 루이 16세를 풍자하고 있다. 뒷 배경에 축제를 위해 설치된 작은 규모의 the Eiffel Tower가 보인다. 사진: ⓒ 박우상

[사진] Milwaukee의 Bastille Days 축제에서 시민들이 19세기 중후반에 파리를 중심으로 댄스홀과 카바레(cabarets)에서 여성들의 선풍적인 인기를 누린 cancan 춤을 관람하고 있다. 사진: ⓒ 박우상

French revolution / liberty and equality / French culture / French-American relations / festivities and celebrations / wine and cheese / fashion and style / Parisian influence / French Independence / fireworks and festivities / French language / culinary traditions / travel to France / historical figures / community events

## 주요 어휘 및 표현

명 Bastille / France / celebration / parade / food / wine / cheese / baguette / festival / fireworks / flag / music / culture / party / toast(건배) / tradition / friends / picnic / dessert / history

형 French / festive / delicious / traditional / vibrant / colorful / joyful / lively / cultural / historic / elegant / exquisite / savoir-faire(재치, 수완, 처세술) / merry / charming / exuberant / satisfying / unique / breathtaking / artistic

동 celebrate / commemorate / enjoy / gather / toast / wave / cook / taste / dance / share / participate / dress / salute / honor / experience / prepare / exhibit / explore / learn / welcome

구 liberty or death / Vive la France!(프랑스 만세!) / a taste of France / in full swing / from France with love / raise a glass / baguette and cheese / paint the town red(여러 술집을 돌아다니며 놀다) / bon appétit!(많이 드세요!) / let them eat cake / a whole new ballgame / go all out / feel French / Parlez-vous français? / Bastille Day bonanza / a little slice of Paris / the crème de la crème(최고중의 최고) / a taste of liberty / go for broke(전부를 걸다) / in the spirit of / break bread(함께 식사하다) / no ifs, ands, or buts(변명의 여지없이) / a toast to freedom / a breath of fresh air / savoir-faire(재치, 수완) / take it to the next level / caught between a rock and a hard place(사면초가의, 진퇴양난의) / it's a French thing / the best of both worlds / make a splash / heart and soul / go French(아무 말도 없이 자리를 뜨다) / on the map(유명한 널리 알려진) / all in good fun / the life of the party / dressed to impress / fill the air with joy / wear one's heart on one's sleeve(감정을 노골적으로 드러내다) / time to celebrate / French flair

**예문**

A: I can't wait to **go for broke** this year, as I've been thoroughly preparing for the Bastille Day contest.

A: 올해 바스티유 데이 대회를 위해 철저히 준비했으니, 모든 것을 걸고 도전해 볼 생각이에요.

**참고** go for broke: 모든 것을 걸고 하다, 승부수를 던지다

A: We're wearing this uniform to the Bastille Day party, **no ifs, ands, or buts** about it!

A: 우리는 바스티유 데이 파티에 이 유니폼을 입을 거야. 절대 바꿀 수 없어!

**참고** no ifs, ands, or buts: 절대 ...하지 않다, 조건 없이(어떤 조건이나 변화 없이 단호하게 결정했음을 강조)

A: Ken and Anthony **made a splash** at the Bastille Day picnic with their talented performance.

A: Ken과 Anthony는 바스티유 데이 피크닉에서 훌륭한 공연으로 큰 주목을 받았어요.

**참고** make a splash: 큰 성공을 거두다, 주목을 받다.

A: Jane was so excited at the festival, and so she was **wearing her heart on her sleeve**.

A: 제인은 축제에서 너무 흥분해서 감정을 숨기지 못했어요.

**참고** wear one's heart on one's sleeve: 감정을 숨기지 않다, 감정이 얼굴에 드러나다

A: Cheers with a glass of wine "**Vive la France**! Let's celebrate Bastille Day in style!"

B: You bet! I'm definitely **feeling French** today with all this delicious food and music!

A: Serving a platter of croissants and cheese, **bon appétit**! I hope everyone enjoys this delicious spread!

B: Thanks! There's nothing better than **breaking bread** together on Bastille Day!

A: 와인 잔을 들며 "비브 라 프랑스! 바스티유 데이를 멋지게 축하합시다!"

B: 그럼요! 오늘은 이 맛있는 음식과 음악 덕분에 저도 완전히 프랑스인 된 느낌이에요!

A: 크로아상과 치즈 한 접시를 드리니 맛있게 드세요! 모두 이 맛있는 음식 차림을 즐기시면 좋겠어요!

B: 고마워요! 바스티유 데이에 다 같이 빵을 나누며 먹는 것만큼 좋은 건 없죠!

> 참고  bon appétit![봉 아페티]: 맛있게 드세요!
> break bread: 빵을 나눠 먹다, 함께 친교하며 식사하다
> spread: 여러가지 음식을 차려놓은 것 / 큰 한상 차림

A: I brought a fresh baguette and cheese for the celebration!

B: Perfect! **It's just a French thing** to enjoy good food on Bastille Day.

A: The **French flair** in the decorations makes everything even more festive!

B: Totally. I love how this celebration really **puts** French culture **on the map** in the US.

A: 축하를 위해 신선한 바게트와 치즈를 가져왔어요!

B: 완벽해요! 바스티유 데이에 맛있는 음식을 즐기는 건 프랑스 문화니까요.

A: 장식에 있는 프랑스적인 감각이 모든 것을 더 축제 분위기로 만드는 것 같아요!

B: 완전 동의해요. 이 축제가 미국에서 프랑스 문화를 정말 유명하게 만드는 모습이 너무 좋아요.

> 참고  It's a French thing: 프랑스에서 흔히 있는 일, 프랑스적인 것
> put something on the map: ...을 유명하게[중요하게] 만들다

A: This Bastille Day **bonanza** is going to be epic!

B: I know! This is truly **the crème de la crème** of all the festivals in the city.

A: And with everyone showing off their **savoir-faire**, we're **in for a treat**!

B: I love it! The whole thing has a certain **French flair**.

A: 이번 바스티유 데이 대축제는 역대급일 거예요!

B: 내 말이! 시내의 모든 축제 중 최고 중의 최고예요.

A: 그리고 모두 요리에서 자기만의 수완을 뽐내고 있으니, 기대해도 좋을 것 같아요!

B: 정말 좋아요. 전체적으로 프랑스적인 감각이 느껴져요.

> 참고  bonanza: 광맥, 대박, 뜻밖의 큰 이익, 행운, 풍부함
> crème de la crème[크렘 드 라 크렘]: 일류[최고] 중의 일류[최고]
> savoir-faire[사부아 페르]: (사교적인) 재치[수완], 능숙함, 솜씨
> in for a treat: 즐길 수 있는, 기대해도 좋은, 신나는

French flair: 프랑스식 멋, 우아함, 스타일, 세련된 감각

flair: 타고난 재능, 솜씨, 멋, 우아한 감각(유사어: panache, finesse, verve, style, elegance)

A: This is my first time at a Bastille Day celebration in the US. It's so different from the Fourth of July.

B: I know, right? It's more about celebrating the culture, not just the history. It's truly **the best of both worlds**.

A: I love it! Everyone seems so happy. The whole day is a celebration of liberty.

B: Definitely. It's a great way for us to honor our shared history and **raise a glass to freedom**.

A: 미국와서 바스티유 데이 축제는 처음이야. 미국 독립기념일과는 사뭇 다르네.

B: 그렇지! 그냥 역사만이 아니라 문화도 충분히 축하하는 분위기네. 정말 두 가지 장점을 다 가진 것 같아.

A: 그거 정말 좋아! 다들 너무 행복해 보여. 하루 종일 자유를 축하하는 것 같아.

B: 맞아. 우리가 공유하는 역사를 기리고 자유를 위해 건배하는 아주 좋은 날이지.

참고 the best of both worlds: 두 가지 장점을 한 꺼번에 갖는 상황
raise a glass to freedom: 자유를 기리며 건배하다

미국에서 summer vacation은 주로 초등학교, 중학교, 고등학교 학생들이 학교로부터 얻는 자유로움과 긴 휴식과 재충전을 의미하며, 일반적으로 5월 말에서 6월 초부터 Labor Day(9월 첫 번째 월요일)까지 계속된다. 많은 미국인들에게 여름 방학은 즐거운 휴식과 여행을 즐기며, 가족과의 유대감을 위한 소중한 시간이다.

여름 방학 동안 미국인들이 즐기는 대표적인 활동은 해변에 가거나, 여행을 떠나거나, 캠핑, 하이킹, 놀이공원이나 예술/역사 박물관 방문, 콘서트나 축제의 참석 등이 있다. 많은 사람들이 국립공원이나 호수(Yellowstone, Grand Canyon, Yosemite, Great Smoky Mountains, Lake Tahoe, etc.), 해변(Florida, California coasts, Outer Banks of North Carolina, etc.) 지역, 테마와 놀이공원(Walt Disney World, Disneyland, Universal Studios), 또는 도시 여행지(New York, San Francisco, Chicago 등)으로 여행을 떠난다. 물론 모든 미국인들이 summer break을 즐기는 것은 아니다. 적지 않은 수의 미국인들이 여름 방학/휴가 동안 summer jobs, internships, 또는 summer school 등을 하며 수입을 보충하거나, 경력이나 학업을 향상시키는 등 생산적인 활동을 하기도 한다.

### 공통주제

travel plans / beach trips / outdoor adventures / barbecues and cookouts / road trips / amusement parks / pool parties / sports and recreation / festivals and fairs / music concerts / vacation destinations / summer camps / picnics and outdoor dining / boating and water sports / relaxation and unwinding

### 주요 어휘 및 표현

명 beach / pool / road trip / barbecue / sun / vacation / sand / park / camp / lake / mountains / cabin / sunscreen / ice cream / tent / fireworks / sunglasses / boat / hammock / cooler

형 sunny / hot / relaxing / fun / breezy / adventurous / refreshing /

warm / exciting / scenic / lazy / cool / peaceful / crowded / busy / tropical / beautiful / lively / unforgettable / serene

동 swim / relax / hike / grill / explore / sunbathe / pack / camp / drive / play / fish / surf / travel / lounge / chill / dive / sightsee / unwind(relax, chill) / sail / bike

구 soak up the sun / catch some rays / fun in the sun / a breath of fresh air / make a splash / on cloud nine / chill out(긴장을 풀다) / hit the road / road warrior(비즈니스 여행자) / beach bum(해변에 자주 가는 젊은이) / all in the same boat / the dog days of summer(삼복더위) / summer fling(여름에 썸타는 것으로 즐길대로 즐기지만 헌신하지 않아도 되고 여름이 지나면 끝나는 관계. 후에 친구로 남기로 합의하기도 함. 그리고 꼭 상대가 한명이지 않아도 됨. California fling이라고 하기도함) / beat the heat / take a dip(잠깐 수영하다) / the more the merrier / picnic in the park / grill master / like a kid in a candy store(매우 기뻐하는) / catch of the day(그날의 생선 요리) / pack one's bags / the travel bug(여행병, 어딘가 가고 싶은 열망/갈증) / rough it(함부로[거칠게] 행동하다) / home away from home(제2의 고향) / under the stars / hit the beach(해변으로 가다) / a rolling stone(이리저리 떠도는 사람) / off the beaten path(사람들이 많이 가지 않은 길로/곳에서) / go with the flow(흐름에 맡기다, 상황/대세에 따라 유연히 대처하다) / bask in the glow / make memories / live it up(흥청망청 보내다) / water under the bridge(걱정할 필요없는 지나간 일) / hot ticket(인기있는 사람) / kick back and relax(긴장을 풀고 쉬다) / the world is your oyster(세상에 못할 것이 없다) / call it a day(하루 일과를 끝마치다) / a walk in the park / take a load(of burden) off(마음의 짐을 내려놓고 즐기다) / make hay while the sun shines(기회가 왔을 때 잡아라)

### 예문

A: I would like to go for a picnic during this summer vacation and **catch some rays** in the park.

A: 이번 여름 휴가 동안 공원에 가서 피크닉을 즐기고 햇볕을 쬘 계획이야.

참고 catch some rays: 햇볕을 쬐다

A: On a day like today's weather, I am **dying to** hit the beach and

**take a dip** in the sea.

A: 오늘 같은 날씨에는 해변에 가서 바다에 뛰어들고 싶어 죽겠어.

참고 dying + to-부정사: ...하고 싶어 죽겠다

A: I love to spend my summer days at my patio, **basking in the glow** of a novel.

A: 여름날에는 파티오에서 소설을 읽으며 햇볕을 쬘 때가 좋아.

참고 bask in the glow of...: ...의 빛을 즐기다

A: This is your last summer break as a student. Please do not only stay home. **The world is your oyster**.

A: 이번이 학생으로서 마지막 여름방학이야. 집에만 있지 말고 나가서 다양한 경험을 해봐. 세상은 너의 것이야.

참고 The world is your oyster!: 세상은 너의 것이야! 무한한 가능성과 기회가 열려 있다는 의미이다. William Shakespeare의 'The Merry Wives of Windsor'에서 유래한 표현으로, 오늘날에는 주로 젊은이/졸업생을 축하하고 격려하는 덕담으로 쓰인다.

A: I can't wait to **kick back and relax** to watch a movie tonight.

A: 오늘 밤에는 편하게 누워 영화를 보면서 쉴 생각이다.

참고 kick back and relax: 편히 쉬다. 긴장을 풀고 편안하게 휴식을 취하다; unwind; chill

A: I can't believe how perfect the weather is today. It's going to be nothing but **fun in the sun** all weekend long!

B: I know. With all these activities lined up, I'm **like a kid in a candy store** — can't wait to try everything!

A: 오늘 날씨가 정말 완벽해서 믿기지가 않아요. 이번 주말 내내 햇볕 아래서 신나게 놀 수 있겠어요!

B: 그러니까요! 활동들이 이렇게 많으니 사탕 가게에 들어온 아이 같아요. 모두 다 해보고 싶어요!

A: Why don't you just **chill out** by the pool for a bit while I get the grill going?

B: Sounds good to me! You always turn into the **grill master** at these cookouts anyway.

A: 내가 그릴을 준비하는 동안, 잠깐 수영장 옆에서 쉬는 건 어때요?

B: 좋아요! 어차피 이런 야외식사 파티에선 당신이 항상 그릴 마스터가 되잖아요.

참고 chill out: 머리를 식히다, (좋아하는 것을 하면서)느긋하게 쉬다, 휴식을 취하다, 진정하다

A: Whew, it's really **the dog days of summer** out here! Ready to take a break?

B: Yeah, let's **take a load off**. I've been waiting to see if we'd reel in the **catch of the day**, but no luck yet.

A: 휴, 여름 삼복더위가 정말 대단하네요! 잠깐 쉴 준비 됐나요?

B: 네, 잠깐 쉬어요. 오늘의 월척을 낚아 올릴 수 있을지 기다리고 있는데 아직 운이 없어요.

> **참고** dog days: 삼복더위 무렵, 한창 무더운 때
> take a load off: 짐을 덜다 / 쉬다
> catch of the day: 그날 잡은 생선 요리

A: Looks like you're turning into a real **road warrior** this summer. How many trips have you taken?

B: I've lost count! I'm always ready to pack my bags and **hit the road**. Next up, I'm thinking of going **off the beaten path**, somewhere quieter.

A: That sounds perfect! Sometimes the hidden spots are the best. Have you found a **hot ticket** destination yet?

B: Not yet, but I've got my eye on a few places. I'll know the right one when I see it!

A: 당신은 이번 여름에 정말 여행을 많이 다닌 것 같아요. 몇 번이나 다녀왔나요?

B: 셀 수 없을 정도예요! 언제든 가방 싸서 떠날 준비가 돼 있어요. 다음에는 조금 더 조용한, 남들이 가보지 않은 곳으로 가볼까 해요.

A: 완벽하네요! 가끔은 숨겨진 장소가 가장 좋잖아요. 인기 있는 장소는 찾았어요?

B: 아직은 아니에요, 하지만 몇 군데를 눈여겨보고 있어요. 마음에 드는 곳이 보이면 바로 압니다!

> **참고** road warrior: 여행을 자주 하는 사람
> lose count: (...의) 수를 세다가 도중에 잊어버리다
> hit the road: 먼 길을 나서다, 여행 길에 오르다.
> off the beaten path: 인적이 드문 곳에
> hot ticket: 인기있는 사람[것], 인기인, 스타

A: So, how's the **summer fling** going? You seemed pretty excited about it last time we talked.

B: It's been great, honestly! I feel **like a kid in a candy store** with all the adventures we've been having.

A: That's awesome! You've always been a **rolling stone**, never staying in one place for long.

B: I know! I guess that's just me. I can't wait to **live it up** all summer long.

A: 그래서, 여름 로맨스는 어떻게 되가고 있어? 우리가 지난번 얘기 나눴을 때 꽤 들뜬 것 같던데.

B: 정말 좋았어! 내가 겪은 모든 모험이 마치 사탕 가게에 들어간 아이처럼 느껴져.

A: 멋지네! 당신은 항상 한 곳에 오래 정착하지 못하고 떠돌아다니는 사람이지.

B: 맞아! 그게 바로 나인 것 같아. 여름 내내 흥청망청 놀 생각에 너무 신나.

> **참고** rolling stone: 주소[직업]를 자주 바꾸는 사람, [미] 활동가
> live it up: 흥청망청 보내다

A: I've got the **travel bug** and I can't shake it! Where are you going for your summer trip?

B: My family and I are hitting the road for a week-long road trip to the national parks. We're going to **rough it** a little with some camping.

A: That sounds so adventurous! I'm hoping to go with the flow and just find a quiet little beach town to **relax in**.

B: Nice! Sounds like **a great way to unwind** and make some memories.

A: 나 여행병에 걸렸나 봐! 이번 여름 여행은 어디로 가?

B: 우리 가족은 국립공원으로 일주일간 로드 트립을 갈 거야. 약간 고생하면서 캠핑을 하려고.

A: 정말 모험적이다! 나는 흐름에 몸을 맡기고 조용한 해변 마을에 가서 쉬려고 해.

B: 좋네! 긴장을 풀고 추억을 만드는 좋은 방법인 것 같아.

> **참고** travel bug: 여행광, 여행병, 여행에 대한 갈망
> rough it: (잠깐 동안) 불편한 생활을 감수하다

매년 8월 중하순부터 9월 초(첫째 월요일인 Labor Day까지) 미국에서의 개학 시즌은 여름의 여유로운 시간에서 학업적인 규율로 전환되는 시기로, 새로움과 성장의 상징이다. 이는 교육의 중요성을 강조하는 문화적 이정표로, 가족들이 아이들을 새로운 도전과 기회에 준비시키는 시간을 의미한다. 학용품과 의류를 구매하는 개학 준비 쇼핑과 같은 전통은 실용적이면서도 상징적인 가족 간의 유대감을 형성한다.

경제적으로 개학 시즌은 연말 쇼핑 시즌에 이어 두 번째로 큰 소비 시즌이다. 가족들은 의류, 학용품, 전자제품들을 구입하며 소매업 매출을 증대시키고 지역 비즈니스에 혜택을 준다. 소매업체들은 공격적인 마케팅 캠페인을 통해 대응하며, 이 시기의 소비 경향은 소비자 신뢰도를 반영하는 지표로 작용하기도 한다. 이 시기에 감지되는 학용품 및 기타 비용 상승은 가족들에게 부담을 주며, 자원 접근성의 차이는 교육 기회의 격차를 보여 주기도 한다. 따라서 오늘날 여러 주에서는 학교/학습 물품들의 구입의 부담을 줄이기 위해 많은 항목들에 주 sales tax를 감면하는 "tax holiday" 또는 "tax-free weekend"를 실시한다. 그러나 전체적으로 보아 back-to-school 시즌은 가족, 학교, 지역사회가 교육과 발전을 지원하기 위해 하나가 되는 희망찬 시기이자 전통, 기대감, 경제 활동이 어우러진 역동적인 시기이다.

shopping / lists budgeting / sales and discounts / school preparation / fashion trends / technology needs / school supplies / dorm essentials / lunch ideas / extracurricular activities / routines / carpooling / academic goals / school/class open house(meet the teacher events)(개학 후 학교/학급이 안정되는대로 학부모가 학교/교실과 교사를 방문하고 대화를 나누는 행사) / family traditions

**주요 어휘 및 표현**

명 supplies / backpack / books / notebooks / binders / pencils / pens / calculator / laptop / uniform / shoes / discounts / sales / coupons / lunchbox / / teachers / students / shopping / checklist / clothes

**형** affordable / essential / new / discounted / stylish / durable / practical / comfortable / popular / trendy / necessary / convenient / lightweight / organized / spacious / colorful / sturdy / versatile / inexpensive / functional

**동** buy / shop / save / pack / need / stock / compare / grab / prepare / choose / browse / check / purchase / organize / find / pick / select / plan / restock / budget

**구** hit the books(공부하다, 열심히 책을 보다) / back to the grind(다시 힘든 일상 (고된 일)로 돌아가다) / on the same page / get one's ducks in a row(철 저히 준비하다, 일들을 정리하다) / gear up(준비하다, 대비하다) / jump through hoops(많은 어려운 절차를 거치다, 온갖 수고를 하다) / in the bag((거의) 확실하게 손 에 넣은, 따놓은 당상) / the early bird catches the worm / a whole new ballgame(완전히 새로운 상황, 판도가 달라진 상황) / nip it in the bud((문제를) 초 기에 잡다, 싹을 자르다) / keep one's chin up(기운 내다, 꿋꿋하게 버티다) / put one's best foot forward(최선을 다하다, 좋은 인상을 주려고 노력하다) / take it with a grain of salt(가볍게 받아들이다, 완전히 믿지 않다) / burn the midnight oil / get the ball rolling / catch up / shape up or ship out(잘하든지 떠 나든지 하다, 태도를 고치다) / take a backseat(뒤로 물러나다, 주도권을 넘기다) / hit the ground running(시작하자마자 전력을 다하다) / play it by ear(그때그때 상황 에 맞게 하다, 즉흥적으로 처리하다) / crack the books(공부를 시작하다) / throw in the towel / get ahead of the game(남들보다 앞서 나가다, 유리한 위치에 서다) / out of one's comfort zone(익숙한 환경에서 벗어나다) / the cream rises to the top(우수한 사람(것)은 결국 두드러진다) / jump on the bandwagon / the sky's the limit / bite the bullet / let the chips fall where they may(될 대로 되게 두다) / in over one's head(감당할 수 없는 상황에 처하다) / put one's thinking cap on(진지하게 생각하다, 머리를 쓰다) / walk a mile in someone else's shoes(다른 사람의 입장이 되어 생각하다) / go the extra mile(남들보다 더 노력하다) / hit the nail on the head(핵심을 찌르다) / round up the usual suspects(의심되는 사람(것)들을 모으다, 뻔한 대상들/용의자들부터 잡아들이다/조사하다) / (뻔한 대상들부터 조사하다) / face the music(결과(비난)를 감수하다, 책임을 지다) / toss around ideas(아이디어를 서로 주고받다) / caught between a rock and a hard place(진퇴양난에 빠지다) / put all one's eggs in one basket(모든 것 을 한 가지에 걸다) / keep one's eyes on the prize(목표에 집중하다)

A: Let's wait until the coming back-to-school sale starts next week. We will see **a whole new ballgame** soon.

A: 다음 주에 시작하는 새 학기 세일 때까지 기다리자. 완전히 다른 상황이 될 거야.

참고 a whole new ballgame: 완전히 다른 상황, 새로운 국면.

A: I ordered new textbooks online. It means I'm almost ready to **crack the books**.

A: 온라인으로 새 교재를 주문했어. 이제 공부를 시작할 준비가 거의 다 된 거지.

참고 crack the books: 공부하다, 책을 펼치다

A: I've been **jumping through hoops** trying to find the school supplies for my daughter during this back-to-school sale.

A: 이번 back-to-school 세일 동안 딸아이 학교 용품을 찾으려고 애쓰면서 고생했어.

참고 jump through hoops: 많은 어려움을 겪다, 애를 쓰다(예전에 서커스에서 동물들이 불타는 원형형 장애물을 뚫고 넘어가던 모습에서 유래)

A: Jennifer didn't **nip** her shopping addiction **in the bud**, and now she regrets buying so many stationery supplies for the next semester.

A: 제니퍼는 쇼핑 중독을 초기에 막지 못해서 다음 학기 문구류를 너무 많이 사버린 것을 후회하고 있어.

참고 nip something in the bud: (무엇)을 초기 단계에서 막다

A: With school starting soon, I really need to **hit the books** if I want to keep up this year.

B: Totally! It's going to be a challenge, especially since we're both **out of our comfort zone** with these new classes.

A: 학교가 곧 시작되니, 이번 학기에 잘 따라가려면 정말 열심히 공부해야 할 것 같아요.

B: 맞아요! 특히 우리 둘 다 익숙하지 않은 새로운 수업들이라서 더 힘들겠어요.

참고 hit the books: 공부에 집중하다, 열공하다
out of one's/the comfort zone: ~가 익숙하거나 안전하지 않은 상황에서 작업/활동을 하는

A: Have you gotten all your supplies for the new school year? You've got to **get your ducks in a row** before classes start.

B: I know, but I feel like I'm already **in over my head** with everything I still need to do!

A: 새 학기 준비물은 다 챙겼어? 수업 시작 전에 준비를 철저히 해야해.

B: 알아, 하지만 아직도 해야 할 일이 너무 많아서 벌써부터 감당하지 못하겠어!

참고 get one's ducks in a row: 만반의 준비를 갖추다
be/get in over one's head: 능력 밖이다, 감당하기 벅차다

A: With the Back to School Sale going on, it's the perfect time to get your ducks in a row. Have you started shopping yet?

B: Not yet, but I really need to. I've been **slacking off**, and it's time to **shape up or ship out**.

A: Don't stress. Just take your time, and **go the extra mile** to find those good deals. It'll be worth it!

A: 지금 '백 투 스쿨' 세일 중이니까 필요한 것들 미리 준비해 두기 딱 좋은 시기야. 쇼핑 시작했어?

B: 아직, 하지만 정말 시작해야 해. 농땡이 부리고 있었는데 이제는 정신 차려야지!

A: 스트레스 받지 말아. 천천히 하면서 좋은 조건의 물건을 찾으려고 조금 더 노력해. 분명 노력한만큼 가치 있을 거야!

참고 slack off: 게으름을 피우다, 덜 열심히 하다, 농땡이 피우다, 요령 피우다, 나태하다
shape up or ship out: 일을 하려면 제대로 하고 아니면 그만 둬라
go the extra mile: 한층(더욱) 더 노력하다

A: I've got most of my supplies **in the bag**, just need a few more things from the Back to School Sale.

B: Actually, there are so many things to choose from, but you know, **the cream always rises to the top**.

A: True. Everyone's **jumping on the bandwagon** with those trendy backpacks and laptops.

B: Guess it's time to **put your thinking cap on** and make some smart choices before the good deals are gone!

A: 필요한 준비물은 거의 다 챙겼는데, 백 투 스쿨 세일에서 몇 가지 더 살게 있어.

B: 그렇군! 선택할 물건들은 많이 나와있지만, 좋은 물건들은 항상 진가가 드러나는 법이지.

A: 맞지. 모두가 인기 있는 가방이랑 노트북 컴퓨터를 사려고 시류에 편승하고 있어.

B: 좋은 세일이 끝나기 전에 머리를 좀 써서 스마트하게 선택할 때인 것 같아!

참고 in the bag: 거의 확실하게 손에 넣은, 따놓은 당상
The cream rises to the top.: 진가가 드러난다.

jump on the bandwagon: 우세한 편에 붙다; 시류에 편승하다; 남들 하는 대로 하다
put one's thinking cap on: 생각을 하다, 머리를 굴리다

A: Well, it's almost time to **get back to the grind**. Summer flew by!

B: Yeah, no more **taking a backseat**. I've got to **round up the usual suspects** — binders, pens, notebooks.

A: Haha, same here. I'm just going to grab what I need, and **let the chips fall where they may**.

B: **That's the way to do it.** There's always next year to worry about the rest!

A: 이제 다시 일상으로 돌아갈 시간이 다가오네. 여름이 순식간에 지나갔어!

B: 맞아, 이제는 더 이상 뒤로 물러날 수 없어. 뻔한 것들, 바인더, 펜, 공책 같은 것들을 사러 가야 해.

A: 하하, 나도 마찬가지야. 필요한 것들만 챙기고 될 대로 되게 둬야지.

B: 그래, 그렇게 하는 거야! 나머지는 내년에 생각해도 돼!

**참고** get back to the grind: (바쁜/열심히 일해야 하는) 일상으로 돌아가다

take a backseat: 부차적인 것이 되다, 나서지 않다, 소홀히 하다

round up the usual suspects: 고전 명작 영화 Casablanca(1942)에 사용되어 유명해진 표현으로, "늘 그 사람들이지" 또는 "익숙한 용의자/사람들을 불러 모으다"라는 원래 의미. 주로 문제가 생겼을 때 항상 등장하는 사람들을 지칭하거나, 형식적으로 책임자를 찾는 척하는 상황을 풍자적으로 표현할 때 사용된다. 여기서는 비유적으로 늘 사용하는 중요한 학용품들을 준비한다는 뜻.

Let the chips fall where they may.: 결과가 어떻든 받아들여라, 될 대로 되게 두다

That's the way to do it.: 그래, 그렇게 하는 거야!

미국의 학교 기숙사 입사일은 일반적으로 8월 중순에서 말, 또는 9월 초에 이루어지며, 흥미롭고 중요한 전환의 시기를 의미한다. 이 기간 동안 학생들과 가족들은 함께 짐을 풀고, 생활 공간을 정리하며, 학기 준비를 위해 필수 물품들을 정돈한다. 침구류, 세면도구, 학용품 등 물건을 구매하기 위해 근처 상점을 방문하는 경우도 많다.

입사일은 새로운 관계를 형성하는 시간이다. 학생들은 룸메이트, 이웃, 기숙사 동료들과 만나며, 앞으로의 학교 생활을 함께할 친구들을 만든다. 학교에서는 환영 행사, 캠퍼스 투어, 정보 세션 등을 개최하여 학생들과 가족들이 새로운 환경에 적응하고 준비할 수 있도록 돕는다. 특히 처음으로 집을 떠나는 학생들을 둔 가족들에게는 입사일이 설렘과 감동이 뒤섞인 시간이 된다. 학생들이 캠퍼스와 주변 지역을 탐험하며 익숙해지는 과정은 새로운 환경으로의 전환을 돕고, 다가올 학년에 대한 긍정적인 시작을 가능하게 한다.

### 공통주제

roommate arrangements / dorm setup and decoration / unpacking and organizing meeting new people / orientation and welcome events / class schedules and academic plans / campus amenities / emotional goodbyes / finding the essentials / parking and moving logistics(logistics: 물류, 상품, 또는 자원을 생산지에서 소비자에게 효율적으로 이동시키는 과정/시스템) / roommate compatibility / adjusting to a new environment / meeting resident advisors(RAs) / technology and Wi-Fi setup / social life and making friends

### 주요 어휘 및 표현

명 dorm / roommate / boxes / schedule / furniture / key / orientation / campus / bed / checklist / elevator / car / map / luggage / parents / hall / RA(Resident Assistant) / student ID / cart / floor

형 excited / nervous / overwhelming / new / small / spacious /

organized / messy / crowded / comfortable / stressful / clean / ready / hot / heavy / convenient / important / busy / welcoming / friendly

동 move / unpack / settle / organize / carry / arrange / meet / load / unload / prepare / decorate / check-in / greet / find / pack / explore / help / lift / assemble / adjust

구 break the ice(어색한 분위기를 깨다, 대화를 시작하다) / make oneself at home / hit the ground running / get the ball rolling / bite the bullet(이를 악물고 참다, 고통을 감수하다) / new kid on the block(새로 온 사람, 신참) / pull an all-nighter(밤샘하다) / go with the flow(흐름에 맡기다, 상황에 따라가다) / a clean slate / in the same boat / pack like a pro(짐을 능숙하게 싸다) / hit or miss(잘 될 수도, 안 될 수도 있다, 불확실하다) / it's crunch time(마감 일정이나 목표를 달성하기 위해 전력을 기울이는 결정적 시기) / get a move on(서두르다, 비격식체) / roll with the punches(상황에 유연하게 대처하다) / no room to swing a cat(매우 비좁다) / jump right in / make the best of it / take it one step at a time / wing it(즉흥적으로 하다) / out of one's comfort zone / get settled in / on the same page(의견이 일치하다) / get one's feet wet(처음 시도해 보다, 경험을 쌓기 시작하다) / piece of cake / better late than never / throw in the towel(포기하다, 패배를 인정하다) / right off the bat(즉시로, 곧 바로) / light at the end of the tunnel / call it a day / get the hang of it(...에 익숙해지다, ...의 요령을 터득하다) / live out of a suitcase(여행(출장) 중 계속 이동하며 살다) / first impressions matter / no sweat(문제없다, 식은 죽 먹기다) / test the waters(상황을 미리 맛보다/판단하다) / take the plunge / room for improvement/ off to a good start(좋은 출발을 하다) / go big or go home(크게 하든지 아예 하지 말든지) / easier said than done(말은 쉽지만 실천은 어렵다)

## 예문

A: Why don't you take some time to relax before the **crunch time** of studying begins?

A: 공부를 본격적으로 시작하기 전에 잠깐 쉬는 건 어때?

참고 crunch time: 마감 기한, 가장 바쁜 시기

A: The deadline for your first report of this class is tomorrow. You'd better **get a move on**!

A: 이 과목 첫 보고서 마감일이 내일이야. 서둘러야겠어!

참고 get a move on: 서두르다. 더 빨리 움직이거나 일을 서둘러 진행하다(촉박한 시간에 쓰는 표현)

A: Sharing a dorm room with a new roommate has been pushing me **out of my comfort zone**.

A: 새로운 룸메이트와 함께 기숙사 방을 쓰는 건 나를 편안한 공간에서 벗어나게 만들었어.

참고 push someone out of someone's comfort zone: 편안한 공간에서 벗어나게 만들다(익숙하고 편안한 공간이나 상황에서 벗어나 새로운 체험을 하게끔 하는 상황)

A: I believe my first semester at college is **off to a good start**. I'm enjoying on-campus life very much.

A: 대학 첫 학기가 순조롭게 시작된 것 같아. 캠퍼스 생활이 너무 즐거워.

참고 off to a good start: 순조롭게 시작된/시작되어

A: It can be a little awkward at first, but once you **break the ice** with your roommates, everything starts to feel more comfortable.

B: Yeah, I'm hoping to **get settled in** quickly so I can start meeting people and exploring campus.

A: 처음엔 좀 어색할 수도 있지만, 룸메이트들과 친해지면 모든게 금세 편해질 거야.

B: 맞아, 빨리 적응해서 사람들도 만나고 캠퍼스도 둘러보고 싶어.

참고 break the ice: (특히 회의·파티 등을 시작할 때) 서먹서먹한[딱딱한] 분위기를 깨다

A: Starting college is like having **a clean slate**. You get to reinvent yourself if you want.

B: Exactly! I can't wait to **get my feet wet** and see what college life is really like.

A: 대학을 시작하는 건 마치 백지 상태 같아. 원하는 대로 바꿀 수 있지.

B: 맞아! 이제 대학 생활이 어떤지 직접 겪어보고 싶어!

참고 a clean slate: 백지 상태, 새로운 시작
get one's feet wet: 참가[시작]하다, 처음 해보다

A: I feel like the **new kid on the block**. Everything here is so different from home.

B: Don't worry, you'll get used to it. Just **roll with the punches**, and you'll be fine.

A: I guess so. **Right off the bat**, though, it feels a bit overwhelming!

B: I know. But once you get a feel for everything, it'll get easier.

A: 완전히 신출내기가 된 기분이야. 여기 모든 게 집이랑 너무 달라.

B: 걱정 마, 곧 익숙해질 거야. 상황에 잘 적응해 나가면 괜찮을 거야.

A: 그렇겠지. 시작부터 좀 벅차긴 하네!

B: 알아. 하지만 일단 모든 걸 파악하면 더 쉬워질 거야.

> 참고  roll with the punches: 유연하게 대처하다, 어려움에 잘 적응하다
> (right) off the bat: 즉시로, 곧바로, 시작하자마자

A: Looks like we'll have to **hit the ground running** once classes start. I barely have time to get settled.

B: Same here! My room is so small, there's **no room to swing a cat**.

A: Tell me about it. At least our roommates seem chill. It's important we're all **on the same page** with sharing the space.

B: Yeah, definitely. Right now, though, I feel like I'm still **living out of a suitcase**!

A: 수업 시작하면 바로 바쁘게 움직여야 할 것 같아. 자리잡을 여유도 없어.

B: 나도 그래! 방이 너무 작아서 갑갑해.

A: 정말 그래. 그래도 룸메이트들이 괜찮은 사람이라 다행이야. 공간을 같이 쓰는 만큼 서로 마음이맞는 게 중요하지.

B: 맞아. 그래도 난 지금은 아직 떠돌이 생활하는 기분이야!

> 참고  hit the ground running: 빨리 시작하다, 신속하게 시작하다, 발 빠르게 움직이다, 의욕적으로 임하다
> there's no room to swing a cat: 방이 좁아서 갑갑하다
> on the same page: 서로 같은 생각을 하고 있는, 같이 이해를 하고 있는, 관점이 일치하는
> live out of a suitcase: (일로) 연중 여행하다, 떠돌이 생활을 하다

A: I think I'm going to have to **pull an all-nighter** just to finish unpacking and organizing.

B: I tried to **pack like a pro** before moving in and be super organized, but it's a mess!

A: Me also. I'm just trying to **test the waters** with how to arrange everything. But at least we're off to a good start, right?

B: Yeah, we'll figure it out soon enough! Getting settled is half the battle.

A: 짐 다 풀고 정리하려면 밤새야 할 것 같아.

B: 이사 오기 전에 내가 프로처럼 짐을 잘 싸서 멋지게 정리하고 싶었는데 아주 엉망이야!

A: 나도 마찬가지야. 어떻게 짐들을 배치할지 살펴보고 있어. 그래도 시작은 잘한 것 같지?

B: 맞아, 조금 있으면 감 잡을 거야! 자리 잡으면 반은 된 거야.

> **참고** pull an all-nighter: 밤을 새우다, 밤을 새워 공부하다
> test the waters: (행동을 하거나 결정을 내리기 전에) 미리 상황을 살피다[조심스럽게 알아보다]
> figure it out: 파악하다, 헤아리다, 감을 잡다
> be half the battle: 고비를 넘다, 반을 넘다

미국의 8월은 여성 참정권의 달로 기념되며, 1920년 8월 26일에 여성에게 투표권을 부여한 연방헌법의 수정 제19조항의 비준을 기념한다. 이 달은 Susan B. Anthony, Elizabeth Cady Stanton, Sojourner Truth 같은 여성 참정권 운동가들의 끊임없는 투쟁을 기념한다. 여성 참정권의 달은 성평등을 위한 끈질긴 투쟁의 승리를 상징하는 깊은 문화적, 역사적 의미를 지닌다. 여성 참정권 운동은 사회적 규범에 도전했고, 여성 권리와 사회 정의를 위한 미래의 운동에 영향을 미쳐 왔다. 그러나 엄밀한 의미에서 백인 여성 뿐만 아니라 모든 소수 인종들을 포함한 범여성의 참정권과 정치적 평등은 1965년의 투표권법(the Voting Rights Act of 1965)에 의해 유의미한 진전이 시작되었음에 주목해야 한다.

이 달 동안 사람들은 전시회, 강연, 토론과 같은 교육적 행사와 지역 사회에서의 행진, 집회 등을 통해 기념한다. 미디어에서는 다큐멘터리와 영화를 통해 여성 참정권 운동을 되새기고, 평등, 임금과 생식에 대한 자기 권리 등의 민감한 현안 문제를 다루기도 한다. 여성 참정권의 달은 과거의 승리를 반영하고 성평등을 향한 지속적인 노력을 촉구하는 의미 있는 시간이다.

[사진] 1909년 경의 미국의 남녀의 역할(gender role)에 관한 이 그림은 미국 여성들이 요구하고 있는 투표권(suffrage; women's right to vote)이 실현되면 남자들은 집에서 아기들이나 보면서 여자들에게 눌려 살아야 할 것을 우려하는 남자들의 풍자를 담고 있다. 사진: Original copyright: E.W. Gustin. 사진 제공: U.S. Library of Congress

### 공통주제

women's right to vote / equality for women / the 19th Amendment(미국 여성들에게 연방 선거에 투표할 권리를 부여한 연방헌법 제19 수정 조항; 비준과 효력 시작, 1920) / the fight for social justice / gender equality in politics / Susan B. Anthony's activism /

the women's suffrage movement(미국: mid-1800s to 1920) / the impact of voting rights / leadership and empowerment of women / historical milestones in women's rights / the role of women in government / continuing the legacy of suffragists / barriers faced by women in history / celebrating female leaders and pioneers / the importance of civic engagement and voting

## 주요 어휘 및 표현

**명** equality / rights / voting / women / suffrage / justice / progress / history / freedom / movement / advocacy / change / leadership / voice / empowerment / democracy / legacy / protest / amendment(헌법 개정(조항)) / courage

**형** equal / empowering / historic / courageous / revolutionary / determined / inspirational / progressive / resilient / persistent / bold / influential / unstoppable / groundbreaking / patriotic / transformative / visionary / strong / tenacious / united

**동** vote / fight / march / speak / advocate / empower/ unite / lead / rally / protest / demand / organize / strive / achieve / push / stand / inspire / mobilize / challenge / celebrate

**구** break the glass ceiling(유리 천장을 깨다, 차별을 극복하다) / the power of the pen / against all odds(모든 역경에도 불구하고, 가능성이 없는 데도 불구하고) / fight the good fight(정의를 위해 싸우다) / stand one's ground / raise one's voice / The ballot is stronger than the bullet.(투표권이 총보다 강하다, 평화적 정치 참여의 힘) / speak truth to power / make history / on the right side of history / leave one's mark / blaze a trail(길을 개척하다, 선구자가 되다) / equal footing(대등한 위치, 동등한 자격) / the long road to justice / pave the way for …(…의 길을 열다) / change the tide / move the needle(실질적인 변화를 일으키다) / stand tall / lead the charge(돌격/돌진을 이끌다, 선봉에 서다) / be the change / carry the torch / walk in someone's shoes(…의 입장에서 생각하다, 공감하다) / power to the people / a force to be reckoned with(무시할 수 없는 존재) / march for a cause(대의/목적을 위해 행진하다) / strength in numbers / A woman's place is in the House and the Senate(여

성도 정계에서 활약해야 한다는 선언적 표현) / rise above it / push the envelope(한계를 밀어붙이다, 기존 틀을 넘다) / put one's foot down / make waves(논란을 일으키다, 변화를 주다) / turn the tables(상황을 뒤집다, 역전하다) / all hands on deck(모든 인원이 총출동해야 하는 상황) / go the extra mile / take a stand(단호히 맞서며 소신을 밝히다) / bring to the table(기여하다, 제안하다) / on equal terms / rally the troops(사람들을 독려하다, 결집시키다) / lend one's voice(지지/후원 의사를 밝히다, 힘을 실어주다) / in the same boat

## 예문

A: Susan B. Anthony and her supporters fought for women's right to vote **against all odds**.

A: Susan B. Anthony와 그녀의 지지자들은 모든 역경 속에서 여성의 투표권을 위해 싸웠다.

참고 against all odds: 모든 역경을 무릅쓰고, 불리한 상황 속에서

A: The women's suffrage movement not only paved the way for enhancement of women's rights but also **moved the needle** in establishing gender equality.

A: 여성 참정권 운동은 여성의 권리를 향상시키는 길을 닦았을 뿐만 아니라, 양성 평등을 확립하는 데 있어 큰 변화를 가져왔다.

참고 move the needle: 상황을 바꾸다, 큰 변화를 가져오다

A: In order to truly understand their courage and the deep-rooted prejudices they faced, we all need to **walk in their shoes**.

A: 그들의 용기와 그들이 직면했던 뿌리 깊은 편견들을 진정으로 이해하기 위해서는 우리 모두 그들의 입장이 되어 봐야 한다.

참고 walk in someone's shoes : ...의 입장이 되어 보다

A: Without the unwavering courage and strenuous efforts of Susan B. Anthony and her fellow suffragists, it would have been impossible to **turn the tables on** injustice and gender inequality.

A: Susan B. Anthony와 동료 여성 참정권 운동가들의 확고한 용기와 끊임없는 노력이 없었다면, 불의와 성 불평등의 판세를 뒤집는 것은 불가능했을 것이다.

참고 turn the tables on ... : 상황을 역전시키다

A: Susan B. Anthony really helped **break the glass ceiling** for women everywhere. Without her, who knows how long it would've taken for us to even vote.

B: You're absolutely right! Thanks to her and so many others, we're finally **on equal terms with** men, but there's still more to fight for.

A: Susan B. Anthony 덕분에 여성들이 어디에서든 유리 천장을 깨뜨릴 수 있었어요. 그녀가 없었더라면, 우리가 투표권을 얻기까지 얼마나 더 오래 걸렸을지 몰라요.

B: 딱 맞는 말씀이에요! 그녀와 수많은 다른 사람들 덕분에 이제 여성들이 남성과 동등한 위치에 서게 되었지만, 아직도 싸울 일이 남아 있어요.

> **참고** who knows: 혹시 모르지, 어쩌면
> on equal terms with ...: ...와 평등하게, 동등한 조건으로

A: It's important we all **raise our voices**, just like Susan B. Anthony did, to keep pushing for equality.

B: I couldn't agree more. It's an **all-hands-on-deck** moment. We need everyone to keep the momentum going.

A: Susan B. Anthony처럼 우리 모두 목소리를 높여 평등을 위해 계속 나아가는 게 중요해요.

B: 정말 그래요! 지금은 모든 사람이 힘을 합쳐야 할 때예요. 우리는 계속해서 이 운동의 모멘텀을 이어가야 해요.

> **참고** all-hands-on-deck: 모든 인원/자원이 총동원 된/되어야 하는

A: Susan B. Anthony **understood the power of the pen**, using it to fight for women's rights.

B: So true. Her writings helped **change the tide** in the movement for equality.

A: She wasn't afraid to **push the envelope**, challenging laws and traditions that seemed impossible to break.

B: And she tried to **rally the troops**, inspiring people to join her in the fight for justice.

A: Susan B. Anthony는 펜의 힘을 이해하고 그것을 여성의 권리를 위해 사용했어요.

B: 맞아요. 그녀의 글은 평등 운동의 물줄기를 바꾸는 데 큰 역할을 했죠.

A: 그녀는 전혀 깨질 것 같지 않던 법과 전통에 도전하며, 두려움 없이 자신의 한계를 뛰어넘었어요.

B: 그녀는 사람들을 모아 정의를 위한 싸움에 함께하도록 영감을 불어넣으며, 분발하도록 힘썼어요.

> **참고** push the envelope: 한계를 초월하다
> rally the troops: 분발하다 / 촉구하다

A: Susan B. Anthony believed that **the ballot is stronger than the bullet**, and she fought hard for women's voting rights.

B: And she was definitely **on the right side of history**, paving the way for all of us.

A: No doubt about it. Now, as they say, "**A woman's place is in the House and the Senate**!"

B: Women **bring so much to the table**, and thanks to Susan B. Anthony, we're finally getting the recognition we deserve.

A: Susan B. Anthony는 투표권이 총알보다 강하다고 믿었고, 여성들의 투표권을 위해 열심히 싸웠어요.

B: 그리고 그녀는 우리 모두를 위한 길을 닦으며 확고하게 올바른 편에 서 있었어요.

A: 맞는 말이에요. 이제 사람들은 '여성의 자리는(가정을 넘어) 의회에도 있다'고들 하잖아요!

B: 여성들은 정말 많은 기여를 하고 있고, Susan B. Anthony 덕분에 우리가 마침내 마땅한 가치를 인정받고 있어요.

> **참고** A woman's place is in the House and the Senate.: 여성도 정계에서 활약해야 한다는 선언적 표현
> bring something to the table: 기여하다, 이익을 가져다주다

A: I saw so many young people at the protest. It's inspiring to see them **stand tall** for what they believe in.

B: I know! They're really **lead**ing **the charge** for a lot of these new social movements. The future is in their hands.

A: It's so different from when our generation was young. They're not afraid to **speak truth to power**.

B: That's a good thing. They're **pa**ving **the way for** a more just world, not just for women but for everyone.

A: 시위에서 정말 많은 젊은이들을 봤어. 그들이 믿는 것을 위해 당당하게 서 있는 모습을 보니 감동적이야.

B: 맞아! 그들이 정말 많은 새로운 사회 운동을 주도하고 있어. 미래는 그들 손에 달렸지.

A: 우리 세대 젊을 때와는 너무 달라. 그들은 권력자들에게 거침없이 진실을 말하는 것을 두려워하지 않아.

B: 그건 좋은 일이지. 그들은 비단 여성뿐만 아니라 모두를 위한 더 정의로운 세상을 위해 길을 닦고 있는 거야.

> **참고** stand tall: 당당하다, 굴복하지 않다
> lead the charge: 돌격/돌진을 이끌다/주도하다, 선봉에 서다
> pave the way for ...: ...의 길을 열다/닦다, 앞장서다

국가 자살 예방의 달은 매년 9월에 미국에서 자살 예방에 대한 인식을 높이고, 자살로 영향을 받은 사람들을 지원하며, 정신 건강에 대한 대화를 촉진하는 시간을 가진다. 이 달 동안 사람들은 이해를 증진하고 자원 제공을 위한 다양한 활동에 참여한다.

많은 단체들이 자살의 경고 신호와 지원 방법에 대해 알리는 교육 프로그램, 소셜 미디어 캠페인, 행사 등을 개최한다. 걷기 대회나 달리기 대회와 같은 기금 모금 행사들은 자살 예방 활동을 위한 자금을 모으고 사람들 간의 연대감을 높이는 기회를 제공한다.

정신 건강 단체들은 지원 그룹, 토론회, 웨비나 등을 열어 정신 건강에 대해 열린 대화를 촉진하며, 자살에 대한 낙인을 줄이기 위해 노력한다. 일부 사람들은 노란 리본을 착용하거나 촛불을 밝혀 자살로 생을 잃은 사람들을 기리고, 생존자 및 정신 건강 문제를 겪고 있는 사람들과 연대감을 표현한다. 국가 자살 예방의 달은 지역 사회가 함께 모여 정신 건강과 자살 예방을 위한 옹호 활동을 촉진하는 중요한 시기이다. 오늘날 미국에서는 극심한 삶의 고통과 자살의 충동에 직면한 사람들을 돕는 '988 Suicide & Crisis Lifeline'이 연중무휴로 운영되고 있다.

### 공통주제

the importance of mental health / recognizing warning signs / support systems / helpline resources / breaking stigma / self-care practices / access to therapy / mental health education / peer-to-peer support / addressing loneliness and isolation / stories of survival / the role of social media / cultural considerations / advocating for policy change / hope and resilience

### 주요 어휘 및 표현

명 support / awareness / resources / help / lifeline / hope / conversation / community / stigma / prevention / crisis / outreach(봉사 지원 활동) / healing / strength / well-being / resilience / understanding / connection / care / recovery

형 supportive / empathetic(공감하는, 공감 능력이 있는) / compassionate / resilient(회복력 있는, 강인한) / hopeful / understanding / accessible / inclusive / nonjudgmental(선입견없는, 관용적인) / courageous / open / vulnerable / strengthening / healing / connected / empowering(힘을 실어 주는) / aware / caring / positive / encouraging

동 support / listen / help / reach(out) / talk / share / understand / encourage / empathize / check(in) / validate(타당성을 입증하다, 확인하다) / connect / advocate / educate / offer / care / respond / acknowledge / open (up) / comfort

구 reach out for a lifeline(절박하게 도움을 요청하다) / a shoulder to lean on / walk a mile in someone's shoes(... 입장이 되어보다, 공감하다) / break the silence / it's okay to not be okay / in a dark place(심리적으로 매우 힘든 상태에 있다) / light at the end of the tunnel / burden off one's shoulders / open up / build a support network / carrying a heavy load / on the brink(위기의 직전에 있다, 벼랑 끝) / silent struggle(겉으로 드러나지 않는 고통) / find one's footing / the last straw(더는 참을 수 없는 결정적 계기) / safe space / lift the weight off / cry for help(간절한 구조 요청, 숨은 신호) / turn the page / speak from the heart / lean on someone / take it one day at a time / in over one's head(감당할 수 없는 상황에 처하다) / keep one's head above water(겨우 버티다, 힘겹게 생존하다) / silver lining / rally around someone(누군가를 돕기 위해 함께 결집하다) / have someone's back / a light in the darkness / breathe easy / take the first step / heart-to-heart / break down barriers / weather the storm(역경을 헤쳐나가다) / find one's voice / on shaky ground(위태로운) / cry on someone's shoulder / pick up the pieces(망가진 삶을 다시 추스르다) / extend a hand / stand in someone's corner(누군가를 지지하다, 편이 되어주다) / shine a light on ...

A: To truly understand individuals considering suicide, we need to **walk a mile in their shoes** and listen attentively to their stories.

A: 자살을 고려하는 사람들을 진정으로 이해하기 위해서는, 우리는 그들의 입장에서 생각하고 그들의 이야기를 주의 깊게 들어야 합니다.

참고 walk a mile in someone's shoes: 다른 이의 입장에서 생각하다

A: Many people are **on the brink**. Let's not let them feel alone, and also let's show them that they matter.

A: 많은 사람들이 위기 상황에 처해 있습니다. 그들이 외롭다고 느끼지 않게끔 하며, 그들이 소중하다는 것을 보여줍시다.

참고 on the brink: 위기에 처해 있는

A: Every participant in the meeting promised to **have each other's backs** to create a positive environment.

A: 회의 참석자 모두 긍정적인 환경을 조성하기위해 서로를 지지하기로 약속했습니다.

참고 have each other's backs: 서로를 지지하다.

A: Your story is incredibly important to all of us. We hope you will **find your voice** and share it with us.

A: 너의 이야기는 우리 모두에게 아주 중요해. 우리는 네가 목소리를 내어 우리와 함께 공유해주길 바래.

참고 find one's voice: 자신의 목소리를 내다

A: It's so important to **reach out for a lifeline**. There are people and resources ready to help, no matter how heavy things feel.

A: 도움의 손길을 내미는 것이 정말 중요하죠. 아무리 삶이 무겁게 느껴지더라도 도움을 줄 준비가 된 사람들과 자원들이 있어요.

참고 reach out for a lifeline: 도움(구원)의 손길을 내밀다

A: I've noticed Alex has been really **withdrawn** lately, and I'm worried he might be **in over his head** with everything going on.

B: Yeah, I've seen that too. Maybe we should encourage him to **open up**. It might help to let him know he doesn't have to face it all alone.

A: 요즘 Alex가 정말 외톨이처럼 되어 있는 걸 느꼈는데, 그가 모든 일을 감당하기에 힘이 부치는 것 같아서 걱정돼요.

B: 네, 저도 그렇게 느꼈어요. 아마 그가 마음을 열도록 격려해야 할 것 같아요. 모든 걸 혼자서 감당하지 않아도 된다는 것을 알게 해주면 도움이 될 거예요.

참고 be in over one's head: 능력에 부치는 일에 빠지다, ...가 감당 못할 일을 저지르다

A: I'm really concerned about Jamie. She's been **in a dark place** lately, and it feels like everything in her life is **on shaky ground**.

B: I've seen that myself. We should **reach out** and remind her she's not alone. Undoubtedly, just knowing someone cares can make a difference.

A: Talking to someone she trusts can take such a **burden off her shoulders**. She can feel much lighter when she **lets it out**.

B: And if all she needs is to **cry on someone's shoulder**, that's okay too. Just knowing someone is there for her can make all the difference.

A: Jamie에 대해 정말 걱정돼요. 최근에 많이 힘들어하는 것 같고, 그녀의 삶이 너무 불안정한 느낌이에요.

B: 저도 그걸 느꼈어요. 우리가 먼저 손을 내밀고 그녀에게 혼자가 아니라고 상기시켜줘야 할 것 같아요. 분명히, 누군가가 신경 쓰고 있다는 사실만으로도 큰 차이를 만들 수 있죠.

A: 믿을 수 있는 사람과 얘기하는 것만으로도 어깨 짐을 많이 덜 수 있거든요. 마음을 털어놓고 나면 한층 가벼워지는 것을 느낄 수 있을텐데요.

B: 그리고 만약 누군가의 어깨에 기대어 그저 울 수밖에 없다면 그렇게 해도 괜찮아요. 누군가가 그녀를 위해 함께 있다는 걸 아는 것만으로도 큰 차이를 만들 수 있어요.

> **참고** in a dark place: 심한 우울감이나 절망감에 빠져 있는
> on shaky ground: 위태로운, 곧장 무너질 것 같은
> let it out: 마음 속에 담고 있는 생각을 밖으로 표출하다

A: I think it's so important to remind people that **it's okay to not be okay**.

B: Definitely. And it's also so important to **lean on someone** they can trust when they're feeling overwhelmed.

A: It makes a huge difference. We should all **rally around** someone who's struggling.

B: I agree. When we **stand in someone's corner**, we give them the strength to keep going.

A: 사람들에게 '괜찮지 않아도 괜찮다'고 상기시켜 주는 게 정말 중요한 것 같아요.

B: 맞아요. 그리고 사람들이 힘들 때는 믿을 수 있는 누군가에게 의지하는 것이 또한 정말 중요해요.

A: 그게 정말 큰 차이를 만들거든요. 우리 모두는 힘들어 하는 누군가를 위해 서로 힘을 합쳐야 해요.

B: 동의해요. 누군가의 편에 서면, 우리는 그들이 계속 나아갈 힘을 줄 수 있죠.

> **참고** it's okay to not be okay: 괜찮지 않아도 괜찮다
> lean on someone: 누군가에게 의지하다
> rally around: (곤경에 처한 사람을 돕기 위해) 힘을 합치다

stand in someone's corner: (복싱 코치가 선수를 응원하고 코치하기 위해 선수의 코너를 지키듯이) ~를 지지하다, 편이 되어주다

A: I've been feeling so isolated lately. I feel like I'm in a silent struggle that nobody understands.

B: I'm so sorry to hear that. You don't have to carry that heavy load alone. It's okay to take the first step and ask for help.

A: It just feels like I'm a burden. I don't want to bother anyone with my problems.

B: You're not a burden. We're all in this together. Remember, a simple conversation can be the **silver lining** you need.

A: 최근에 너무 외로웠어. 아무도 이해해주지 않는 말 못 할 고통 속에 있는 것 같아.

B: 정말 안타까워. 그 무거운 짐을 혼자 짊어지지 않아도 돼. 첫 발걸음을 내딛고 도움을 요청해도 괜찮아.

A: 내가 짐이 되는 것만 같아. 내 문제로 남들을 귀찮게 하고 싶지 않아.

B: 너는 짐이 아니야. 우리는 모두 함께하는 거야. 기억해, 간단한 대화가 네게 필요한 희망의 빛이 될 수 있어.

참고 silver lining: 밝은 희망

A: I think it's so important to **shine a light on** mental health issues during this month. There's still so much **stigma**.

B: I agree. We need to **break down barriers** so people feel comfortable seeking therapy and support.

A: Exactly. Talking about it openly is how we change things. It's about creating a safe space for everyone to open up.

B: You've got it. That's how we help people breathe easy and feel like they have a future.

A: 이 달에는 정신 건강 문제에 대해 조명해 보는 것이 정말 중요하다고 생각해. 아직도 낙인이 너무 심해.

B: 동의해. 사람들이 치료와 지원을 편안하게 찾을 수 있도록 장벽을 허물어야 해.

A: 맞아. 터놓고 얘기하는 것이 변화를 만드는 방법이야. 모두가 마음을 열 수 있는 안전한 공간을 만드는 게 중요해.

B: 그렇지. 그렇게 해야 사람들이 마음 편하게 숨 쉬고 미래가 있다고 느낄 수 있도록 도울 수 있어.

참고 stigma: 오명, 불명예, 낙인

미국에서 허리케인 시즌은 6월 1일부터 11월 30일까지이며, 가장 그 활동이 활발한 시기는 8월에서 10월 사이이다. 허리케인은 주로 아프리카 대륙 근처 대서양의 따뜻한 바다에서 형성되며, 열, 습기, 낮은 풍속 전개가 중요한 역할을 한다. 허리케인은 강한 바람, 폭우, 홍수, 그리고 해일을 동반해 멕시코 만과 미국 남동부, 카리브해 지역에 지대한 영향을 미칠 수 있다. 이러한 영향에 대비 하기 위해 미리 가족 비상 계획을 세우고, 물, 음식, 약품 등 필수 용품을 비축하며, 창문과 문을 강화해 집을 보호해야 한다. 또한 보험 내용을 확인하고 날씨 앱이나 NOAA(National Oceanic and Atmospheric Administration)이 발표하는 정보를 라디오를 통해 수시로 확인하는 것이 매우 중요하다. 대피 명령이 있을 경우, 지시를 즉시 따르는 것이 필요하다. 철저한 준비를 통해 허리케인 피해를 크게 줄일 수 있다.

### 공통주제

preparedness / evacuation plans / emergency supplies / weather forecasts / storm surge(폭풍 해일) / power outages / community support / home protection / insurance / first responders / aftermath recovery(피해 복구) / government response / climate change / mental health / historic storms(예: Katrina of 2005 was a historic storm.)

### 주요 어휘 및 표현

명 storm / rain / wind / flood / hurricane / evacuation / shelter / damage / power / water / forecast / emergency / roof / wind speed / surge / supplies / generator / warning / coast / safety / aftermath

형 severe / dangerous / strong / torrential / powerful / high / destructive / catastrophic / windy / flooded / coastal / risky / rapid / intense / predictable / wet / stormy / devastating / immediate / critical

동 prepare / evacuate / monitor / assess / shelter / brace /

stockpile(비축하다) / evacuate / rescue / reinforce / report / predict / close / impact / flood / surge / warn / recover / clean / restock

구 batten down the hatches(미리 대비하다, 만반의 준비를 하다) / ride out the storm(고난을 이겨내다) / in the eye of the storm / when it rains, it pours(엎친 데 덮친 격이다) / calm before the storm / take cover(대피하다) / weather this storm / storm's brewing(폭풍이 몰아치다) / on the radar(레이더에 포착된) / under the weather / flood with calls(전화가 쇄도하다) / ride the waves(상황에 잘 적응하다, 유연하게 대처하다) / blown away / caught in the whirlwind / a drop in the bucket(새 발의 피, 아주 적은 양) / hunker down(버티다, 움츠리고 견디다) / rain or shine(어떤 상황이 닥쳐도) / the calm after the storm / in deep water(심각한 어려움에 처하다) / a storm's a-brewing(큰 일이 일어날 것 같은 조짐이 있는) / put out feelers(상황/상대의 반응을 미리 알아보다, 의견을 타진하다) / brace for impact(충격/재난에 단단히 대비하다) / a perfect storm(최악의 상황, 복합적인 악재) / like a hurricane / stay afloat(파산의 위기에서 생계를 근근이 이어가다) / out of the woods / in hot water(곤경에 빠지다, 곤란한 상황에 처하다) / take by storm(인기를 휘어잡다, 열광시키다) / shelter from the storm / high and dry(곤경에 처한, 도움 없이 남겨진) / pouring rain / waterlogged(침수된) / in the flood zone/ lightning strikes twice('희박한 확률'의 비유적인 표현) / head for higher ground(더 높은 곳/안전한 장소로 대피하다) / storm out(화를 내며 자리를 박차고 나가다) / the tip of the iceberg(빙산의 일각) / stormy weather / swept away / get one's feet wet(입문하다, 시작하다)

A: Given our experience with past hurricanes, I'm confident we can **ride out this storm**[= **weather this storm**] approaching our city.

A: 과거 허리케인 경험을 바탕으로 볼 때, 우리 도시로 다가오는 이번 폭풍도 잘 견뎌낼 수 있을 거라고 확신해.

참고 ride out a storm: 또는 weather a storm: 폭풍우를 헤쳐 나가다, 어려움을 극복하다

A: It seems to me that we are almost **out of the woods** as the hurricane passed last night.

A: 어젯밤 허리케인이 지나가면서 이제 위기를 넘긴 것 같아.

참고 out of the woods: 위기를 넘기다, 안전하다

A: Although I could get some financial support from FEMA, it's just **a drop in the bucket** compared to the cost required for overall damage caused by the hurricane.

A: FEMA로부터 어느 정도의 재정 지원을 받을 수 있겠지만, 허리케인으로 인한 전체 피해 복구 비용에 비하면 턱없이 부족해.

참고 FEMA: Federal Emergency Management Agency(연방재난관리청)
a drop in the bucket : 극히 적은 양, 새 발의 피

A: Start by **getting your feet wet** with small tasks, and you'll be ready to take on more crucial responsibilities during disasters later on.

A: 작은 일부터 시작해서 경험을 쌓으면 나중에 재난이 발생했을 때 더 중요한 책임을 맡을 수 있을 거야.

참고 get one's feet wet: 경험을 쌓다, 처음으로 해보다

A: We lost power, the fence blew down, and now the car won't start. **When it rains, it pours**!

B: I hear you. I'm **in hot water** for not stocking up on enough supplies before the storm hit.

A: 정전이 되고 울타리는 날아가 버렸고, 이제 차도 시동이 안 걸려요. 엎친 데 덮친 격이네요!

B: 정말 그래요. 폭풍이 오기 전에 물자를 충분히 비축하지 않아서 큰일이에요.

참고 When it rains, it pours.: 한번 비가 오면 폭우로 온다. 안 좋은 일은 겹쳐서 일어나기 마련이다, 불운은 한꺼번에 닥친다
= Whenever it rains, it pours.
= It doesn't rain without pouring.
= It doesn't rain but it pours.
I hear you.: 그래 알아 무슨 말인지. / 그래요, 알아요. / 네, 그렇죠. / 인정해요.
in hot water: 곤경에 처해서
stock up on ...: 무엇인가 대량으로 비축하다 / 모아서 저장하다

A: Looks like that storm is definitely **on the radar** now. It could make **landfall** sooner than we thought.

B: Yeah, we'd better **brace for the impact** and get everything ready **just in case**.

A: 이제 폭풍이 확실히 레이더에 잡혔어요. 우리가 예상했던 것보다 일찍 상륙할 수도 있겠어요.

B: 맞아요, 대비하고 만반의 준비를 해야 할 것 같아요.

참고 brace for the impact: 재난에 단단히 대비하다
on/off the radar: 사람들의 관심을 끄는/끌지 못하는
just in case: 만약을 대비해서

A: It feels so quiet today, almost like the **calm before the storm**.

B: Yeah, but they're saying conditions are setting up for a **perfect storm** later tonight.

A: I hope it doesn't get too bad. Last year, we were completely **waterlogged** for days.

B: I know. This one looks like a monster. We need to be ready for anything.

A: 오늘은 너무 조용해서, 폭풍 전야 같은 느낌이에요.

B: 네, 그런데 오늘 밤에 최악의 상황이 조성되고 있다고 하네요.

A: 너무 심해지지 않았으면 좋겠어요. 작년엔 며칠 동안 물에 잠겼었잖아요.

B: 알아요. 이번 폭풍은 엄청날 것 같아. 뭐든 대비해야 해요.

참고 perfect storm: 최악의 상황, (두 가지 이상의 크고 작은 악재들이 동시다발적으로 일어나서 맞게 되는) 초대형 위기

A: Everything seems so peaceful right now, but you know it's just the calm before the storm.

B: Yeah, I've already got my supplies ready. We'll have to **hunker down** soon.

A: I hope we make it through this one **high and dry**. Last time, it was a mess.

B: Let's not wait too long. I don't want to be **swept away** by this one.

A: 지금은 모든 게 평화로워 보이지만, 폭풍 전야라는 걸 알잖아요.

B: 네, 나는 이미 물자를 준비해 놨어요. 곧 집에 틀어박혀 있어야 할 거예요.

A: 이번엔 고립무원의 위기를 잘 헤쳐나갈 수 있기 바래요. 지난 번엔 정말 엉망이었잖아요.

B: 너무 지체되지 않게 준비합시다. 이번 폭풍에 휩쓸리고 싶지 않아요.

참고 make it through: (어려운 시기를) 이겨내다, 견뎌내다, 통과하다
hunker down: 몸을 웅크리다, (어려운 상황에서) 버티다, 견디다, 숨죽이고 준비하다
high and dry: 고립된, (사람이) 먹고 살 길이 막막한

A: The storm's getting closer. Looks like we're going to need to **batten down the hatches**.

B: Yeah, I've been **flooded with calls** from family asking what our plan is. It's getting hectic.

A: We might have to **head for higher ground** if it gets any worse. Better safe than sorry.

B: I'll **put out feelers** to see if any shelters still have room, just in case we need to evacuate.

A: 폭풍이 가까워지고 있어요. 뭔가 대비책을 세워야 할 것 같아요.

B: 맞아요, 우리가 어떻게 할 계획인지 가족들한테서 전화가 계속 와요. 점점 정신없어지고 있어요.

A: 폭풍우가 더 심해지면 높은 곳으로 가야 할지도 몰라요. 나중에 후회하는 것보다 조심하는 것이 낫죠.

B: 혹시 대피해야할 것에 대비해서, 대피소에 아직 여유가 있는지 확인해 볼게요.

> **참고** batten down the hatches: 폭풍우에 대비해 배의 해치를 단단히 고정시키다, 폭풍이나 어려운 상황에 대비하다, 위기를 준비하다, 긴장 상태로 돌입하다(hatches는 배의 출입구나 창문, batten은 덮개를 고정시키는 나무막대 또는 금속)
>
> better safe than sorry: 나중에 후회하는 것보다 조심하는 것이 낫다
>
> put out feelers: ...에 대해 떠보다, 타진/염탐하다

노동절(Labor Day)은 9월 첫 번째 월요일에 기념되며, 미국 노동자들과 노동 운동의 기여를 기념한다. 이 날의 기원은 19세기 후반으로, 주로는 제조업, 철도, 광업 등 기술집약적 근로자들을 중심으로한 노동조합들이 더 나은 근로 조건, 공정한 임금, 합리적인 근로 시간을 위해 싸운 때로 거슬러 올라간다. 첫 공식 노동절은 1894년 풀만 파업(Pullman Strike) 이후 노동자 권리에 대한 관심을 불러일으킨 후 시작되었다. 20세기 중반 이후로는 미국 경제/산업에서의 제조업의 쇠퇴로 인해 노동조합들의 유대와 세력이 쇠퇴하면서 Labor Day의 경제적, 사회문화적 의미와 비중 또한 크게 축소되었다.

문화적으로 노동절은 여름의 끝을 의미하며, 많은 미국인들에게 휴식과 여유의 날로 여겨진다. 많은 미국인들은 Labor Day를 피크닉, 바비큐, 퍼레이드, 가족 및 친구들과의 모임으로 보낸다. 많은 사람들은 해변 여행이나 하이킹과 같은 야외 활동을 즐기며, 지역 사회에서는 노동자들을 기리고 노동 조합의 연대감을 보여주는 퍼레이드가 열린다. 또한 노동절은 대형 세일과 할인 혜택이 있는 시기로, 상점들은 긴 주말 동안 프로모션을 진행한다. 노동 운동의 역사적이고 사회적인 기여를 되새기며 가족, 친구, 이웃들과 함께 좋은 하루를 보낸다.

[사진] 미국 자동차 회사 General Motors의 한 조립공장(assembly plant)이 있는 Wisconsin 주 Janesville에서 자동차 노조 근로자들이 Labor Day를 축하하며 진흙탕 속에서 배구(mud volleyball)을 즐기고 있다. 사진 ⓒ 박우상

[사진] 미국의 GM 자동차 조립공장(assembly plant)이 있는 한 타운의 Labor Day(9월 첫째 월요일) 퍼레이드에서, 영화 Wizard of Oz(1939 film)의 등장인물들 복장을 한 labor union(노동조합) 멤버들과 지지자들이 사람들에게 값싼 수입품 구매를 중지하고, 미국 근로자들을 보호하는 미국 제품을 살(Buy American) 것을 촉구하는 sign들을 들고 행진하고 있다. 사진: ⓒ 박우상

the importance of workers' rights / the history of the labor movement / labor unions and their impact / celebrating hard work and dedication / work-life balance / the value of rest and relaxation / Labor Day parades and events / barbecues and family gatherings / travel and long weekend plans / end-of-summer traditions / sales and shopping deals / gratitude for essential workers / reflections on the economy and job market / the minimum wage and fair pay / workers' safety and protections

## 주요 어휘 및 표현

**명** work / weekend / barbecue / holiday / job / picnic / family / friends / celebration / grilling / labor / union / parade / rest / party / workers / break / pay / cookout / relaxation

**형** hardworking / relaxing / long / celebratory / well-deserved / grateful / busy / festive / restful / annual / traditional / patriotic / laborious / enjoyable / fun-filled / social / earned / exciting / sunny / exhausting

**동** work / relax / celebrate / rest / grill / enjoy / gather / honor / appreciate / parade / travel / unwind / labor / party / picnic / commute / plan / shop / reflect / socialize

**구** put your feet up(앉아 쉬다) / hard at work / burn the midnight oil / a job well done / all in a day's work(아주 일상적인 일) / grind to a halt(서서히 멈추다) / pull your weight(누구 못지 않게 열심히 하다) / call it a day / take a load off(드러눕다, 편히 하다) / roll up your sleeves(소매를 걷어 붙이다) / back to the grind(다시 일을 시작하다) / earn your keep(들이는 시간/돈 만큼의 가치가 있다) / give it 110% / work like a dog / hit the ground run / blood, sweat, and tears(피나는 노력) / in the nick of time / get the ball rolling(시작하다) / no pain, no gain / clock in and out(출퇴근 카드를 찍다) / pull an all-nighter(밤샘 공부를 하다) / a labor of love(보수를 바리지않고 하는 일) / on the clock(근무중인) / break a sweat(열심히 노력하다) / hustle and bustle(북적북적, 분주함) / put in the hours(공을 많이 들이다) / bring home the bacon(성공하다, 밥벌이하다) / burnout city / a well-oiled machine / out of office / take it easy / labor of love / work hard, play hard / on the job(근무중인) / kept one's nose to the grindstone(뼈빠지게 일하다) / a day off the books / at the end of the day(결국 가장 중요한 것은) / work smarter, not harder / run on empty(자력이 다하다, 힘을 잃다) / push the envelope(한계를 뛰어넘다)

### 예문

A: Wow, the deadline of this project is nearing soon. Let's **roll up our sleeves** to get this project finished before Labor Day.

A: 와, 프로젝트 마감일이 얼마 안 남았네. 소매를 걷어붙이고 노동절 전에 이 프로젝트를 마무리하자.

A: Finally, the negotiations have **ground to a halt**, and we might need to bring in a mediator who can handle this labor issue professionally.

A: 결국 협상이 교착 상태에 빠졌고, 이 노동 문제를 전문적으로 처리할 중재인을 데려와야 할 것 같아.

**참고** grind to a halt: 멈추다, 정체되다

A: Our family had a fun Labor Day weekend. Now, I have to go **back to the grind** tomorrow.

A: 우리 가족은 즐거운 노동절 주말을 보냈어, 난 이제 내일부터는 빡세게 일해야 해.

**참고** go back to the grind: 다시 빡세게 일하다

A: My dad works so hard to **bring home the bacon** for our family. He deserves a good rest over the Labor Day weekend.

A: 아빠는 우리 가족을 위해 열심히 일하셔. 노동절 주말에 충분히 잘 쉬실 자격이 있으셔.

**참고** bring home the bacon: 생계를 책임지다

A: I can't wait for the long weekend! Finally, a break from **clocking in and out** every day.

B: Same here! It's nice to have a day **off the books** to just relax and enjoy.

A: 긴 주말이 너무 기대돼요! 드디어 매일 매일 출퇴근하는 것에서 벗어나는 거네요.

B: 나도 그래요! 직장을 하루 쉬고 편하게 즐길 수 있으니 좋네요.

> **참고** clock in and out: 출퇴근 카드를 찍다
> off the books: (사람·이름이) 명부에서 제외되어, 제명되어

A: I've been grilling since sunrise. Guess it's **all in a day's work**, haha.

A: 해 뜰 때부터 그릴을 하고 있었어요. 이게 아주 흔히 있는 일 아니겠어요, 하하.

> **참고** all in a day's work: 아주 일상적인[하나도 새로울 것 없는] 일

A: Even though it's a holiday, everyone's still **hard at work** setting up for the Labor Day picnic.

B: Yeah, you can really feel the **hustle and bustle** in the air. It's going to be a great day!

A: 휴일인데도, 모두 열심히 노동절 피크닉 준비로 여전히 분주하네요.

B: 맞아요, 분주한 기운이 느껴져요. 정말 멋진 하루가 될 것 같아요!

> **참고** hustle and bustle: 북적거림, 북적대는 것, 북새(통)

A: Hey, thanks for **pulling your weight** with the decorations today. It looks awesome out here!

B: No problem! We got it done **in the nick of time** before the guests showed up. You know it. It's time to **put our feet up** and relax.

A: 오늘 장식들을 열심히 해줘서 고마워요. 정말 멋져요!

B: 별말씀을요! 손님들 오기 직전에 딱 맞춰서 끝냈네요. 그렇죠. 이제 편히 쉬면서 즐길 시간이에요.

> **참고** pull one's weight: 자기 임무를 다하다, 자기 역할을 다하다
> in the nick of time: 아슬아슬하게, 거의 딱 맞춰서
> put one's feet up: 앉아서 쉬다

A: Yo, Mia, Labor Day's coming up. Ready to escape **the grind**?

B: Totally! Please tell me you've got something planned that involves zero **adulting**.

A: Morning parade downtown? Coffee in hand, cheering like kids?

B: You had me at coffee and floats. Those marching bands **get me every time**.

A: Then we **hit the lake**. Mud volleyball's back. Watching the chaos is half the fun.

B: And **laughing till we cry**? **I'm game**. What about food?

A: How about the beer garden? Grilled burgers, live **tunes**, and cold **brewskis**.

B: Boom. That's a perfect Labor Day. Sunscreen, **shades**, and stretchy pants. **I'm in**.

A: 야, Mia. 노동절이 곧 다가오는데. 바쁘고 고된 일상에서 벗어날 준비 됐어?

B: 완전! 어른답게 행동하지 않아도 되는 뭔가 계획이 있겠지?

A: 아침에 시내 퍼레이드 볼까? 커피 들고 아이처럼 환호하면서.

B: 커피랑 행렬 차량들 딱 좋아. 행진 밴드들은 늘 감동이야.

A: 그 다음엔 호숫가로 가자. 진흙 배구가 다시 열리거든. 혼란스러움(진흙탕 속에서 배구를 하는 난장판을) 보는 재미가 반이야.

B: 웃다가 울 정도로 즐기는 거지? 나 완전 찬성. 먹는 건 어떻게 하지?

A: 비어 가든 어때? 그릴한 햄버거도 있고, 라이브 음악도 있고, 차가운 맥주까지.

B: 최고다. 완벽한 노동절 날이네. 선크림, 선글라스, 그리고 편한 바지 챙길게. 나도 함께 할게.

참고  (the) grind: 힘들고 바쁘게 일하는 일상 생활
adulting: 어른스럽게 책임성 있고 신중하게 행동하는(흔히 우쭐거리며 유머스러운 뉘앙스)
I'm game.: I'm willing, ready, eager(to join). Count me in. 열성적으로 '나도 할래, 나도 끼워 줘' 라는 의미.
brewski: beer를 뜻하는 속어. 가산명사로 'a' 또는 복수형 '-s'를 사용.

Major League Baseball(MLB)의 최종 챔피언쉽 게임 시리즈인 World Series는 매년 10월 말에서 11월 초에 열리며, 미국의 "국민 스포츠/취미"('national sport/ pastime')으로 불리는 야구와 그 깊은 유대감을 상징하는 문화적 이벤트이다. 이 챔피언십 시리즈는 메이저리그 야구 시즌의 정점을 이루며, 아메리칸 리그와 내셔널 리그의 우승팀이 4승을 먼저 달성하기 위한 경쟁을 벌인다. 경기마다 4만 명 이상의 관중이 경기장을 가득 메우고, 텔레비전 중계를 통해 수천만 명이 경기를 시청하며, 특히 승패의 결과가 아주 중요한 경기에서는 시청률이 최고조에 달한다.

많은 미국인들에게 월드 시리즈는 단순한 스포츠 이벤트를 넘어선 공동의 경험이다. 가족, 친구, 이웃들이 모여 경기를 시청하며, 때로는 흥겨운 관람 파티를 열기도 한다. 이러한 모임에서는 핫도그, 나초, 팝콘과 같은 미국 대표 간식들이 준비되어 야구장의 분위기를 그대로 재현한다. 월드 시리즈는 가족, 친구들, 동료들, 이웃들 등의 커뮤니티의 유대감을 강화하며, 열띤 대화와 팀 간의 라이벌 의식, 그리고 공동의 기쁨이나 아쉬움을 나눌 수 있는 기회를 제공한다.

월드 시리즈는 끈기, 팀워크, 전통을 기념하는 문화적 의미를 지닌다. 1903년부터 이어져 온 이 역사적인 행사는 세대를 초월하여 팬들을 연결하며 야구가 미국 이야기 속에서 차지하는 독특한 위치를 다시금 상기시킨다. 이러한 경기는 경쟁 속에서도 스포츠가 가지는 통합의 힘, 그리고 공유된 정체성과 자부심을 느낄 수 있는 특별한 시간이다.

### 공통주제

team rivalry / player performances / game strategy / home field advantage / historic moments / fan experience / celebrations and traditions / media coverage / halftime shows and entertainment / betting and predictions / impact on the community / sportsmanship and fair play / injuries and health updates / historical comparisons / future of the sport

### 주요 어휘 및 표현

명 game / team / player / pitcher / batter / inning / base / run / score / out / home run / strike / field / fans / stadium / coach /

championship / series / victory / playoff

형 exciting / intense / competitive / legendary / thrilling / critical / skilled / clutch(결정적인, 천금같은) / outstanding / dynamic / impressive / nail-biting(손에 땀을 쥐게 하는) / heroic / unpredictable / record-breaking / electric / dramatic / strategic / memorable / fierce

동 hit / pitch / catch / run / score / strike / field / swing / throw / win / lose / dive / tag / celebrate / challenge / execute / bunt / block / drill / rally

구 hit a home run / step up to the plate(행동에 나서다, 조치를 취하다) / throw a curveball / in the ballpark(예산 범위 내에서, 어림잡아) / touch base(잠깐 짧은 연락을 주고받다) / bat a thousand(대성공을 거두다) / out of the park(장외의) / on the same page / game changer / caught stealing / knock it out of the park(아주 잘 해내다) / in the zone(...에 빠진, 무아지경인) / bigger fish to fry(중요하고 시급한 일) / play hardball(악착스럽게 굴다) / strike out / all in the game(원래 다 그런거야) / no-brainer(쉬운 문제) / back to the drawing board(처음부터 다시 시작하는, 백지로 돌리는) / put the ball in one's court / caught in the crossfire(십자포화에 휘말린) / take one for the team(팀을 위해 희생하다) / bunt / rally the troops(분발하다, 촉구하다) / foul ball / hit the ground running(곧 바로 전력 질주하다) / walk-off win(끝내기 승리) / play it by ear(그때 그때 봐서 처리하다) / go to bat for someone(...을 지지하다, 돕다) / throw in the towel(패배를 인정하다) / caught off guard(허를 찔린) / take a swing at(휘두르다) / batter up!(경기 시작!) / win one for the Gipper(누군가를 기억하며 일을하다) / keep one's eye on the ball(임무에 집중하고 주의를 기울이다) / ballpark figure(어림셈) / hit the dugout / hit for the cycle(싸이클 히트를 치다) / scoring run / weather the storm / run the bases

참고 hit the ground running: 곧 바로 전력 질주하다(움직이는 전투기나 차량에서 지상으로 뛰어내린 병사들이 착지함과 동시에 지체없이 다음 작전활동에 돌입해야 했던 상황에서 유래되었다고 함)

예문

A: The Houston Astros are really **playing hardball** on the mound in this World Series.

A: 휴스턴 애스트로스는 이번 월드 시리즈에서 정말 세게 나오고 있어.

play hardball: 강경한 태도를 취하다(야구에서 강하게 던지는 투구에서 유래하여, 협상이나 경쟁에서 강경한 태도를 취하는 것을 의미)

A: The pitcher, who was hit by a grand slam home run, was **caught in the crossfire** of the fans' anger after the team lost.

A: 그 투수는 그랜드 슬램 홈런을 맞고 팀이 지자 팬들의 분노의 표적이 되었어.

caught in the crossfire: 뜻밖의 피해를 입은

A: Although the team lost the last five games **in a row**, the captain **rallied the troops** to get the team back on track.

A: 팀이 5연패를 당했지만, 주장은 팀을 다시 정상 궤도에 올려놓기 위해 선수들을 독려했어.

rally the troops: 사람들을 규합하다, 독려하다

A: I don't have the exact number, but a **ballpark figure** would be around 80,000 fans.

A: 정확한 숫자는 없지만, 어림잡아 8만 명 정도의 팬일 거야.

a ballpark figure: 대략적인 추정치

A: I think our team has a solid chance this year. Their stats are definitely **in the ballpark** of what we need to win.

B: Yeah, but we might have to **take one or two for the team** if luck doesn't cooperate.

A: 이번 해에 우리 팀이 확실한 기회가 있는 것 같아요. 통계 수치들이 어림잡아 우리가 승리하는 데 필요한 수치들이에요.

B: 맞아요, 그런데 운이 따라주지 않으면 한 두 게임 질 각오도 해야 할 거예요.

in the ballpark: 예상 범위 내에서, 어림잡아
take someone for the team: 팀을 위해 희생하다

A: Did you see that last home run? It was totally **out of the park**!

B: Absolutely! And the best part was it led to a **walk-off win** for our team! What an incredible game!

A: 방금 그 홈런 봤어? 엄청났어!

B: 완전 동감이야! 우리 팀이 끝내기 승리를 거둔 것이 정말 짱이었어! 정말 멋진 경기였지!

out of the park: 장외의, 엄청난
walk-off: (야구) 9회 말에 홈런을 쳐서 그대로 경기에서 승리함

A: With the championship **on the line**, it's time for the players to **step up to the plate and give it their all**!

B: True, but I think the coaches **have bigger fish to fry** right now, like figuring out the best strategy.

A: 이제 챔피언십이 위태로운 만큼, 선수들이 본격적으로 나서서 최선을 다 할 때야!

B: 맞아, 그런데 지금 코치들이 해야 할 더 중요한 일은 최고의 전략을 짜는 거야.

step up to the plate: 타자가 타석에 들어 가다, 비유적으로 본격적으로 일을 시작하다, 분발하다
on the line: 위태로운
have a big fish to fry: 큰 문제가 있다, 해결해야 할 중대한 일이 있다

A: Absolutely! If we **play our cards** right, we can **knock it out of the park** and secure that win.

B: Sounds great! But if things don't go as planned, I'll **put the ball in your court** to come up with the next move.

A: No pressure, but let's **win one for the Gipper**! This is our chance to make history!

A: 좋습니다! 우리가 작전을 잘 실행하면 대박을 터뜨려서 승리를 확정할 수 있을 거예요.

B: 좋아요! 만약 계획대로 되지 않으면, 그 다음은 당신에게 일뤄낼게요.

A: 부담 갖지 말아요, 하지만 최선을 다합시다! 역사를 쓸 기회니까요!

play one's cards: 일을 처리하다, 계획을 실행하다
knock it out of the park: 잘 해내다, 좋은 성과를 이뤄내다
win one for the Gipper: to do something in memory of another person ...를 추모하여 [...에게 경의를 표하기 위해] 최선의 노력을 다하다, (게임/시합을) 이기다. (유래: George Gipp: 1920년에 죽으면서 코치에게 팀 동료들에게 "win one of the Gipper" (Gipper/나를 위해/기억하여 게임을 하나 이기다)라고 사기를 북돋워 달라고 부탁했다는데서 기원. 1940년에 영화로 제작되었고 그 영화에 출연 했던 Ronald Reagan 대통령이 자신이 연기했던 Gipp을 자신의 별명(the Gipper)으로 사용하면서 일 반인들에게 점차 확산되기 시작했으며, 오늘날에도 스포츠, 비즈니스, 인생살이에서 '~를 위해 최선의 노 력을 다하다/이기다'의 의미로 사용된다.)

A: This game is a **nail-biter**! My heart is pounding with every pitch.

B: I know, right? The tension is so thick you can cut it with a knife. This is definitely a **clutch** moment for our team.

A: Totally. It feels like everyone is **in the zone**, especially the pitcher. He's throwing absolute fireballs.

B: He is! They really need to hit a home run right now to break this tie and get ahead.

Ramadan은 이슬람에서 가장 거룩한 달 중의 하나로, 전 세계 무슬림들이 신에 대한 헌신과 영적 성찰, 자기 절제를 실천하는 시기이다. 이슬람 음력 전례력에 따라 실제 시기가 달라지는 라마단은 29일 또는 30일 동안 이어지며, 기쁨의 축제인 이드 알피트르(Eid al-Fitr)로 절정에 이른다. 미국에서는 전체 인구의 약 2%에 해당하는 수백만 명의 무슬림이 라마단을 지키며, 그들은 다양한 인종과 배경을 가지고 있다. 이프타르에 비무슬림 친구나 이웃을 초대해 함께하는 경우도 많아, 종교 간 이해를 증진시키는 기회가 되기도 한다. 미국의 무슬림들에게 라마단은 매우 개인적인 여정이자 신앙과 문화적 정체성을 축하하는 공동의 축제이다.

Ramadan의 중심적인 실천은 일출부터 일몰까지의 금식이다. 무슬림들은 낮 동안 음식, 음료, 기타 신체적 욕구를 자제하며, 기도, Quran 낭송, 그리고 특히 자발적이고 적극적인 자선 행위를 강조한다. 금식은 저녁에 이프타르(iftar)라는 공동 식사로 끝나며, 대개 선지자 무하마드의 전통에 따라 대추야자와 물로 시작한다. 새벽 전의 식사인 수후르(suhur)는 하루 금식을 준비하는 시간이다. 이슬람의 성전인 Mosque들에서는 밤마다 타라위흐(taraweeh)라는 기도가 열리며, 많은 무슬림이 모여 함께 기도하고 음식을 나눈다.

[사진] Ramadan 동안의 한 금요일 오후에 미국의 한 이슬람 그룹이 지역 공동체에 모여 금식(fasting)을 하면서 Mecca를 향해 기도(salah)를 바치고 있다. 사진: ⓒ 박우상

### 공통주제

fasting(sawm) / family and togetherness / spiritual reflection / charity(zakat) / community(Ummah) / breaking fast(iftar) / suhur(Pre-Dawn Meal) / Taraweeh prayers / health and hydration / work and school balance / cultural traditions / Eid preparations(이슬람의 명절 준비) / forgiveness and gratitude / Islamic values / non-Muslim awareness

## 주요 어휘 및 표현

**명** fasting / iftar / Suhoor / prayer / patience / charity / Quran / blessings / community / mosque / dates / family / reflection / gratitude / zakat / faith / Eid tradition / sunset / meal

**형** blesse / holy / peaceful / fulfilling / grateful / spiritual / hungry / compassionate / devout / generous / reflective / patient / strong / kind / faithful / joyful / humble / sacred / united / resilient

**동** fast / pray / reflect / give / share / break(as in "break the fast") / gather / eat / prepare / donate / worship / forgive / refrain / celebrate / focus / appreciate / unite / strengthen / recite / endure

**구** breaking bread together(함께 식사하다, 친목을 나누다) / fasting and feasting / it's a test of patience / burn the midnight oil(밤늦게까지 공부하다 또는 일하다) / light at the end of the tunnel / count the days(손꼽아 기다리다) / run on empty(체력이 완전히 소진되어도 참고 일하다) / mind over matter(정신력에 달린 문제) / blessings in disguise(뜻밖의 좋은 결과) / a time for reflection / strength in numbers / the more the merrier / food for the soul / break the fast / lift one's spirit / feast like a king / walk on eggshells(눈치보다, 매우 조심스럽게 행동하다) / let's get the ball rolling(일을 시작하자) / on the same page / rise and shine(정신 차리고 일어나라) / it's a small world / time flies / practice what one preach(언행을 일치시키다) / the final stretch / in good hands(안심할 수 있는, 잘 관리되는) / chalk something up to experience(…을 하나의 경험으로 삼다) / early bird catches the worm / in full swing / go the extra mile(한층 더 노력하다) / all hands on deck(긴급한 상황 타개를 위해 모두가 힘을 합침) / a full plate(산더미 일) / blessed beyond measure(헤아릴 수 없을만큼 축복받은) / all in good time(머지않아, 곧) / it takes a village(모두 힘을 합치다) / on the right path /

turn over a new leaf / a clean slate / put one's best foot forward(있는 힘을 다하다) / the calm before the feast

예문

A: I believe we can mutually learn about different cultures and traditions by **breaking bread together** during Ramadan.

A: 라마단 기간에 함께 식사를 하면서 서로 다른 문화와 전통에 대해 배우는 좋은 기회가 될 거라고 생각해.

참고 break bread together: 함께 식사하다(참고: 빵을 함께 나눠 먹는 행위에서 유래하여, 함께 식사하며 친목을 다지는 것을 의미)

A: I failed to fast for the first time during Ramadan, but I'll do it better next time, **chalking it up to** laziness on my part.

A: 라마단 기간에 처음으로 단식에 실패했지만, 나 자신의 게으름이라고 여기고 다음에는 더 잘할 거야.

참고 chalk it up to ...: ... 때문이라고 생각하다
chalk something up to experience: ...을 하나의 경험으로 삼다(참고: 기록의 수단으로 분필이 많이 사용되던 시절에는 외상대금이나 스코어들을 벽이나 나무판에 분필로 기록(chalk up)하여 사람들은 실수나 손해를 줄일 수 있음을 경험으로 배울 수 있었다. 이후 chalk it up to... 는 어떤 것의 원인으로 돌리다(ascribe)'라는 의미로도 확장되었다)

A: At first, I was initially reluctant to rise early for the Fajr prayer, but I felt highly energized by the spiritual practice. So, thank God, I was able to **rise and shine**, so to speak.

A: 처음에는 Fajr 기도를 드리려고 일찍 일어나는 것이 싫었지만, 영적인 실천을 통해 활력을 얻었어. 그래서 말하자면 '일어나 비출 수 있어서' 감사하나이다.

참고 rise and shine: 일어나서 활기차게 시작하다(Quran에서 말하는 '일어나 비추어라' 의미임)
fajr: 이슬람교에서 하루 5차례 기도 중 가장 일찍 (해 뜨기 전에) 하는 기도. 순서대로 fajr, dhuhr, asr, maghrib, isha.

A: I'm definitely **counting the days** until Eid! Fasting has been a real challenge this year, but it's always worth it in the end.

B: Same here! But at least we're all **on the same page**, supporting each other through the fasting and prayers. Makes it a bit easier to get through.

A: 정말로 Eid까지 남은 날을 세고 있어요! 올해는 금식이 정말 힘들었지만, 결국에는 항상 가치가 있어요.

B: 나도 그래요! 그래도 다들 금식과 기도를 통해 서로 도우면서 같은 마음이어서 금식을 하는 데 조금은 더 쉬워요.

> **참고** Eid: 이드(이슬람의 종교적 축일)
> count the days: 손꼽아 기다리다.

A: I can't wait for the big **iftar** tonight, **fasting and feasting** always feels so rewarding after a long day.

B: Yeah, there's something special about **breaking the fast** with family and friends.

A: For sure, we're blessed **beyond measure** to share these moments together.

B: Definitely. And it's a beautiful thing that everyone gets to do it together.

A: 오늘 밤 이프타르가 너무 기대돼요. 금식하고 함께 저녁 식사하는 게 정말 보람 있어요.

B: 네, 가족과 친구들과 함께 금식을 마치는 건 정말 특별해요.

A: 맞아요, 이 순간들을 함께 나눌 수 있다는 게 이루 헤아릴 수 없는 축복이에요.

B: 물론이죠. 그리고 모두가 함께 한다는 것이 정말 아름다워요.

> **참고** iftar: 이프타르(라마단 기간 중 하루의 단식을 마치며 먹는 저녁)
> fasting and feasting: 금식하고 잔치하기
> beyond measure: 몹시[대단히]

A: Fasting during Ramadan really feels like a **test of patience**, but I've learned so much about self-control.

B: Yeah, but we're **in good hands** with the support of our community. Everyone's going through it together.

A: Definitely, **it takes a village** to **make it through** — family, friends, and neighbors all play a part.

B: I agree. It's the perfect time to reflect on what really matters in life.

A: 라마단 기간 동안 금식하는 게 참 인내심 테스트 같지만, 절제에 대해 많은 것을 배웠어요.

B: 맞아요, 우리 공동체의 지원 덕분에 안심이 돼요. 다들 함께 이 시간을 보내고 있으니까요.

A: 정말로, 이 시간들을 보내는 데 모두가 힘을 합해야 해요. 가족, 친구, 이웃 모두가 제 각각의 역할을 하죠.

B: 동의해요. 삶에서 진정으로 중요한 것들에 대해 되돌아보기에 완벽한 시간이죠.

> **참고** in good hands: (믿을만한/좋은 사람에게 맡겨져서) 안심할 수 있는, 관리를 잘 받고 있는
> it takes a village: 모두 힘을 합치다
> make it through: (어려운 시기를) 이겨내다, 견뎌내다, 통과하다

Rosh Hashanah(로쉬 하샤나, 신년제)는 유대교의 새해로서 보통 초가을에 열린다. 이 기간은 영적 성장과 반성, 새로움을 맞이하는 시기로서 고대 성일(聖日) 기간의 시작을 알린다. Rosh Hashanah는 히브리 달력의 일곱 번째 달인 Tishrei(티쉬리)의 첫 이틀 동안 지켜진다. 미국에서는 유대인 인구가 전체의 약 2%를 차지하며, 수백만 명이 이 신성한 명절을 기념하며 신앙과 전통으로 공동체를 하나로 묶는다.

Rosh Hashanah는 참회와 기도의 시기로, 회개의 10일 기간의 시작을 알리며, 이는 속죄일인 Yom Kippur(욤 키푸어)로 절정에 이른다. 유대인 가정은 shofar라는 양뿔 나팔을 부는 의식이 포함된 회당 예배에 참석하며, 이는 영적인 깨달음을 촉구하는 상징적인 행위이다. 예배 중에는 참회, 감사, 새해에 대한 희망을 주제로 한 기도가 낭송된다.

Rosh Hashana는 가정에서도 축제 분위기 속에서 기념된다. 꿀에 찍은 사과와 같은 전통 음식은 달콤한 새해를 기원하는 의미를 담고 있으며, 둥근 할라(Challah) 빵은 연속성과 완전함을 상징한다. 가족들은 축복을 나누고, 지난 한 해를 돌아보며, 다가올 새해에 대한 다짐을 한다. 유대계 미국인들에게 Rosh Hashanah는 신앙과 유산을 기리며 새로움을 향해 나아가는 매우 개인적이면서도 공동체적인 시간이다.

[사진] 미국 University of Wisconsin at Madison 대학교 유대인 학생들이 모여 Rosh Hashanah 저녁 모임을 하고 있다. 원만하고 꿀처럼 달콤한 새 해를 기원하는 사과와 꿀이 대세이다. 사진: ⓒ 박우상

[사진] 유대교의 새해 첫날인 Rosh Hashanah에 유대인 친구들이 함께 동네의 호수가에 가서 이 세상살이의 찌꺼기를 상징하는 주머니 속의 것들을 호수물에 던져 넣고 있다. 이 의식을 Tashlich라고 한다. 사진: © 박우상

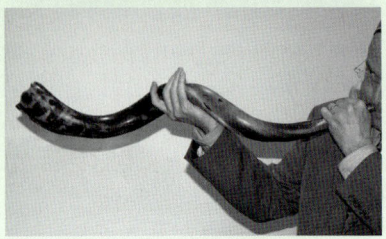

[사진] 미네소타에 위치한 유대교의 어느 회당(synagogue)에서 새해 첫날인 Rosh Hashanah에 양뿔 나팔인 shofar 를 불고 있다. 사진 출처: Wikimedia Commons

### 공통주제

reflection and self-improvement / new beginnings and fresh starts / forgiveness and reconciliation / family gatherings and traditions / spiritual renewal and prayer / the blowing of the shofar(유대인들이 부는 양뿔 나팔) / sweet foods for a sweet new year (e.g., apples and honey) / wishing others a good and prosperous year / attending synagogue services / charity and acts of kindness / the importance of community / setting new goals for the year ahead / the Ten Days of Repentance leading to Yom Kippur / writing in the Book of Life / preparing traditional meals

### 주요 어휘 및 표현

명 shofar / honey / apples / challah / year / family / sins / blessings / life / tradition / community / prayer / meal / celebration / synagogue / holiday / forgiveness / peace / reflection / book(as in the Book of Life)

형 sweet / new / fresh / reflective / joyous / peaceful / holy / traditional / meaningful / spiritual / hopeful / forgiving / warm / grateful / faithful / celebratory / sacred / sincere / renewed

동 celebrate / reflect / pray / wish / gather / share / forgive / bless / remember / sweeten / eat / listen (to the shofar) / repent / hope / renew / count (the days) / enjoy / traditions (to keep) / cast off / embrace

구 a fresh start / turn over a new leaf / clean slate / in the spirit of the season / out with the old, in with the new / blessings abound / sweeten the year ahead / a time to reflect / make amends(보상 해 주다) / start the year on the right foot / a clean heart / rise to the occasion(상황에 잘 대처하다, 요구에 부응하다) / written in the Book of Life / the sound of the shofar / cast off one's sins(죄를 떨쳐내다, 죄에서 벗어 나다) / new beginnings / sealed for a good year / a year of plenty / forgive and forget / lay the past to rest / count one's blessings (자신이 누리는 좋은 것들에 감사하다) / a fresh chapter / from strength to strength(계속 발전하다, 점점 더 강해지다) / make peace with the past / a time to renew / wipe the slate clean(과거의 일들을 청산하고 새롭게 시작하다) / let bygones be bygones(지난 일은 잊어버리기로 하다) / a fruitful year / keep the tradition alive / start afresh / an open heart(열린 마음으로) / heartfelt wishes / the circle of life / count on blessings / open a new door / in the spirit of renewal / a season of joy / bring in the new / taste the sweetness of life / a year to remember

A: Let's all pray together for **a year of plenty** with the whole community.

A: 공동체가 모두 함께 모여 풍요로운 한 해를 위해 기도합시다.

참고 a year of plenty: 풍요로운 한 해

A: I would like to start this new year by praying for my family and **counting my blessings**.

A: 새해를 가족을 위해 기도하고 내가 가진 축복을 세어보며 시작하고 싶다.

참고 count one's blessings: 가진 축복을 세어보다

A: It's crucial that we **start the new year on the right foot** with a bright mind and optimistic outlook.

A: 밝은 마음과 긍정적인 태도로 새해를 잘 시작하는 것이 중요하다.

**참고** start on the right foot: 순조롭게 시작하다

A: Rosh Hashanah is the best time for us to **let go of the past** and **make peace with it**.

A: Rosh Hashanah는 과거를 놓아버리고 화해하는 것이 가장 좋은 시기입니다.

**참고** let go of the past: 과거를 놓아버리다, 과거에서 벗어나다

A: As we gather **in the spirit of Rosh Hashanah**, it's a chance for all of us to reflect on where we've been and where we want to go.

B: Exactly. It's time to **lay the past to rest** and focus on the new year ahead, filled with hope and fresh beginnings.

A: 모두가 Rosh Hashanah의 정신으로 모여, 우리가 지나온 길과 앞으로 가고자 하는 길을 되돌아볼 수 있는 기회예요.

B: 맞아요. 이제 과거를 내려놓고 희망과 새로운 시작으로 가득한 새해에 집중할 때예요.

A: As we start this new year, **blessings abound** all around us. It's such a special time.

B: I agree, and with **an open heart**, we can welcome all the good things that are yet to come.

A: 새해를 시작하면서, 우리 주변에는 축복이 가득해요. 정말 특별한 시간이죠.

B: 동감이에요. 열린 마음으로 다가올 모든 좋은 일들을 환영할 수 있길 바라요.

A: Rosh Hashanah always reminds me of the chance to **make amends with God** and start fresh. It's all part of **the circle of life**, right?

B: Definitely, it's about reflecting and growing. Time to **let bygones** be bygones and focus on what's ahead.

A: Yeah, moving forward with forgiveness is the best way to welcome the new year.

A: Rosh Hashanah는 언제나 나에게 속죄하고 새롭게 시작할 기회를 상기시켜줘요. Rosh Hashanah는 삶의 순환의 일부분이죠.

B: 맞아요, 성찰과 성장이 핵심이죠. 지나간 일들은 잊고 앞으로 나아갈 때예요.

A: 그래요, 용서하며 나아가는 것이 새해를 맞이하는 제일 좋은 방법이죠.

참고 make amends: 잘못을 바로잡다, 속죄하다
let bygones be bygones: 과거는 과거일뿐, 없던 일로 하다, 지난 일은 잊어버리기로 하다

A: I can't wait for the apples and honey tonight. It's such a beautiful way to **sweeten the year ahead**.

B: It really is! **The sound of the shofar** always **gives me chills**, though. It's like a wake-up call to start fresh.

A: Absolutely, and during tashlich, when we **cast off our sins**, it feels like a real cleanse for the soul.

B: And after that, we get to focus on **tasting the sweetness of life**. Rosh Hashanah always fills me with hope.

A: 오늘 밤 사과와 꿀을 먹는 시간이 기다려져요. 다가오는 해를 달콤하게 맞이할 수 있는 아름다운 방법이죠.

B: 정말 그래요! 쇼파르 소리를 들을 때마다 정신이 바짝 들어요. 깨어나라는 일종의 촉구 같아요.

A: 맞아요, 그리고 tashlich 때 죄를 던져버릴 때, 진정한 영혼의 정화가 느껴져요.

B: 그리고 나서 삶의 달콤함을 맛보는데 집중하죠. Rosh Hashanah는 항상 나에게 희망을 안겨줘요.

참고 tashlich(타실리크): 로쉬 하샤나의 첫날 오후에 물가에서 행하는 상징적인 유대인의 풍습

A: I hope we're all **written in the Book of Life** for a healthy and peaceful year ahead.

B: Yes, and may we all be **sealed for a good year**. It's such a meaningful part of Rosh Hashanah.

A: It is. We've got to **keep the tradition alive**, passing it down to the younger generations, so they understand how special this time is.

B: Exactly. **Heartfelt wishes** to you and your family for a sweet and prosperous year!

A: 우리 모두가 건강하고 평화로운 해를 맞이하도록 생명의 책에 기록되길(천국에 가기를) 바래요.

B: 네, 우리 모두가 좋은 해를 맞이하도록(생명의 책에) 봉인되길 바랍니다. Rosh Hashanah의 의미 있는 일부이죠.

A: 그렇죠. 전통을 이어가면서 젊은 세대에게도 전해서, 이 시간이 얼마나 특별한지 이해할 수 있도록 해야 해요.

B: 맞아요. 당신과 가족에게 달콤하고 번영하는 해가 되길 진심으로 기원합니다!

Yom Kippur(욤 키푸르, 욤 키푸어)는 속죄일로, 유대교에서 가장 신성한 날이며 Rosh Hashanah로 시작되는 회개의 10일 기간의 절정을 이루는 날이다. 이 날은 금식, 기도, 그리고 죄에 대한 용서를 구하는 데 헌신하는 엄숙한 날로, 히브리 달력의 Tishrei(티쉬리) 10일째에 지켜지며, 보통 9월 말이나 10월 초에 해당한다. 미국에서는 전체 인구의 약 2%를 차지하는 수백만 명의 유대인들 대부분이 이 신성한 날을 준수한다. 욤 키푸르는 자기 성찰과 정화를 위한 시간으로, 도덕적 명확성을 가지고 새롭게 출발할 기회를 제공한다. 유대계 미국인들에게 이 날은 깊은 영적인 경험으로, 개인적인 성찰과 신앙, 공동체, 그리고 유산에 대한 깊은 동질감을 동시에 느낄 수 있는 날이다.

Yom Kippur의 핵심은 25시간 동안의 금식으로, 참여자들은 음식, 음료, 그리고 다른 신체적 안락을 삼가며 영적인 회복에 집중한다. 많은 유대계 미국인들은 Yom Kippur 전야에 열리는 Kol Nidre(콜 니드레) 예배와 금식이 끝날 무렵 열리는 Ne'ilah(네일라) 예배를 포함한 반성적인 기도에 참여한다. 이러한 금식과 기도는 고백, 참회, 그리고 신과 타인과의 화해를 강조한다.

[사진] 두 유대인 친구가 Yom Kippur 날에 함께 다니는 회당(synagogue)에서 기도(Siddur prayer)를 봉헌하고 있다. 사진: ⓒ 박우상

[사진] 한 유대인 부부가 Yom Kippur 날의 금식을 마치면서 와인을 들고 기도를 바치고 있다. 사진: ⓒ 박우상

**공통주제**

repentance / fasting / forgiveness / prayer / Teshuvah(Return) /

reflection on the past year / the Book of Life / Kol Nidre service(Yom Kippur 전야 예배에서 드리는 기도 의식) / connection to tradition / Shofar blowing / day of Atonement(속죄일) / community / reflection on mortality / break-fast meal / spiritual renewal

명 forgiveness / repentance / sins / prayer / fast / community / god / soul / Shofar(숫양 ram의 뿔로 만든 나팔로 유대교의 경건한 날인 Rosh Hashanah 와 Yom Kippur에 회당에서 의식의 한 부분으로 분다) / temple / synagogue / Torah(모세에게 전해진 유대교 율법서 5권) / reflection / faith / atonement / confession / redemption(회복, 만회, 해방) / Book(of Life) / family / purity

형 holy / forgiving / repentant / sacred / reflective / sincere / pure / humble / compassionate / faithful / honest / solemn / penitent (뉘우치는, 회개하는, 후회하는) / devout(독실한, 경건한) / spiritual / cleansed / redemptive(회복의, 만회의) / grateful / renewed / peaceful

동 atone / repent / pray / fast / reflect / forgive / confess / seek / purify / reconcile / meditate / pledge / ask(forgiveness) / contemplate / apologize / confess / redeem(만회하다, 회복하다) / return(to God) / observe / cleanse

구 atone for one's sins(죄를 속죄하다) / wipe the slate clean(과거를 깨끗이 지 우다, 새 출발하다) / written in the Book of Life / sealed for a good year (좋은 한 해로 확정되다(축복받다) / turn over a new leaf(새 사람이 되다, 새로운 마 음가짐을 갖다) / make amends / let bygones be bygones / fasting in good faith(진심으로 단식하다) / a time for reflection / atonement is key / in the spirit of repentance / it's a clean slate / seeking forgiveness from above / soul-searching(자기 성찰, 내면을 깊이 들여다봄) / between one and God / heartfelt prayers / reflecting on the year / a solemn day / turn the page(새로운 장을 열다, 과거를 넘기다) / hope for redemption / a long fast / hope for a better year / face the music(자기 행위의 결과 에 책임지다) / time to reflect / from the heart / a time to repent / end the fast / reconciliation is key / High Holy Days(Rosh Hashanah와 Yom Kippur, 유대교의 대명절) / breaking the fast / cast off sins(죄를 떨쳐 버리다) / lay the past to rest(과거를 묻다, 지난 일을 정리하다) / turn back to the right path / the sound of the shofar / mend relationships / grave decisions(중대한 결정들) / a test of faith / heartfelt wishes for a good year / start the year on the right foot(한 해를 잘 시작하다) / bring the community together(공동체를 하나로 모으다)

A: During a time of reflection like Yom Kippur, I hope we **let bygones be bygones**.

A: Yom Kippur와 같은 성찰의 시간 동안, 우리가 지난 일은 지난 일로 잊어버리기 바랍니다.

참고 let bygones be bygones: 지난 일은 지난 일로 하다(과거의 잘못이나 불화를 잊고 앞으로 나아가는 것을 의미)

A: The essence of Yom Kippur celebration is how to gain spiritual renewal and growth through atonement. That is, **atonement is key**.

A: Yom Kippur축제의 핵심은 속죄를 통해 정신적인 갱신과 성장을 얻는 방법입니다. 즉, 속죄가 가장 중요합니다.

A: After today's prayers, I really hope we're all **sealed for a good year**. It's been a tough one, but I'm feeling hopeful.

B: Same here. The focus on **casting off sins** during the service was exactly what I needed to **let go of the past** and move forward.

A: 오늘 기도 후에, 훌륭한 한 해를 누리도록 우리의 이름이 기록되어 봉인되길 진심으로 바라고 있어요. 힘든 한 해였지만, 희망을 느껴요.

B: 저도 그래요. 오늘 예배에서 죄를 던져버리는 것에 집중했던 게 과거를 잊고 앞으로 나아가는 데 꼭 필요한 것이었어요.

참고 sealed for a good year: ... 이름이 훌륭한 한 해를 누리도록 기록되다
let go of: (쥐고 있던 것)을 놓다, ...에서 손을 놓다

A: I'm trying to **make amends** with a few people I've had issues with this year. It's not easy.

A: 올해 좀 다툼이 있었던 몇몇 사람들과 화해하려고 노력하고 있어요. 쉽지 않네요.

A: Yom Kippur is the perfect time to **wipe the slate clean** and start fresh. It's such a powerful day for reflection.

A: Yom Kippur는 과거의 실수를 잊고 새출발 할 수 있는 완벽한 기회죠. 우리 자신을 돌아보게 하는 강력한 날이에요.

참고 wipe the slate clean: (누구와의 관계에서) 과거의 실수/다툼을 잊고 새 출발하기로 하다

A: Hearing **the sound of the shofar** at the end of Yom Kippur always gives me chills. It's such a powerful moment.

B: Absolutely. It's like the final call to reflect and **seek forgiveness from above** for all we've done throughout the year.

A: Yes, and we hope by the end of it all, our names are **written in the Book of Life** for a good year ahead.

A: Yom Kippur가 끝날 때 쇼파르 소리를 들으면 항상 소름이 돋아요. 정말 강렬한 순간이에요.

B: 맞아요. 일년 동안 우리가 해왔던 모든 것을 반성하고 하느님께 용서를 구하는 마지막 부름 같아요.

A: 그래요, 이 모든 것(속죄와 회개의 기간)이 끝날 때 즈음엔, 앞으로 펼쳐질 좋은 한 해를 위해 우리의 이름이 생명책에 기록되길 바라는 마음이에요.

A: Yom Kippur is such a solemn day. It's the time to really **atone for your sins** and reflect on everything.

B: Yeah, it feels personal, like it's truly **between you and God. The High Holy Days** make us pause and think deeply about our actions.

A: Exactly. I just want to make sure I **start the year on the right foot** after all this reflection and prayer.

B: That's the goal! It's a fresh start, especially after taking the time to look inward during **the High Holy Days**.

A: Yom Kippur는 참으로 엄숙한 날이에요. 죄를 깊이 참회하고 모든 것을 되돌아볼 수 있는 시간이죠.

B: 네, 마치 진정한 하나님과 나만의 관계인 것처럼 개인적인 느낌이 들어요. 속죄일은 우리로 하여금 쉬고 우리 행동을 깊이 생각하게 만들어요.

A: 맞아요. 이렇게 반성하고 기도한 후에 새해를 올바르게 시작하고 싶어요.

B: 그게 목표죠! 특별히 속죄일 동안 내면을 들여다보는 시간을 가진 후, 새롭게 시작하는 거예요.

참고 High Holy Days: 유대교 대축제일(특히 중요한 축제일로서의 신년제(祭)(Rosh Hashana)로부터 마지막 날인 속죄일 (Yom Kuppur)까지

A: How's the fasting going for you this year? **Fasting in good faith** always feels like such a deep part of Yom Kippur.

B: It's challenging, but it really helps with **soul-searching**, you know? It gives you time to focus inward and think about **turning back to the right path**.

A: I totally agree. The fast isn't just physical — it's spiritual, too. It's a way of **bringing the community together**, all of us reflecting at the same time.

B: You said it! There's something so powerful about knowing we're all on the same journey, supporting each other through this important day.

A: 올해는 금식이 어떠세요? 진정한 믿음으로 하는 금식하는 것이 Yom Kippur의 깊은 일부인 것처럼 느껴져요.

B: 힘들지만, 정말 자기 성찰에 정말 도움이 돼요. 내면을 집중하고 올바른 길로 되돌아가는 일을 생각하는 중요한 시간이 되죠.

A: 전적으로 동감이에요. 금식은 단순히 신체적인 게 아니라 영적이기도 해요. 우리 모두가 동시에 성찰하며 공동체를 묶어주는 방법이죠.

B: 맞아요! 우리 모두가 같은 여정에 있다는 걸 알고 이 중요한 하루 동안 서로를 응원하며 보내는 건 정말 큰 힘이 돼요.

**참고** fasting in good faith: 진정한 믿음으로 금식하는 것
soul-searching: 자기 성찰

## 2-53 National Disability Employment Awareness Month | 10월

National Disability Employment Awareness Month(전국 장애인 고용 인식의 달, NDEAM)은 매년 10월 미국에서 지켜지며, 미국 사회에 대한 장애를 가진 근로자들의 기여를 기념하고 그들의 근로 환경을 포괄적으로 증진시키는 의미를 갖는다. 1945년에 제정된 이 달은 다양한 노동 인력을 구성하는 가치에 대한 인식을 높이고 장애인을 위한 고용 기회를 확대를 추구한다.

이 기간 동안 직장 내 토론, 웨비나(webinar), 공공 캠페인 등 다양한 행사와 활동이 진행되며, 장애를 가진 직원들의 성공 사례를 조명한다. 많은 조직에서 채용 박람회, 장애인 예절 교육, 직장 내 접근성에 관한 패널 토론을 개최한다. 교육 프로그램은 장애인에 대한 장벽을 허물고 공정한 고용 관행을 강화하는 데 중점을 둔다.

### 공통주제

breaking down employment barriers / promoting inclusive hiring practices / celebrating success stories / highlighting accommodations and accessibility / addressing disability stereotypes and misconceptions / understanding the diversity of disabilities / encouraging self-advocacy / fostering a culture of belonging / leveraging assistive technology / training for managers and staff / the business case for disability inclusion / the legal framework for employment rights / addressing mental health in the workplace / supporting transition from school to work / strengthening community partnerships

### 주요 어휘 및 표현

명 accessibility / inclusion / awareness / opportunity / empowerment / employment / diversity / equity / support / workplace / accommodation / talent / awareness / innovation / representation / resources / advocacy / barriers / collaboration / rights

형 accessible / inclusive / equal / empowering / diverse / supportive / adaptive / fair / qualified / respectful / accommodating / collaborative / talented / innovative / aware / compassionate / resilient / committed / equitable / proactive

동 empower / include / support / advocate / employ / accommodate / recognize / enable / promote / collaborate / educate / address / hire / improve / inspire / increase / access / encourage / raise(awareness) / celebrate

구 level the playing field(공평한 조건을 만들다, 기회의 균등을 보장하다) / think outside the box(고정관념에서 벗어나 창의적으로 생각하다) / break down barriers / on an even footing(동등한 입장에서) / walk a mile in someone's shoes(다른 사람의 처지에서 생각해보다) / room at the table(함께할 자리(기회)가 있다) / see eye to eye(의견이 일치하다) / open doors / hit the ground running(곧 바로 전력 질주하다) / trailblazer / lifting all boats(모두에게 혜택을 주다, 다 함께 성장하다) / raise the bar / ahead of the curve(시대를 앞서다) / in the same boat / empowerment through employment / game-changer / a win-win situation / break the glass ceiling / diversity makes us stronger / a seat at the table(의사결정에 참여할 권리) / walk the talk(말한 것을 실천하다) / make waves(파장을 일으키다, 변화를 촉발하다) / bridge the gap / set the stage / in their corner(편을 들어주다, 지지하다) / lead by example / open a door to opportunity / put accessibility front and center / strength in numbers(숫자가 많을수록 힘이 세다, 단결의 힘) / pave the way / full speed ahead(전속력으로 나아가다) / equal footing / not just a checkbox(단순히 형식적인 것이 아닌) / make an impact / on board with inclusion(포용에 동의하고 동참하는) / leave no one behind(아무도 소외되지 않게 하다) / rising to the occasion(상황에 맞춰 능력을 발휘하는) / turn the tide / a step in the right direction / make every voice count(모든 목소리를 소중히 여기다)

**예문**

A: Our CEO has encouraged us to **think outside the box** and create a workplace where everyone feels valued and empowered.

A: 우리 CEO는 우리에게 틀을 깨고 생각하며 모든 사람이 존중받고 역량을 발휘할 수 있는 직장을 만들도록 격려했다.

**참고** think outside the box: 틀에 박힌 사고방식에서 벗어나 창의적인 해결책을 찾으라는 의미(조직의 혁신과 발전을 위한 중요한 태도를 강조)

A: I'm proud of our company for being **ahead of the curve** in hiring individuals with disabilities.

A: 저는 장애인 고용에 있어 선도적인 우리 회사가 자랑스러워.

**참고** ahead of the curve: 선도적인, 앞서 나가는

A: Our boss gives everyone, including people with disabilities, **a seat at the table**, hoping to build a working environment where every voice can be heard.

A: 저희의 상사는 장애인들을 포함한 모두에게 의견을 피력할 기회를 주어, 모든 이의 목소리가 들리는 근무환경을 만들고자 합니다.

**참고** a seat at the table: 의사 결정 과정에 참여할 기회(= 의견을 피력할 수 있는 권리)

A: When getting everyone **on board with inclusion**, we surely can build a more resilient organization.

A: 모든 사람을 포용력있게 동참시킬 때, 우리는 더욱 회복력 있는 조직을 구축할 수 있습니다.

**참고** on board with inclusion: 포용성을 지지하고 적극적으로 참여한다는 의미
inclusion(포용성): 다양성을 존중하고 모든 구성원이 소속감을 느끼도록 하는 것
resilience(회복력): 변화나 위기에 잘 적응하고 회복하는 능력

A: I think one of the biggest steps we can take during National Disability Employment Awareness Month is really trying to **walk a mile in someone's shoes** — understand the daily experiences and obstacles that employees with disabilities might face.

B: Absolutely. And it's not just about understanding. It's about actively showing we're **in their corner**, providing the support, accommodations, and encouragement they need to thrive.

A: 저는 장애인 고용 인식 개선의 달 동안 우리가 할 수 있는 가장 큰 일 중 하나는 누군가의 입장에서 생각해보려고 정말 애쓰는 것이라고 생각해요. 장애를 가진 직원들이 매일 겪을 수 있는 경험과 어려움을 이해하려고 노력하는 것이 중요하죠.

B: 정말 그렇죠. 단순히 이해하는 것에 그치는 게 아니라, 우리가 그들의 편에 서 있다는 걸 적극적으로 보여주는 것이 중요해요. 그들이 성공하기 위해서 필요로 하는 지원과 포용, 그리고 격려를 제공하면서요.

**참고** walk a mile in someone's shoes: ...가 경험한 것을 경험해 보다
in someone's corner: ...의 편에서, ...를 지지하는

A: I'm glad we **see eye to eye** on making our workplace more accessible. It makes a huge difference in fostering inclusivity.

B: Definitely. Now that we're on the same page, it's **full speed ahead** on implementing these changes to support our team members with disabilities.

A: 우리 직장을 장애인들이 더욱 접근 가능하게 만들자는 데에 서로 의견이 일치해서 정말 기뻐요. 포용성을 키우는 데 큰 차이를 만들거든요.

B: 맞아요. 이제 우리가 같은 생각을 하고 있으니, 장애를 가진 팀원들을 지원하기 위한 변화를 구현하는 데 전속력으로 나아가야죠.

**참고** see eye to eye: 의견을 같이하다
full speed ahead: 전속력으로[힘껏, 전력을 다하여]

A: You know, **empowerment through employment** really highlights the importance of creating job opportunities where everyone can bring their talents to the table.

B: Definitely, and **diversity makes us stronger**. We need different perspectives to stay innovative and relevant, so including people with disabilities is crucial.

A: 고용을 통한 역량 강화는 모든 사람이 자신의 재능을 펼칠 수 있는 직업 기회를 만드는 것의 중요성을 잘 보여줘요.

B: 맞아요. 다양성은 우리를 더 강하게 만들어요. 우리가 혁신적이고 유의미하기 위해서는 상이한 관점들을 필요로 합니다. 그래서 장애인을 포함하는 것이 정말 중요해요.

A: As these graduates enter the workforce, it's so important to ensure they're **on an even footing** with accessible tools and resources, right from day one.

B: Exactly. Creating opportunities for everyone benefits us all. It's like **lifting all boats**. When we invest in accessibility, everyone gains from it.

A: Couldn't agree more. That's why we're committed to **putting accessibility front and center** in our hiring and training programs. It's the best way to support all our new talent.

A: 이 졸업생들이 직장에 들어가는데, 첫날부터 접근 가능한 도구와 자원을 가지고 모두가 동등하게 일할수 있도록 하는 것이 정말 중요하다고 생각해요.

B: 맞아요. 모두를 위한 기회를 만드는 것은 모두에게 이익이 되는 일이죠. 물이 차면 배가 뜨는 것처럼. 장애인 접근성에 투자하면 모두가 그 혜택을 누릴 수 있어요.

A: 전적으로 동의해요. 그래서 저희는 채용과 교육 프로그램에서 접근성을 최우선으로 두는데 중점을 두고 있어요. 그것이 새로운 인재를 지원하는 최상의 방법이죠.

참고 on an even footing: 농등한
from day one: 처음부터
front and center: 중심에, 핵심의

A: This month is a great reminder that true inclusivity means we have to **level the playing field**, creating real opportunities, not just surface changes.

B: Absolutely. We need to make sure there's **room at the table** for everyone, where voices and ideas from all backgrounds are genuinely valued.

A: And it's crucial to **set the stage** from the start so that accessibility is integrated into everything we do. It can't be an afterthought.

B: Right. It has to be **not just a checkbox** but part of the foundation of our culture. That's how we create an environment where everyone can thrive.

A: 이번 달은 진정한 포용성이란, 겉으로만 보이는 변화가 아니라, 실질적인 기회를 만들어서 공평한 기회의 장을 만드는 것임을 상기시켜주는 좋은 기회예요.

B: 맞아요. 모두를 위한 자리, 즉 모든 배경의 사람들의 목소리와 아이디어가 진정으로 존중받는 자리를 만들어야 해요.

A: 그리고 처음부터 장애인 접근성이 우리가 하는 모든 일에 통합되도록 준비하는 것이 중요해요. 그것이 사후에 생각해야 할 일이 되어서는 안 돼요.

B: 맞아요. 단순히 형식적으로 체크리스트에 있는 항목이 아니라, 우리 문화의 기반이 되어야 해요. 그것이 우리 모두가 번창할 수 있는 환경을 조성하는 길이죠.

참고 level the playing field: 공평한 경쟁의 장을 만들다, 경쟁 분위기를 조성하다
room at the table: ...의 무대를 조립하다, ...을 준비하다, ...의 자리를 마련해주다
not just a checkbox: 단순히 형식적인 것이 아니다

A: Our company is really paving the way for disability inclusion. It's not just a feel-good thing; it's smart business.

A: 우리 회사가 장애인 포용을 위한 길을 닦고 있어요. 기분만 좋은 일이 아니라, 현명한 경영 전략이죠.

참고 lifting all boats: 모두에게 혜택을 주는

Breast Cancer Awareness Month(유방암 인식의 달)은 매년 10월에 지켜지며, 1985년에 미국 암협회(American Cancer Society), 국가 유방암 협회(National Breast Cancer Foundation), 그리고 제약회사인 아스트라제네카(AstraZeneca)가 협력하여 유방암에 대한 인식을 높이고, 유방 촬영술을 통한 조기 발견을 촉진하기 위해 시작되었다. 이 달의 목적은 유방암의 위험, 정기적인 검진의 중요성, 그리고 조기 발견이 생존율에 미치는 영향에 대해 공공의식을 증진 하는 것이다.

유방암 인식의 달을 기념하기 위해 사람들은 다양한 활동에 참여한다. 예를 들어, 참가자들이 핑크색 옷을 입고 유방암 영향을 받은 사람들을 지원하는 의미로 걷기 행사나 마라톤과 같은 모금 활동에 참여한다. 교육 캠페인은 자가 검진과 유방 촬영술에 대한 정보를 제공하며, 소셜 미디어 캠페인은 전 세계적으로 인식을 확산시킨다. 기업, 단체, 랜드마크들은 핑크색으로 장식을 하여 이 캠페인을 더욱 부각시킨다. 또한 생존자들과 지지자들이 자신의 이야기를 나누며 다른 사람들에게 용기와 영감을 주고, 더 나은 치료법과 치료법 개발을 위한 연구 자금도 적극적으로 지원된다.

**공통주제**

early detection and screening / importance of mammograms / personal stories and survivor experiences / risk factors and prevention / treatment options(surgery, chemotherapy, radiation) / research advancements and funding / support for patients and families / breast cancer statistics and awareness / importance of self-exams / genetic testing / raising funds for breast cancer research / impact on mental health and well-being / advocacy for better healthcare access / pink ribbon campaigns and events / empowerment and hope for a cure

**참고** pink ribbon campaigns: 여성의 유방암 퇴치를 위하여 예방, 인식의 제고, 환자 지원, 연구 기금 마련 등 다양한 활동을 펼치는 전 세계적인 캠페인으로, 핑크 리본은 그 상징이 되었다.

[사진] Washingto시에서 열린 한 Pink Ribbon Parade에서 유방암을 극복하고 생존한 여성들이 함께 행진하며 밝은 표정으로 환호하고 있다.  사진: © AP Photo/ Kevin Wolf

## 주요 어휘 및 표현

**명** awareness / support / health / research / hope / survivor / strength / treatment / diagnosis / caregiver / courage / advocacy / prevention / mammogram / community / journey / ribbon / fundraiser / recovery / screening

**형** brave / strong / hopeful / resilient / supportive / inspiring / compassionate / determined / empowering / courageous / positive / encouraging / united / dedicated / proactive / fearless / life-changing / vigilant / aware / grateful

**동** fight / support / raise(awareness) / advocate / survive / inspire / empower / donate / educate / screen / diagnose / treat / overcome / prevent / heal / encourage / persevere / celebrate / unite / spread(awareness)

**구** fight like a girl((편견을 깨고) 강인하게 싸우다) / hope is on the horizon(희망이 보이다) / strength in numbers / in the pink(건강이 아주 좋은 상태다) / a clean bill of health(건강 이상 없음 진단서, 건강함이 확인됨) / take ... one day at a time(앞날에 관해 너무 걱정하지 않고 현재에 충실하다; 인생의 시련에 압도되지 않고 문제를 하나씩 단계적으로 대처해 나가다) / keep the faith / turn the tide / an uphill battle(힘든 싸움, 어려운 상황) / every cloud has a silver lining (모든 어려움에도 좋은 면이 있다) / put on a brave face(용감한 척하다, 괜찮은 척하다) / hang in there(버티다, 포기하지 않다) / get a second wind(심신의 새로운 재충전을 하다) / take the bull by the horns(어려운 상황을 용기 있게 마주하다/해결하다)

/ the fight isn't over / a ray of hope / lean on me / on the road to recovery / power through(끝까지 해내다, 힘들어도 밀고 나가다) / rally the troops(사람들을 결집시키다, 단합시키다) / stay strong / the light at the end of the tunnel / a fighting chance(해볼 만한 가능성) / beat the odds(승산을 뒤집고 이기다/성공하다) / go the distance(끝까지 해내다) / rise above((어려움/감정을) 극복하다) / keep one's chin up / against all odds(모든 역경을 이겨내고, 승산을 뒤집고) / take it in stride(어려움을 의연하게 헤쳐나가다) / no stone unturned(온갖 수단을 다 쓰다, 철저히 찾다) / hold one's head high(당당하게 서다) / united we stand / a beacon of hope / stay the course(끝까지 밀고 나가다) / shoulder to shoulder(어깨를 나란히 하다, 함께 싸우다) / a new lease on life(새 삶의 기회, 기운의 회복) / keep pushing forward / bend, but don't break / on the mend(회복 중이다) / never give up hope

A: Trust us, we will be with you battling breast cancer. Please **take it one day at a time**.

A: 저희를 믿으세요. 저는 당신이 유방암과 싸우는 동안 함께할 것입니다. 하루하루 최선을 다하세요.

**참고** take it one day at a time: (어려운 상황에서도) 하루하루 최선을 다하며 살아가라는 의미

A: The fight against breast cancer is **an uphill battle**, but remember, you're not alone. We're ready to stand by you and fight together until we reach victory.

A: 유방암과의 싸움은 힘든 길이지만, 혼자가 아니라는 것을 기억하세요. 우리는 승리할 때까지 당신 곁을 지키고 함께 싸울 준비가 되어 있습니다.

**참고** an uphill battle: "오르막길의 싸움"으로 쉽지 않고 고된 과정을 비유적으로 표현한 관용구
stand by someone: ... 곁을 지키다, 지원하다

A: We need to **rally the troops** and support those battling breast cancer.

A: 우리는 지원군을 모아서 유방암과 싸우는 사람들을 지지할 필요가 있습니다.

**참고** rally the troops: 원래는 부대원들을 집결시켜 전투준비를 한다는 뜻이지만, 어떤 목표를 위해 '여럿이 단합해서 함께 노력한다'는 의미로 자주 사용되는 관용표현

A: **Against all odds**, we will conquer breast cancer and create a bright future.

A: 모든 역경을 이겨내고, 우리는 유방암을 정복하고 밝은 미래를 만들 것이다.

참고 against all odds: 모든 역경을 이겨내고

A: It's been a tough few months, but I'm starting to feel like **hope is on the horizon** with all the support and research out there.

B: You bet. Just **take it in stride**, one day at a time. You've got a whole community behind you.

A: 지난 몇 달이 힘들었지만, 지원과 연구 덕분에 희망이 보이기 시작하는 것 같아요.

B: 정말 그래요. 하루하루 침착하게 대처하면 돼요. 당신 뒤에는 당신을 지지하는 공동체 전체가 있어요.

참고 take ... in stride: ...에 침착하게 대처하다, ...을 수월하게 받아들이다

A: After everything, I'm just happy to say I'm finally **feeling in the pink** again.

B: That's amazing! You really **beat the odds**, and I couldn't be prouder of you.

A: 모든 걸 지나고 나서 마침내 다시 건강해졌다고 말할 수 있어서 정말 행복해요.

B: 정말 대단해요! 힘든 시간을 이겨냈어요, 당신이 너무 자랑스러워요.

A: You know, they say I should **fight like a girl**, and I'm more than ready to do just that.

B: That's the spirit! You've always been one to **take the bull by the horns**.

A: Exactly. I'm ready to **go the distance**, no matter what it takes.

A: 사람들이 제가(편견을 깨고 강인하게) '여자처럼 싸워야 한다'고 하는데, 그럴 준비가 충분히 되어 있어요.

B: 바로 그 자세예요! 당신은 언제나 적극적으로 도전하는 사람이었잖아요.

A: 맞아요. 어떤 일이 있더라도(중도에 포기하지 않고) 끝까지 갈 준비가 돼 있어요.

참고 take the bull by the horns: 문제[난국]에 정면으로 맞서다
go the distance: 끝까지 가다(운동 시합이나 무슨 대회에서 중도 탈락하지 않고 끝까지 계속 겨룸을 나타냄)

A: I just got back from the doctor, and they gave me **a clean bill of health**.

B: That's amazing news! I knew you'd **power through** everything.

A: Thanks! It hasn't been easy, but I've learned to take it in stride.

B: Now you've got **a new lease on life**. Time to enjoy every moment!

A: 방금 의사한테 다녀왔는데, 건강에 이상이 없다고 했어요.

B: 좋은 소식이에요! 당신이 모든 걸 이겨낼 거라고 믿었어요.

A: 고마워요! 쉽지 않았지만, (침착하게/차분히) 대처하는 법을 배웠어요.

B: 이제 새 삶을 얻었으니 매 순간을 즐길 시간이네요!

> **참고** a clean bill of health: 건강함[양호함]을 보여주는 증명서
> a new lease on life: 수명의 연장, 보다 행복하게 살 기회, [병이나 절망에서] 일어서서 새로운 활력을 얻은 인생관, 재출발의 시기

A: Some days are really tough, but I try to remind myself that **every cloud has a silver lining**.

B: Tell me about it, and you've come this far. You'll get **a second wind** soon, just **hang in there**.

A: Yeah, I know. It's just hard to **stay the course** when it feels never-ending.

B: I get it, but you're strong. **Keep pushing forward**, you've got this!

A: 어떤 날은 정말 힘들지만, 어려움 속에도 밝은 면이 있다는 걸 스스로에게 상기하려고 해요.

B: 맞아요, 여기까지 온 것도 대단해요. 곧 기력을 회복할 거예요, 조금만 더 버텨요.

A: 잘 알아요. 하지만 끝이 보이지 않는 것 같이 느낄 때는 버티기가 쉽지 않네요.

B: 이해해요, 하지만 당신은 강해요. 계속 앞으로 나아가세요, 당신은 할 수 있어요!

> **참고** Every cloud has a silver lining.: 아무리 안 좋은 상황에서도 한 가지 긍정적인 측면은 있다.
> get one's second wind: 기력을 회복하다, 페이스를 되찾다
> hang in there: 버티다, 견뎌내다
> stay the course: (하던 일을 힘들더라도) 그대로 계속하다[끝까지 버티다]
> You've got this.: 넌 할 수 있어.

A: I'm so impressed by how much our community comes together during this month. It feels like we're all **shoulder to shoulder**.

A: 이 달 동안 우리 공동체가 이렇게 하나로 뭉치는 모습이 정말 인상적이에요. 어깨를 나란히 하고 있는 느낌이에요.

A: It's comforting to know that we **have each other's backs**. You can really **lean on me** if you need anything.

A: 서로에게 의지할 수 있다는 것을 아는 건 정말 위안이 돼요. 필요한 게 있으면 언제든지 저에게 기대세요.

> **참고** have each other's backs: 서로에게 힘이 되어 주다(전쟁터에서 병사끼리 서로 안보이는 뒤를 대신 보호해주고 지켜주는 따뜻한 전우애를 상징하는 표현에서 유래)

Indigenous Peoples' Day(원주민의 날)은 10월 두 번째 월요일에 지켜지며, 미국 원주민 공동체의 문화유산, 역사, 그리고 미국 역사와 사회에 대한 기여를 기리기 위한 날이다. 이 날은 원주민에게 부정적인 영향을 미친 것으로 비판받아 온 백인 문명과 제국주의 세력을 상징하는 Columbus Day에 대한 반작용으로 시작되었다. 1992년에 캘리포니아 주 Berkeley에서 첫 번째 원주민의 날이 기념되었고, 그 이후 많은 주와 도시들이 Columbus Day를 대체하는 날로 채택했다.

이 날의 의미는 원주민들이 겪었던 역사적인 불평등을 인정하고, 그들의 회복력과 지속적인 문화적 기여를 기리는 것이다. 활동으로는 교육 행사, 문화 공연, 예술 전시회, 지역 사회 모임 등이 포함된다. 많은 사람들이 원주민 공동체의 권리와 인식을 위한 토론에 참여하거나, 원주민 기업과 활동을 지원한다.

[사진] 미국 Wisconsin 주의 주도 Madison에서 Native-American 젊은 원주민계 미국인들이 전통적인 Columbus Day에 Columbus를 규탄하면서 원주민들을 위한 Indigenous People's Day를 기념할 것을 촉구하며 주 의사당(State Capitol)을 향해 행진하고 있다. 사진: ⓒ 박우상

[사진] South Dakota 주 일대에 거주해 온 Sioux Nation의 Oglala Lakota 족의 Native American들이 the Pine Ridge Reservation에서 전통 집단 의식인 powwow에서 dancing과 drumming & chanting을 하고 있다. 사진: ⓒ 박우상

indigenous heritage and history / reevaluating Columbus's legacy / historical accuracy and education / cultural preservation / reparations and restitution(배상과 원상회복) / land acknowledgment / colonization and its lasting effects / renaming the holiday / activism and advocacy / cultural appropriation(전유, 차용) vs. appreciation(이해, 향유) / healing and reconciliation / indigenous sovereignty / environmental stewardship / public policy and Indigenous rights / festivities(경축, 흥겨운 분위기) and celebrations

명 history / tradition / culture / heritage / colonization / exploration / celebration / reconciliation / land / people / legacy / injustice / community / resistance / recognition / identity / ceremony / honor / ancestors / awareness

형 indigenous / historical / native / ancestral / colonial / sacred / oppressed / / resilient / marginalized / cultural / controversial / traditional / celebratory / honorable / reflective / diverse / proud / symbolic / inclusive / revered(존경받는, 숭배되는)

동 celebrate / acknowledge / honor / reflect / remember / educate / discuss / advocate / recognize / commemorate / unite / support / challenge / empower / heal / listen / share / collaborate / reclaim(되찾다, 개선하다, 복구하다) / teach

구 walk in someone else's shoes / set the record straight(오해를 바로잡다, 사실을 명확히 하다) / come full circle(원점으로 돌아오다, 상황이 완전히 순환하다) / break new ground(새로운 분야를 개척하다, 새 지평을 열다) / tip of the iceberg / long time coming / make waves / time to turn the page / digging up the past / change the narrative(이야기의 흐름을 바꾸다, 관점을 바꾸다) / pay homage to (경의를 표하다) / learn the hard way(쓴 경험을 통해 배우다) / in someone's footsteps / light a fire under(자극을 주다, 행동을 재촉하다) / sowing the seeds of change / lead by example / raise one's voice / stand one's ground (입장을 굳게 지키다) / speak volumes(말하지 않아도 많은 것을 드러내다) / the tip of the spear(최전선에 있는 사람 또는 행동) / walk the talk / come to grips with (직면하다, 받아들이다) / crossing the line / at the heart of it / on the horizon (다가오고 있는, 곧 일어날 것 같은) / in the same boat / put one's foot down (단호하게 나서다) / a long road ahead / up in arms(강하게 반발하는, 격렬히 항의하는) / turn the tide / bridge the gap(격차를 좁히다, 차이를 해소하다) / rise to the occasion(위기의 상황에서 성공적으로 대처하다) / hold the line(전화를 끊지않고 기다리다, 버티다) / bury the hatchet(화해하다, 분쟁을 끝내다) / hit home(강하게 와닿다, 깊은 감정 또는 깨달음을 주다) / on the right side of history / give credit where it's due(공로를 인정하다) / not out of the woods yet / in the grand scheme of things(전체적인 관점에서 보면)

### 예문

A: Time is ripe now to **change the narrative** about Columbus Day and realize how terrible it was to indigenous peoples.

A: 이제 콜럼버스 데이에 대한 시각을 바꾸고, 원주민들에게 얼마나 끔찍한 일이었는지 깨달을 때가 되었습니다.

참고  time is ripe: 때가 무르익었다
change the narrative: 관점이나 시각을 바꾸다

A: Without celebrating Indigenous People's Day seriously, it doesn't sound like **walking the talk**.

A: 원주민의 날을 진지하게 기념하지 않는다면, (구호 뿐) 실천적으로 들리지 않습니다.

참고  walk the talk: 말뿐만 아니라 행동으로 보여주다

A: **In the grand scheme of things**, Columbus Day could be replaced by Indigenous People's Day when it comes to American history.

A: 미국 역사를 전체적인 맥락에서 보았다면, 콜럼버스 데이는 원주민의 날로 바뀌어질 수 있었어요.

참고  in the grand scheme of things: 크게 보았을 때. 전체적인 관점에서 보았을 때라는 의미

A: With all the discussions about changing the name of Columbus Day, I think it's **time to turn the page** and recognize Indigenous People's Day nationwide.

B: Yeah, I agree, but some people are still **up in arms** about it, holding on to the old narrative.

A: Columbus Day 이름을 바꾸자는 무수한 논의들이 있어왔던 만큼, 이제는 새로운 장을 열어서 전국적으로 '원주민의 날'을 인정할 때가 된 것 같아요.

B: 저도 동의해요. 하지만 여전히 예전 관점을 고수하며 반대하는 사람들도 있죠.

> **참고** turn the page: (고난의) 한 페이지를 넘기다, 고비를 넘기고 새로이 시작하다
> up in arms: ...에 무장봉기 하여, 반기를 들어, 분개하여, 분연히 일어나
> hold on to ...: (자기에게 유리한 것을) 고수하다/지키다, (팔거나 주지 않고) 계속 보유하다

A: It feels like every year, more stories about the real history behind Columbus get uncovered. People are really **digging up the past**.

B: Yeah, it's uncomfortable for some, but we've got to **come to grips with** the truth if we want to move forward.

A: 해마다 콜럼버스의 진짜 역사에 관한 보다 많은 이야기들이 새롭게 밝혀지는 것 같아요. 사람들이 과거를 샅샅이 파헤치고 있어요.

B: 그래요, 어떤 사람들에게는 불편한 일이겠지만, 앞으로 나아가려면 진실을 마주해야 해요.

> **참고** come to grips with ...: (위험 곤란 따위)와 만나다, 직면하다, ...과 맞붙어 싸우다, (문제 따위)에 정면으로 대처하다, ...와 씨름하다

A: No question about it. The fact that more people are acknowledging Indigenous People's Day **speaks volumes** about how perspectives are changing.

B: Maybe it's a step toward finally being able to **bury the hatchet** and move toward healing.

A: 정말 그래요. 더 많은 사람들이 '원주민의 날'을 인정하는 것 자체가 관점이 어떻게 변화하고 있는 지를 많이 시사하고 있죠.

B: 아마도, 마침내 화해와 치유를 향해 나아갈 수 있는 걸음이 될 수 있겠네요.

> **참고** set the record straight: 기록을 바로잡다, 오명을 씻다
> speak volumes: 많은 것을 시사하다
> bury the hatchet: 감정을 풀다, 화해하다

A: It feels like we've **come full circle**, don't you think? More people are recognizing the importance of Indigenous People's Day.

B: Yeah, but it took a lot to get here. Activists really had to **light a fire under** the movement to make people pay attention.

A: True, they've been at **the tip of the spear**, pushing for change and awareness.

B: It really **hit home** for me when I learned the true history in school. It entirely changed how I see this day.

A: 우리는 이제 온전히 제자리를 잡은 느낌이 들지 않나요? 보다 많은 사람들이 '원주민의 날'의 중요성을 인식하고 있어요.

B: 맞아요, 하지만 여기까지 오는 데 많은 노력이 들었죠. 활동가들이 사람들로 하여금 주목하도록 불씨를 제대로 지핀 덕분이에요.

A: 맞아요, 그들은 변화와(새로운) 의식 확산을 위해 선두에 서서 노력해왔죠.

B: 학교에서 진짜 역사를 배웠을 때 마음에 와닿았어요. 이 날에 대한 시각이 완전히 바뀌었어요.

> **참고** come full circle: (한 바퀴 돌아, 여러 가지 변화를 거쳐) 제 자리로 되돌아오다
> light a fire under ...: 을 부추기다, 다그치다, ...에게 압력을 넣다
> at the tip of the spear: 선봉에 서서, ...을 이끌며
> hit home: 가슴(마음)에 와닿다, 정곡을 찌르다, 완전히 이해하다, 목표물을 정확히 맞추다.

A: It's important to **pay homage to** the Indigenous cultures that have been here long before Columbus.

B: You bet. A lot of people have **learned the hard way** that celebrating Columbus without acknowledging the harm caused is really **crossing the line**.

A: Yeah, it's time we start **giving credit where it's due**, especially to the communities who've kept their traditions alive despite everything.

A: 콜럼버스 이전부터 오래동안 존재해온 원주민 문화에 경의를 표하는 것이 중요해요.

B: 정말 그래요. 피해를 인정하지 않은 채 콜럼버스를 기념하는 것은 선을 넘는(분별 없는) 행동이라는 것을 많은 사람들이 어렵게 깨달았어요.

A: 맞아요, 이제는 진정한 공로를 마땅히 인정할 때에요. 특히 모든 어려움에도 불구하고 자신들의 전통을 지켜온 공동체들에게요.

> **참고** pay homage to ...: ...에 경의를 표하다
> learned the hard way: (실수·불쾌한 경험 등을 통해) 비싼 교훈을 얻다[어렵게 깨닫다]
> cross the line: (물리적인 선이 아니라 어떤 정도를 지나쳤을 때) 선을 넘다.

　Halloween(핼러윈)은 매년 10월 31일 저녁에 기념되며, 그 기원은 2,000년 이상 거슬러 고대 Celtic(켈트족의) 축제인 Samhain(사윈)에서 유래했다. 이 축제는 수확의 끝과 겨울의 시작을 알리며, 살아있는 자와 죽은 자의 경계가 가장 얇다고 믿었던 시기였다. 시간이 지나면서, 핼러윈은 기독교의 모든 성인의 날 전날인 모든 성인의 전야(All Hallows' Eve)와 결합되어 현대적인 핼러윈 축제로 발전하게 되었다.

　오늘날 Halloween에는 수천 만명의 미국인들과 어린이들이 유령, 마녀, 인기 있는 캐릭터 등으로 분장하고, 아이들이 집집마다 사탕을 받으며 돌아다니는 Trick-or-Treat 활동과 costume party 같은 즐거운 행사와 활동들을 즐긴다. 집과 동네는 호박, 해골, 거미줄 등의 으스스한 장식으로 꾸며져 축제 분위기를 더한다. Trick-or-treat과 costume party 외에도 핼러윈은 직장과 이웃들과 친구들의 파티, 유령의 집, 테마 행사 등으로 기념되며, 게임, 무서운 이야기, 그리고 특별한 간식을 즐긴다. 핼러윈은 사람들이 창의력을 발휘하고, 공동체 활동을 즐기며, 두려움과 미신의 가벼운 스릴을 즐길 수 있는 기회를 제공한다.

[사진] 대학생들이라고 공부만 하나? Halloween이 가장 신나고 왁자지껄한 곳은 단연 대학가이다. 이 사진에서는 미국의 한 명문대 캠퍼스에서 Halloween 저녁이 으슥해지기 무섭게 거의 50여명의 친구들과 roommate들이 비좁게 모여서 한잔하면서(실은 아주 아주 여러 잔을 하는 것이 대부분이다) 열심히 costume party를 하고 있다. 사진: ⓒ박우상

[사진] Halloween은 아이들의 재미를 빙자하여 어른들이 더 많은 돈과 시간을 쓰며 즐기는 것이 사실이다. 미국의 한 언론사 동료 직원들이 Halloween 저녁에 한 음식점 겸 술집(pub)에 모여 1939년의 영화 The Wizard of Oz의 등장인물의 복장을 하고 costume party를 즐기면서 대화를 나누고 있다. Judy Garland가 Dorothy로 주연한 The Wizard of Oz(1939) 영화의 원작은 Frank Baum의 1900 소설 The Wonderful Wizard of Oz이다. 사진: ⓒ박우상

costumes / trick-or-treating / haunted houses / scary movies /
pumpkin carving / Halloween parties / ghost stories / decorations /
cultural traditions / sweets and treats / fall activities / superstitions /
Halloween music / safety precautions / traditions and memories

## 주요 어휘 및 표현

**명** costume / pumpkin / candy / trick-or-treat / ghost / witch /
skeleton / spook / haunted house / bat / spider / monster / Jack-
o'-lantern(호박등) / graveyard / zombie / cobweb(거미줄) / horror /
party / mask / spell

**형** spooky(으스스한) / scary / creepy(소름돋는) / ghoulish(잔혹한) /
haunted(유령의, 귀신의) / dark / frightening / ghostly / eerie(기묘한, 괴상한)
/ chilling / bloodcurdling / wicked / festive / sinister / mysterious /
playful / gruesome(끔찍한, 소름끼치는) / whimsical / playful / thrilling

**동** dress / trick / treat / haunt / scare / celebrate / carve / creep /
boo(깜짝 놀래키다(의성어), 야유하다) / scream / gather / spook / hide /
frighten / witch / roam(어슬렁거리다) / chase / brew(양조하다, 안좋은 조짐이
생기다) / explore / decorate

**구** bite the dust(죽다, 실패하다) / bring out the big guns(강력한 수단을 동원하다) /
creeped out(소름끼치다, 오싹하다) / cut to the chase(본론으로 들어가다) / dead
as a doornail(완전히 죽은, 완전히 망가진) / eat, drink, and be scary / ghost
of a chance(거의 없는 가능성) / ghoulish delight(괴기스러운 즐거움) / grave
situation(심각한 상황) / hocus pocus(속임수, 요술 같은 말장난) / in the dead of
night / knock on wood(행운을 빌다) / like pulling teeth(매우 힘든 일, 진땀 나는
일) / make one's skin crawl(소름이 끼치다, 불쾌감을 느끼다) / monsters under
the bed / not one's cup of tea(취향이 아닌 것) / on pins and needles
(초조하고 긴장된 상태) / out of the woods / panic button(위기 상황에서의 비상 대
응책) / scared stiff(겁에 질려 꼼짝 못하는) / spooked / take the bull by the

horns(정면으로 문제에 맞서다) / the whole nine yards(전부, 모든 것) / trick or treat!(장난을 당할 건지 과자를 줄 건지 선택하세요!) / turn over a new leaf / under the weather / walk on the wild side(위험한 일에 손을 대다, 평소와 다른 대담한 행동을 하다) / witching hour(마녀들의 야행이 아주 왕성한 시간) / with bells on (아주 기꺼이, 적극적으로) / one can't judge a book by its cover(겉모습만으로 판단할 수 없다) / chills down one's spine(등골이 오싹하다) / play with fire(위험한 일을 하다) / blood-curdling scream(피가 얼어붙는 비명, 소름끼치는 비명) / as easy as pie / not the sharpest tool in the shed(그다지 똑똑하지 않은, 눈치가 없는) / it's all fun and games / have a skeleton in the closet(숨기고 싶은 과거가 있다) / scare the pants off someone(누구를 혼비백산케 하다, 간 떨어지게 하다) / when the chips are down(위기 상황일 때, 결정적 순간에)

A: I can't wait for the Halloween party tonight! **Knock on wood**, I hope it will be a memorable time for the rest of my life.

A: 오늘 밤 할로윈 파티가 너무 기대돼! 행운을 바라며 두드려 보지만, 평생 잊지 못할 추억이 될 것 같아.

참고 knock on wood: 좋은 일이 이어지기를 바램을 갖고 나무를 두드리다

A: Since last week, my daughter has been **on pins and needles**, counting down the day for trick-or-treaters.

A: 지난 주부터 딸아이는 사탕을 받으러 다닐 날만 손꼽아 기다리며 안달하고 있어.

참고 on pins and needles: 초조해하다, 안달하다

A: The haunted house decorated for Halloween was so scary and gave us **chills down our spines**!

A: 핼러윈을 위해 꾸며진 유령의 집은 너무 무서워서 소름이 끼쳤어!

참고 chills down someone's spines: 소름이 끼치다

A: The sudden noise of a witch's cackle from the dark room brought all of us **blood-curdling screams**.

A: 어두운 방에서 갑자기 들려온 마녀의 웃음소리에 우리 모두 혼비백산하여 비명을 질렀어.

참고 blood-curdling screams: 피가 얼어붙을 듯한 소름이 돋는 비명

A: Do you think wc have **a ghost of a chance** of winning the costume contest this year?

B: With these costumes? Absolutely! But first, let's go **trick or treating** before the kids clean out all the candy!

A: 올해 코스튬 대회에서 우리가 조금이라도 이길 가능성 있을까?

B: 이 의상들로? 당연하지! 하지만 먼저 아이들이 사탕 싹쓸어가기 전에 우리도 사탕 받으러가자!

**참고** a ghost of a chance: 아주 작은 희망/가능성

A: Did you try the haunted house's special treat? It was a **ghoulish delight**!

B: I loved it! Let's grab some more before the **witching hour** hits!

A: 유령의 집에서 특별 사탕 먹어봤어? 오싹한 즐거움이었어!

B: 나도 완전 좋았어! 마녀의 시간이 되기 전에 더 먹으러 가자!

**참고** special treat: 특식, 특별 간식

A: Did you see that old haunted mansion? It looks **dead as a doornail**!

B: Yeah, and the creepy stories about it really **make your skin crawl**!

A: I heard they **go all out** for Halloween, too — decorations, actors, **the whole nine yards**!

A: 저 오래된 유령 저택 봤어? 쥐죽은 듯 조용하더라!

B: 맞아, 거기에 얽힌 소름 끼치는 이야기들 정말 등골이 오싹해져!

A: 할로윈 때는 완전 끝내주게 한다고 들었어. 장식, 배우들, 모든 걸 다 준비한대!

**참고** dead as a doornail: 완전 죽은, (물건 등 원래) 생기가 없는, 무생물의
make one's skin crawl: 소름 끼치게 하다
go all out for ...: ...을 위해 전력을 다하다
the whole nine yards: (관련된) 모든 것, 필요한 것이 다 들어간, 전부

A: I just watched that horror movie everyone's been talking about, and honestly, it **bit the dust** for me.

B: Really? I thought it was just a bit of **hocus pocus** and fun!

A: Maybe, but all the jump scares were just **not my cup of tea**.

B: Well, I guess horror isn't for everyone. You're just **not the sharpest tool in the shed** when it comes to scary movies!

A: 사람들이 다들 말하는 그 공포 영화 봤는데, 솔직히 나는 별로였어.

B: 정말? 난 그냥 약간의 마술과 재미라고 생각했는데!

A: 그럴 수도 있지만, 점프 스케어들은 내 기호는 아니야.

B: 뭐, 모든 사람들이 공포를 좋아하는 건 아니지. 공포 영화에 관해서라면 네가 최적은 아니지!

참고   bite the dust: 헛물을 켜다, 실패/패배하다
hocus pocus: 요술쟁이가 쓰는 주문, 속임수, 야릇한 말
jump scare: 공포 게임에서 갑자기 튀어나와 무서움을 유발하는 장면
one's cup of tea: 기호에 맞는 것, 좋아하는 것, 취미
not the sharpest tool in the shed: 둔한(부정적인 의미로 사용되므로 사용에 주의해야 함)

A: I'm thinking of **bringing out the big guns** for our Halloween party this year — maybe a haunted house!

B: That sounds awesome! I'll come **with bells on** if you do that!

A: Just remember, **you can't judge a book by its cover**. We might need to put in some serious effort to make it truly spooky.

B: Definitely! I want to **scare the pants off** everyone who walks through that door!

A: 올해 할로윈 파티는 비장의 무기를 준비해볼까 생각 중이야. 유령의 집을 꾸며볼까?

B: 그거 멋질 것 같아! 그렇게 한다면 꼭 갈게!

A: 단, 겉모습만 보고 판단하면 안 돼. 진짜 무섭게 만들려면 꽤 노력을 해야 할 거야.

B: 물론이지! 문을 지나가는 사람들 모두 놀라게 하고 싶어!

참고   bring out the big guns: 자기에게 유리한 사람/이유을 내세우다, 비장의 수를 쓰다
with bells on: 기꺼이, 열심히, 씩씩하게
don't judge a book by its cover: 겉을 보고 속을 판단하지 말라
scare the pants off: 남을 혼비백산케 하다, 놀래다

A: I love how everyone gets into the spirit of Halloween. It feels like it's all **just fun and games**.

B: Right? It's a chance to be silly and not take ourselves too seriously. Everyone's just **having a blast**.

A: Exactly. The costumes, the decorations... it's all about **letting loose** for a night.

A: 모두가 핼러윈 분위기에 푹 빠져드는 게 너무 좋아요. 그냥 모든 게 즐겁고 신나는 것 같아요.

B: 맞아. 잠시 바보가 되어 너무 심각하게 생각하지 않을 수 있는 기회지. 모두가 신나게 즐기고 있잖아.

A: 정확해. 의상, 장식... 모두 하룻밤 동안 마음껏 즐기는 거지.

참고   having a blast: 신나는 시간을 보내다.

A: Did you hear that weird noise coming from the attic? It's **making my skin crawl**.

B: It's probably just the wind. **Don't be such a chicken**!

A: Easy for you to say! I'm not a fan of **spooky stories**, especially when it gets this dark.

B: "Haha, don't worry. I'll be your **ghostbuster**. Just **stick close to** me!"

A: 다락방에서 나는 그 이상한 소리 들었어? 소름 돋네.

B: 그냥 바람 소리겠지. 겁쟁이처럼 굴지 마!

A: 너야 말하기 쉽지! 으스스한 이야기는 질색이야, 특히 이렇게 어두워지면 더.

B: 하하, 걱정 마. 내가 유령 사냥꾼이 되어줄게. 그냥 나한테 딱 붙어 있어!

미국에서 홈커밍(Homecoming)은 고등학교, 대학교, 그리고 다양한 조직에서 소중히 여겨지는 전통 행사로, 과거의 구성원들과 다시 연결되고 성과를 축하하며 소속감을 키우는 시간이다. 미국에서 Homecoming은 산업화가 정착되고 철도가 전국 각지를 연결하고 자동차와 라디오 문화가 처음으로 확산되면서 고향과 모교를 떠났던 사람들이 매년 행사로 고향과 모교를 방문하던 1910-1920년 대에 미국의 문화 현상으로 자리잡기 시작하였다. 학교와 대학교에서는 홈커밍이 보통 가을에 열리며, 미식축구 경기를 중심으로 진행된다. 졸업생들은 현재 학생들과 함께 펩랠리(Pep Rally: 경기를 앞둔 학교의 학생들, 운동선수, 교직원들이 함께 모여 사기를 북돋우고 응원하며 단합을 다짐하는 행사), 퍼레이드, 댄스와 같은 행사에 참여하며, 홈커밍 킹과 퀸의 선정 및 홈커밍 코트의 구성은 학교의 열정과 단합을 상징하는 대표적인 요소이다. 이러한 축제는 과거의 전통을 기념하는 동시에 공동체에 활력을 불어넣는다.

학교 이외에 시 공동체들, 기업들, 공공 단체들도 홈커밍 행사를 개최하는 곳들이다. 기업은 전직 직원들을 위한 재회를 열어 네트워킹 기회를 제공하고, 그들의 공헌을 축하한다. 전문 협회와 비영리 단체는 홈커밍 스타일의 행사를 통해 회원들과 교류하고, 공동의 목표를 강조하며, 기금 모금 행사와 공로 시상식을 포함하기도 한다. 도시와 지역 사회에서는 홈커밍 행사가 연례 축제로 열리며, 과거의 주민들을 불러모아 지역 유산을 기념한다.

[사진] 매년 10월에 열리는 미국 University of Wisconsin-Madison의 homecoming의 절정인 토요일의 homecoming football 경기 전날 저녁에 캠퍼스 주위에서 벌어지는 homecoming parade에 참가하고 있는 밴드부. Homecoming의 따스한 분위기에다가 다음날의 경기에서 손님팀(guest team)을 박살내자는 결의를 한껏 북돋운다. 사진: ⓒ 박우상

[사진] 미국의 한 고등학교에서 10월의 homecoming 행사의 finale로 학생들이 homecoming dance 파티를 즐기고 있다. 아주 열심히 그리고 나름 심각하게 연구하고 폼을 내며 춤을 추고 있는 모습이다. 사진: ⓒ 박우상

공통주제

school spirit and pride / reunion with friends and alumni / homecoming parade and floats / the big game(football or other sports) / homecoming court and crowning / homecoming dance and formal events / tailgating and pre-game parties / arching band and cheerleading performances / nostalgia and reminiscing about school memories / class competitions and events / school traditions and history / campus decorations and spirit week activities / community involvement and local participation / welcoming alumni back to campus / post-game celebrations and afterparties

주요 어휘 및 표현

구 game / alumni / school / parade / dance / team / friends / celebration / spirit / reunion / tailgate / crowd / cheerleaders / tradition / homecoming court / pep rally / band / memories / rivalry / festivities

참고 tailgate: '자동차 트렁크 덮개', '앞차에 바싹 붙여 운전하다'란 의미도 있지만, 여기서는 큰 스포츠 행사 전에 벌어지는 축제 분위기의 사교활동을 의미한다(과거에, 자동차 트렁크에 술과 안주를 차려놓고 파티 처럼 즐기는 야외문화에서 유래)

구 exciting / nostalgic / festive / memorable / spirited / fun / lively / energetic / competitive / proud / historic / colorful / traditional / joyful / celebratory(축하의, 경축하는) / emotional / thrilling / friendly / vibrant / anticipated

구 celebrate / reunite / cheer / attend / compete / remember / enjoy / dance / plan / parade / welcome / reminisce(추억에 잠기다, 회상하다) / march / watch / participate / host / prepare / vote(for homecoming king/queen) / organize / gather

구 back in the day / blast from the past(과거의 반가운 기억, 추억 소환) / the gang's all here(모두 다 모였네) / hit the ground running / paint the town red(유흥을 즐기며 신나게 놀다) / take a trip down memory lane(과거의 행복

했던 일들을 회상하다) / old stomping grounds(예전에 자주 가서 뛰어 놀던 장소, 단골 장소) / in the spirit of things(분위기를 따라/이벤트나 상황에 맞추어 열심인) / on cloud nine / once in a blue moon(가뭄에 콩 나듯, 아주 드물게) / the more, the merrier / raise the roof(떠들썩하게 환호하다, 분위기를 최고조로 끌어올리다) / bells and whistles(불필요하지만 눈에 띄는 장식) / living it up(인생을 즐기다, 흥청망청 놀다) / get the ball rolling / it's a win-win / keep the tradition alive / make some noise / in full swing / like old times / let loose / run into old friends / all hands on deck / catch up / go the extra mile / out with a bang(화려하게 인상적으로 마무리하다) / turn over a new leaf / roll out the red carpet(극진히 환영하며 귀빈 대접을 하다) / at the top of one's game(절정의 기량을 보이는, 물이 오른) / can't beat the atmosphere(분위기가 최고다, 분위기가 이 보다 더 좋을 수는 없다) / put one's best foot forward(최선을 다하다, 가장 좋은 모습을 보이다) / on the same page / break the ice / pump up the crowd(관중을 열광하게 만들다, 분위기를 띄우다) / a sight for sore eyes(반가운 광경, 보기만 해도 기쁜 사람) / the heart of the action(핵심 현장) / time flies / throw caution to the wind(겁없이 도전하다) / here for a good time / kick things off

---

### 예문

A: The reunion of high school classmates 10 years after graduation **took a trip down memory lane** for me.

A: 졸업 10년 만에 만난 고등학교 동창회는 나에게 추억 여행이었어.

> **참고** take a trip down memory lane: 추억 여행을 하다

A: Throughout the homecoming party last night, my classmates all were shouting and almost **raising the roof**.

A: 어젯밤 홈커밍 파티 내내 동창들이 소리를 질러서 천장이 떠나갈 듯했어.

> **참고** raise the roof: 천장이 떠나갈 듯 소리 지르다

A: The cheerleaders at the homecoming game kept **pumping up the crowd** throughout before it was **kicked off**.

A: 홈커밍 게임에서 치어리더들이 시작 전부터 계속 관중들의 열기를 돋웠어.

> **참고** pump up the crowd: 관중들의 열기를 돋우다

A: For celebrating the 50th birthday, I heard our high school had a special plan to **roll out the red carpet** for the alums this year.

A: 50주년 기념으로 우리 고등학교에서 올해 졸업생들을 위해 레드 카펫을 깔 계획(최고의 대접을 할 예정)이라고 들었어.

> **참고** roll out the red carpet: 레드 카펫을 깔다(매우 중요한 손님에게 최고의 대접을 한다는 의미)
> alums: almnus의 남성 복수형인 alumni와 alumna 여성 복수형인 alumnae를 통합한 중성 복수형으로 근래 영어에서는 이를 주로 사용한다.

A: It's great to see everyone **getting into the spirit of things**! The decorations, the games, it feels like the whole school's come alive again.

B: Yeah, it's like old times! Walking through the halls, **running into old friends** — it really **brings back memories**.

A: 모두가 분위기에 빠져드는 모습을 보니 정말 좋다! 장식들, 게임들, 마치 학교 전체가 다시 살아난 것 같아.

B: 맞아, 옛날 같아! 복도를 걸으며 옛 친구들과 마주치는 건 정말 옛 추억을 되살려.

> **참고** run into ...: ...와 충돌하다, ...와 우연히 만나다

A: You remember how we used to rule the bleachers **back in the day**? Those games were the best part of Homecoming!

B: You bet! We're **going out with a bang** this year — everyone's talking about the big game and the after-party!

A: 우리가 예전에 관중석을 지배했던 걸 기억해? 그 게임들이 홈커밍의 최고였지!

B: 맞아! 올해는 끝내주게 할거야. 모두가 큰 게임과 애프터 파티에 대해 이야기하고 있어!

> **참고** bleachers: 운동 경기장이나 체육관의 관중이 앉는 계단식 좌석
> back in the day: 옛날에[예전에]
> with a bang: 멋지게[성공적으로], 모두의 주목을 받으며, 강력하게

A: Wow, seeing everyone again is such **a blast from the past**. Feels like we never left!

B: For sure! Are you ready to **make some noise** at the game — our team's at the top of their game this season!

C: No doubt! We've got to cheer them on **like the old days**. It's going to be epic!

A: 와, 모두 다시 만나니 과거의 멋진 시간으로 되돌아 갔어. 옛날 그대로의 느낌이야!

B: 그렇지! 게임에서 소리를 지를 준비가 되었니? 우리 팀이 이번 시즌 절정의 경기력을 보여주고 있어!

C: 의심할 여지 없어! 옛날처럼 그들을 응원해야 해. 정말 대단할 거야!

> **참고** a blast from the past: blast는 아주 즐겁거나 끝내주는 시간이나 파티를 의미
> at the top of the game: 최고인, 최고의 기량을 보여주는, 일등인

A: **The gang's all here**! It's like we've never been apart.

B: Yeah, seeing everyone together like this happens **once in a blue moon**. I'm glad we all made it.

C: You **can't beat the atmosphere** of Homecoming.

D: Exactly! Let's just **throw caution to the wind** tonight and **make the most of it**!

A: 우리 패거리가 모두 모였어! 마치 우리가 한 번도 헤어지지 않았던 것 같아.

B: 맞아, 이렇게 모두 함께 보는 건 가뭄에 콩나듯 해. 우리가 다 모였다는 게 기뻐.

C: 홈커밍 분위기보다 더 좋은 건 없어.

D: 그렇지! 오늘 밤은 근심걱정 모두 떨쳐 버리고 마음껏 즐기자!

> **참고** once in a blue moon: 극히 드물게, 가뭄에 콩나듯
> throw caution to the wind: 큰마음 먹고 하다, 대담한 행동을 취하다, 앞뒤 가리지 않고 하다

A: It feels great to be back at the **old stomping grounds**, doesn't it?

B: Yes, it does! They've added all the **bells and whistles** to the campus since we were here, though.

C: The whole event brings back so many fond memories.

D: Indeed. Let's **kick things off** with a big cheer for the team! It's going to be a great night.

A: 옛날에 뛰놀던 곳에 다시 돌아오니 기분이 정말 좋지?

B: 그럼! 우리가 있었던 그때와는 다르게 캠퍼스에 이것저것 많이 생겨났네.

C: 이벤트 전체가 많은 즐거운 추억을 떠올리게 해.

D: 맞아. 팀을 위해 큰 응원으로 시작하자! 정말 멋진 밤이 될 거야.

> **참고** stomping grounds: 습관적으로 자주 가는 곳
> bells and whistles: 멋으로 덧붙이는 부가 기능

Indian summer는 가을에 첫 서리가 내린 후 발생하는 비정상적으로 따뜻하고 건조한 날씨를 말한다. 이 날씨 패턴은 맑은 하늘, 온화한 기온, 가벼운 바람이 특징이며, 북반구에서는 보통 9월 말에서 11월 중순 사이에 발생한다.

"Indian summer"라는 표현은 18세기 후반 미국에서 처음 사용된 것으로 보인다. 일부 이론에 따르면, 이 표현은 따뜻한 날씨를 이용해 겨울 대비용 사냥과 식량을 모으던 북미주 원주민 부족의 이름을 따서 지어졌다고 한다. 다른 해설은 아메리카 원주민이 살던 지역에서 흔히 볼 수 있는 따뜻하고 흐릿한 날씨와 관련이 있을 수 있다고도 한다. 그러나 이 표현은 문화적 민감성 문제로 비판을 받기도 한다. 일부 사람들은 이 표현이 북미주 원주민에 대한 고정관념을 강화한다고 주장한다. 따라서 이 날씨 현상을 설명하기 위해 "second summer"(두 번째 여름)이나 "late summer"(늦여름), autumn blaze(가을의 불길), harvest haze(추수철의 아지랑이), sunset summer(해 저문 여름)와 같은 대체 용어를 사용하자는 움직임이 있다. Indian summer 동안 사람들은 하이킹, 골프, 소풍, 정원 가꾸기와 같은 야외 활동을 즐긴다. 또한, 이 시기는 가을 축제와 Homecoming 등 행사가 많이 열리는 시기이기도 하다.

### 공통주제

unseasonably warm weather / changing fall foliage(나뭇잎) / extended outdoor activities / late-season gardening / summer-like temperatures in fall / climate change and unusual weather patterns / mild evenings and clear skies / unexpected warm-weather clothing / extended hiking and camping season / late harvests and crops / planning last-minute barbecues or picnics / prolonged allergy season / shifting from summer to fall activities / Indian Summer traditions and folklore / preparing for the cooler weather to follow.

명 weather / sun / heat / breeze / sky / afternoon / morning / temperature / day / season / autumn / summer / warmth / fall / chill / sunshine / week / jacket / nature / air

형 warm / mild / sunny / crisp(바삭한, 상쾌한) / pleasant / cool / breezy / unexpected / clear / dry / refreshing / calm / balmy / bright / comfortable / unseasonal / gentle / late / gorgeous / golden

동 enjoy / relax / appreciate / soak / lounge / wander / gather / celebrate / savor / walk / watch / embrace / explore / prepare / feel / roast / chill / linger(오래 머무르다, 떠나지 않고 꾸물거리다) / share / transition

구 bask in the sunshine / soak up the rays(햇볕을 만끽하다) / an autumn surprise(가을의 깜짝 선물) / make hay while the sun shines(기회를 잘 이용하다) / late bloomer(대기만성형의 사람) / out of the woods(위기를 벗어나) / summer's last hurrah(여름의 마지막 축제(마지막 기운)) / caught between seasons(계절의 틈에 갇힌, 과도기적인) / feel like summer all over again / warm spell(한동안 따뜻한 날씨) / golden days / savor the moment / out of the blue(갑자기, 난데없이) / chase the sun(태양을 쫓다, 따뜻한 날씨를 찾아가다) / a second wind(재충전된 기운, 회복된 활력) / on borrowed time(한시적으로 연장된 시간, 임시로 얻은 여유) / don't pack away the shorts just yet(아직 반바지를 넣지 마세요) / a breath of fresh air / nature's encore(자연이 선사하는 앙코르(마지막 아름다움)) / turn up the heat(열기를 높이다, 압력을 가하다, 긴장감을 끌어 올리다) / short but sweet / hold on to summer(여름의 분위기를 더 만끽하려 하다) / crisp mornings, warm afternoons / lingering warmth(남아 있는 따스함) / enjoy it while it lasts(지금 이 순간을 즐기다) / the calm before the cold / a welcomed delay(반가운 지연) / play tricks on us / warm breeze, cool nights / the great outdoors is calling / caught in between(사이에 끼어 있는, 애매한 상태에 있는) / mild as May / the final stretch(마지막 구간, 끝마무리 단계) / in no rush for winter / the heat is on / don't let it slip away / surprise sunshine / unseasonably warm / the dog days of fall(가을의 무더운 시기) / fall in disguise(가을 가장한 다른 계절 같은 날씨)

A: This Indian summer was **a welcomed delay** for Cecilia to have more time to do her gardening job in the backyard.

A: 이번 인디언 여름의 반가운 지연 덕분에 세실리아는 뒷마당 정원 가꾸는 일에 시간을 더 할애할 수 있었어.

A: I would like to **bask in the sunshine** on the tanning chair this late afternoon at the patio of my apartment.

A: 오늘 오후 늦게 아파트 파티오에서 선탠 의자에 누워 햇볕을 쬘 생각이야.

> 참고 bask in the sunshine: 햇볕을 쬐다

A: Why don't we go fishing to a lake together if we have a **warm spell** luckily this long weekend?

A: 이번 긴 주말에 운 좋게 따뜻한 날씨가 이어진다면 우리 함께 호수에 낚시하러 가는 건 어때?

> 참고 a warm spell: 따뜻한 날씨(평소보다 기온이 높고 따뜻한 기간을 말한다)

A: Every year I would be **caught in between** two conflicts in wearing my clothes when Indian Summer comes around this time.

A: 매년 이맘때쯤 인디언 서머가 되면 옷을 어떻게 입어야 할지 고민이 되곤 해.

> 참고 caught in between two conflicts: 두 가지 사이에서 갈등하다

A: This warm weather feels like **an autumn surprise**, don't you think?

B: I agree. **Crisp mornings, warm afternoons**. It's like we're **getting the best of both worlds**.

A: Yeah, it's like **fall in disguise**, sneaking in before the cold really hits.

A: 이 따뜻한 날씨는 가을의 뜻밖의 선물 같지 않니?

B: 맞아. 아침은 상쾌하고, 오후는 따뜻해. 마치 두 세계의 장점을 모두 누리는 것 같아.

A: 그래, 마치 가을이 변장하고서 추위가 본격적으로 닥치기 전에 살금살금 몰래 들어온 것 같아.

> 참고 crisp morning: 상쾌한 아침
> sneak in: 슬쩍/몰래 들어오다

A: It feels like summer's still hanging on. We're **not out of the woods yet**.

B: Yeah, **don't pack away the shorts just yet**. This weather is **playing**

**tricks on us**!

A: Exactly! It's like **the dog days of fall**. Warm, but you know, the chill is coming.

B: You said it! It's hard to believe we'll be **bundling up** in no time.

A: 여름이 아직 머물러 있어. 아직 여름이 끝난게 아냐.

B: 맞아, 반바지는 아직 치우지 마. 이 날씨가 우리를 속이고 있어!

A: 그러게 말이지! 마치 가을의 더운 복날들 같아. 따뜻하지만 곧 한기가 올 거야.

B: 맞지! 금방 두꺼운 옷을 껴입게 될 거라는 게 믿기지가 않아.

참고 not out of the woods: 아직 곤경을 벗어나지 못한
pack something away: (다 쓰고 난 뒤에) 챙겨서 치워 놓다
bundle up: 옷을 껴입다, 옷을 두껍게 입다, 옷을 따뜻하게 입다

A: This warm weather feels like **summer's last hurrah**, doesn't it? Totally unexpected.

B: Yeah, it came **out of the blue**! I was ready for sweaters and boots, but now it's shorts again.

A: Feels like **the calm before the cold**, though. We're probably in **the final stretch** before winter hits.

B: I'm with you on that. I'm enjoying it while it lasts, but I know the chill is right around the corner.

A: 이 따뜻한 날씨는 여름의 마지막 환호 같지 않아? 정말 예상치 못한 일이야.

B: 응, 벼락처럼 나타났어! 스웨터와 부츠를 준비하고 있었는데, 다시 반바지야.

A: 하지만 본격적인 추위가 오기 전의 막바지 따뜻한 날들이야. 아마도 겨울이 오기 전 마지막 끝물에 있는 것 같아.

B: 동감이야. 따뜻한 날씨가 머무는 동안 이를 즐기고 있지만, 곧 추위가 닥칠 거라는 걸 알고 있어.

참고 다수의 백인들이 무감각하게 오래 동안 사용해 온 Indian summer에 대해, 오늘날 많은 원주민들(Native Americans)은 백인들의 Native Americans에 대한 부정적인 편견과 차별, 억압의 표현으로 인식되어지는 것을 거부한다. 이제는 원주민들과 그들의 입장을 존중하는 백인들을 중심으로 Indian summer에 대신하여 second summer, late summer warmth, autumn/fall heatwave, unseasonably warm spell(in fall) 등이 자주 사용되고 있다.
out of the blue: 갑자기, 난데없이

A: After a chilly start to October, now it feels like summer's **made a comeback** with sunny skies and temperatures soaring past 80 degrees. It feels like **a second summer**.

B: I know. Personally, I'm loving this late summer warmth, though, perfect for fishing and canoeing.

A: We could also check out some **Native American powwows**. Just a heads-up: we should **steer clear of climbing or barbecuing near sacred sites** that are deeply respected by Native communities.

B: Absolutely. Respect is key.

A: 10월 초에는 쌀쌀했는데, 이제는 여름이 다시 온 것 같아요. 화창한 하늘에 기온도 80도(화씨) 이상으로 올랐네요. 여름이 또 온 느낌이네요.

B: 그러게요! 하지만 저는 개인적으로 이 늦여름 날씨가 정말 좋아요. 낚시나 카누 타기에 안성맞춤이거든요.

A: 아울러 원주민들의 파우와우 행사도 체크해 볼 수도 있어요. 한 가지 유의할 점은 원주민들이 신성하게 여기는 장소 주변에서는 등산이나 바비큐 같은 활동은 자제하는 게 좋겠어요.

B: 맞아요. 중요한 점은(그들에 문화유산과 역사에 대한) 존중이겠죠.

> **참고** powwow: 원주민들이 하나의 공동체로 모여 노래하고, 춤추고, 어울리면서(singing, chanting, drumming, dancing, socializing) 자기들의 문화적 유산과 역사적 전통을 기리는 생동감 넘치는 축제. 원래는 풍성한 추수와 평화에 감사를 드리고 공동체의 재난과 불운을 막기 위한 공동체의 사회문화적 행사.
>
> heads-up: 유의점, 핵심

1990년부터 미국에서 11월에 기념되는 Native American Heritage Month(원주민 유산의 달)은 원주민의 풍부한 문화, 역사, 그리고 기여를 기리는 기간이다. 이 달은 원주민이 미국 역사에 미친 중요한 영향을 인정하고, 그들의 다양한 전통과 업적에 대한 인식을 높이기 위해 연방의회에 의해 입법이 되었으며 George H.B. Bush 대통령이 상하 양원의 입법 결의문에 서명하면서 즉시 시행되었다. 이 기간 동안 전국적으로 다채로운 행사와 활동이 열리며, 교육 프로그램, 문화 전시회, 지역 사회 모임 등이 포함된다. 학교, 박물관, 단체들은 미국 원주민들의 역사, 예술, 음악, 춤, 문학을 강조하는 강연, 이야기 시간, 공연, 퍼레이드 등을 주최한다.

[사진] South Dakota 주의 the Pine Ridge Indian Reservation에서 Sioux 족의 한 부족인 Ogalala Lakota 족의 젊은이들이 전통적인 drumming과 chanting(주술, 기원, 소망 등을 외침)을 집중하여 강렬하게 하고 있다. 사진: ⓒ 박우상

[사진] 미국 Wisconsin 주의 한 Native American 부족인 Oneida Nation의 powwow 공동체 축제에서 독수리 날개와 거북이 등으로 복장을 장식한 소년이 공동체 사람들과 함께 powwow grounds를 춤을 추며 앞으로 나아가고 있다. 사진: ⓒ 박우상

celebrating Indigenous culture and traditions / honoring Native American history / the importance of preserving Indigenous languages / native American art, music, and dance / the legacy of Native American leaders and activists / contributions of Native Americans to society / addressing stereotypes and misconceptions about Indigenous peoples / land rights and sovereignty issues / the impact of colonization on Native American communities / health disparities(격차, 불평등) and access to healthcare for Indigenous peoples / environmental stewardship and traditional ecological knowledge / revitalizing Indigenous crafts and traditional skills / education and curriculum reform to include Native American perspectives / recognizing treaties and government agreements with Native nations / supporting Native American businesses and economic development

## 주요 어휘 및 표현

**명** heritage / ancestors / traditions / culture / stories / community / wisdom / land / elders / language / ceremony / history / identity / spirit / art / dance / resilience / sovereignty / legacy / healing

**형** sacred / traditional / resilient / indigenous / cultural / spiritual / historic / ancestral / ceremonial / honorable / rich / deep-rooted / wise / sovereign / strong / proud / connected / enduring / holistic / communal(공동의, 공유의)

**동** honor / celebrate / preserve / respect / remember / share / teach / reclaim(되찾다, 개선하다) / empower / protect / heal / revive / recognize / pass(down) / carry / sustain / advocate / connect / learn

**구** walk in two worlds(두 문화·정체성을 동시에 살아가다) / roots run deep / honor the ancestors / carry the fire(정신·전통의 불씨를 이어가다) / circle of life / live in harmony with the land / pass down the stories(이야기·전통을 구전하다) / heal the past(과거의 상처를 치유하다) / tread lightly(자연·타인에게 해를 덜 주며 조심히 살다) / guardians of the Earth / balance of nature / strong as an oak / walk the good path / in the spirit of tradition / leave a footprint / keep the flame alive / voice of the people / dance to the heartbeat of the Earth(자연의 리듬과 하나 되다) / songs of the ancestors / bridge the gap(세대·문화·관계의 간극을 메우다) / hold onto the old ways(옛 것을 고수하다, 전통을 지키다) / in tune with the seasons / speak truth to power(권력자에게 용기 있게 진실을 말하다) / the land is our teacher(자연으로부터 배운다는 뜻) / strength in unity / echoes of the past / circle of trust(신뢰의 고리, 서로 믿고 지지하는 관계) / guardian of traditions / live with respect for all / we are still here / stand one's ground / a warrior's heart(입장을 고수하다, 사수하다) / spirit of resilience / pass the torch(책임·전통을 후대에 넘겨주다) / sacred bond with the land(자연이나 땅과의 신성하고 존중하는 관계) / keepers of wisdom / carry forward the legacy / honor the ways of the elders / break the chains of the past / strength in culture

## 예문

A: Tracing back to Native American heritage, we can see that their lives were always **in tune with** the seasons.

A: 북미 원주민 유산을 더듬어 올라가 보면, 그들의 삶은 계절과 항상 조화를 이루고 있었음을 알 수 있습니다.

참고 in tune with ...: ~와 조화를 이루는

A: The Native Americans never hesitated to **speak truth to power**, fighting for justice and equality.

A: 북미 원주민들은 정의와 평등을 위해 싸우면서 권력에 맞서 진실을 말하는 것을 결코 주저하지 않았습니다.

참고 speak truth to power: 권력에 맞서 진실을 말하다

A: In the coming Native American Heritage Month, we should not forget to **tread lightly** when discussing the history and cultures of Indigenous peoples.

A: 나오는 북미 원주민 유산의 달에 우리는 원주민들이 역사와 문화를 논할 때 조심스러워해야 합니다.

> 참고 tread lightly: 조심스레 행동하다

A: The land of this country still reveals the **echoes of the past** through a variety of thriving Native American civilizations across the nation.

A: 이 나라의 땅은 여전히 전국 사방에 번성했던 다양한 북미 원주민 문명의 흔적을 보여준다.

> 참고 echoes of the past: 과거에 있었던 사건이나 상황이 현재까지 남아있는 흔적

A: I learned so much about the importance of preserving Indigenous languages during this month. It's a huge part of their heritage.

A: 이번 달에 원주민 언어를 보존하는 것의 중요성에 대해 정말 많이 배웠어. 그들의 유산에서 엄청 중요한 부분이더라.

A: We have to remember that we are the **Guardians of the Earth**. Everything we do should honor and protect it.

B: Couldn't agree more. **The land is our teacher**. It gives us everything we need, and we must learn from it, not take it for granted.

A: 우리는 지구의 수호자라는 것을 기억해야 해. 우리가 하는 모든 일은 지구를 존중하고 보호해야 해.

B: 전적으로 동감해. 땅은 우리의 스승이야. 땅은 우리가 필요한 모든 것을 제공하고, 우리는 그 것으로부터 배우고 당연하게 여기지 말아야 해.

> 참고 take ... for granted: ...을 당연한 일로 여기다, 대수롭지 않게 여기다

A: This month is about **healing the past**, acknowledging what's been done, and moving forward together.

B: Yes, and it also reminds us of the **spirit of resilience** that has carried Native communities through so much.

A: 이번 달은 과거를 치유하고, 우리가 해온 일을 인정하며, 함께 앞으로 나아가는 달이야.

B: 그렇지, 또한 원주민 공동체가 많은 것을 달성해온 회복력의 정신을 일깨워 줘.

> 참고 carry something through: ...을 완수하다, 달성하다

A: You know, **roots run deep** in our culture. It's important to remember where we come from.

B: Seriously, yes. **Holding onto the old ways** keeps our traditions alive, even in modern times.

A: You said it! Despite everything, **we are still here**, stronger than ever.

A: 알다시피, 우리의 문화는 그 뿌리가 깊어. 우리가 어디서 왔는지를 기억하는 것이 중요해.

B: 진짜 맞는 말이야. 전통을 고수하는 것은 현대 시대에도 우리의 전통을 살아 있게 해.

A: 바로 그거지! 모든 것에도 불구하고 우리는 여전히 여기 있어, 그 어느 때보다도 강하게.

A: True, and **passing down the stories** from our elders is how we keep that connection strong.

B: And when we gather together, **dancing to the heartbeat of the Earth**, it reminds us of who we are and where we come from.

A: Yes, it's all about **carrying forward the legacy**, ensuring that the next generation feels the same pride in our heritage.

A: 맞아, 그리고 우리의 원로들로부터 나온 이야기들을 전하는 것이 그 연결을 강하게 유지하는 방법이야.

B: 그리고 우리가 함께 모여 지구의 심장 박동에[=자연의 리듬에] 맞춰(조화롭게) 춤을 출 때, 우리는 우리가 누구인지 그리고 어디에서 왔는 지를 상기하게 된다구.

A: 그래, 그건 유산을 이어가는 것이고, 다음 세대가 우리의 유산에 대해 똑같은 자부심을 느끼도록 하는 거야.

미국에서 매년 11월에 기념되는 National Diabetes Awareness Month(전국 당뇨병 인식의 달)은 당뇨병과 그로 인한 건강상의 문제들을 알리기 위한 캠페인을 통해 당뇨병을 앓고 있는 사람들의 삶의 질을 향상시키고 공공 의료와 건강을 증진하기 위한 달이다. 이 한 달 간의 캠페인은 미국에서 중요 질환의 하나인 당뇨병의 예방, 관리, 연구의 중요성에 대해 대중을 교육하는 데 중점을 둔다.

전국 당뇨병의 달 동안 다양한 조직, 의료 제공자, 지역 사회가 함께 모여 균형 잡힌 식단과 규칙적인 신체 활동과 같은 건강한 생활 습관을 홍보한다. 지역사회의 걷기, 달리기, 파워 워킹, 교육, 워크숍, 검진 등이 자주 열리며, 당뇨병에 영향을 받는 사람들에게 유용한 정보와 지원을 제공한다.

[사진] 미국 Texas주의 남단에 위치한 La Joya 교육구의 직원들이 당뇨병 예방과 관리를 홍보하기 위해 함께 찍은 사진이다. 당뇨병 환자들을 도우며 이들의 인식 제고를 위해 모두 함께 푸른 색 옷을 차려 입고 매년 11월이 되면 매주 화요일마다 촬영을 한다고 한다. 사진: Texas주의 La Joya ISD의 페이스북 계정에 포스팅된 홍보물

awareness of diabetes / prevention and early detection / importance of healthy eating / blood sugar management / exercise and physical activity / complications of diabetes / support for people with diabetes / advances in diabetes research / role of insulin and medications / importance of regular check-ups / emotional and mental health challenges / lifestyle changes and adjustments / advocacy for diabetes care and access / importance of education and resources / personal stories and experiences with diabetes

## 주요 어휘 및 표현

명 insulin / glucose / blood / diet / exercise / medication / sugar / carbohydrates / monitoring / health / doctor / treatment / prevention / risk / symptoms / lifestyle / education / management / complications / awareness

형 high / low / healthy / balanced / elevated / stable / uncontrolled / preventive / chronic / manageable / risky / insulin-resistant / diabetic / prediabetic(당뇨 전단계의) / complex / hereditary(유전적인) / nutritional / sustainable / active / life-changing

동 manage / control / monitor / prevent / diagnose / treat / test / inject / measure / reduce / regulate / track / maintain / exercise / eat / check / stabilize / adjust / educate / consult

구 a wake-up call(주의를 촉구하는 일) / it runs in the family(가족력이다, 유전적 요인이 있다) / an ounce of prevention is worth a pound of cure(유비무환, 호미로 막을 걸 가래로 막는다) / on the right track / take control of one's health / watch one's step / a balancing act / knowledge is power / mind over matter(정신력으로 극복하다) / stay on top of it(...을 항상 잘 알고 있다) / it's a marathon, not a sprint / better safe than sorry(나중에 후회하는 것보다 조심하는게 낫다) / don't sugarcoat it(사탕발림으로 사실을 꾸미지 말라) / a bitter pill to swallow(받아들이기 힘든 일) / an uphill battle(힘든 싸움) / health is wealth / keep an eye on it(잘 감시해라) / the clock is ticking(시간이 촉박하다) / in the long run / caught in the middle / cut back on the sweets(단것을 줄이다) / in good hands(유능한 이가 맡고 있는, 안심하고 맡길 수 있는) / an ounce of prevention(조기 예방, 작은 예방 조치) / small steps lead to big changes / hit the ground running / on pins and needles(초조하여, 조마조마해서) / take it one day at a time(그때 그때 처리하다) / a game-changer / out of the blue(예상치 못하게, 갑자기) / keep it in check(잘 관리하다, 통제하다) / it's a life-changer / a step in the right direction / a new lease on life / put one's health first / walk the talk(말한 것을 실천하다) / feel the burn(노력의 대가를 느끼다) / get back on track / sweat it out(초조하게 ...이 끝나기를 기다리다) / light at the end of the tunnel

예문

A: A diabetes diagnosis is **a bitter pill to swallow**, but it's important to know that there are countless resources available.

A: 당뇨병 진단은 받아들이기 힘든 현실이지만, 당신을 도울 수 있는 셀수없을만큼 많은 자원(정보)들이 있다는 것을 아는 것이 중요합니다.

참고 a bitter pill to swallow: 받아들이기 힘든 고통스런 현실

A: Living with diabetes feels like being **on pins and needles**, but we can live healthy and active lives if it is properly managed.

A: 당뇨병을 앓고 있다는 것은 마치 바늘 위를 걷는 것처럼 불안하고 초조하지만, 적절한 관리를 통해 건강하고 활기찬 삶을 누릴 수 있습니다.

참고 on pins and needles: 매우 긴장하거나 초조해하는

A: A diabetes diagnosis can be challenging, but you don't have to be depressed. With the right care, you can find **a new lease on life**.

A: 당뇨병 진단은 힘들 수 있지만, 우울해할 필요는 없습니다. 적절한 관리를 통해 새로운 삶을 시작할 수 있습니다.

참고 a new lease on life: 새 삶을 시작(질병을 극복하여 다시 활기찬 삶을 살게 되었을 때 사용하는 표현)

A: I've been working hard to manage my diabetes this National Diabetes Awareness Month, **sweating it out** at the gym and making healthier food choices.

A: 이번 국가 당뇨병 인식의 달 동안 당뇨병을 관리하기 위해 열심히 노력해 왔습니다. 헬스장에서 땀을 흘리며 운동하고, 더 건강한 식단을 선택하고 있어요.

**참고** sweat it out: 목표달성을 위해 땀흘리며 운동하며 노력하는 점을 강조하고자 할 때 쓰는 관용표현

A: Managing diabetes can feel overwhelming, but it is important to remember that **it's a marathon, not a sprint**. You don't have to fix everything overnight.

A: 당뇨병 관리가 버거울 수 있지만, 이는 단거리 경주가 아니라 마라톤라는 걸 기억해요. 모든 것을 하룻밤 사이에 해결할 필요는 없어요.

A: Getting diagnosed with diabetes was really **a wake-up call** for me. I knew I had to start making better choices.

B: Yeah, you can't ignore it. **Don't sugarcoat it**. Taking control of your health is a serious business.

A: 당뇨병 진단은 정말 내게 경고장이었어요. 더 나은 선택을 해야 한다는 걸 알았거든요.

B: 맞아요, 무시하면 안돼요. 상황을 미화하지 마세요. 건강을 관리하는 건 진지한 일이에요.

A: You know, **diabetes runs in the family**, so I've always been a bit cautious.

B: Same here. I've been trying to **cut back on the sweets**, but it's tough when you've got **a sweet tooth**!

A: Tell me about it. But we've got to **sweat it out** at the gym if we want to stay ahead of it.

A: 알다시피, 우리 가족에는 당뇨병이 있어서 항상 조심스러웠어요.

B: 나도 마찬가지에요. 단 것을 줄이려고 노력하고 있지만, 단 것이 땡길 때는 정말 힘들어요!

A: 정말 그래요. 하지만 이를 극복하고 싶다면 열심히 노력해야 해요.

**참고** run in the family: 집안 내력이다, 유전하다
have/get a sweet tooth: 단 것[음식]을 좋아하다

A: You know, with diabetes, **an ounce of prevention is worth a pound of cure**. It's all about those small lifestyle changes.

B: Exactly, even if it feels overwhelming, you've got to **stay on top of it** every day.

A: That's why I just try to **take it one day at a time**. If you focus on the long term, it gets easier.

B: Yeah, as long as you **keep it in check**, it makes a big difference in how you feel.

A: 당뇨병이 있는 경우 예방이 치료보다 낫다는 말이 있잖아. 작은 생활 습관 변화가 중요해.

B: 맞아, 비록 그게 부담스럽게 느껴질지라도, 매일매일 예의주시하며 관리해야 해.

A: 그래서 나는 그때그때 관리하도록 노력해. 장기적 관점에 초점을 맞추면 쉬워져.

B: 그래, 관리만 꾸준히 잘하면 기분도 아주 달라지거든.

> 참고  An ounce of prevention is worth a pound of cure: 예방은 치료약보다 낫다, 유비무환이다, 좋지 않은 일이 일어나기 전에 예방하는 편이 그 결과에 대처하는 것보다 쉽고 유효하다는 것을 뜻하는 속담
> stay on top of ...: ~의 꼭대기에 있다, ~을 빠삭하게 파악하고 있다, (~의 돌아가는 상황을) 관리/유의/주시하고 있다, (조직 등을)장악/관리하고 있다
> take (it) one day at a time: (미리 걱정하거나 계획을 세우지 않고) 그때그때 처리하다
> keep something in check: ~을 저지/억제하다

A: Sometimes I feel **caught in the middle** between eating right and just trying to enjoy life, though.

B: I get that. But whenever you **slip up**, it's all about **getting back on track** before it becomes a bigger issue.

A: 가끔은 올바른 식사를 하는 것과 그냥 삶을 즐기는 것 사이에서 갇힌 기분이 들어.

B: 그거 이해해. 하지만 실수를 할 때마다 더 큰 문제가 되기 전에 다시 제대로 돌아가는 것이 중요해.

> 참고  slip up: 실수를 하다
> get back on track: 정상으로 돌아오다

A: This month is so important for raising awareness. It's a great opportunity to **put your health first**.

B: Definitely. I feel like the more people talk about it, the less of a taboo it becomes. **Knowledge is power, right**?

A: 이번 달은 인식 제고에 정말 중요해. 건강을 최우선으로 삼을 좋은 기회야.

B: 맞아. 사람들이 더 많이 이야기할수록 금기가 덜해지는 것 같아. 아는 것이 힘이잖아?

미국에서 Daylight Saving Time(DST, 일광 절약 시간제)는 11월 첫 번째 일요일에 끝난다. 현지 일광 절약 시간으로 오전 2시에 시계를 한 시간 뒤로 돌려 오전 1시로 조정한다. DST가 끝나면 사람들은 종종 추가된 한 시간을 즐기며 더 많은 수면을 취한다. 일부 사람들은 이 시간 변화를 이용해 연기 감지기(smoke detector) 및 기타 안전 장치의 배터리를 점검하고 교체하기도 한다. 또한 많은 사람들이 수면 패턴에 미치는 영향을 최소화하기 위해 점진적으로 일정을 조정한다. DST의 종료를 기념하는 특별한 행사는 없지만, 추가된 한 시간을 환영하며, 일부 사람들은 일찍 해가 지고 일찍 귀가하는 것을 이용해 가족과 또는 이웃들을 초대하여 즐거운 저녁 시간을 즐기기도 한다.

### 공통주제

extra hour of sleep / adjusting clocks / impact on sleep patterns / changes in daylight / darker evenings / seasonal mood changes / adjusting routines / benefits of standard time / effects on children's schedules / adjusting work and school schedules / safety concerns(e.g., driving in the dark) / effects on pets' routines / preparation for winter / the pros and cons of Daylight Saving Time / productivity changes with earlier sunsets

### 주요 어휘 및 표현

명 clock / time / hour / sleep / bed / daylight / alarm / morning / evening / routine / change / sunset / schedule / darkness / sunrise / night / energy / shift / adjustment / weekend

형 extra / early / tired / dark / late / refreshed / shorter / longer / bright / adjusted / groggy / confusing / seasonal / welcomed / restful / strange / sudden / disruptive / cozy / temporary

동 reset / adjust / sleep / wake / gain / lose / change / fall(back) /

spring(forward) / set / prepare / feel / shift / enjoy / remember / forget / relish(즐기다, 만끽하다) / save / get(up) / start

구 fall back, spring forward((서머타임) 가을엔 시계를 한 시간 늦추고 봄엔 한 시간 앞당기다) / gaining an hour / an extra hour in bed / time flies / reset one's clock / running out of daylight / early bird catches the worm / burning daylight((낮 시간을 낭비하다) 시간 허비하다) / not enough hours in the day / beat the clock(마감 시간 또는 게임 종료 직전에 과제를 완성하거나 득점을 하다) / time is on our side / night falls fast / in the nick of time (아슬아슬하게 제때에) / up with the sun(해 뜰 때 일어나다) / night owl(밤에 활동하는 사람, 올빼미형 인간) / chasing daylight(해 지기 전에 서둘러 하다) / running on borrowed time(한시적으로 버티고 있다, 여유 시간이 거의 없다) / the clock's ticking / time waits for no one / turn back time / sleep like a log (깊이 잠들다) / time to hit the sack(잘 시간이다) / dark as night / in the dark / up at the crack of dawn(새벽 동이 틀 무렵에 일어나다) / burning the midnight oil / time for a change / rise and shine(일어나서 활기차게 하루를 시작하다) / it's about time / not a moment too soon(더 늦기 전에, 적절한 때에) / tick-tock / against the clock(시간과 싸우다, 시간에 쫓기다) / lose track of time(시간 가는 줄 모르다) / late nights, early mornings / daylight dwindling(해가 짧아지다) / early to bed, early to rise / time on one's hands(한가한 시간, 여유 시간) / stealing time(틈새 시간을 쪼개 쓰다) / out of sync(맞지 않다, 시간/리듬이 어긋나다) / right on time

### 예문

A: Whenever I can **gain an hour** by Daylight Saving Time ending around this time of every year, I get a little excited because I'm able to sleep more.

A: 매년 이맘때쯤 썸머타임이 끝나서 한 시간을 더 잘 수 있게 되면, 잠을 더 잘 수 있다는 생각에 조금 설레인다.

참고 gain an hour: 한 시간을 벌다

A: I couldn't have made it to my flight just **in the nick of time** if Daylight Saving Time had not ended.

A: DST가 끝나지 않았더라면 나는 비행기에 가까스로 탑승할 수 없었을 거예요.

참고 in the nick of time: 간신히 시간에 맞춰

A: How lucky it is for me to **sleep like a log** because Daylight Saving Time ends tonight!

A: 오늘 밤 서머타임이 끝나서 꿀잠을 잘 수 있게 되다니 정말 운이 좋아!

참고 sleep like a log: 꿀잠을 자다(매우 깊고 편안하게 잠드는 것을 말한다)

A: I have noticed that the **daylight is dwindling** daily these days. It's getting darker earlier and earlier each evening.

A: 요즘 해가 점점 빨리 지는 것 같아요. 매일 저녁마다 점차 더 빨리 어두워지고 있어요.

참고 dwindle: (점차) 줄어들다

A: Don't forget to **reset your clock** tonight. We're **falling back an hour**!

B: Yeah, but it always feels like I'm **chasing daylight** once it gets dark so early!

A: 오늘 밤 시계 설정하는 거 잊지 마. 한 시간 뒤로 돌려야 해!

B: 그래, 하지만 어두워지면 항상 낮을 쫓고 있는 기분이 들어!

A: We're **burning daylight** with this extra hour, but I'm still exhausted.

B: Same here! Guess it's **time to hit the sack** early tonight.

A: 이 한 시간 추가로 대낮에 불을 켠 셈이지만, 여전히 피곤해.

B: 나도 그래! 오늘 밤에는 일찍 자야 할 것 같아.

참고 burn daylight: 대낮에 불을 켜다, 헛된 일을 하다
　　　 hit the sack: 잠자리에 들다, 자다

A: I'm looking forward to that **extra hour in bed** tomorrow.

B: Lucky you! I'll still be **up at the crack of dawn**, trying to get everything done.

A: Yeah, feels like we're always **racing against the clock**, even with an extra hour!

A: 내일 잠자리에서 그 추가된 한 시간을 기대하고 있어.

B: 부럽다! 나는 여전히 새벽 일찍 일어나서 모든 일을 끝내야 해.

A: 그래, 추가 한 시간이 있어도 항상 시간과 다투는 기분이야!

참고 at the crack of dawn: 동트기 무섭게, (꼭두) 새벽에
　　　 against the clock: 시간을 다투어

A: Don't forget, we **fall back an hour** tonight — **fall back, spring forward**, right?

B: Yeah, but I feel like I'm already **running on borrowed time** with everything I need to finish.

A: Same here. I've been **burning the midnight oil** all week just trying to keep up.

B: No kidding. This time change always throws me off. I'll feel **out of sync** for days.

A: 잊지 마, 오늘 밤 한 시간을 뒤로 돌려야 해. 가을에는 뒤로, 봄에는 앞으로, 맞지?

B: 맞아, 하지만 끝내야 할 일들이 많아서 마치 시한부 인생을 사는 듯 쫓기며 살고 있는 것 같아.

A: 나도 마찬가지야. 이번 주 내내 따라잡으려고 밤늦게까지 일하고 있었어.

B: 정말 그래. 시간 변화가 항상 나를 따돌려. 며칠 동안 엇박자인 듯한 느낌이 들 거야.

> **참고**  spring forward, fall back: 봄에는 앞으로, 가을엔 뒤로(일광 절약 시간제에서 봄에는 한 시간을 앞
> 으로 당기고, 가을에는 한 시간을 뒤로 늦추는 것)
> running on borrowed time: 시한부 삶을 살다, (주어진 시간 다 쓰고) 여분의 시간으로 살다
> burn the midnight oil: (공부나 일을 하느라) 밤늦게까지 불을 밝히다
> throw ... off: (고통스러운·짜증스러운 것 등을) 떨쳐 버리다
> out of sync: 화합되지[조화를 이루지] 못하는

A: I can't wait for that extra hour tonight. Hopefully, I'll sleep like a log!

B: Yeah, I need it too. I've been trying to **beat the clock** all week, and this break couldn't come at a better time.

A: **Not a moment too soon**, right? It's been non-stop lately.

B: Tell me about it.

A: 오늘 밤 그 추가 한 시간이 정말 기대돼. 바라건대, 나는 푹 잘 거야!

B: 그래, 나도 숙면이 필요해. 이번 주 내내 마감 시간 전에 일을 마치려고 했는데, 이 휴식이 정말 좋은 타이밍이야.

A: 늦을뻔 했어? 요즘 계속 바빴잖아.

B: 정말 맞아.

> **참고**  sleep like a log: 세상 모르고 자다, 숙면을 취하다
> beat the clock: (특정한) 시간 전에 마치다
> not a moment too soon: 늦을 뻔하여, 마감 직전에

미국의 Election Day(선거일)은 가을의 황금빛 낙엽이 거리를 덮는 시즌인 11월 첫 번째 월요일 다음의 화요일이다. 대통령 선거는 4년에 한 번, 그리고 대통령 선거가 아닌 중간 선거(off-year election)는 2년에 한번 같은 날에 열린다. 이날 미국인들은 민주주의의 초석인 투표를 하러 투표소로 향한다. 이 날은 치열한 대통령 선거이든 비교적 조용한 중간 선거이든 간에 중대함과 축제의 느낌이 공존한다.

다양한 계층의 시민들이 투표소에 줄지어 선다. 어떤 사람은 아침의 쌀쌀한 공기를 막아줄 따뜻한 커피를 손에 들고, 또 어떤 사람은 민주주의의 장면을 직접 보길 기대하는 아이들의 손을 잡고 투표 순서를 기다린다. 유권자들이 자신의 선택을 표시하며 투표를 하는 순간, 기대감과 걱정, 그리고 결의가 교차한다.

투표소 밖에서는 다양한 일들이 벌어진다. 자원봉사자들은 부지런히 일하며 유권자들을 맞이하고, "I Voted(저 투표했습니다)"라는 스티커를 나눠주며, 투표 과정이 원활히 진행되도록 돕는다. 친구들과 가족들은 텔레비전, 컴퓨터 또는 라디오 앞에 모여 실시간 업데이트를 확인하고 예상 결과를 분석한다. 선거 캠페인 관계자들과 자원봉사자들은 마지막까지 문을 두드리고, 전화를 걸며 한 표라도 더 얻기 위해 노력한다. 투표가 끝난 후 가까운 친구들과 이웃들과 지인들이 모여 backyard에서 바비큐를 즐기거나 피자, 햄버거, 핫윙(buffalo wings) 치킨이나 nacho chips 등을 먹으며 선거/투표에 관련된 대화나 일상의 이야기를 나누며 오후-저녁 시간을 보낸다.

[사진] 미국 텍사스주 휴스턴에 위치한 한 투표장 주차장에서 대통령 후보와 자신이 속한 주(州)와 지역구에 출마한 상하원 후보 의원들의 투표를 금방 마친 교민들이 한인 시민권자 협회에서 마련한 sign을 함께 들고 투표인증샷을 찍고 있는 장면이다. 사진: ⓒ 김규호

[사진] 미국 텍사스주 휴스턴의 어느 투표소 앞의 차로를 따라 아주 길게 줄지어 선, 여러 후보들의 사인들이 이 당시 뜨거웠던 선거열기를 느끼게 한다. 이 날은 제 47대 미국 대통령 선거와 함께 연방 상하원의원들의 투표도 동시에 진행되었다. 사진: ⓒ 김규호

voter turnout(투표율) / swing state(경선주) / electoral college(선거인단) / polling results / mail-in voting / voter suppression(유권자 억압) / candidate platforms / campaign strategies / voting rights / early voting / election security / debates and policies / political ads and media influence / exit polls / importance of civic duty

> 참고 voter suppression: 특정 인종이나 집단의 구성원들이 투표하거나 투표 등록하는 것을 방해하거나 어렵게 하려는 의도적인 다양한 조치나 전략(예를 들면, 유권자 신분증(ID)의 제한, 유권자 등록 제한, 우편 투표 제한, 조기투표 제한, 유권자 명부 조작 등과 같은 것들이 있다)

## 주요 어휘 및 표현

명 ballot / candidate / vote / poll / election / campaign / state / party / debate / polling station/place(투표소) / voter / result / turnout / issue / electorate / district / swing state / democracy / winner / president

> 참고 vote vs. poll: 이 두 영어단어들은 모두 '투표' 또는 '투표하다'라는 의미를 포함하고 있지만, vote는 개인의 특정 후보자에 대한 직접적이고 적극적인 의사표시하는 행위인 반면에 poll은 여론을 파악하기 위한 여론조사적인 성격의 투표로서 앞의 vote와는 그 결이 다르다고 할 수 있다.

형 close / decisive / undecided / swing / controversial / popular / conservative / liberal / electoral / competitive / historic / democratic / republican / voter-eligible / nonpartisan / influential / national / local / marginal / critical

동 vote / elect / run / campaign / cast / decide / win / lose / count / debate / support / poll / flip / swing / register / lead / choose / predict / concede / rally

구 one's vote counts / every vote matters / rock the vote(투표를 독려하다·투표 참여 캠페인을 하다) / get out the vote(유권자들을 투표장으로 이끌다·투표 참여를 독려하다) / on the ballot(후보, 정당, 또는 안건들이 유권자들의 투표지에 공식적으로 등재되어있는) / too close to call(승패를 가늠하기 어려운 상황이다) / neck and neck / the race is on / all eyes on the polls / in the swing of things(선거·행사의 중심에 들어와 본격적으로 참여하다) / battleground state (경합주) / tipping point(결과를 결정짓는 분수령) / win by a landslide(압도적으로 승리하다) / on the fence(결정을 못 내리고 있다·중립적이다) / go to the polls (투표하러 가다) / vote of confidence(신임투표) / throw one's hat in the ring(출마를 선언하다·도전에 나서다) / the people's choice / cast one's vote(기표하다) / polls are closing(투표 마감이 임박하다) / call it early(투표·개표가 끝나기 전에 미리 당락을 예측하다) / hit the campaign trail(선거 유세를 시작하다) / make one's voice heard(자신의 의견을 개진하다) / run for office / pulling ahead(앞서 나가기 시작하다, 우세를 확보하다)) / election night jitters(선거당일 밤의 긴장감) / in the running(출마 중인) / the final push(마지막 총력전) / tight race / vote with one's conscience / flip the state(주(州)의 정당 지지 성향을 뒤집다) / hold the line / behind the scenes / vote of no confidence / margin of error(오차범위, 허용오차) / political mudslinging(정치적 비방, 인신공격) / ballot stuffing(부정 투표) / a long shot(성공확률이 낮은 시도) / concession speech(패배 승복 연설) / victory speech

**예문**

A: Once the counting of ballots begins, **all eyes** around the globe will be **on the polls** to see who the next president will be.

A: 일단 개표가 시작되면, 전 세계의 이목이 다음 대통령이 누가 될지 알아보기 위해 투표소에 집중될 것입니다.

**참고** all eyes on … : 모든 시선이 …에 집중된

A: Why don't you **cast your vote** before you head to work in the morning?

A: 아침에 출근하기 전에 투표하는 건 어때요?

**참고** cast one's vote: 투표하다

A: Although we can't wait to see what the final result turns out to be, we can't help but **hold the line** until tomorrow morning.

A: 최종 결과가 어떻게 나올지 너무 궁금하지만, 내일 아침까지 기다릴 수밖에 없네요.

**참고** hold the line: 참고 기다리다, 버티다

A: Poll watchers from both parties strictly observed the process to prevent **ballot stuffing** in this election.

A: 양당의 투표 감시인들이 이번 선거에서 부정 투표를 막기 위해 투표 과정을 엄격하게 감사했습니다.

참고 ballot stuffing: 부정 투표

A: Did you see who's **on the ballot** this year? A lot of new faces!

B: Yeah, and some of them are really **in the running**. It's going to be an interesting election.

A: 올해 후보 명단에 누가 있는지 봤어? 새로운 얼굴들이 많아!

B: 그래, 그중 몇몇은 정말 승산이 있어. 흥미진진한 선거가 될 것 같아.

참고 in the running: 이길 승산이 있는

A: It feels like everyone's really **getting in the swing of things** with all the campaign rallies happening.

B: Yeah, it's **the final push** now. Every vote counts at this point!

A: 지금 모든 선거 운동 집회가 열리면서 모두가 적응하고 있는 것 같아.

B: 맞아, 이제 마지막 밀어붙이기야. 이 시점에서는 모든 투표가 중요해!

참고 get in the swing of things: 새로운 환경에 익숙해지다, 적응하다

A: It looks like the race is **neck and neck**. I can't believe how close it is!

B: Yeah, I didn't expect that candidate to **throw her hat in the ring**. It seemed like such a surprise.

A: I know. Honestly, I thought she was **a long shot**, but here she is!

A: 선거전이 막상막하인 것 같아. 이렇게 대등할 줄은 믿을 수 없어!

B: 그래, 그 후보가 출마할 줄은 예상하지 못했어. 정말 놀라운 일이었어.

A: 맞아. 솔직히 나는 그녀가 승산이 거의 없는줄 알았는데, 정말 출마했네!

참고 neck and neck: (경주·시합에서) 막상막하로[대등하게]
throw one's hat in the ring: (시합 따위에) 출전하다, (후보자로서) 출마를 선언하다
a long shot: 거의 승산 없는 것. a shot in the dark와 유사하지만 엄밀하게는 a long shot의 가능성이 a shot in the dark보다는 높음

A: Did you already **rock the vote** today?

B: Yep, I went early. I've been following how they've been **hitting**

**the campaign trail** hard these last few weeks.

A: Yeah, they're really trying to **flip the state**. It's gonna be a close one!

B: For sure. I just hope all the **political mudslinging** doesn't turn people off from voting.

A: 오늘 투표는 벌써 했어?

B: 응, 일찍 투표했어. 지난 몇 주 동안 그들이 선거 운동을 열심히 하는 걸 지켜봤거든.

A: 맞아, 그들은 정말 이 주를 뒤집으려고 하고 있어. 막상막하의 승부가 될 것 같아!

B: 정말 그래. 그냥 정치적인 비방이 사람들을 투표에서 멀어지게 하지 않기만을 바래.

> **참고** rock the vote: 투표하다(참고: cast a/one's vote는 '투표하다'보다 강한 의미로 사람들에게 민주주의를 지키기 위해 투표에 참여할 것을 격려/독려하는 표현으로 사용됨)
> political mudsling: 인신공격, 정치적 비방

A: Looks like this race is **too close to call** right now.

B: Yeah, anything could happen. Some states are still **up for grabs**.

A: I'm hoping my candidate will **win by a landslide**, but these **election night jitters** are getting to me.

B: Same here. I guess we'll just have to wait it out and see how things unfold.

A: 지금 이 선거는 너무 접전인 것 같애.

B: 그래, 무슨 일이든 일어날 수 있어. 어떤 주들은 아직도 누가 차지할지 몰라.

A: 내 후보가 대승하길 바라지만, 선거 밤의 초조함이 엄습하고 있어.

B: 나도 그래. 그냥 기다리면서 상황이 어떻게 전개되는지 지켜봐야 할 것 같아.

> **참고** too close to call: 승패를 가리기 힘든, 아슬아슬한 접전이어서 판정하기 어려운
> up for grabs: (관심 있는 사람) 누구나 구할[차지할] 수 있는
> win by a landslide: 압도적 승리를 거두다
> wait something out: (대개는 좋지 않은 일이) 끝나기를 기다리다
> election night jitters: 선거 결과가 발표되는 밤의 긴장감/초조함/불안감

미국에서 11월 11일에 기념되는 Veterans Day(재향군인의 날)는 미군에서 복무한 군인들을 기리는 날이다. 5월의 Memorial Day(현충일)는 복무 중 사망한 군인들을 추모하지만, 11월의 Veterans Day는 사망 또는 생존과 무관하게 모든 전역한 veteran을 경하하는 날이다. 이 날짜는 1918년 제1차 세계 대전이 끝난 정전 협정의 기념일로서, 11월 11일 11시에 발효되었다. 재향군인의 날의 목적은 모든 미국 군인들의 희생과 봉사에 대해 감사와 존경을 표하며, 국가의 안전과 자유를 위해 헌신한 그들의 공헌을 기린다.

재향군인의 날에는 전국적으로 다양한 기념식과 행사가 열린다. 많은 지역 사회에서는 퍼레이드를 개최하고, 전쟁 기념비와 묘지에서 특별한 행사가 열리기도 한다. 학교와 단체들은 이 날의 중요성을 가르치기 위해 교육 프로그램과 집회를 열기도 한다. 또한, 많은 기업과 레스토랑에서는 재향군인들에게 할인이나 무료 식사를 제공하여 감사의 마음을 전하기도 한다.

[사진] 미국의 Veterans Day에 한 베트남 전쟁 참전 veteran이 Iraq 전쟁에서 죽은 20세의 젊은 무명 용사의 군화와 사진첩 앞에서 무릎을 꿇고 경의를 표하고 있다. 사진: ⓒ 박우상

**공통주제**

honoring military service and sacrifice / expressing gratitude to veterans / remembering fallen soldiers / the importance of patriotism / military family support and appreciation / stories of bravery and heroism(영웅주의) / the challenges of transitioning to civilian life / VA healthcare and benefits for veterans / mental health and PTSD awareness / recognizing different branches of the military / veterans' role in shaping history / volunteerism and community service for veterans / raising awareness of homeless veterans / educating younger generations about military service / the significance of Veterans' Day parades and ceremonies

**명** veteran / service / sacrifice / duty / honor / freedom / soldier / troops / hero / courage / memorial / country / army / Navy / Air Force / Marine / war / patriot / flag / valor

**형** brave / honorable / patriotic / selfless / courageous / loyal / dedicated / fearless / resilient / sacrificial / heroic / proud / strong / grateful / noble / valiant(용감한, 용맹한) / dutiful(의무를 다하는, 충실한) / respected / gallant(용감한) / steadfast

**동** honor / serve / protect / sacrifice / remember / defend / salute / fight / celebrate / commemorate / support / recognize / thank / acknowledge / respect / reflect / volunteer / stand / enlist / celebrate

**구** a debt of gratitude / serve with honor / answer the call of duty / all gave some, some gave all(모두가 희생했고, 일부는 전부를 바쳤다) / on the front lines / in harm's way / salute to service / have their back / a band of brothers / stand tall / brave the storm / paying the ultimate price / in the trenches / home of the brave / blood, sweat, and tears / leave no man behind(끝까지 함께하다) / keep the home fires burning(전장의 가족을 위해 가정을 꿋꿋이 이어가다) / a tour of duty / sacrifice for the greater good / baptism by fire(시련을 통한 단련) / hold the line / stand at attention / on the battlefield / carry the torch / fight the good fight / Lest we forget / a hero's welcome / guardians of freedom / proud to serve / boots on the ground(실제 전장에 투입된 병력) / a life of service / marching forward / the price of freedom / never forget their sacrifice / in defense of the nation / brothers and sisters in arms(전우, 함께 싸우는 동지들) / stay the course / on a mission / veteran of many battles / a heart of courage

### 예문

A: They were **a band of brothers** who fought to protect our country from communists.

A: 그들은 공산주의자들로부터 우리나라를 지키기 위해 싸운 형제와 같은 동지들이었습니다.

**참고** a band of brothers: 혈맹, 동지애가 깊은 집단

A: The people buried in this cemetery are our veterans who **carried the torch** for our nation and inspired generations to succeed.

A: 이 묘지에 묻힌 사람들은 우리나라를 위해 선봉에 섰고 후세대에게 성공을 위한 영감을 준 참전 용사들입니다.

> **참고** carried the torch: (가치관, 전통 등을) 이어받다, 선구자 역할을 하다

A: Despite many challenges and adversities, the soldiers **stayed the course** to complete their mission defending the final line.

A: 많은 어려움과 역경에도 불구하고, 군인들은 최후의 방어선을 지키는 임무를 완수하기 위해 끝까지 버텼습니다.

> **참고** stay the course: 과정을 유지하다, 끝까지 완수해내다

A: Veterans Day is such an important time to give a proper **salute to service**. We owe so much to those who've sacrificed for us.

B: Absolutely, especially those who had their **boots on the ground in the thick of it**. Their dedication and bravery deserve all the recognition.

A: 재향군인의 날은 그들(전역 병사들)의 헌신에 진정한 경의를 표할 수 있는 정말 중요한 날이에요. 우리를 위해 희생한 그들에게 너무나 큰 빚을 졌어요.

B: 맞아요, 특히 위태로운 상황에서 전장에 있었던 분들에게 말이에요. 그들의 헌신과 용기는 그 모든 인정을 받을 자격이 있어요.

> **참고** boots on the ground: 실제로 전장에 투입된 병력들
> in the thick of it: 위태로운 상황에서

A: We always **have their back**, not just on Veterans Day but every day. It's the least we can do for everything they've given.

B: True. While they were serving, we **kept the home fires burning**, waiting for them to come back **safe and sound**.

A: 우리는 재향군인의 날뿐만 아니라 평소에도 늘 그들을 지지하고 있어요. 그들이 우리에게 준 모든 것에 대한 최소한의 보답이지요.

B: 맞아요. 그들이 복무할 동안 우리는 집에서 무사히 돌아오기만을 기다리며 가정을 지켰어요.

> **참고** have one's back: 지지하다, 편이 되어 주다
> keep the home fires burning: 후방을 지키다, 가정 생활을 계속하다
> safe and sound: 무사히 / 탈없이

A: On Veterans Day, we owe a **debt of gratitude** to those who have served. It's important to acknowledge their bravery.

B: You bet. They lived by the creed to **leave no man behind**, even in the toughest of situations.

A: 재향군인의 날에는 국가를 위해 봉사한 분들에게 감사의 빚을 지고 있어요. 그들의 용기를 인정하는 게 중요하죠.

B: 맞아요, 그들은 가장 어려운 상황에서도 단 한 명도 뒤에 남겨두지 않는다는 신조를 지키며 살았어요.

A: Every veteran **answered the call of duty**, stepping up when their country needed them most.

B: Yeah, they really **braved the storm**, facing challenges most of us can't even imagine.

C: For many, it was a **baptism by fire**, especially during their first missions. It's a whole different world out there.

D: And through it all, they've remained **brothers and sisters in arms**, supporting each other no matter what.

A: 모든 재향군인들은 국가의 부름에 응했고, 국가가 그들을 가장 필요로 할 때 나섰어요.

B: 그래요, 그들은 악조건을 견디며 우리 대부분이 상상도 못할 어려움에 맞섰어요.

C: 많은 이들에게 첫 임무는 포화의 세례와도 같았을 거에요. 그곳은 완전히 다른 세계이지요.

D: 그리고 이 험한 상황을 거치면서, 그들은 어떤 상황에서도 서로를 지지하면서 흔들림없는 전우애를 유지했어요.

> 참고 answer the call of duty: (사명감·의무감 따위의) 부름에 응하다
> step up: 앞으로 나오다/나가다
> brave the storm: 악조건을 견디다
> baptism by fire: 포화(砲火)의 세례(병사가 처음으로 전장에 나가는 것)
> brothers and sisters in arms 전우들, 전우애로 묶인 동료들

A: It's important to remember those who willingly put themselves **in harm's way** for our safety.

B: You can say that again. When they **stand at attention**, it's a powerful symbol of their dedication to protecting us.

C: These veterans are truly **guardians of freedom**, defending the values we **hold dear**.

A: 우리 안전을 위해 기꺼이 스스로 위험을 감수했던 이들을 기억하는 건 정말 중요해요.

B: 맞아요. 그들이 차렷 자세로 서 있을 때, 그 모습은 우리를 지키겠다는 강한 헌신의 상징이지요.

C: 이분들은 우리가 소중히 여기는 가치를 지키기 위해 헌신한 진정한 자유의 수호자입니다.

> 참고 put ... in harm's way: ...를 위험에 처하게 하다
> stand at attention: '차렷' 자세를 취하다

Thanksgiving Day(추수감사절)은 11월 네 번째 목요일에 기념되며, 역사적, 종교적, 사회문화적 요소가 어우러진 미국 문화의 핵심이다. 그 기원은 1621년으로 거슬러 올라가며, 청교도(Pilgrims)와 Wampanoag(왐파노아그) 원주민이 함께 첫 수확의 성공을 축하하며 3일간의 잔치를 벌인 데서 유래한다. 이 사건은 협력과 감사의 상징으로 자주 묘사되지만, 유럽 이주와 원주민에 대한 영향이라는 복잡한 역사를 되새길 기회를 제공한다. Thanksgiving Day는 1863년 에이브러햄 링컨 대통령에 의해 남북전쟁 중에도 단결을 촉진하고 감사의 마음을 표현하기 위한 목적으로 공식적으로 국경일로 지정되었다. 오늘날 대부분은 세속적인 명절로, 감사, 가족, 화합의 주제를 중심으로 기념된다.

문화적으로 추수감사절은 칠면조, stuffing(스터핑), 호박 파이 같은 음식을 함께 나누는 전통과 뉴욕시의 Macy's 백화점 추수감사절 퍼레이드(Macy's Thanksgiving Day Parade), 미식축구 경기를 시청하는 것으로 유명하다. 또한, 다음 날인 Black Friday와 함께 연말 시즌의 시작을 알리는 명절이기도 하다.

추수감사절은 전국적으로 기념되지만 점점 더 원주민의 관점을 인정하는 기회로도 자리 잡아가고 있다. 예를 들어 일부 사람들은 National Day of Mourning(애도의 날)을 통해 원주민 공동체의 고통과 회복력을 기린다. 추수감사절은 축하와 비판적 성찰이라는 이중적 내러티브를 통해 미국인들의 의식 속에서 점차 변화하는 중요성을 보여준다.

[사진] 미국의 두 형제들과 자매의 가족들이 모여 roast turkey(구운 칠면조)를 중심으로 한Thanksgiving dinner 직전에 기도를 드리고 있다. 모든 미국 가족들의 모습은 아니지만 아직도 대다수의 미국 가정이 Thanksgiving dinner를 시작하는 전형적인 모습이다. 사진: ⓒ 박우상

[사진] Thanksgiving Day에 두 친구의 가족들이 모여 건배를 하며 Thanksgiving dinner party를 시작하고 있다. 사진: ⓒ 박우상

gratitude and thankfulness / family gatherings and togetherness / thanksgiving meal and traditional dishes / holiday travel plans / giving back and helping others / thanksgiving history and traditions / fall weather and seasonal changes / football games and sports events / holiday shopping and Black Friday / reflecting on the past year / food preparation and recipes / sharing memories and family stories / community events and parades / gratitude for health and well-being / preparing for the upcoming holiday season.

## 주요 어휘 및 표현

**명** turkey / family / feast / gratitude / dinner / table / friends / tradition / pie / stuffing / harvest / holiday / blessings / gathering / cranberries / leftovers / celebration / recipes / football / memories

**형** thankful / delicious / traditional / grateful / cozy / warm / festive / hearty / juicy / family-oriented / homemade / filling / sweet / savory / generous / memorable / golden / bountiful / comforting / nostalgic

**동** eat / cook / share / gather / roast / bake / celebrate / feast / give(thanks) / carve / enjoy / prepare / serve / bless / invite / reflect / toast / stuff / pass(the food) / host

**구** give thanks / count one's blessings / gobble up(탐욕스레 먹다, 순식간에 써 버리다) / stuffed to the gills / talk turkey(솔직하게 말하다, 본론을 말하다) / feast one's eyes / gravy train(수고 없이 돈을 쉽게 버는 일, 꿀보직) / as easy as pie / the apple of one's eye / break bread(화해하다, 우정을 쌓다, 함께 식사하다) / bite off more than one can chew(감당 못할 일을 벌이다) / too many cooks in the kitchen(사공이 많으면 배가 산으로 간다) / leftover love(남아있는 사랑, 미련, 애틋함, 잔여감정) / a blessing in disguise(불행 같지만 결국 축복으로 돌아오는 일) / have one's cake and eat it too(두 가지를 다 가질 수 없다, 욕심 부리다) / pulling out all the stops(온갖 노력을 다하다, 최선을 다하다) / bringing home the bacon (생계를 책임지다, 돈을 벌다) / the more, the merrier / pitch in(돕다) / the icing on the cake(금상첨화, 설상가상) / full plate(너무 바쁨, 스케줄이 꽉찬) / dig in / the proof is in the pudding(진가는 결과로 알 수 있다) / all the trimmings(곁들이는 모든 음식, 풍성한 부속물) / hit the spot(바로 이거다, 딱 좋다) / eat like a horse / like clockwork / walk down memory lane / burn the midnight oil / the big picture / put all one's eggs in one basket / talk around the table / home is where the heart is(마음 편한 곳이 곧 집이다) / pumpkin spice and everything nice(따뜻하고 기분 좋은 가을 분위기) / fall into place(일이 제자리를 찾아가다, 모든 일이 잘 풀리다) / pour one's heart out(속마음을 털어놓다) / the calm before the storm / make oneself at home / birds of a feather flock together / it takes a village(혼자의 힘이 아니라 여럿이 협력해야 결과를 얻게 된다)

**예문**

A: Thanksgiving Holiday is a perfect time for us to **pour our hearts out** about what we're thankful to each other.

A: 추수감사절은 서로에게 감사하는 마음을 진솔하게 표현하기에 완벽한 시간이죠.

**참고** pour one's heart out: 속마음을 털어놓다, 진심을 다해 말하다


A: It **takes a village** to make this Thanksgiving so special and memorable for all of us.

A: 이렇게 특별하고 기억에 남는 추수감사절을 만들기 위해서는 온 마을 사람들의 노력이 필요합니다.

**참고** It takes a village: 모든 사람들의 노력이 필요하다(공동체의 도움이 필요하다는 의미)


A: I ate a lot of various foods prepared for Thanksgiving and now am **stuffed to the gills**.

A: 추수감사절 음식을 너무 많이 먹어서 배가 터질 것 같아요.

**참고** stuffed to the gills: 배가 터질 듯하다


A: My mom **got a full plate** because she was so busy with all the cooking and cleaning for Thanksgiving.

A: 엄마는 추수감사절 음식 준비와 청소로 너무 바빠서 정말 고생하셨어요.

**참고** a full plate: 할 일이 아주 많은, 스케줄로 꽉찬(해야 할 일이 많아 매우 바쁘다는 의미)


A: Alright, it's time to **talk turkey**. How are we splitting up the cooking duties this year?

B: I can take care of the side dishes and wine. Let's make sure we have **all the trimmings** ready to go!

A: 자, 이제 진지하게 얘기해보자. 올해는 요리 역할을 어떻게 나눌까?

B: 나는 보조 음식들과 와인을 준비할게. 모든 곁들이는 음식들이 준비됐는지 확인하자!

> 참고 talk turkey: 솔직히 말하다, 까놓고 진지하게 말하다.
> all the trimmings: 곁들이는 모든 음식, 부속물.

A: Looks like I'm **on the gravy train** this year enjoying all this amazing food without pitching in any help!

B: Having everyone together is really **the icing on the cake**.

A: 올해는 내가 아무런 도움도 주지 못하고 이 멋진 음식을 즐기다니 땡잡았네!

B: 모두가 함께 할 수 있다는 게 금상첨화야.

> 참고 on the gravy train: 큰 노력없이 많은 돈을 벌거나 혜택을 누리고 있는 상태
> pitch in: (돈, 노력 등을) 돕다, 거들다
> icing on the cake: 금상첨화 / 더 좋은 상황으로 만드는 것

A: I can't wait to **gobble up** this turkey with **all the trimmings**!

B: Just don't **bite off more than you can chew**, there's still dessert to come.

A: No promises. I'll make room for pie somehow!

A: 온갖 고명을 곁들인 이 칠면조 요리를 빨리 먹어보고 싶어!

B: 너무 많이 먹지 마, 아직 디저트도 남았으니까.

A: 장담 못해. 파이 먹을 공간은 어떻게든 남겨둘거야!

> 참고 gobble up: 게걸스럽게 먹어 치우다
> with all the trimmings: 온갖 고명을[장식을] 곁들인
> bite off more than one can chew: 분에 넘치는[힘에 겨운] 일을 하려고 하다

A: **Feast your eyes** on this spread! We really **pulled out all the stops** this year.

B: You always do! It's like **walking down memory lane**, seeing all these dishes we grew up with.

A: **Pumpkin spice and everything nice**, just like the good old days.

B: That's what makes Thanksgiving so special — food and memories all wrapped up together.

A: 이 음식 차려진 것좀 봐! 우리가 올해 정말 최선을 다한 것 같아.

B: 넌 항상 최선을 다하지! 어릴 때부터 먹던 음식들 보니 마치 추억의 길을 걷는것 같아.

A: 호박 향신료 내음과 온갖 좋은 기억들이 모두 되살아나는 느낌이지, 마치 그 좋았던 옛 시절처럼.

B: 그게 바로 추수감사절의 특별함이야. 음식과 추억이 함께 어우러져 있지.

> **참고** feast one's eyes on...: ...을 눈요기하다, 탄복의 눈으로 바라보다
> pull out all the stops: 온 힘을 다하다, 전력을 다하다, 모든 노력을 경주하다
> good old days: 좋았던 옛 시절

A: You know, making this stuffing was **as easy as pie** this year. I think I've finally perfected the recipe.

B: Looks like you're really **bringing home the bacon** with this feast!

A: Well, I didn't **put all my eggs in one basket**. Tried a few new dishes just in case something didn't turn out.

B: **Smart move**! But don't worry, we're **all birds of a feather**. We'll love whatever you made.

A: 이번에 이 속을 만드는 건 정말 식은 죽 먹기였어. 이제야 내 레시피가 완성된 것 같아.

B: 이번 연회에 성공했네!

A: 글쎄, 한 가지에만 올인하지 않았어. 혹시라도 실패할까 봐 새로운 요리 몇 개 시도했어.

B: 현명한 선택이야! 걱정 마, 우리 모두 같은 무리야. 네가 뭘 만들었든지 좋아할거야.

> **참고** as easy as pie: 아주 쉬운, 식은 죽 먹기로
> bring home the bacon: ...에 성공하다, 밥벌이를 하다
> put all one's eggs in one basket: 한번에 모든 것을 걸다, 한번에 전재산을 걸다
> birds of a feather: 깃털이 같은 새들, 같은 무리의 사람들

A: I love Thanksgiving. It's so nice to **break bread** with everyone and catch up.

B: Me too. It's a great chance to walk down memory lane and share old family stories.

A: The stories just seem to **fall into place** once we all get together.

B: And it feels like such **a blessing in disguise** to just be able to stop for a day and be with everyone.

A: 나는 추수감사절이 너무 좋아. 모두와 함께 식사를 나누고 못다 한 이야기를 하는 게 정말 좋아.

B: 나도 그래. 추억을 회상하고 옛 가족 이야기를 나누기에 좋은 기회야.

A: 모두 함께 모이면 이야기들이 그냥 술술 풀리는 것 같아.

B: 하루 동안 모든 것을 멈추고 모두와 함께 있을 수 있다는 것 자체가 뜻밖의 축복처럼 느껴져.

> **참고** fall into place: (계획, 상황 등이) 딱 들어맞다
> a blessing in disguise: 불행처럼 보이지만 결국에는 좋은 결과를 가져오는 것

Black Friday는 미국의 Thanksgiving Day 바로 다음 날로, 비공식적으로 연말 쇼핑 시즌의 시작을 알리며 사회문화적 및 경제적으로 큰 의미를 지닌다. 20세기 중반에 유래된 "Black Friday"라는 용어는 소매업체가 적자(red)에서 흑자(black)로 전환되는 것을 의미한다. 미국 상업 문화의 상징으로 자리 잡은 Black Friday의 영향은 미국 국경을 넘어 전 세계의 많은 다른 국가들로 확대되고 있다.

소매업체들은 대규모 할인 행사를 통해 많은 소비자들을 끌어들이며, 이 날의 열기는 뒤따르는 월요일인 Cyber Monday의 온라인 판매로 확장되면서 연말의 holidays를 준비하는 소비시장의 활성화에 크게 기여한다. 사회문화적으로 Black Friday는 현대 사회에서 소비문화의 중요성을 반영하며, 명절 준비라는 공동체적 측면과 개인적 소비 욕구가 결합된 모습을 보여준다. 일부 사람들에게는 이른 아침부터 쇼핑을 함께 하며 할인 혜택을 즐기는 가족 전통으로 자리 잡았지만, 과소비를 조장하거나 노동 착취, 혼란스러운 행태를 부추긴다는 비판도 동시에 받고 있다.

[사진] Black Friday shopping을 위해 Massachusetts주의 한 도시에 위치한 한 유명 전자제품 매장 밖에서 줄지어 서 있는 쇼핑객들. 일부 고객들은 이미 월요일부터 텐트를 준비해서 야영을 시작했다. 사진: © Jacqui Janetzko/OcalaStar Banner

**공통주제**

best deals and discounts / doorbuster sales(초특가 세일) / online vs. in-store shopping / holiday gift planning / budgeting for the holidays / retail strategies / crowd control and long lines / shopping early vs. late / comparing prices / shopping stamina and endurance / impulse buying / exclusive offers and promotions / high-demand items and stock availability / online shopping cart crashes / avoiding overspending

명 deals / discounts / sales / prices / store / doorbusters / bargain / cart / checkout / customers / inventory / items / crowds / shoppers / electronics / lines / shopping / offers / retailers / brands

형 cheap / affordable / limited / exclusive / massive / discounted / competitive / flash / crazy / unbeatable / huge / available / best / sold-out / reduced / popular / last-minute / must-have / crowded / hot

동 buy / shop / save / grab / rush / get / sell / wait / search / find / spend / order / stock / shove(밀다, 쑤셔 넣다) / compare / offer / click / score / wait / purchase / deliver

구 shop till one's drop(녹초가 될 때까지 쇼핑하다) / bang for one's buck(가성비, 투자 대비 효과) / steal of a deal / early bird gets the worm / break the bank(비용이 너무 많이 들다, 예산을 초과하다) / hit the jackpot / in the black / like a kid in a candy store / cash in on(기회를 포착해서 돈을 벌다) / keep one's eyes peeled(눈을 부릅뜨고 살피다, 주의 깊게 보다) / deals too good to pass up(흘려보내긴 너무 아까운 거래) / get the most bang for one's buck (돈값 이상을 얻다) / burn a hole in one's pocket(돈을 빨리 써버리고 싶어 안달이다) / go all out / race against the clock / get a leg up(유리하다, 앞서 나가다) / catch a break(뜻 밖의 행운을 잡다, 한 숨 돌리다) / the best of both worlds / jump on the bandwagon(유행이나 대세에 편승하다) / on a shoestring budget(아주 쪼달리는 예산으로, 알뜰하게) / cut to the chase(요점을 말하다, 바로 본론으로 들어가다) / take the plunge(과감히 도전하다, 결단을 내리다) / make a killing(큰 수익을 올리다, 대박 나다) / a mad dash(허둥지둥 달려가다, 정신없이 내달리다) / throw caution to the wind / pull the trigger(결단을 내리다, 실행에 옮기다) / stack the deck(유리하게 조작하다, 불공정하게 만들다) / out of stock / miss the boat(기회를 놓치다) / in the nick of time(막판에 간신히, 아슬아슬하게 맞춰서) / get in on the action(어떤 일에 참여하다 또는 함께하다) / push comes to shove(궁지에 몰리면, 결국에는, 어쩔 수 없는 상황이 되면) / go the extra mile / bite the bullet / deal of the century(매우 좋은 조건의 거래 또는 역대급 딜) / the sky's the limit(하늘이 한계다, 가능성이 무한하다, 제한이 없다) / on the lookout(경계 중인, 주의 깊게 살피는) / on the fly(즉석에서) / it's a no-brainer (고민할 필요가 없는 결정이다, 너무 뻔한/명백한 결정이다) / grab it while one can

A: I almost **broke the bank** on Black Friday the last two years in a row. My wife is keeping an eye on me so I don't **go overboard** this year.

A: 지난 2년 연속 블랙프라이데이에 거의 파산할 뻔했어요. 올해는 아내가 제가 너무 많이 사지 못하도록 감시하고 있어요.

참고 brake the bank: 돈을 다 써 버리다
go overboard: 지나치게 하다(선을 넘어 너무 많이 하거나 과하게 행동하다는 의미)

A: I've been looking for huge special deals on Black Friday, because I am **on a shoestring budget** this year.

A: 올해는 예산이 부족해서 블랙프라이데이에 큰 할인을 찾고 있어요.

참고 on a shoestring(budget): 매우 적은 예산으로

A: I wonder if I need a new scooter now, but I might **jump on the bandwagon** for coming Black Friday deals.

A: 지금 새로운 스쿠터가 필요한지는 모르겠지만, 다가오는 블랙프라이데이 할인에 혹해서 살지도 몰라요.

참고 jump on the bandwagon: 유행을 따르다

A: I can't really wait for this coming Black Friday deals, because I've been **on the lookout** for a new game monitor.

A: 다가오는 블랙프라이데이 할인이 너무 기대돼요. 새 게임 모니터를 찾고 있었거든요.

참고 on the lookout for ...: ...을 찾고 있는

A: Wow, look at all these deals! I feel **like a kid in a candy store** right now.

B: I know, but we've got to move fast. Let's **cut to the chase** and grab what we came for before everything's gone!

A: 와, 이 엄청난 할인들 좀 봐! 지금 정말 사탕 가게에 들어온 아이가 된 기분이야.

B: 맞아, 그런데 서두르자. 바로 본론으로 가서 우리가 사려는 물건을 빨리 챙겨야 해, 다 팔리기 전에!

참고 cut to the chase: 바로 본론으로 들어가다, 사소한 것에 시간 낭비 하지 않고 중요한 점에만 집중하다
come for ...: ...의 목적으로 오다, (물건을) 가지러 오다, (사람을) 맞으러 오다

A: **Keep your eyes peeled for** that TV we wanted. I heard it's going on sale soon.

B: Once the price drops, I'll **pull the trigger** and add it to the cart before it sells out!

A: 우리가 원하던 그 TV를 잘 찾아봐. 곧 세일에 들어간다고 들었어.

B: 가격이 떨어지면 바로 결정해서 품절되기 전에 장바구니에 넣어야겠어!

> **참고** keep one's eyes peeled for...: ...를 눈이 빠지게 찾다
> pull the trigger: 방아쇠를 당기다, 결정하다

A: I'm looking for the **best bang for my buck** on a new laptop this Black Friday.

B: Careful, though, those deals can **burn a hole in your pocket** if you're not watching the price drops closely.

C: Yeah, some retailers **stack the deck** with limited quantities to make it seem like **a steal**, but, you know, the **real deals** go fast!

A: 이번 블랙프라이데이에 최고 가성비의 새 노트북을 찾고 있어.

B: 조심해, 할인을 주의깊게 보지 않으면 그런 할인들이 자칫 지갑에 구멍을 낼 수도 있어(즉, 돈을 다 써버릴 수 있어).

C: 맞아, 어떤 판매자들은 한정 수량으로 정말 싸게 파는 것처럼 보이게 하거든. 진짜 할인하는 물건들은 금방 없어져!

> **참고** best bang for one's buck/ biggest bang for the buck: 최고의 가성비
> burn a hole in one's pocket: (돈이) 곧 없어져 버리다, 곧 써서 없어지다
> stack the deck: 공정하지 않게 조작하다, 자신에게 유리하게 꾸미다
> real deal: 진짜배기, 진품

A: I'm ready to **shop till I drop** this Black Friday, but I need to make sure I **get the most bang for my buck**.

A: Exactly! No hesitation. Just grab it while you can.

A: 이번 Black Friday엔 쓰러질 때까지 쇼핑할 준비가 됐어. 그래도 최대한 가성비 좋은 상품을 사고 싶어.

A: 맞아! 망설일 필요 없어. 없어지기 전에 사야해.

> **참고** get the most bang for my buck: 가성비가 최고인 상품을 사다

A: I found this **steal of a deal** on this TV we're looking at. It's almost half off!

B: That's amazing! You'd better **grab it while you can**. Deals like that don't last long on Black Friday.

C: No kidding. You've got to **get a leg up** on everyone else if you want to score big today.

A: Yeah, I'm hoping to **make a killing** on these discounts. I've got a whole list to **knock out**.

A: 우리가 보던 그 TV를 대폭 할인하는 것을 발견했어. 거의 반값이야!

B: 대박이다! 당장 사는 게 좋겠어. 블랙프라이데이에 그런 할인 물건은 금세 사라져.

C: 그래, 오늘은 다른 사람들보다 빨라야 큰 성공을 거둘 수 있어.

A: 맞아, 이번에 큰 할인 혜택으로 한몫 잡고 싶어. 사야 할 목록이 가득해.

참고 get a leg up on ...: ...에 선행하다, ...을 먼저하여 유리한 입장에 서다, ...에서 남보다 스타트를 빨리 하다
score big: 대승하다
make a killing: 갑자기 큰 돈을 벌다[크게 한몫 잡다]
knock out: (비격식 용어) 빠르게 구입하다


A: I can't believe the lines at the door. It's a total **mad dash** to get in. I feel like I'm **in the trenches**.

B: I know, right? It's chaos. We should have waited until the online sales started. This is not worth the **push comes to shove**.

A: Totally. I just wanted to **get in on the action**, but this is more intense than I thought.

B: Let's just **go the extra mile** to get what we came for, then we can get out of here.

A: 문 앞 줄 좀 봐. 완전 미친 듯이 달려드는 것 같아. 내가 지금 힘든 싸움을 하고 있는 기분이야.

B: 그러니까, 진짜 혼란 그 자체야. 온라인 세일 시작할 때까지 기다렸어야 했어. 이런 최악의 상황을 감수할 가치가 없어.

A: 맞아. 그냥 참여하고 싶었는데, 생각보다 너무 격렬하네.

B: 더 노력해서 일단 우리가 사러 온 것만 얻고선 여기를 벗어나도록 해.

참고 mad dash: 미친 듯이 달려들기
in the trenches: 힘든 싸움을 하는
push comes to shove: 궁지에 몰리다, 최악의 상황이 닥치다
get in on the action: 참여하다.
go the extra mile: 더 노력하다

Universal Human Rights Month(세계 인권의 달)은 매년 12월에 기념된다. 이 달은 인종, 성별, 국적, 및 기타 지위와 관계없이 모든 사람에게 속하는 기본적인 권리와 자유를 홍보하고 기념한다. 특히, UDHR(Universal Declaration of Human Rights, 세계 인권 선언)이 1948년 유엔 총회에서 채택된 것을 기념하는 세계 인권의 날(매년 12월 10일)을 중심으로 진행된다. 이 기념 기간은 전 세계적으로 인권 보호의 중요성을 되새기고, 불의와 불평등을 해결하기 위한 행동을 촉구한다.

[사진 (왼쪽)] 흑인 옷수선사(seamstress) Rosa Parks가 1955년 12월 1일에 Alabama 주 Montgomery 시에서 백인 승객에게 자리를 양보하기를 거부한 혐의로 체포되어 시 경찰서에서 지문을 찍고 있다.  [사진 (오른쪽)] Rosa Parks 사건으로 촉발되어 미국 민권운동(the civil rights movement)의 한 중요한 승리를 거둔 the Montgomery Bus Boycott(1955-1956)을 기념하는 미국 연방의 기념우표.  사진 제공: (왼쪽) the U.S. Library of Congress;(오른쪽: 우표) © the United States Postal Service(USPS)

### 공통주제

equality for all / freedom of speech / right to education / gender equality / racial justice / freedom from discrimination / refugee and immigrant rights / economic and social rights / LGBTQ+ rights / access to healthcare / environmental justice / right to privacy / child protection and welfare / access to clean water and sanitation / global human rights activism

### 주요 어휘 및 표현

명 rights / equality / justice / freedom / dignity / humanity / discrimination / opportunity / fairness / advocacy / voice / inclusion / respect / responsibility

/ solidarity / change / empowerment / diversity / protection / awareness

형 equal / fair / just / inclusive / universal / dignified / respectful / empowered / free / diverse / humanitarian / compassionate / ethical / equitable / non-discriminatory / unified / responsible / aware / progressive / tolerant

동 advocate / protect / defend / stand / fight / empower / uphold / support / respect / promote / champion / educate / raise(awareness) / speak / ensure / include / liberate / unite / celebrate / challenge

구 stand up for what's right / break the silence / a level playing field(공평한 기회 or 경쟁 조건) / fight the good fight / equal footing(대등한 위치 or 자격) / raise one's voice / in the same boat / a fair shake(공평한 대우) / no one left behind / speak truth to power / walk in someone else's shoes(다른 사람의 입장이 되어 생각하다) / turn a blind eye(못 본체 하다) / justice for all / under the same sky / give a voice to the voiceless / bridge the gap(격차를 줄이다, 차이를 연결하다) / eyes on the prize(목표에 집중하다) / a shot at freedom(자유를 얻을 기회) / bury the hatchet(화해하다) / the right side of history / no strings attached(아무 조건 없이, 대가 없이) / get to the heart of the matter / in the spotlight / a wake-up call / do the right thing / break down barriers / plant the seed of change / put oneself in their shoes(다른 사람의 입장이 되어 생각하다) / against all odds / an uphill battle(힘든 싸움, 고전이 예상되는 일) / draw the line / open doors / make waves(풍파를 일으키다) / set the stage for change / power in numbers / rise to the occasion(능력을 발휘해서 기대에 부응하다, 위기를 극복하다) / turn the tide(대세를 바꾸다) / leave no stone unturned(온갖 수를 다 쓰다) / champion the cause(대의를 지지하며 앞장서 지지하다) / the world is watching

**예문**

A: The civic organization has strived to create a society in which everyone should live **on an equal footing** regardless of their race and ethnicity.

A: 시민단체는 인종과 민족에 관계없이 모든 사람이 동등한 조건에서 살 수 있는 사회를 만들기 위해 노력해 왔습니다.

참고 on an equal footing: 동등한 조건으로

A: Although it is still **an uphill battle** to fight against racism, we do not stop taking steps towards a more inclusive society.

A: 인종차별과의 싸움이 여전히 힘든 과정이지만, 우리는 보다 포용적인 사회를 만들기 위한 노력을 멈추지 않습니다.

참고 an uphill battle: 매우 어렵고 힘든 싸움

A: Striving for a more inclusive society, we can no longer **turn a blind eye** to the language access and public healthcare challenges faced by marginalized groups of people.

A: 더욱 포용적인 사회를 만들기 위해, 우리는 더 이상 소외된 계층이 겪는 언어 접근성과 공공 보건 문제를 외면할 수 없습니다.

참고 turn a blind eye: 외면하다, 못 본 체하다

A: This movement is all about making sure there's **no one left behind**. Every voice matters, and everyone deserves equal rights.

B: Exactly. We need to remember that there's **power in numbers**. The more people who stand together, the stronger our message will be.

A: 이 운동은 소외되는 사람이 없도록 하는 게 핵심이에요. 모든 목소리가 중요하고, 모든 사람이 동등한 권리를 가질 자격이 있어요.

B: 맞아요. 숫자에는 힘이 있다는 걸 기억해야 해요. 함께 서 있는 사람이 많을수록 우리의 메시지가 더 강해질 겁니다.

참고 no one left behind: 아무도 뒤처지지 않은
power in numbers: 숫자의 힘

A: Everyone deserves **a fair shake** — equal opportunities and treatment, no matter who they are or where they come from.

B: That's true. We have to **plant the seed of change** now if we want to see a more just and equal world in the future.

A: 누구나 공정한 기회를 받을 자격이 있어요. 출신이나 배경에 상관없이 동등한 기회와 대우를 받아야 해요.

B: 맞아요. 미래에 더 정의롭고 평등한 세상을 원한다면 지금 변화를 위한 씨앗을 심어야 합니다.

참고 fair shake (deal): 공평한 기회, 공정한 조처

A: It's time to **break the silence** and speak up about the injustices people face every day.

B: Absolutely, everyone deserves **a shot at freedom** and equal treatment, no matter where they come from.

A: We really need to **get to the heart of the matter** and address the root causes of these human rights issues.

B: And when the moment calls for it, we have to **rise to the occasion** and take action to make a real difference.

A: 이제 침묵을 깨고 사람들이 매일 겪는 부당함에 대해 목소리를 낼 때입니다.

B: 정말이에요. 배경에 관계없이 누구나 자유와 평등한 대우를 받을 자격이 있어요.

A: 인권 문제의 본질에 초점을 맞춰 근본 원인을 다루는 것이 필요해요.

B: 그런 순간이 오면 우리도 이에 대처해서 진정한 변화를 만들기 위한 행동을 해야 해요.

> 참고 a shot at freedom: 자유를 얻을 기회, 해방쟁취의 기회
> get to the heart of the matter: 핵심을 찌르다, 진상을 규명하다, 문제의 본질 부분에 초점을 맞추다
> rise to the occasion: 난국에 대처하다, 위기에 처해서 수완을 발휘하다

A: The goal is to create **a level playing field** for everyone, where no one is disadvantaged just because of who they are.

B: Exactly. Everyone should have the same opportunities, **with no strings attached**, and no hidden barriers.

A: We have to **keep** our **eyes on the prize**, making sure we stay focused on achieving equal rights for all.

B: And we need to **leave no stone unturned** in the process, looking at every angle to make sure we address all the issues.

A: 목표는 모든 사람에게 공평한 장을 마련하는 겁니다, 단지 그 사람이 누구인지 때문에 불이익을 받지 않도록 말이에요.

B: 맞습니다. 누구나 아무런 조건 없이, 보이지않는 장벽이 없이 똑같은 기회를 가질 수 있어야 해요.

A: 모두를 위한 평등한 권리를 이루기 위한 목표에 계속 집중해야 합니다.

B: 그리고 그 과정에서 모든 노력을 경주하고, 모든 문제를 다 다룰 수 있도록 다각도로 살펴봐야 합니다.

> 참고 level playing field: 공정한/공평한 경쟁 환경
> with no strings attached: 아무런 조건 없이, 무조건으로
> keep one's eyes on the prize: 목표(목적)에 집중(몰두)하다, 원하는 결과를 얻기 위해 신경쓰다
> leave no stone unturned: 온갖 수단을 다 쓰다, 백방으로 손을 쓰다

Hanukkah(하누카, Chanukah로도 표기), 또는 the Festival of Lights(빛의 축제)로 알려진 이 날은 유대인의 정체성 보존을 상징하는 중요한 사회문화적 의미를 지닌다. Hanukkah는 기원전 2세기 Maccabee(마카비) 반란 이후 예루살렘의 제2 성전이 재봉헌된 역사적 사건을 기념한다. 이때, 소량의 성스러운 기름이 기적적으로 8일 동안 성전의 불을 밝힌 기적의 이야기가 전해진다. 많은 이들에게 하누카는 종교적 자유, 인내, 공동체의 회복력을 상징하며, 다양성과 포용을 중시하는 미국 사회에서 깊은 공감을 얻는다.

미국에서는 Hanukkah가 크리스마스와 시기가 비슷한 점에서 종교적 전통과 미국 문화적 관행이 융합되며 그 중요성이 커졌다. 가족들은 8일 동안 매일 저녁 Menorah(메노라 촛대)에 촛불을 켜고(첫날 저녁에는 하나의 초를, ..., 마지막날 저녁에는 8개의 초를 모두 켠다) 축복을 낭송하며 기름의 기적을 되새기며, dreidel(드레이들, 4각 팽이) 놀이와 기름에 튀긴 latke(라트케, 감자전)과 sufganiyot(수프가니욧: 잼이 들어간 도넛) 같은 전통을 즐긴다. Hanukkah 동안 아이들에게 매일 주는 선물은 현대적으로 추가된 관습이다.

공통주제

lighting the menorah / the story of the oil miracle / Jewish identity and traditions / family gatherings and togetherness / meaning of each night of Hanukkah / playing dreidel and other games / eating traditional foods like latkes and sufganiyot / gift-giving and expressions of gratitude / passing down Hanukkah traditions / celebrating resilience and faith / community Hanukkah events and gatherings / the symbolism of light over darkness / singing traditional Hanukkah songs / teaching children the story of Hanukkah / exploring Jewish history and heritage

[사진] 예수의 신성을 믿지 않는 유대인들(Jews)은 Christmas 대신에 흔히는 크리스마스보다 1-2주 전에 8일간의 축일인 Hanukkah(또는 Chanukah)(´hɑ·nə·kə)를 경축한다. Hanukkah는 유대인들이 기원전 165년(165 B.C.E.)에 기적적으로 시리아를 물리치고 예루살렘 성전을 재봉헌한 유대인들의 신앙적이고 역사적으로 중요한 사건을 기린다. 이 사진에서는 Hanukkah 6일째 밤에 유대인 가정의 누나와 남동생이 초콜릿 동전(chocolate gelt) 내기 사각팽이(dreidel) 돌리기 게임을 하고 있다. 사진 뒤쪽에는 촛대인 menorah 위에 6일째임을 알리는 여섯 개의 촛불이 켜져 있다.(가운데 있는 촛불을 붙이는 촛불은 날자 계산에서 제외된다.) 사진: ⓒ 박우상

[사진] 유대인들의 역사와 신앙을 기리는 Hanukkah 6일째 밤에 유태인 소년 소녀가 촛대 menorah에 불을 붙인 후에 신의 기적과 구원을 찬미하는 기도를 소리내어 암송하고 있다. 사진:ⓒ박우상

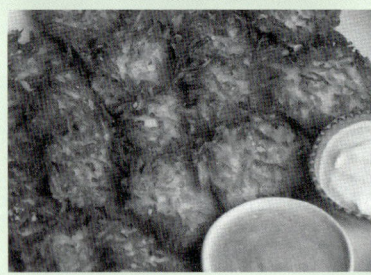 

[사진] latke(좌): 유대인들이 Hanukkah 명절에 주로 만들어 먹는 대표적인 전통 음식으로, 감자를 갈아 만든 반죽을 얇게 펴서 노릇하게 튀겨낸 감자 팬케이크이다. 식감은 겉은 바삭하고 속은 부드러우며, 사워크림(Sour Cream)이나 애플 소스(Apple Sauce)를 흔히 곁들여 먹는다. 사진 출처: buildingfeasts.com/recipe/hanukkah-latkes

[사진] sufganiyot(우): latke와 더불어 Hanukkah 명절에 흔히 만들어 먹는 부드러운 도너츠로 가운데 구멍은 없으며, 효모 반죽을 기름에 튀긴 후, 라즈베리 Jelly를 채우고 위에 슈거파우더를 뿌려 만든다. 사진 출처: eatingwell.com/recipe/8017667/raspberry-sufganiyot/

## 주요 어휘 및 표현

**명** menorah(유대교의 상징적인 촛대) / candles / dreidel(유대인의 장난감으로 4면 팽이 형태의 주사위) / oil / latkes(유대인들이 즐겨먹는 노릇하게 튀겨낸 감자 부침

개) / gelt(초콜렛 동전, 용돈) / gifts / miracle / light / family / festival / celebration / prayer / song / tradition / blessings / potatoes / hope / gathering / heritage

bright / miraculous / joyous / traditional / sacred / golden / festive / warm / delicious / light-filled / eight-day / meaningful / hopeful / spiritual / family-oriented / peaceful / ancient / celebratory / special / blessed

light / spin / celebrate / share / bless / sing / remember / give / receive / pray / reflect / gather / eat / fry / play / kindling / thank / pass / cherish / rejoice

light up the night / miracle of miracles / brighter days ahead / a little light goes a long way(작은 희망·선행도 큰 변화를 가져온다) / spin the dreidel(하누카 전통놀이인 드레이델 돌리기) / oil lasting eight days? That's a miracle!(하누카의 기적을 가리킴) / eight nights, eight lights(하누카 8일 동안의 촛불 의미) / like a spark of hope(희망의 불씨처럼) / the gift that keeps on giving(계속해서 좋은 영향을 주는 선물·행동) / family ties that bind(가족을 강하게 묶는 유대) / from darkness to light / traditions as old as time / heart of the home / pass down the torch / spread the light / count our blessings(우리에게 주어진 축복을 헤아리며 감사하다) / a time to reflect / festival of lights, a festival of hope(하누카의 별명, 빛과 희망의 축제) / fry up something special(근사한 식사를 만들다) / keep the flame alive / a light in the darkness / from one generation to the next / let there be light / savor every bite(한 입 한 입 맛을 음미하다, 순간을 충분히 즐기다) / little things mean a lot / the spirit of giving / kindle the spark(열정/관심을 불러일으키다) / a season to remember / faith that sustains(힘든 상황을 견디게 하는 믿음) / it's all about family / a celebration of resilience(회복력, 끈기를 기념하는 축제) / shine bright like a menorah(메노라 촛대처럼 빛나라는 뜻, 하누카 상징) / fry it up for the festival(신나게 일을 준비하다, 성대하게 축하하다) / celebrate the small wins(작은 성취도 축하하다) / the more candles, the merrier / family warmth and blessings / old traditions, new memories / make miracles happen / glow with pride(자부심으로 표정이 환해지다, 아주 자랑스러워하다) / fill the house with light and laughter

A: Do you know about the Jewish tradition known as the **'eight nights, eight lights'** event celebrated during Hanukkah?

A: Hanukkah기간에 기념하는 '8일밤 8촛불'이라는 유대인 전통에 대해 알고 있나요?

참고  eight nights, eight lights: 매일 밤 하나씩 촛불을 켜서 8일 동안 총 8개의 촛불을 밝히는 유대교의 대표적인 행사(촛불은 어둠 속에서 빛을 발하며 희망과 자유를 상징한다)

A: Hanukkah is not simply a holiday to me. It is a **celebration of resilience** that delivers a message to overcome adversity.

A: Hanukkah는 저에게 단순한 휴일이 아닙니다. 역경을 극복하라는 메시지를 전달하는 회복력의 축제입니다.

참고  a celebration of resilience: 역경을 이겨내고 다시 일어서는 힘, 즉 회복력을 기념하는 축제

A: After celebrating Hanukkah together, everyone in the community was **glowing with pride**.

A: 함께 Hanukkah를 축하한 후, 공동체의 모든 사람들이 자부심으로 빛났습니다.

참고  glow with pride: 자랑스러워하다(자부심이나 만족감으로 얼굴이 빛나는 모습을 비유적으로 표현)

A: Time to **spin the dreidel**! It's a tradition I never get tired of.

A: 드레들을 돌릴 시간이야! 이 전통은 절대 싫증나지 않아.

A: It's that time of year again — **miracle of miracles**. We made it through!

B: You know it! Now, let's **fry it up for the festival**! Nothing says Hanukkah like some golden latkes.

A: 또 그때가 왔네. 기적 중의 기적이야. 우리가 한해를 무사히 보내왔네!

B: 그렇지! 이제 축제를 신나고 풍성하게 준비해보자! 황금빛 라트케 만큼이나 Hanukkah를 잘 표현할 수 있는 건 없지.

참고  fry it up for the festival: 축제를 신나고 풍성하게 준비하다

A: Can you believe it? **Oil lasting eight days — that's a miracle**!

B: That's why they call it the **Festival of Lights, a festival of hope**. It's amazing to celebrate something so meaningful.

C: And I'm definitely **savoring every bite** of these latkes and sufganiyot. Fried foods taste even better this time of year.

D: Agreed! Let's **shine bright like a menorah** and make this Hanukkah one to remember!

A: 믿어지니? (하루분밖에 없던) 기름이 8일 동안이나 지속되다니, 진짜 기적이야!

B: 그래서 빛의 축제이자 희망의 축제라고 부르지. 이토록 의미 있는 걸 기념할 수 있다는 게 놀라워.

C: 그리고 이 라트케랑 수프가니옷을 한 입 한 입 음미하고 있어. 매년 이때 먹는 튀김 요리가 더 맛있어.

D: 맞아! 메노라처럼 밝게 빛나며 이번 Hanukkah를 잊지 못할 추억으로 만들자!

**참고** savor every bite: 한 입 한 입 식감을 음미하며 먹다, 매 순간을 즐기다

A: Hanukkah really is the **gift that keeps on giving**, isn't it? Eight nights of celebrating together.

B: Definitely! Each night is like **kindling the spark** of gratitude and tradition all over again.

C: And speaking of tradition, who's ready to **fry up something special** tonight? Maybe an extra batch of latkes!

A: 하누카는 정말 계속해서 주는 선물 같아, 안 그래? 여덟 밤 동안 다 함께 축하할 수 있잖아.

B: 맞아! 매일 밤이 새롭게 감사와 전통의 불을 지피는 것 같아.

C: 전통 얘기가 나왔으니, 오늘 밤 누가 특별한 걸 기름에 튀겨볼래? 라트케 한 접시 더 만들자!

Winter solstice(동지)는 미국에서는 공식적인 공휴일로 기념되지는 않지만, 다양한 문화적, 영적(spiritual), 환경적 그룹들에게 중요한 의미를 지닌다. 매년 12월 21일이나 22일경에 찾아오는 동지에 대한 기념은 20세기 이후 자연 중심의 전통과 환경에 관한 관심이 높아지면서 꾸준히 확산되고 있다.

많은 미국인들은 동지의 주제인 재생, 빛, 계절의 변화를 기리며 이를 기념하여 촛불 의식, drumming circles(둥글게 모여 드럼치는 행위), 명상 또는 요가 세션을 포함한 활동에 참여한다. 이교도(Pagans)와 위카교(Wiccans)는 태양의 재탄생을 기리는 고대 축제인 Yule을 공동체 연회나 식사, 선물 교환, 그리고 상록수 식물을 활용한 상징적인 의식을 통해 축하한다. 또한, 일부 사람들은 친구, 이웃, 동료들과 함께 자연과의 연결을 위해 하이킹과 같은 야외 활동을 하거나, 공원과 문화 센터에서 열리는 동지 관련 행사에 참여한다. 많은 이들에게 동지는 조용히 성찰하고, 감사하며, 다가오는 한 해를 위한 생각을 하는 시간이 된다.

### 공통주제

seasonal traditions and rituals for welcoming winter / the symbolism of darkness and light / reflections on the past year and setting intentions for the next / celebrating the return of longer days / natural cycles and their influence on life / ways to stay warm and cozy during the coldest season / spiritual or cultural significance of the winter solstice / winter solstice foods and traditional recipes / spending time in nature during winter months / winter solstice myths, stories, and folklore(민속, 전통문화) / celebrations of rebirth and renewal /activities for enjoying winter, like stargazing(천문관측) or moon watching / quietness, rest, and introspection as winter settles in / connections between the solstice and other winter holidays / ideas for celebrating with friends, family, or community

### 주요 어휘 및 표현

명 solstice / light / darkness / winter / night / reflection / season / fire

/ candle / cold / celebration / nature / moon / sun / spirit / warmth
/ snow / stillness / renewal / quiet

형 dark / cold / quiet / reflective / long / still / deep / sacred /
cozy / peaceful / crisp / short / mystical / serene / warming /
transformative / silent / restful / ancient / gentle

동 reflect / gather / light / embrace / celebrate / rest / welcome /
honor / observe / warm / prepare / renew / set / await / turn /
deepen / transition / pause / hope / illuminate

구 light at the end of the tunnel / turn over a new leaf / a time to reflect
/ winter's chill in the air / hunker down for the winter(겨울나기를 위해 단단
히 대비하다) / cozy up by the fire(불가에 아늑하게 앉다) / the darkest night of
the year / the warmth of togetherness / out with the old, in with the
new(묵은 것을 버리고 새 것을 맞이하다) / the long, cold winter ahead / find light
in the darkness / embrace the season / new year, new beginnings /
a season of stillness / long nights, short days / bundle up for winter
(겨울을 대비해 옷을 껴입다) / keep the home fires burning(집안의 온기를 유지하다)
/ a breath of fresh air / count down to longer days(해가 길어지는 날들을 손꼽
아 기다리다) / winter blues(겨울 우울증) / nature at rest / the quiet before the
storm / on the brink of something new(새로운 변화의 문턱에 서 있는) / winter
wonderland / a time to recharge / the beauty of the night sky / reflect
on the journey / into the heart of winter / the cycle of seasons / a fresh
start / winter magic / the light returns / feel grounded(침착한/차분한 느낌이
다) / deepening roots / a moment to pause / a season of introspection /
brace for winter's bite(혹독한 겨울 추위를 대비하다) / the quiet depth of winter
/ turn inward(자신을 성찰하다) / a new dawn on the horizon

A. After the winter solstice, it just feels like we're all **on the brink of
something new**.

A: 동지 지나고 나면 우리 모두 뭔가 새로운 걸 앞두고 있는 기분이 들지 않아?

참고 on the brink of ...: ~하기 직전에, ~의 문턱에

A: When I was young, I would start to **bundle up** for winter right after the winter solstice.

A: 어릴 땐, 동지가 막 지나고 나면 난 겨울옷을 껴입기 시작하곤 했어.

참고 bundle up: 옷을 껴입다

A: Our family really worked hard together to stock up on groceries and firewood before the winter solstice, so we were all set to **hunker down for the winter**.

A: 동지 전에 식료품이랑 장작들을 장만하느라 울 식구들 정말 열심히 일했어, 덕분에 겨울나기 준비는 모두 마쳤어.

참고 hunker down for the winter: 동절기를 지내기 위한 대비를 하다

A: The long nights around the winter solstice are perfect for **turning inward** and reflecting on the past year.

A: 동지를 전후로 한 긴 밤들은 지난 한 해를 돌아보면서 내면을 성찰하기 딱 좋은 때야.

참고 turn inward: 내면을 성찰하다

A: You can really feel **winter's chill in the air** today. It's like the season's finally settled in.

B: Yeah, we're headed right **into the heart of winter** now. Perfect time to light a fire and cozy up inside.

A: 오늘은 정말 겨울의 차가움을 느낄 수 있네요. 드디어 겨울이 완전히 자리 잡은 것 같아요.

B: 맞아요, 이제 겨울의 한가운데로 접어들고 있죠. 이런 날은 불을 피우고 안에서 따뜻하게 보내기에 딱이에요.

참고 be settled (in): 정착된, (초기의 어려움 이후) 안정된

A: Let's **cozy up by the fire** tonight. It's the longest night of the year, after all.

B: Good idea! And from now on, **the light returns** a bit more each day. Something to look forward to!

A: 오늘 밤은 불 옆에서 따뜻하게 보내요. 결국, 올해 가장 긴 밤이잖아요.

B: 좋은 생각이에요! 그리고 이제부터는 하루하루 조금씩 햇빛이 돌아오지요, 우리가 기대하는 것이죠.

A: Tonight's **the darkest night of the year**. It feels like **nature itself is at rest**, doesn't it?

B: Yes, there's a quietness to it. It's almost like an invitation to slow down and reflect, turning inward for a change.

C: Exactly. The winter solstice always reminds me to pause, honor the season, and give myself some **time to recharge**.

A: 오늘 밤은 올해 가장 어두운 밤이네요. 자연도 마치 쉬고 있는 것처럼 느껴지네요, 그렇지 않나요?

B: 네, 정말 고요함이 느껴져요. 변화를 위해 속도를 늦추고 내면을 돌아보라는 초대 같아요.

C: 맞아요. 동지는 항상 나로 하여금 잠시 멈춰서 이 계절을 존중하고, 자신에게 재충전할 시간을 주라고 상기시켜줘요.


A: The winter solstice always feels like a time to embrace **the warmth of togetherness**, especially to **count down to longer days**.

B: Absolutely, it's a moment to look back, **reflecting on the journey** so far and everything we've overcome this year.

A: Yes, but it also feels like we'll have to **brace for winter's bite**. There's still a lot of winter to get through!

B: True, that's why these gatherings mean so much, **holding on to warmth** until spring kicks in.

A: 동지는 함께하는 따뜻함을 품는 시간 같아요. 특히 더 긴 낮 시간들을 향한 카운트다운을 시작하는 순간이죠.

B: 정말이에요. 지금까지 걸어온 길과 올해 극복한 모든 것을 되돌아보는 시간이기도 해요.

A: 네, 하지만 겨울의 매서운 추위에 대비해야 할 시기이기도 하죠. 아직도 보내야 할 겨울 시간들이 많아요!

B: 맞는 말이에요, 그래서 이런 모임들이 무척 뜻깊은 것이죠. 봄이 시작될 때까지 온기를 지키면서요.

> **참고** brace for winter's bite: 매서운 겨울 추위에 대비하다, 준비하다
> hold on to warmth: 온기를 유지하다


A: I always think of the solstice as **a season of stillness**, a time to slow down and take a breath.

B: Yes, the **winter blues** can be tough to shake, though. Everything's so quiet and cold. It's easy to feel a little low.

A: That's true, but this season is also about **deepening roots**, finding strength in what keeps us grounded.

B: And bracing for winter's bite together. It helps to know we're all in it, making the most of this quieter time of year.

A: 저는 항상 동지를 고요함의 계절이라고 생각해요. 속도를 늦추고 숨을 고를 시간이지요.

B: 그래요, 하지만 겨울 우울증은 떨쳐내기 힘들 때가 있죠. 모든 게 너무 조용하고 추우니까 기분이 좀 처질 수 있어요.

A: 맞아요, 하지만 이 계절은 뿌리를 깊이 내리고, 우리를 지켜주는 것들로부터 힘을 찾는 시간이기도 해요.

B: 그리고 함께 겨울의 매서운 추위를 견디는 시간이기도 하죠. 우리가 모두 이 고요함의 시기를 최대한 활용하면서 함께 보내고 있다는 걸 아는 게 힘이 돼요.

**참고** winter blues: 겨울 우울증

Christmas는 미국에서 종교적, 문화적으로 깊은 의미를 지닌 널리 기념되는 명절이다. 예수 그리스도의 탄생을 기리는 기독교 전통에 뿌리를 두고 있지만, 종교적 경계를 넘어 가족, 공동체, 자선, 관대함 등의 주제들을 추구하는 미국 사회문화의 포용적인 축제이기도 하다.

준비는 몇 주 전부터 시작되며, 집과 공공장소는 크리스마스 조명, 트리, 화환, 그리고 예수 탄생 장면으로 장식된다. 선물 교환은 성경 속 동방박사의 이야기와 산타클로스라는 현대적 인물에서 영감을 받은 크리스마스의 핵심적인 요소이다. 크리스마스는 많은 이들에게 함께하는 시간, 선행, 자선, 그리고 사색의 의미를 담고 있다. 두세 세대 전에 비하면 규모와 열기가 많이 축소되었지만 도시의 주요 도로에서의 크리스마스 퍼레이드, Carol 부르기, 교회 예배 참석, 자원봉사와 같은 활동은 그 정신을 강화한다. 가족과 친구들은 Christmas Eve나 크리스마스 당일에 모여 선물을 나누고 식사를 함께하며 소중한 추억을 만든다. 가족, 이웃, 친구들과 함께 나누는 선물과 모임은 현실적으로는 크리스마스의 경제적 비중을 크게 할 뿐만 아니라, 미국 각지에서 사람들이 붐비는 곳이나 길목 등에 나온 구세군(the Salvation Army)의 자선냄비(red kettle)로 상징되는 자선과 나눔의 비중 또한 크다.

전통 음식은 지역마다 다르지만, 주로 roast turkey, ham, mashed potatoes, stuffing, cranberry sauce, 그리고 gingerbread cookies, pie, fruit cakes 같은 계절 디저트가 포함된다. 대표적인 크리스마스 음료로는 우유에 크림, 설탕, 휘저은 생계란에 종종 nutmeg 또는 계피(cinnamon)를 섞고, 때로는 럼, 브랜디, 또는 버번 위스키를 추가하여 파티 분위기를 올리는 eggnog, 그리고 레드 와인에 cinnamon, cloves, nutmeg, citrus fruits, sugar 등의 향을 추가하여 따뜻하게 마시는 mulled wine 등이 인기가 많다.

[사진] 미국의 한 시골 타운에서 Christmas에 Charles Dickens의 소설 Christmas Carol(1843) 속의 크리스마스 문화를 연상하게 하는 장면으로 빈티지 복장을 한 한 청년이 타운의 중심가 길목에서 지나가는 사람들에게 도넛을 팔고 있다. 사진: ⓒ박우상

[사진] 오늘날에는 현저히 규모나 빈도가 줄었지만 전통적인 기독교 가치관을 중심으로 하는 미국의 많은 중소 도시나 시골 지역에서는 이렇게 길가나 이웃에서 크리스마스 성가나 캐롤을 함께 부르는 Christmas carolers를 볼 수 있다.
사진: ⓒ 박우상

공통주제

family gatherings and traditions / holiday travel plans / gift ideas and shopping / decorating the tree and home / preparing holiday meals and recipes / seasonal music and caroling / winter activities and outings(하루 중 짧은 시간 동안 즐기는 여행이나 외출) / holiday movies and shows / Christmas memories and nostalgia / community and charity events / religious and spiritual reflections / Santa Claus and children's excitement / wrapping and exchanging presents / sending and receiving holiday cards / New Year plans and resolutions

주요 어휘 및 표현

**명** gifts / family / tree / lights / Santa / decorations / ornaments / stockings / cookies / fireplace / traditions / wrapping / snow / bells / reindeer / feast / joy / music / wreath / carols

**형** merry / festive / joyful / warm / cozy / bright / cheerful / peaceful / sparkling / magical / traditional / heartwarming / snowy / delicious / glittering / nostalgic / jolly / blessed / generous / grateful

**동** celebrate / give / receive / wrap / decorate / sing / gather / share / enjoy / bake / feast / shop / light / hang / greet / bless / remember / sparkle / surprise / cherish

**구** 'Tis the season(바로 이 계절이다(특히 연말연시)) / deck the halls(홀을 화려하게 장식하다) / full of holiday cheer / Christmas came early / spread joy

/ wrapped up in the season(계절의 분위기에 푹 빠진) / making a list and checking it twice(준비를 철저히 하다) / in the spirit of giving / season of goodwill / all the trimmings(모든 장식과 음식들, 완벽한 준비) / warm as a Christmas hearth / feel merry and bright / ho-ho-holiday season (산타클로스 웃음소리처럼 즐거운 연말연시) / like a kid on Christmas morning / bundle up(옷을 끼어 입다) / walk in a winter wonderland / trim the tree / the more, the merrier / home for the holidays / as cozy as a cup of cocoa / Christmas around the corner / sleigh bells ringing / snowed under with holiday plans(연말 계획에 쌓여 정신없다) / the gift that keeps on giving(계속 기쁨을 주는 선물) / bring out the best in each other / wrapped with love(정성껏 포장한) / it's the thought that counts(물질적 인 가치보다 마음이 중요하다) / bake up a storm(많이, 열심히 구워 내다) / light up like a Christmas tree / a warm heart in cold weather / stuffed to the gills(잔뜩 먹어 배가 부른) / Tis better to give than receive / naughty or nice(착한아이 아니면 나쁜 아이) / wishing one peace, love, and joy / let's make it merry and bright / it's the little things that matter (사소한 것들이 중요하다) / count our blessings / spirit of the season / all the stockings hung with care(벽난로 옆에 양말을 걸어두는 전통에서 유래: 간절히 성탄절을 기다리는 설렘이는 마음이 담긴 표현) / jolly(매우 쾌활하고 명랑한)

A: With Christmas carols coming out of shops in the mall, I feel merry. 'Tis the season again to spread joy and cheer.

A: 쇼핑몰에서 크리스마스 캐롤이 흘러나오니 기분이 들떠요. 다시 한번 기쁨과 즐거움을 나누는 계절이 왔네요.

참고 'Tis the season.: ...의 계절이다. 특정한 시기에 해당하는 활동이나 분위기를 나타내는 표현

A: It is a small gift for you, but I spent a couple of hours finding it in the shopping mall. I believe it is always the thought that counts.

A: 작은 선물이지만, 쇼핑몰에서 찾느라 두어시간 보냈어요. 마음이 중요하다고 생각해요.

A: The whole family had a wonderful time decorating the Christmas tree with all the trimmings.

A: 온 가족이 함께 크리스마스 트리를 온갖 장식으로 꾸미며 즐거운 시간을 보냈어요.

참고 with all the trimmings: 모든 장식을 갖추고. 크리스마스 트리를 꾸밀 때 다양한 장식물을 가득 달아 화려하게 꾸미는 걸 말한다.

A: The Christmas holiday is the best time for most families to **bring out the best in each other**, sharing their memories and stories.

A: 크리스마스 연휴는 대부분의 가족에게 가장 좋은 모습을 보여주고 추억과 이야기를 나누는 최고의 시간입니다.

**참고** bring out the best in each other: 서로에게 최고의 모습을 보여주다

A: It's truly the **season of goodwill**, isn't it? Everyone's extra cheerful and ready to lend a hand.

B: You can say that again! I **wish you peace, love, and joy** this Christmas. I hope it's filled with everything that brings you happiness.

A: 정말 이 시기가 선의를 나누는 계절이 맞는 것 같아요. 모두가 한층 더 밝아 보이고 도움을 줄 준비가 되어 있어요.

B: 정말 그래요! 이번 크리스마스에 평화, 사랑, 기쁨이 가득하길 바래요. 행복을 가져다주는 모든 것들이 함께하기를 바랍니다.

**참고** lend a hand: (...에게) 도움을 주다

A: I've been so **wrapped up in the season**. I think I've tried every dessert on the table twice over!

B: Same here! I'm absolutely **stuffed to the gills**, but it's all part of the Christmas magic.

A: 이번 시즌에 푹 빠져서 테이블 위의 디저트를 두 번씩은 다 먹어본 것 같아!

B: 나도 마찬가지야! 완전 배가 터질 것 같은데, 이것이 크리스마스의 마법이야.

**참고** wrapped up in ...: ...에 몰두한
stuffed to the gills: 잔뜩 먹어 배가 부른

A: 'Tis the season, and I'm ready to embrace every bit of it! **The snow outside is like a real winter wonderland**.

B: I know! Perfect weather for **cozying up** inside. I've been **baking up a storm** all day — cookies, pies, you name it.

C: Well, save some for me! Nothing like fresh-baked treats to get into the holiday spirit.

A: 크리스마스 시즌이 왔어, 난 매 순간을 다 만끽할 준비가 됐어! 밖에 내리는 눈은 완전 겨울 왕국 같아.

B: 맞아! 안에 들어와서 사람들과 친교하기 딱 좋은 날씨야. 하루 종일 엄청나게 빵을 구웠어. 쿠키, 파이, 등등.

C: 내 것도 남겨둬! 휴일 기분을 느끼게 해주기에는 갓 구운 간식만 한 게 없지.

> **참고** cozy up: 친해지려고 하다, 다가가 친하게 굴다
> bake up a storm: 엄청난 양의 빵이나 쿠키 등을 열심히 굽다.
> you name it: 그 밖에 뭐든지(동류의 것 몇 가지를 열거한 다음에)

A: I've been **decking the halls** all morning! The whole place looks **as cozy as a cup of cocoa** now.

B: I love it! Everything looks so festive. You're **putting Santa to shame**. He'll be checking if you've been **naughty or nice** for sure.

C: Well, I think we're all on the nice list this year! Look at **all the stockings hung with care** by the fireplace.

D: Definitely! Now we just need some carols and maybe a little hot chocolate to make it perfect.

A: 아침 내내 집을 꾸몄어! 이제 집이 코코아 한 잔만큼이나 아늑하게 변했어.

B: 정말 좋아! 모든 게 너무나도 축제 분위기야. 산타가 부끄러워할 정도야. 산타가 네가 착한 아이였는지 말썽꾸러기 아이였는지 확인할 걸.

C: 올해는 우리 모두 착한 아이 목록에 올라 있을 거야! 벽난로 옆에 정성껏 걸려 있는 양말들을 봐.

D: 완전 동의해! 이제 캐럴과 따뜻한 핫초코만 있으면 완벽해.

> **참고** put somebody to shame: (훨씬 뛰어나서) ...을 부끄럽게 하다
> naughty or nice: 나쁜 혹은 착한

A: I've been **making a list and checking it twice**, but somehow I'm still **snowed under with holiday plans**!

B: Same here! Between gift shopping, decorating, and baking, it feels endless. But hey, '**tis better to give than receive**, right?

A: 리스트도 만들고 두 번씩 확인했는데, 휴일 계획들에 파묻혀 정신이 없어!

B: 나도 그래! 선물 쇼핑, 장식, 베이킹까지 끝도 없는 느낌이야. 그래도 받는 것보다 주는 게 더 좋지 않아?

> **참고** snowed under ...: ...에 압도되어 있는, ...에 파묻혀있는

Boxing Day는 12월 26일에 기념되며, 19세기에 영국에서 시작되어 캐나다, 호주, 뉴질랜드 등 영연방 국가들로 퍼졌다. "Boxing Day"라는 이름은 선물, 돈, 또는 물품이 담긴 상자를 하인, 거래업자, 그리고 어려운 사람들에게 감사의 표시로 전달하던 전통에서 유래했다. 역사적으로 고용주들은 크리스마스 다음 날 이러한 상자를 나눠주었고, 직원들이 가족들과 함께 시간을 보낼 수 있도록 배려했다. 시간이 지나면서 Boxing Day는 사회적, 문화적, 경제적 활동이 어우러진 명절로 발전했다. 사람들은 이날 친구와 친척을 방문하거나, 자선 행사를 열거나, 축구 경기나 크리켓 같은 지역 스포츠에 참여 하곤 한다. 또한, 크리스마스 시즌의 정신을 이어받아 관대함과 선행에 중점을 준다.

경제적으로 Boxing Day는 크리스마스 이후 세일과 쇼핑을 상징하는 날로 자리 잡았다. 소매업자들은 대규모 할인을 제공하여 소비자들을 끌어들이며, 이로 인해 많은 나라에서 연중 가장 바쁜 쇼핑 날 중 하나가 되었다. 따라서 Boxing Day는 배려와 공동체 정신을 상기시키는 동시에 경제 활동을 촉진하는 중요한 의의를 지닌다. 미국에서는 캐나다나 호주처럼 영국 전통과 밀접한 국가들과 달리 Boxing Day가 공식적인 공휴일로 널리 기념되지 않는다. 대부분의 미국인들에게 12월 26일은 크리스마스 다음 날로, 주로 휴식을 취하거나, 만나지 못한 가족을 방문하거나 친구들과 모이거나, 크리스마스에 나누지 못한 선물을 교환하는 날로 여겨진다. 또 소매업계가 제공하는 대폭적인 할인 행사나 재고정리(clearance) 할인을 이용하여 쇼핑을 하며, 또 크리스마스나 연말에 받은 선물이나 구입한 항목들을 반품과 교환을 하는 날이다.

**공통주제**

post-Christmas relaxation / shopping and sales / gift exchanges and returns / reflecting on holiday memories / spending time with family and friends / watching sports, like football or cricket / donating to charities / celebrating with leftovers / looking forward to New Year's plans / thanking service workers / enjoying Boxing Day traditions / planning holiday travel / exchanging holiday stories / enjoying winter activities / reflecting on gratitude and generosity

명 sales / bargains / crowds / discounts / gifts / deals / stores / shoppers / clearance / holidays / shopping / racks / cash / merchandise / return(or returns) / break / festivities / lines / purchases / exchange(or exchanges)

형 discounted / busy / crowded / cheap / marked-down(할인된) / festive / exhausted / packed / exciting / last-minute / restful / bargain / chaotic / post-holiday / affordable / cleared-out(깨끗이 치워진) / lucky / seasonal / unmissable(놓칠 수 없는, 필수적인) / generous

동 shop / buy / save / spend / rest / browse / return / hunt(for deals) / score / rummage(샅샅이 찾다) / unwind / clear(out) / line(up) / gift / relax / queue / grab / find / reduce / bargain

구 the day after the storm / leftovers for days! / catch up on some shut-eye(잠을 보충하다) / hit the Boxing Day sales / a bargain hunter's dream / down to the last penny(마지막 남은 돈을 몽땅 소비할 때까지) / a well-deserved break(당연히 누려야 할 휴식) / shop till one drop(지칠 때까지 쇼핑하다) / cash burning a hole in one's pocket(돈을 빨리 쓰고 싶어 견딜 수 없는 충동) / time to unwind / no rest for the weary(지친 이들에겐 휴식도 없는) / clearing out the cobwebs(머리를 맑게 하다, 기분 전환하다) / out with the old, in with the new / scoring a steal of a deal(엄청 싼 물건을 획득하는) / getting back to normal / gift that keeps on giving(계속 은혜를 주는 선물) / rummaging through the racks(옷걸이들을 샅샅이 뒤지는) / beat the crowds(몰려드는 인파를 피하려고 미리 움직이다) / feels like a second Christmas / the holiday hangover / from feast to fast(풍요에서 절제로) / making room for the new year / stretching every dollar(돈을 최대한 절약하는) / too good to pass up(지나치기엔 너무 아까운) / talk about a cozy day / beating the post-holiday blues(연휴 뒤 우울감을 이겨내다) / keeping the holiday spirit alive / braving the lines(긴 줄을 늘어서는 힘겨운 상황을 감내할 요량인) / out of the holiday haze(휴일의 멍한 상태에서 벗어난) / playing catch-up(밀린 일을 따라 잡는) / time to relax and recharge / surviving the sales(할인의 유혹을 이겨낸) / the gift exchange aftermath(선물 교환 후의 뒷정리) / in the holiday fog(연휴의 몽롱한 상태에 젖어 있는) / clearing out the holiday clutter(연휴의 흩어짐을 추스리는) / a treat for oneself / making memories last / waving goodbye to the holiday madness(연휴의 광란에 작별을 고하는) / one last holiday hoorah(연휴의 마지막 즐거운 순간)

**예문**

A: Uhm, I spent all my money. My **cash was burning a hole in my pocket**.

A: 음, 돈을 다 써버렸네. 너무 쓰고 싶어서 참을 수가 없었어.

> **참고** cash was burning a hole in one's pocket: '현금이 주머니 구멍을 낼만큼 타고 있다'는 의미로 돈을 쓰고 싶은 강렬한 욕구나 충동을 재미있게 표현한 구어체 구문이다.

A: Shopping today at this mall was so funny, but I'm almost exhausted. I guess there's no **rest for the weary**.

A: 오늘 이 쇼핑몰에서 쇼핑하는 건 정말 재미있었지만, 거의 탈진할 지경이었어. 아마도 지친 자에게 휴식은 없나 봐.

> **참고** no rest for the weary: '지친 이에겐 휴식이라곤 없다'라는 의미로, 쉬지 않고 부지런히 활동해야 하는 상황을 비유적으로 표현하는 영어 속담이다.

A: My main goal for today was to **beat the crowds** and get that brand computer monitor.

A: 오늘 나의 주된 목표는 사람들을 제치고 그 브랜드 컴퓨터 모니터를 사는 것이었다.

> **참고** beat the crowds: 사람들을 제치고 먼저 하다

A: Having **braved the lines**, I was finally able to get these products at greatly discounted prices and was happy all day.

A: 긴 줄을 서는 고생을 감수한 덕분에, 결국엔 이 제품들을 아주 할인된 가격들로 살 수 있었고 하루 종일 기분이 좋았어.

> **참고** brave the lines: 긴 줄을 감수하고 기다리다

A: After all the holiday rush, it's finally **time to unwind**. I think a cozy day at home is exactly what I need.

B: Absolutely! Nothing like a day to ourselves for **beating the post-holiday blues**.

A: 모든 연말 바쁜 일이 지나고 나니, 이제 드디어 쉬어갈 시간이네. 집에서 아늑하게 하루 보내는 게 정말 필요한 것 같아.

B: 완전 공감! 연휴 후유증을 이겨내기에 자신만의 여유로운 하루 시간을 가지는 것보다 좋은 게 없지.

A: Boxing Day sales are a **bargain hunter's dream**! I can't wait to get started.

B: I know! I'll be **rummaging through the racks**, hoping to find those hidden gems.

A: Same here. This time, I'm focused on **stretching every dollar** after all the holiday spending.

B: Good plan! I'm also **clearing out the holiday clutter** at home, so I have room for whatever deals I find today.

A: 박싱 데이 세일은 진짜 바겐 상품 쇼핑 애호가들에겐 꿈의 날이야! 당장 시작하고 싶어.

B: 맞아! 숨겨진 보물 같은 물건들을 찾아 매장을 뒤져볼거야.

A: 나도 마찬가지야. 이번에는 연말 소비 이후로, 알뜰하게 쇼핑할 계획이야.

B: 좋은 계획이군! 나도 오늘 뭐든 좋은 세일 상품을 놓을 공간이 있도록 집에 있는 연휴 물건들 정리하고 있어.

**참고** stretch every dollar: 한푼이라도 알뜰하게 사용하다

A: Boxing Day feels like **a well-deserved break** after all the holiday chaos.

B: Definitely! And I'm hoping to **score a steal of a deal** at the sales today. I found some amazing discounts already.

A: I'm with you. After all the feasting, it's practically **from feast to fast** for me now.

A: 박싱 데이는 모든 연말 혼란 이후의 소중한 휴식처럼 느껴져.

B: 정말 그래! 오늘 세일에서 횡재할 기대하고 있어요. 이미 몇 가지 아주 좋은 할인 상품을 찾았어.

A: 나도 그래. 모든 연휴 축제를 즐기고 나니, 이제는 축제 분위기에서 알뜰한 일상 생활로 복귀할 때인 것 같아.

**참고** score a steal (of a deal): 파격적으로 싼 물건을 구입하다

Kwanza(a)는 1966년에 California State University-Long Beach에서 African studies를 가르치던 Maulana Karenga 박사에 의해 제정되었으며, 이는 민권운동과 Black Power 운동이 활발하던 시기에 아프리카계 유산, 희생, 희망, 단결, 가치를 기념하기 위한 문화적 명절로 탄생했다. 이 이름은 Swahili어로 'first fruit'(첫 열매)를 의미하는 "마툰다 야 콴자"(matunda ya kwanza)에서 유래했으며, 이는 아프리카 전통 수확 축제를 반영한다. Kwanzaa는 African-American들이 조상의 뿌리와 가치를 연결하고, 자부심과 연대를 공유하고 증진할 것을 추구한다.

매년 12월 26일부터 1월 1일까지 기념되는 Kwanzaa는 일곱 가지 원칙에 중점을 둔다: Umoja(단결), Kujichagulia(자기결정), Ujima(집단적 노동과 책임), Ujamaa(협력 경제), Nia(목표), Kuumba(창의성), Imani(신념). Kwanzaa 동안 각 하루는 한 가지 원칙에 초점을 맞추며, 개인과 공동체의 성장을 강조한다. 축제는 주로 Kinara(키나라, 촛대)에 촛불을 밝히고, 이야기 나누기, 음악과 춤, 아프리카 영감을 받은 음식을 나누는 공동 식사를 포함한다. Kwanzaa는 주로 흑인계 미국인들이 공동체에서 기념하지만, 다양한 배경을 가진 미국인들도 아프리카 문화를 배우고 존중하는 계기로 확산되고 있다.

[사진] 미국 Milwaukee 시의 한 African-American community에서 한 흑인 여자분이 미국 흑인들의 Africa적 전통을 기리는 7일 간의(12월 26일-1월 1일) 명절인 Kwanzaa를 기리는 7개의 초에 불을 붙이고 있다. 사진: ⓒ박우상

[사진] 미국의 한 흑인 커뮤니티에서 지역 지도자가 공동체의 식사, song and dance, 패션/모델 쇼 등을 포함한 Kwanzaa celebration에 앞서 Kwanzaa의 7 principles를 발표하면서 Kwanzaa의 의미를 다지고 있다. 사진: ⓒ박우상

unity and togetherness / honoring African heritage and ancestry / the Seven Principles(Nguzo Saba) / family traditions and gatherings / self-determination and empowerment / supporting Black-owned businesses / African culture and history / community service and giving back / creativity and artistic expression / lighting the kinara(candle holder) / storytelling and oral history / reflecting on the past year / gratitude and thankfulness / teaching values to the next generation / celebrating achievements and milestones

## 주요 어휘 및 표현

**명** unity / community / heritage / principle / tradition / candle / family / ancestors / celebration / culture / purpose / faith / resilience / kinara(the candle holder) / legacy / roots / umoja(Swahili for unity) / self-determination / gifts / future

**형** unified / cultural / proud / resilient / strong / empowered / traditional / purposeful / creative / joyful / reflective / communal / rooted / ancestral / honorable / hopeful / inspiring / enduring / compassionate / connected

**동** celebrate / honor / reflect / gather / unite / light / remember / share / embrace / teach / create / strengthen / practice / build / appreciate / respect / support / inspire / learn / pass down

**구** together we rise / unity is strength / rooted in our heritage / a family that sticks together / honoring our roots / passing down the wisdom / stand strong, stand proud / it takes a village(모두의 도움이 필요하다) / living the legacy(유산을 실천하며 살다) / a bond like no other(그 무엇과도 비교할 수 없는 유대) / light to guide us / celebrating our identity / for the culture / staying true to the roots(뿌리에 충실하다, 본질을 잃지 않다) / a time to reflect and grow / unity in diversity(다양성 속의 통합) / making our ancestors proud / a celebration of resilience / strength in our heritage / keeping the fire of tradition alive / lifting each other up(상호 격려하는) / building our legacy(업적 또는 유산을 쌓아가는) / sowing seeds for the future / expressing the beauty of our culture / creativity lights the way / passing the torch / sharing the blessings / the strength of a people / empowered by our past(과거를 통해 힘을 얻게 되는) / growing stronger together / the spirit of self-reliance(자립 정신) / the future is in our hands / together in purpose / lighting the path to progress / each candle, a principle / honoring our journey / upholding our traditions(전통을 유지하는) / building a brighter tomorrow / reflecting on the year past / living the seven principles(일곱가지 원칙들을 지키며 사는)

**예문**

A: It is our responsibility to **build the legacy** that our ancestors have left behind.

A: 우리 조상들이 남긴 유산을 계속 이어가는 것은 우리의 책임이다.

**참고** build the legacy: ...유산을 이어가다

A: My grandfather told me about Kwanzaa, saying that it's important to remember our ancestors who **passed down the wisdom** and valuable traditions to us.

A: 할아버지께서 Kwanzaa에 대해 이야기해 주셨는데, 조상님들이 우리에게 소중한 전통과 지혜를 물려주신 조상님들을 기억하는 것이 중요하다고 하셨어.

**참고** pass down: ...을 물려주다, 전하다

A: I believe Kwanzaa provides **an** excellent **opportunity** for individuals **to reflect and grow** spiritually.

A: 나는 Kwanzaa가 개인들이 영적인 성찰과 성장할 수 있는 탁월한 기회를 제공한다고 믿고 있어.

A: Kwanzaa is a time to preserve and celebrate **the spirit of self-reliance** that will continue to inspire our people over generations.

A: Kwanzaa는 여러 세대에 걸쳐 우리 민족에게 지속적으로 용기를 주게 될 자립 정신을 보존하고 기념하는 시간입니다.

**참고** the spirit of self-reliance: 자립 정신의 유산(Kwanzaa가 자립 의식을 바탕으로 더 나은 미래의 비전을 만들어 나가는 중요한 전통적 행사인 점을 강조)

A: Each night during Kwanzaa, we focus on a different principle. It's a great way to remember our core values.

B: I agree. And with **Kuumba**, or creativity, it's so beautiful to see how everyone expresses themselves through art and music.

A: Right? It's a powerful way of expressing the beauty of our culture. It makes me proud to be part of it.

A: Kwanzaa 동안 매일 밤 우리는 다른 원칙에 집중해. 우리의 핵심 가치들을 기억하는 좋은 방법이야.

B: 동의해. 그리고 쿠움바, 즉 창의성으로, 모두가 예술과 음악을 통해 자신을 표현하는 것을 보는 것이 정말 아름다워.

A: 맞아! 우리 문화의 아름다움을 표현하는 강력한 방법이야. 내가 이 문화의 일부라는 것이 자랑스러워.

> 참고 Kuumba: 스와힐리어로 '창의성'을 의미하는 Kwanzaa의 여섯 번째 원칙

A: This time of year really reminds us of the importance of family. It's **a bond like no other**.

B: For sure, and with each celebration, **creativity lights the way** as we bring the traditions to life.

A: 이 시기가 되면 가족의 중요성을 다시금 떠올리게 돼요. 그 어떤 것도 대신할 수 없는 유대감이죠.

B: 맞아요, 그리고 매번 기념할 때마다 창의성이 전통을 회생시키는 길을 밝히는 역할을 해요.

> 참고 like no other: 남 다른, 둘도 없는, 아주 특별한(one of a kind)

A: Celebrating Kwanzaa always reminds me that **it truly takes a village** to build something lasting.

B: Yes, and being **together in purpose** makes everything feel that much stronger and meaningful.

A: Kwanzaa를 기념할 때마다, 영속적인 것을 만들기 위해서는 모두가 힘을 합해야 한다는 것을 상기시켜줘요.

B: 그래요, 함께 목적을 공유할 때 모든 것이 더욱 강하고 의미 있게 느껴져요.

> 참고 It takes a village (+ to-부정사): (...하려면) 모두가 (전 공동체/사회가) 힘을 합쳐야 한다

A: Kwanzaa feels so special because it's **rooted in our heritage**, honoring where we come from.

B: Absolutely, **staying true to the roots** keeps the spirit alive, generation after generation.

C: And it's empowering, knowing our past gives us strength to keep moving forward.

A: Kwanzaa는 그것이 우리가 어디에서 왔는지를 기리면서, 우리의 유산(전통)에 깊숙이 뿌리를 내리고 있기 때문에 아주 특별하게 느껴져요.

B: 정말 그래요, 뿌리에 충실하는 것이 세대를 넘어 그 정신을 계속 살아있게 하죠.

C: 그리고 과거를 알고 있다는 것이 우리들이 앞으로 지속적으로 나아갈 힘을 준다는 점에서 힘을 실어주죠.

A: Kwanzaa reminds me of the power of **a family that sticks together**, even through challenges.

B: Yes, it's truly **a celebration of resilience**. We honor all we've overcome.

A: And each year, **growing stronger together**. That's what makes this time so meaningful.

B: Exactly. Each candle, a principle we **live by**, lights the way forward as a family and community.

A: Kwanzaa는 어려운 상황에서도 서로 함께하는 가족의 힘을 떠올리게 해줘요.

B: 네, 진정한 불굴의 강인함을 기념하는 것이죠. 우리가 극복해온 모든 것을 기리죠.

A: 매년 더 강해지며 함께 성장해 나가는 것, 그것이 이 시기를 더욱 의미 있게 만드는 이유예요.

B: 맞아요. 각 촛불은 우리가 살아가는 원칙으로서, 가족과 공동체로서 앞으로 나아가는 길을 밝혀주죠.

**참고** live by ...: (신조·원칙)에 따라 살다

A: Kwanzaa is the perfect time to **stand strong, stand proud**, and remember where we come from.

B: Indeed. It's about **keeping the fire of tradition alive**, honoring what connects us.

A: And knowing we're **empowered by our past** — that history strengthens us all.

B: Yes, and **living the seven principles** gives us that foundation, one that guides us every day.

A: Kwanzaa는 우리가 강하게, 자랑스럽게 서서 우리 뿌리를 기억하기에 아주 완벽한 시간이죠.

B: 맞아요. 전통의 불씨가 꺼지지 않도록 하며 우리를 하나로 연결해주는 것들을 기리는 시간이죠.

A: 우리의 과거에 의해 힘을 받는다는 것을 아는 것만으로도 그 역사가 우리 모두를 강하게 해요.

B: 그래요, 일곱 가지 원칙을 실천하는 것이 우리 일상의 토대를 제공하고, 매일 우리를 인도해주죠.

미국에서 새해 전야는 기쁨과 축하의 시간으로, 사람들이 함께 모여 한 해를 즐겁게 마무리하고 새로운 시작의 흥분을 나누는 시간이다. 미국인들은 새해 전야를 다양한 활동과 이벤트로 축하한다. 이른 저녁부터 어린이들과 어른들 모두가 가족, 친구들, 이웃들과 가정, 이웃집, 동네나 도시 공원, 각종 시민회관이나 주민센터들에서 모여 음악과 댄스와 폭죽을 즐기며, 많은 어른들이 상당한 음주를 즐겨 시 경찰이 특별 단속을 진행한다. 가장 상징적인 축하 행사 중 하나는 뉴욕시의 Time Square에서 열리는 유명한 Ball Drop이다. 수천 명이 모여 밤 11시 59분에 시작해서 카운트다운하며 자정에 볼이 떨어지는 것을 현장에서 보고 즐기고, 또 수천 만명이 TV나 온라인 스트리밍을 통해 시청하며, 라이브 공연과 화려한 불꽃놀이를 즐긴다.

자정이 다가오면 사람들은 친구나 이웃의 집이나 바(bar)나 펍(pub) 등 술집에 모여 새해를 맞이하는 카운트다운에 참여하며, 환호하고 샴페인, 맥주, 스파클링 와인, 또는 무알콜 mocktail 등으로 건배하며, 파티 호른(horn)을 불고 색종이 조각들을 날리며, 밴드 음악에 맞춰 춤을 추면서 축하한다. 많은 사람들이 새해 결심을 세우며, 다가오는 해에 대한 목표와 의지를 다지거나 공유한다. 하지만, 조용히 성찰하거나 반성하는 분위기는 드문 편이다.

특별한 음식도 축하의 일부로, 특정 음식은 행운을 가져다 준다고 여긴다. 예를 들어, 미국 남부에서는 검은 눈콩(black-eyed peas)와 채소가 행운을 가져다 준다고 믿으며 돼지고기를 길게 찢어 얹은 pulled pork 샌드위치를 즐기며, Hispanics(중남미계)는 자정에 매달 행운이 있기를 바라면서 12알의 포도를 먹는다. 전국적으로는 shrimp cocktail, mini meatballs, stuffed mushrooms, cheeseboards, 샴페인 컵케익, sparkling sugar cookies, 미니 햄버거, 삶은 계란 반쪽을 기반으로 하는 deviled eggs 등이 New Year's Eve에 즐겨 먹는 파티 음식이다. 이렇게 미국인들은 대단히 신나는 파티가 중심인 New Year's Eve를 보내고, 심신이 상당히 피곤한 상태로 New Year's Day를 맞이하게 된다.

[사진] 미국 중서부 사람들이 party hat들을 쓰고 polka 밴드의 음악에 맞추어 춤을 추면서 New Year's Eve를 즐기고 있다.
사진: ⓒ 박우상

[사진] New Year's Eve는 미국 문화에서는 가족과 공동체가 함께 즐기는 매우 중요한 축제의 저녁이다. 미국의 한 도시에서 시민회관에 모여 가족과 이웃들이 모여 밴드 음악에 맞추어 춤을 추며 New Year's Eve를 신나게 보내고 있다. 사진: ⓒ 박우상

## 공통주제

reflections on the past year / New Year's resolutions / upcoming plans / celebrations and traditions / global events and news / gratitude and appreciation / health and well-being / entertainment highlights / current affairs / relationship milestones(관계의 이정표) / funny moments and stories / wishes for the future / fashion and style / party planning and food / travel and adventures

## 주요 어휘 및 표현

**명** year / resolution / countdown / midnight / celebration / toast / champagne / party / fireworks / moment / goal / future / tradition / blessings / memories / hope / friends / family / music / happiness

**형** happy / new / exciting / memorable / fresh / bright / positive / optimistic / grateful / reflective / joyful / prosperous / golden / vibrant / lively / cheerful / celebratory / high-spirited / hopeful / unforgettable

**동** celebrate / reflect / toast / sing / dance / cheer / hope / wish / plan / resolve / count down / look back / look forward / start / set goals / pop champagne / welcome / party / laugh / enjoy

**구** ring in the new year(새해를 맞이하다 / 새해를 축하하다) / out with the old, in with the new(송구영신) / pop the champagne / let's toast to... / cheers to a fresh start! / make it a night to remember / dance the night away(밤새 춤을 추다) / party like there's no tomorrow / count down to midnight / Auld Lang Syne / What a rollercoaster of a year! / hindsight is 20/20(지나고 나면 다 보인다, 사후에야 명확해진다) / live and learn / another year bites the dust(또 한 해가 끝났다) / We made it through!(우린 해냈다!) / It's been one for the books(역사에 남을 한 해였다) / so much water under the bridge(지나간 일들이 많다) / time flew by (쏜살같이 흘러간 시간) / good riddance to......(와 작별해서 속이 시원하다) / a year of growth / new year, new me(새해엔 새로운 나로 환골탈태) / turn over a new leaf / hit the ground running / set the bar high(목표를 높이 세우다) / start on the right foot(순조로운 시작을 하다) / break the cycle(악순환의 고리를 끊다) / keep one's eye on the prize(목표에서 시선을 떼지 않다) / Rome wasn't built in a day / baby steps(조금씩 나아가기, 첫걸음) / sky's the limit(가능성은 무한하다) / count one's blessings / Here's to health and happiness(건강과 행복을 위한 건배) / May all one's dreams come true / The best is yet to come / Health, wealth, and happiness! / To a bright and prosperous new year! / a clean slate(새로운 시작) / live life to the fullest(최대한 즐기며 인생을 살다) / Wishing one nothing but the best / go onward and upward(앞으로 나아가다, 발전하다)

A: Do you have any special plans to **ring in the new year**.

A: 새해맞이를 위한 특별한 계획이 있나요?.

참고 ring in the new year: 새해를 맞이하다

A: Everyone was so excited they **danced the night away** at the New Year's Eve party.

A: 모든 이들이 너무 신나서 새해 전야 파티에서 밤새도록 춤을 췄다.

참고 danced the night away: '밤새도록 춤을 추며 즐기다'는 뜻

A: **Good riddance to** this year! I hope the coming year will be full of blessings and fortunes.

A: 올해는 이제 끝이야! 다가오는 해는 축복과 행운으로 가득하길 소망해.

참고 good riddenace (to ...): '...가 사라져서 다행이다', '...가 없어져서 속 시원하다'라는 의미의 관용구

A: Despite the numerous challenges we all faced this year, let's go **onward and upward** in the new year!

A: 올해엔 우리 모두 수많은 도전들에 직면했지만, 새해에는 더욱 앞으로 그리고 위로 나아갑시다!

참고 go onward and upward: 앞으로 그리고 더 위로 나아가다, 발전하다

A: **What a rollercoaster of a year**! I can't believe everything we've been through — so many highs and lows.

B: You're not kidding! But hey, **the best is yet to come**. Let's toast to a brighter and better year ahead!

A: 정말 롤러코스터 같은 한 해였어! 우리가 겪은 모든 일을 믿을 수가 없어. 정말 기복이 많았지.

B: 정말 그래! 하지만, 최고의 순간은 아직 오지 않았어. 더 밝고 나은 한 해를 위해 건배하자!

A: It's almost midnight — time to **party like there's no tomorrow**!

B: Absolutely! And don't forget, we have to sing '**Auld Lang Syne**' when the clock strikes twelve!

A: 거의 자정이야. 내일이 없는 것처럼 신나게 놀 시간이야!

B: 당연하지! 그리고 잊지 말고, 시계가 12시를 칠 때 '올드 랭 사인(Auld Lang Syne)'을 꼭 불러야 해!

A: This year has been full of lessons. If **hindsight is 20/20**, I've definitely learned a lot from my mistakes.

B: Same here, but this time, I'm determined to **break the cycle** and not repeat the same old habits.

A: That's the spirit! Let's make it a night to remember and **start the new year on the right foot**!

A: 올해는 정말 교훈들로 가득한 한 해였어. 뒤늦게 깨닫는다고 하듯이, 확실히 실수로부터 많이 배웠어.

B: 나도 마찬가지야. 하지만 이번에는 그 반복되는 순환 고리를 끊고 같은 오랜 버릇들을 되풀이하지 않기로 결심했어.

A: 바로 그 정신이야! 오늘 밤을 기억에 남는 밤으로 만들고, 새해를 잘 시작하자!

참고 20/20 hindsight: 때 늦은 지혜, 소 잃고 외양간 고치기
start [begin] on [get off] the right foot: 잘 시작하다, 출발이 순조롭다

A: Here we go — **pop the champagne**! It's time to celebrate!

B: Cheers! This year's been **one for the books**, hasn't it? So many unforgettable moments.

A: Definitely. But as we head into the new year, I'm all about **baby**

**steps** — taking it one goal at a time.

B: That's a great mindset. **Wishing you nothing but the best for the year ahead**!

A: 자, 시작이야. 샴페인을 터뜨리자! 축하할 시간이야!

B: 건배! 올해는 정말 특별했지, 그렇지 않아? 잊을 수 없는 순간이 정말 많았어.

A: 맞아. 하지만 새해를 맞으면서 나는 천천히 한번에 하나씩 목표를 세울 참이야.

B: 정말 좋은 생각이네. 다가오는 새해에 좋은 일만 있기를 바랄게!

> 참고 one for the book(s): 기록해 둘/주목할 만한 것/일, 굉장한 일
> baby step: 걸음마, 큰 일을 위한 작은 발걸음

A: It's almost time! Let's **count down to midnight**. Get ready!

B: I can't believe it. **Another year bites the dust**! Time really flies.

A: True, but let's make sure we start on the right foot this year. I'm feeling optimistic!

B: Absolutely. And don't forget to **count your blessings**. We've got a lot to be thankful for.

A: 이제 거의 시간이 됐어! 자정을 향해 카운트다운하자. 준비해!

B: 믿을 수가 없어. 또 한 해가 이렇게 사라지는군! 시간이 정말 빨리 흘러.

A: 맞아, 하지만 이번에는 우리가 새해를 제대로 시작하도록 하자. 난 긍정적인 기분이야!

B: 물론이지. 그리고 우리가 가진 축복을 잊지 말자. 정말 감사할 일이 많아.

> 참고 bite the dust: 헛물을 켜다, 실패/패배하다, 죽다
> count your blessings: 자기가 누리는 좋은 것들에 감사하다

Thanks a bunch for studying Coffee-Time English.

커피타임 잉글리쉬를 공부해 주셔서 대단히 감사합니다.

인간과 사회문화 그리고 세계에 관한 광범위하고
다양한 살아 숨쉬는 real English를 담은
Coffee-Time English는 계속됩니다.
머지 않아 출간될 Book 3, 4, 5, ...도
기대해 주십시요.
감사합니다.
–
저자 김규호, 박준언, 박우상